COMPÊNDIO DE MÚSICA

FRÉDÉRIC PLATZER
COMPÊNDIO DE MÚSICA

70

Título original:
Abrègé de Musique

© Éditions Ellipses-Marketing

Tradução: Laura Maria de Almeida

Revisão da tradução: Ruy Oliveira

Capa: FBA

ISBN: 978-972-44-1329-7

Depósito Legal nº 248046/06

Impressão e acabamento:
PENTAEDRO, LDA.
para
EDIÇÕES 70, LDA.
Janeiro de 2022

Todos os direitos reservados para língua portuguesa
por Edições 70

EDIÇÕES 70, Lda.
LEAP CENTER – Espaço Amoreiras
Rua D. João V, n.º 24, 1.03 – 1250-091 Lisboa – Portugal
e-mail: editoras@grupoalmedina.net

www.edicoes70.pt

Esta obra está protegida pela lei. Não pode ser reproduzida,
no todo ou em parte, qualquer que seja o modo utilizado,
incluindo fotocópia e xerocópia, sem prévia autorização do Editor.
Qualquer transgressão à lei dos Direitos de Autor será passível
de procedimento judicial.

"The man that hath no music in himself,
Nor is moved with concord of sweet sounds,
Is fit for treasons, stratagems and spoils."

[O homem que não tem música dentro de si,
e que não se comove com a doçura e a harmonia dos sons,
é capaz de traições, conspirações e de pilhagens.]

Shakespeare (William), *O Mercador de Veneza*, V, 1, Lourenço.

PREFÁCIO

O título deste livro reproduz o do livro de René Descartes (1596-1650), escrito em latim em 1618: *Compendium musicae*. À semelhança do seu ilustre predecessor, o seu objectivo consiste em explicar os fenómenos musicais da forma mais racional possível, tentando, contudo, não cair no erro de um excessivo e rebarbativo tecnicismo.

A obra é destinada a todos aqueles que, tendo necessidade de informações musicais mais genéricas, a fim de estudar para um exame (opção facultativa ou obrigatória de um bacharelato, cadeira ou diploma universitário, ...) ou para satisfazer uma simples curiosidade "gratuita", gostariam de vê-las reunidas num único volume, de tamanho razoável e de fácil consulta. O seu objectivo principal é de ordem **pedagógica**: nela encontraremos pouca literatura, mas muita informação.

Divide-se em **três partes** que correspondem, cada uma, a um estudo particular do objecto musical. A primeira parte ocupa-se da descrição metódica dos elementos de base da música, o que designamos, geralmente, por **linguagem musical**. A segunda parte vai jogar com estes elementos no seio das **estruturas musicais** mais amplas: processos de escrita, formas e géneros. Quanto à terceira parte, irá colocá-los em perspectiva através de uma imagem ainda mais ampla, o quadro da **história da música**, percorrendo o caminho da música erudita, desde a Idade Média até aos nossos dias. Ao evocar o nosso século, seria injusto esquecer o *jazz*, um género importante no século XX. É apresentada uma breve história deste tipo de música, com especial ênfase para os seus criadores.

Estas três partes são independentes, bem entendido, apesar da sua relação constante: poderemos, desta forma, dedicar-nos ao estudo das estruturas ou da história sem ler as páginas dedicadas à linguagem musical.

A principal dificuldade de realização desta obra diz respeito ao seu próprio material, a música, e à sua expressão, por natureza, inteiramente sonora. Em termos de ilustrações, a forma escolhida foi a de apresentação de numerosos **exemplos musicais** que, apesar de não indispensáveis à compreensão geral, constituem uma ajuda preciosa. Foram seleccionados, na generalidade, de entre obras bastante conhecidas, das quais facilmente poderemos encontrar uma gravação e seguir, assim, o seu desenrolar, mesmo que não sejamos mestres em leitura musical.

Para terminar, algumas observações. Primeiro, o âmbito deste manual não permitiu a abordagem de todos os aspectos nem citar todos os grandes compositores, pelo que foi necessário proceder a uma escolha. Depois, e se é possível conseguir uma total objectividade no tratamento de alguns pontos teóricos, tais como as colcheias ou o acorde perfeito maior, a situação será diferente quando se trata de abordar os criadores ou as próprias obras musicais. Será por estas razões, que se encontrarão, muitas vezes, compositores e obras que, além de fazerem parte do panteão pessoal do autor, são também reconhecidas, universalmente, pelo seu valor e força de exemplo. Enfim, para que a leitura seja realmente profícua, aconselha-se o leitor a não se limitar a uma abordagem livresca: a melhor forma de apreender a música consiste na audição repetida e inteligente das obras.

Possa esta obra facilitar o acesso a uma melhor apreciação desta arte exigente que é a música.

CAPÍTULO 1: Os elementos constitutivos

A partitura

É um conjunto de sinais pertencentes a um código universalmente reconhecido e aceite e que permite a um músico comunicar com outro por via da escrita. Permite, nomeadamente, transmitir, em simultâneo e com precisão, as informações relativas a cada uma das quatro características principais de um som, a saber:

. a **altura**: a sua posição no espectro sonoro tal como numa escala musical específica;
. a **duração**: o seu tempo de execução relativamente a uma velocidade pré-definida;
. a **intensidade**: a energia com que o som deve ser tocado;
. o **timbre**: efectivo instrumental ou vocal que executará esse som (ver **organologia**, p.51).

Os dois primeiros parâmetros escrevem-se de maneira simultânea; o terceiro é expresso por sinais distintos. Quanto ao último, na maioria dos casos, varia muito pouco ao longo de um trecho, tendo o compositor atribuído cada linha da pauta, obrigatoriamente, à função de cada instrumento escolhido.

A aprendizagem da leitura do que poderíamos classificar de roteiro musical, consiste no **solfejo**, termo de sonoridade assustadora e bárbara, e tantas vezes detestada por gerações de aprendizes músicos, devido, frequentemente, a métodos pedagógicos estéreis. Este facto não impede que aquilo a que se chama, pudicamente, "linguagem musical", e que ultrapassa o simples trabalho solfégico, deva ser estudado não por si só, mas tendo como objectivo essencial a possibilidade de descodificar rapidamente a sinalética musical, e em consequência tocar rápida e eficazmente a música.

Historicamente, podemos assinalar que o aumento de precisão da notação se realizou nesta mesma ordem: altura, duração, intensidade e timbre. No século IX, a maior preocupação foi transmitir a altura das notas dos longos vocalizos gregorianos, que certos monges tinham dificuldade em memorizar. Progressivamente, os outros parâmetros musicais foram integrados na escrita e desenvolvidos.

A partitura é um utensílio relativamente eficaz porquanto fornece, rapidamente, múltiplas informações a quem a souber ler. No entanto, a partitura também tem limites dado que não é mais do que um auxiliar de memória: uma grande parte do que concerne à execução não figura aí. É o que explica as grandes variações que podemos encontrar na interpretação de uma mesma obra por dois músicos diferentes, apesar de munidos da mesma partitura. Além de que, se a música escrita desde 1700 até cerca de 1900, isto é, durante cerca de dois séculos, se deixa descodificar sem grandes problemas, todas as partituras anteriores e posteriores a estas datas são mais difíceis de apreender. As primeiras pecam pela sua falta de rigor, tendo os estudiosos, por vezes, necessidade de "reconstruir" o que falta, com mais ou menos facilidade. As segundas, são muito ricas em informação porque os compositores modernos, frequentemente, tiveram a vontade de controlar e de deixar ao intérprete o mínimo de iniciativas, chegando, por vezes, a inventar os seus próprios sinais e a complicar a tarefa dos executantes.

A escrita de uma partitura para vários instrumentos é um facto recente: até meados do século XVIII, não é raro encontrar edições de obras musicais em partes separadas, sem que o *ensemble*, o "condutor" seja editado. Além disso, a ordem de escrita dos instrumentos

Os elementos constitutivos 9

também variou. Nos nossos dias, as famílias de instrumentos escrevem-se desta forma: madeiras, metais, percussões, harpas, piano, voz e cordas, com uma classificação do mais agudo ao mais grave para cada grupo. Mas, no final do século XVIII, Mozart, nos seus manuscritos, escreve frequentemente os violinos I e II à cabeça da página, os outros instrumentos a seguir.

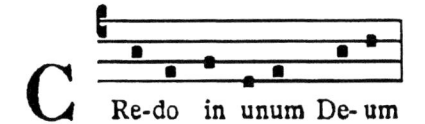

exemplo reconstituído de música medieval (credo gregoriano)

*
* *

exemplo de uma partitura de música orquestral (Mozart, *concerto para piano nº23*)

1: flautas transversas; 2: clarinetes; 3: fagotes; 4: trompas; 5: piano; 6: violinos; 7: violas; 8: violoncelos e contrabaixos.

A altura

- **grave / agudo**

Aos adjectivos comuns de "baixo" e "alto" aplicados a um som, um músico prefere os termos mais técnicos de **grave** e **agudo** que designam, afinal, a mesma realidade. Fisicamente, um som é a percepção de uma vibração sustendada pelo ar, tendo um som grave uma frequência mais baixa (menor) do que um som agudo. O *lá* do diapasão ou do telefone tem uma frequência de 440 Hz; o *sol* inferior tem 392 Hz, enquanto que o *si* situado acima tem 494 Hz. No entanto, dizer de um som isolado que é grave ou agudo em absoluto, não quer dizer grande coisa: apenas será significativa a comparação que estabelecermos com outros sons. A noção de altura depende, essencialmente, dos sons comparados entre si.

- **o som: ruído / nota**

Um som corresponde a qualquer fenómeno sonoro. Um **ruído**, para além do aspecto subjectivo de representar algo de desagradável, pode definir-se fisicamente como um som que abarca múltiplas frequências: não se consegue determinar qual a sua altura exacta. Podemos, no entanto, afirmar que um ruído é mais ou menos grave ou agudo, se o compararmos com outro. Uma **nota**, é um som que tem, desde o início, uma frequência única que podemos determinar com exactidão. Seguidamente, esta frequência deverá fazer parte de uma escala musical pré-determinada. Por exemplo, um *sol* com uma frequência de 392 Hz, é uma nota. Um som de 400 Hz não será uma nota dado que a sua frequência não é admitida na escala habitual dos sons, não é nem um *sol*, nem um *sol#*, nem um *lá*: é uma nota falsa!

- **o nome das notas (países latinos)**

Há apenas **sete** nomes de notas: *dó, ré, mi, fá, sol, lá* e *si* (ascendente). Se continuarmos a subir, começamos então uma outra série (*dó, ré,* etc.) situada uma **oitava** (oito notas) mais acima. Se descermos abaixo da nota *dó* inicial, temos: *si, lá, sol,* etc, da oitava inferior. As oitavas e as notas que as compõem têm um número que as identifica; o *lá* do diapasão (440 Hz) é o *lá*3 (um piano de oitenta e oito teclas tem uma extensão de pouco mais de sete oitavas)

*dó*4 *ré mi fá sol lá si dó*5
*dó*3 *ré mi fá sol lá si dó*4
*dó*2 *ré mi fá sol lá si dó*3

      oitava 2   oitava 3   oitava 4

Observação: a última nota de uma série – uma escala – é também a primeira da série seguinte.

- **o nome das notas (países anglo-saxões)**

Os anglo-saxões não aplicaram a reforma das notas proposta no século XI por Guido d'Arezzo e continuaram a atribuir letras às notas de música.

Latinos	*lá*	*sib*	*si*	*dó*	*ré*	*mi*	*fá*	*sol*
Alemães	A	B	H	C	D	E	F	G
Ingleses	A	Bb	B	C	D	E	F	G

O nome das notas nos países latinos e anglo-saxões

A única diferença entre o sistema germânico e o sistema inglês situa-se a nível do *si*: os Ingleses designam-no pela letra B ou Bb quando bemol, enquanto que os Alemães têm uma letra para cada uma das duas notas, B para o *si* bemol enquanto o H representa o *si* natural. Esta maneira de nomear as notas deu origem a muitas assinaturas musicais no decurso da história da música. A mais conhecida é a de Johann Sebastian Bach, que se nomeou a si próprio na sua última obra, que por sinal, não chegou a terminar.

B A C H
assinatura musical de Johann Sebastian Bach na *Arte da Fuga*

- **as alterações usuais**

Acontece frequentemente, por questões de gramática musical, que certas notas devem ser modificadas relativamente à sua altura. Para isto, coloca-se um sinal imediatamente antes da nota (uma **alteração**), que indica em que sentido é que a modificação se produz. Existem três sinais: o **bemol b**, que baixa ligeiramente (um meio-tom) a nota que ele precede; o **sustenido #**, que sobe o mesmo intervalo, e o **bequadro ♮** que : 1º) anula temporariamente, isto é, apenas numa mesma nota, o efeito de uma alteração constante; 2º) anula o efeito de uma alteração ocorrente anteriormente utilizada.

si bemol, *fá* sustenido, *si* bequadro

- **as alterações duplas**

No decurso da utilização de certas escalas musicais, podemos encontrar alterações duplas, que modificam também a altura das notas a que são aplicadas. Existe o **duplo sustenido**, o **duplo bemol**, e um sinal de **bequadro** para os anular.

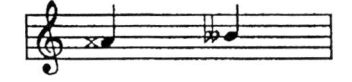

lá duplo sustenido e *si* duplo bemol

- **a representação espacial das alturas**

Quando se trata de encontrar uma representação escrita dos sons, a parte superior da pauta é atribuída ao agudo, ao passo que a parte inferior está reservada ao grave. É certo que os sons são acompanhados pelo gesto da mão, para o alto quando agudo, para baixo quando grave, mas isto não será uma razão suficiente para concluir sobre a universalidade das relações grave/baixo e agudo/alto. De qualquer forma, numa partitura, essas relações existem.

nota aguda

nota grave

- **a pauta**

Depois de diversas tentativas, o sistema actual da pauta acabou por se impôr como sendo uma forma muito cómoda de escrever a música. Uma **pauta** é constituída por **cinco linhas horizontais paralelas sobre** e **entre as quais** se colocam as notas da esquerda para a direita, no sentido da leitura. É usual numerar as linhas partindo de baixo. Podemos ultrapassar o limite destas linhas quando algumas notas excedem a extensão que estas linhas comportam. Uma pauta compreende um âmbito de cerca de duas oitavas.

sol   do   sol   do   etc.

Quando uma nota ultrapassa o limite da pauta, é colocada por cima, por baixo ou sobre pequenas linhas suplementares (ver exemplo assinalado com círculo). Quando o número de linhas suplementares é muito grande, é porque a clave utilizada no início não é a adequada.

• **as claves**

Uma **clave** (solféjica) é um sinal que se inscreve no início da pauta e que define a colocação e a altura das notas, situando-se, por vezes, os instrumentos musicais em registos diferentes. O flautim e o contrabaixo que se situam, cada um deles, nos limites opostos do âmbito instrumental possível, não poderão, obviamente, ter partituras escritas de maneira idêntica. Para generalizar, podemos dizer que os instrumentos agudos se escrevem na **clave de** *sol* (que indica o local da nota *sol*), ao passo que os instrumentos graves se escrevem na **clave de** *fá*. Outros, de registo médio, escrevem-se em uma ou duas **claves de** *dó*. Uma clave pode inscrever-se, por vezes, em linhas diferentes, pelo que se determina, para cada uma delas, o respectivo número da linha (3ª, 4ª, etc.) Uma clave é utilizada para concentrar, ao máximo, a escrita das notas sobre uma pauta, evitando o mais possível a escrita de linhas suplementares que dificultam a leitura.

clave de *sol*; clave de *dó* na 3ª linha; clave de *dó* na 4ª linha; clave de *fá* na 4ª linha

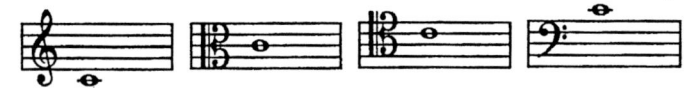

estes quatro notas representam um mesmo som: um *dó*

Acontece também, por razões históricas, que se escreve para certos instrumentos com o auxílio de claves sinalizadas com um pequeno 8, que é o símbolo da oitava (intervalo de oito notas) que se coloca abaixo ou acima da pauta, indicando que será necessário ler as notas, uma oitava acima ou abaixo relativamente à escrita normal.

clave utilizada para o flautim
(nota escrita e nota real)

clave utilizada para a guitarra
(nota escrita e nota real)

O sinal *8* colocado acima da pauta indica que tais notas são tocadas à oitava superior, enquanto que a posição do *8* abaixo da pauta indica que devem ser tocadas à oitava inferior.

clave utilizada para o contrabaixo (nota escrita e nota real)

Antigamente, eram utilizadas outras claves para escrever as partes estritamente vocais; hoje, já não são utilizadas nesta óptica, mas o seu conhecimento tornou-se, todavia, indis-

Os elementos constitutivos

pensável quando se trata de ler, por exemplo, as partes dos instrumentos ditos "transpositores", que não têm as suas notas escritas tal como as que são realmente tocadas.

clave de *dó* na 1ª linha; clave de *dó* na 2ª linha; clave de *fá* na 3ª linha

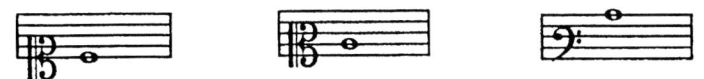

um *dó3* escrito em três claves diferentes

A trompa de harmonia em *fá*, é um instrumento transpositor. Quando lê um *dó* na sua partitura, toca, de facto, um *fá* situado uma quinta (cinco notas) abaixo. Para ler directamente a nota escrita, é necessário utilizar a clave de *dó* na 2ª linha.

leitura pelo trompista da sua nota, um *dó*

execução da verdadeira nota: um *fá*

leitura directa da nota real (*fá*) com a clave de *dó* na 2ª linha

- **a clave francesa do violino**

Na época barroca, os músicos utilizavam uma clave muito particular, chamada de *clave francesa do violino*, correspondente à clave de *sol* na primeira linha. Esta clave lia-se como uma clave de *fá* duas oitavas acima, e servia, nomeadamente, para escrever partes de instrumentos como a flauta de bisel.

clave de *sol* na "1ª linha"

- **as tablaturas**

Certos instrumentos viram desenvolver-se dois sistemas conjuntos de escrita das suas notas. O primeiro é a pauta, bastante universal, o segundo é a **tablatura**, que consiste em mostrar a posição dos dedos sobre as cordas ou teclas de um instrumento. No decorrer dos séculos, apesar de um instrumento como o órgão ter tido, durante algum tempo, a sua música escrita em tablatura, serão os instrumentos de cordas beliscadas, como o alaúde ou a guitarra que mais dela usufruiram. Uma tablatura consiste em desenhar as cordas do instrumento, no sentido da forma de execução (a marcada "1" será a mais aguda). Indica-se depois, sobre cada corda o número da casa na qual o dedo se apoia, o que corresponde a uma nota. O algarismo 0 indica que a corda é tocada " solta".

música para guitarra, em partitura

a mesma música em tablatura

● **a melodia**

Existe uma grande quantidade de palavras designando uma sucessão de notas estruturalmente coerentes: motivo, melodia, ária, frase, tema, etc. Estas expressões apenas fazem variar o número de notas e a sua duração: um motivo é muito curto; uma frase pode compreender vários motivos e um tema pode ser constituído por várias frases. *Mutatis mutandis*, é o princípio das bonecas russas, que consiste em encaixar dentro de uma boneca dentro de outra.

● **as teclas do piano**

São uma sucessão de teclas brancas, para as notas ditas "naturais", e de teclas pretas, para as notas ditas "alteradas"- os sustenidos e os bemóis. Cada nota alterada possui dois nomes, um de sustenido e outro de bemol, em função da escala musical utilizada, por uma questão de lógica musical. Estas notas, são ditas **enarmónicas**. Ex.: *sol* bemol é enarmónico de *fá* sustenido. É um pouco o equivalente às palavras homófonas.

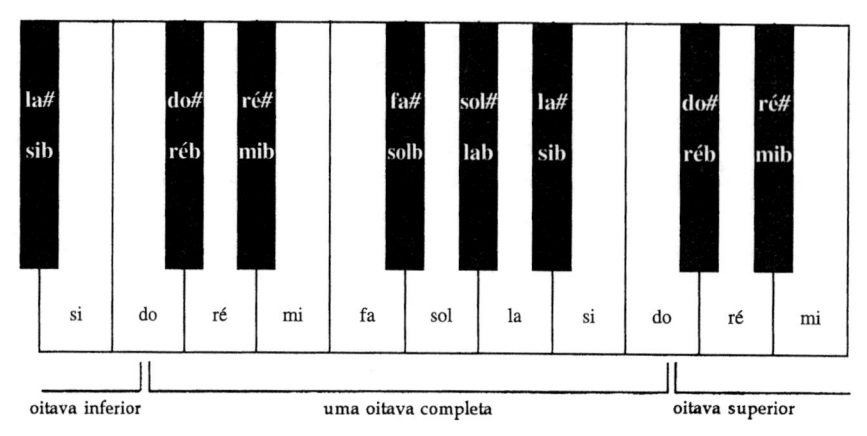

uma oitava completa (excedendo no grave e no agudo)
as teclas usam dois nomes, em função das escalas musicais utilizadas

● **os intervalos**

Um intervalo é a "distância" musical que existe entre duas notas consecutivas (intervalo melódico) ou simultâneas (intervalo harmónico). Para determinar o que separa duas notas, contamos o número total de notas com nomes diferentes (no sentido do agudo ou do grave), inclusive as extremas. Ex. : entre *dó* e *mi*, ascendentemente, contamos *dó – ré – mi*; isto perfaz três notas; o intervalo entre estes dois limites é então uma **terceira** ascendente. O sentido é muito importante, porque o intervalo *dó – mi* descendente é outro: *dó, si, lá, sol, fá, mi*; o que faz uma **sexta** descendente.

● **os principais intervalos**

O quadro que se segue define, com exemplos e o número dos sons percorridos, o nome dos principais intervalos musicais.

Os elementos constitutivos

Início – final (ascendente)	Número de sons (limites inclusive)	Intervalos formados
dó – dó	1	uníssono
dó – ré	2	segunda
dó – mi	3	terceira
dó – fá	4	quarta
dó – sol	5	quinta
dó – lá	6	sexta
dó – si	7	sétima
dó – dó	8	oitava
dó – ré *	9	nona
dó – mi *	10	décima

quadro dos principais intervalos

Estes nomes dos intervalos são genéricos: para cada um de entre eles, é também indispensável definir a sua natureza exacta (diminuta, menor, maior, justa ou aumentada) em função das eventuais alterações colocadas nos seus limites. Ex.: *dó – fá#* é uma quarta (*dó-ré-mi-fá*) aumentada (por causa do sustenido). Se ultrapassarmos a oitava, falamos então de intervalos "compostos", situando-se a segunda nota a uma oitava de distância do intervalo simples. Ex.: *dó*3 – *ré*3 é uma segunda mas *dó*3 – *ré*4 é uma nona.

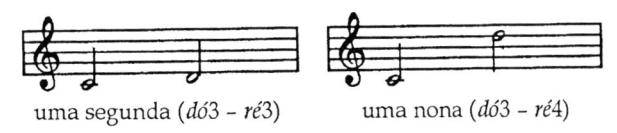

uma segunda (*dó*3 – *ré*3)   uma nona (*dó*3 – *ré*4)

- **o uníssono**

Não é um intervalo melódico propriamente dito, uma vez que é estático: parte-se de uma nota para chegar à mesma nota. É, todavia, utilizado como intervalo harmónico uma vez que duas partes musicais distintas se reúnem tocando sobre a mesma nota. Ex.: a parte aguda (em cima) e a parte grave (em baixo) encontram-se numa nota comum, assinalada com o círculo, um *dó*3:

uníssono

- **as segundas**

Geralmente, o intervalo mais pequeno admitido no sistema musical do ocidente é o **meio-tom** (ou **segunda menor**) que separa duas teclas vizinhas no piano. Ex.: ascendentemente, *dó – dó#* meio-tom dito **cromático** porque o nome das notas é idêntico; *si – dó* meio-tom dito **diatónico** porque o nome das notas é diferente; ou descendentemente, *mi – mib* (cromático), *fá – mi* (diatónico). Uma oitava completa conta doze meios-tons. Entre *dó* e *ré*, existe uma tecla preta (*dó#* ou *réb*); o intervalo é de um **tom** (ou **segunda maior**). Pode acontecer que a nota superior seja alterada, subida de meio-tom. O intervalo assim obtido é uma **segunda aumentada**.

uma segunda aumentada *dó – ré#*

• **as terceiras**

Estes intervalos, englobando três notas, são de três espécies: **maiores, menores** e **diminutas**. Uma **terceira maior** é constituída por dois tons, uma **terceira menor** por um tom mais um meio-tom, enquanto que a **terceira diminuta** se compõe de dois meios-tons diatónicos.

terceira **maior**: dois tons (*dó – ré + ré – mi*)

terceira **menor**: um tom + ½ tom (*dó – ré + ré – mi*b)

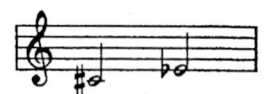

terceira **diminuta**: dois ½ tons diatónicos (*dó# - ré + ré – mi*b)

• **as quartas**

É necessário percorrer quatro sons para se obter uma quarta. Esta apresenta-se sob três formas: a **quarta justa** ou **perfeita** (dois tons e um meio-tom), a **quarta aumentada** (três tons) e a **quarta diminuta** (um meio tom + um tom + um meio-tom).

quarta **justa**: dois tons + ½ tom

quarta **aumentada**: três tons

Este último intervalo, que é também designado por **trítono**, muito estranho ao ouvido, devido à sua instabilidade, era receado na Idade Média. Surgia, muitas vezes, sob a forma *fá – si* e apelidavam-no de *Diabolus in musica* (*Diabo em música*).

quarta **diminuta**: ½ tom + um tom + ½ tom (*dó# - ré + ré – mi + mi – fá*).

• **as quintas**

São necessários cinco sons para a formação da quinta. Como a quarta, surge sob três formas: a **quinta justa** ou **perfeita** e as **quintas aumentadas** e **diminutas**.

Os elementos constitutivos

quinta **justa**: dois tons + ½ tom + um tom

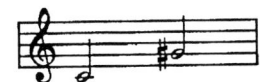

quinta **aumentada**: dois tons + ½ tom + um tom + ½ tom cromático (*sol – sol#*)

quinta **diminuta**: ½ tom + um tom + ½ tom + um tom

- **as sextas**

Encontramo-las sob duas formas: a **sexta maior** e a **sexta menor**

sexta **maior**: dois tons + ½ tom + dois tons

sexta **menor**: dois tons + ½ tom + um tom + ½ tom

- **as sétimas**

Estes intervalos também surgem sob três formas: a **sétima maior**, a **sétima menor** e a **sétima diminuta**.

sétima **maior**: dois tons + ½ tom + três tons

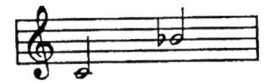

sétima **menor**: dois tons + ½ tom + dois tons + ½ tom

sétima **diminuta**: ½ tom + um tom + ½ tom + dois tons + ½ tom

- **a oitava**

A forma mais utilizada para este intervalo é a oitava **justa** ou **perfeita**.

oitava **justa**: dois tons + ½ tom + três tons + ½ tom

oitava **diminuta** e a seguir oitava **aumentada**

- **alguns intervalos "homófonos"**

Intervalos com nomes diferentes podem, devido à escrita da gramática musical, representar os mesmos sons (não as mesmas notas). Ex.: a **quarta aumentada** *dó – fá#* soa da mesma maneira que a **quinta diminuta** *dó – solb* porque as notas *fá#* e *solb* tocam-se com a mesma tecla.

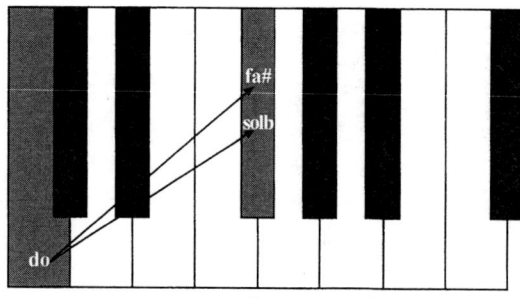

quarta aumentada – quinta diminuta

- **as escalas**

Uma escala é o modelo de organização interna de uma estrutura melódica, isto é, a sucessão de diferentes notas utilizadas quando se escolhe uma nota inicial (um *dó*, um *ré*, etc.) e se evolui, ascendentemente, até à nota da oitava superior com o mesmo nome. Entre estes dois extremos, o percurso pode ser muito diferente. Existem três escalas principais:

1º) as escalas **maiores** (com base no modelo de DÓ)
2º) as escalas **menores** (com base no modelo de *lá*)
3º) as escalas **modais** (que têm organizações internas particulares)

Observação: é habitual escrever em maiúsculas as escalas e as tonalidades maiores, e em minúsculas as suas homónimas (que têm o mesmo nome) menores.

- **as escalas maiores – DÓ maior**

Esta escala serve de modelo ao que se chama de **modo maior**. Obtém-se percorrendo uma oitava completa de um *dó* (grave) a um *dó* (agudo) tocando apenas as teclas brancas do piano (as notas "naturais"). Apercebemo-nos de que ela não é regular quanto à alternância dos tons e dos meios-tons entre os seus diferentes graus, correspondendo um grau à posição de cada nota. (Ex. *sol* é o quinto grau de uma escala de *Dó* maior).

escala de DÓ maior

Graus	I-II	II-III	III-IV	IV-V	V-VI	VI-VII	VII-I
Intervalos	1 tom	1 tom	$^{1}/_{2}$ tom	1 tom	1 tom	1 tom	$^{1}/_{2}$ tom
Notas	*dó-ré*	*ré-mi*	*mi-fá*	*fá-sol*	*sol-lá*	*lá-si*	*si-dó*

Quadro dos graus da escala de DÓ maior

• os nomes dos graus

Cada grau de uma escala tem, além do seu número, um nome indicando a sua função:

Graus	I	II	III	IV	V	VI	VII
Nomes	tónica	sobretónica	mediante	subdominante	dominante	sobredominante	sensível
Notas	dó	ré	mi	fá	sol	lá	si

Quadro dos nomes dos graus

Importante: o intervalo melódico I –III é uma **terceira maior**
o intervalo melódico I – VI é uma **sexta maior**

Estes dois elementos são fundamentais quanto à estrutura desta escala.

Como o seu nome indica, o primeiro grau, a **tónica** dá o nome à tonalidade utilizada e constitui o seu grau fundamental. A **dominante** (o V grau) surge depois, por ordem de importância qualitativa e quantitativa. A **sensível**, atraída para a tónica imediatamente superior, deve estar, imperativamente, a um meio-tom de intervalo desta mesma tónica, justificando assim o seu nome.

• as outras escalas maiores

Todas as outras escalas maiores, isto é, todas as que comecem em qualquer outra nota, devem basear-se no mesmo modelo, no que concerne à alternância entre os tons e os meios-tons:

Graus	I-II	II-III	III-IV	IV-V	V-VI	VI-VII	VII-I
Intervalos	1 tom	1 tom	$^1/_2$ tom	1 tom	1 tom	1 tom	$^1/_2$ tom

Desta forma, uma escala maior construída sobre *fá*, terá a seguinte estrutura:

escala de FÁ maior

Graus	I-II	II-III	III-IV	IV-V	V-VI	VI-VII	VII-I
Intervalos	1 tom	1 tom	$^1/_2$ tom	1 tom	1 tom	1 tom	$^1/_2$ tom
Notas	fá-sol	sol-lá	lá-sib	sib-dó	dó-ré	ré-mi	mi-fá

Estrutura da escala de FÁ maior

Para conservar a segunda menor III – IV, somos obrigados a baixar o *si*, que se torna bemol; os outros graus permanecem inalterados. Como todos os *si* devem baixar, inscreve-se na pauta, ao lado da clave, o bemol correspondente ao *si*, o que evita escrever o bemol de cada vez que se usa a nota.

Graus	I	II	III	IV	V	VI	VII
Nomes	tónica	sobretónica	mediante	subdominante	dominante	sobredominante	sensível
Notas	fá	sol	lá	sib	dó	ré	mi

Os graus da escala de FÁ

• as escalas menores

O segundo tipo de escala melódica utilizado é o das escalas menores. Existem três modelos teóricos que aqui são apresentados sequencialmente. O primeiro é o do modo menor harmónico, assim nomeado porque é sobre os graus desta escala que serão estruturados os acordes da tonalidade. Caracteriza-se pela presença de uma segunda aumentada, *fá – sol#* e por uma sonoridade "oriental".

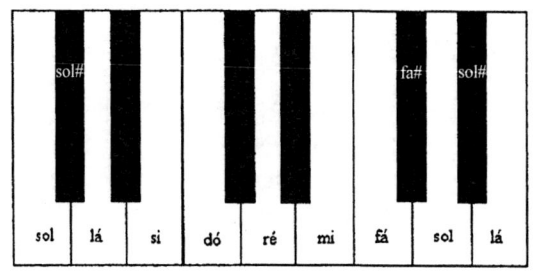

escala de *lá* menor harmónica

oitava com as teclas negras utilizadas em *lá*

Graus	I	II	III	IV	V	VI	VII
Nomes	tónica	sobretónica	mediante	subdominante	dominante	sobredominante	sensível
Notas	*lá*	*si*	*dó*	*ré*	*mi*	*fá*	*sol #*

Os graus em *lá* menor

O encadeamento teórico dos tons e dos meios-tons é muito diferente do que encontramos na formação das escalas maiores:

Graus	I-II	II-III	III-IV	IV-V	V-VI	VI-VII	VII-I
Intervalos	1 tom	½ tom	1 tom	1 tom	½ tom	2ªaum.	½ tom
Notas	*lá-si*	*si-dó*	*dó-ré*	*ré-mi*	*mi-fá*	*fá-sol #*	*sol #-lá*

Estrutura da escala de *lá*

Importante: o intervalo melódico I – III é uma **terceira menor** (mais pequena do que a terceira maior)
        o intervalo melódico I – VI é uma **sexta menor**

Estes dois intervalos são fundamentais relativamente à estrutura desta escala.

Se suprimirmos o hiato melódico desta segunda aumentada, fazendo subir o *fá* para *fá#*, obtém-se a escala menor melódica ascendente, que se aproxima, na sua parte final, da escala maior homónima (LÁ)

escala de *lá* menor melódica ascendente

Em descendente, acontece que a sensível *sol#* desaparece e se torna bequadro, atraída pelo *fá*. Com esta forma, repetimos um dos modos antigos, o de *lá*, que não é maior nem francamente menor. O *sol*, o penúltimo grau é designado por **subtónica**.

escala de *lá* menor melódica descendente (modo de *lá*)

● **as outras escalas menores**

Tomando como modelo a alternância de tons e de meios-tons que se encontra na escala de *lá menor harmónica*, podemos formar qualquer outra escala do mesmo tipo a partir de uma nota escolhida. Assim, em *ré*:

Graus	I-II	II-III	III-IV	IV-V	V-VI	VI-VII	VII-I
Intervalos	1 tom	½ tom	1 tom	1 tom	½ tom	2ªaum.	½ tom
Notas	*ré-mi*	*mi-fá*	*fá-sol*	*sol-lá*	*lá-sib*	*sib-dó #*	*dó #-ré*

Estrutura da escala de *ré*

escala de *ré* menor harmónica

● **as alterações no modo menor**

A cada escala maior, corresponde uma escala menor que se constrói com o mesmo número de alterações de clave, calculando-se uma terceira menor abaixo. Ex.: *DÓ* e *lá*. Estas escalas são ditas **relativas**. No entanto, na escala menor, surgirão, por vezes, alterações que não figuram na armação de clave, ditas "ocorrentes", devidas à mobilidade dos VI e VII graus (menor melódico).

● **os graus tonais**

São as notas que constituem os pilares de uma tonalidade e lhe dão o nome. Correspondem aos graus I, IV e V, isto é, a tónica, a subdominante e a dominante. Estas notas são designadas por **graus tonais**. Ex.: as notas tonais de *SI*b são *sib*, *mi*b e *fá*.

● **os graus modais**

São as notas que determinam o modo de uma escala musical. Correspondem aos III e VI graus que, como já vimos, são móveis. Falamos então de **graus modais**. Ex.: as notas modais em *sol* menor são: *si*b (terceira menor em *sol*) e *mi*b (sexta menor em *sol*).

● **quadro das tonalidades**

Eis o conjunto das escalas (ou tonalidades) existentes, apresentadas da seguinte forma:
- as alterações indispensáveis, colocadas na "armação de clave";
- a tonalidade maior (com notas brancas);
- a tonalidade relativa menor (com as notas pretas);
- os graus VI e VII móveis no modo menor (em notas pequenas).

O ponto central é formado pelo binómio *DÓ* maior – *lá* menor, que não têm qualquer alteração na armação de clave:

DÓ - lá

As tonalidades de # (sustenido)

Estas tonalidades percorrem o **ciclo das quintas ascendentes**, sendo acrescentado, de cada vez, um sustenido (#) à armação de clave:

- em maior: (DÓ) - SOL - RÉ - LÁ - MI - SI - FÁ# - DÓ#;
- em menor: *lá - mi - si - fá# - dó# - sol# - ré# - lá#.*

SOL-mi RÉ-si LÁ-fá#

MI-dó# SI-sol# FÁ-ré#

DÓ#-lá#

As tonalidades de b (bemol)

Estas tonalidades percorrem o **ciclo das quintas descendentes**, sendo acrescentado de cada vez, um bemol (b) à armação de clave:

-em maior: (DÓ) - FÁ - SIb - MIb - LÁb - RÉb - SOLb - DÓb;
-em menor: *lá - ré - sol - dó - fá - sib - mib - láb.*

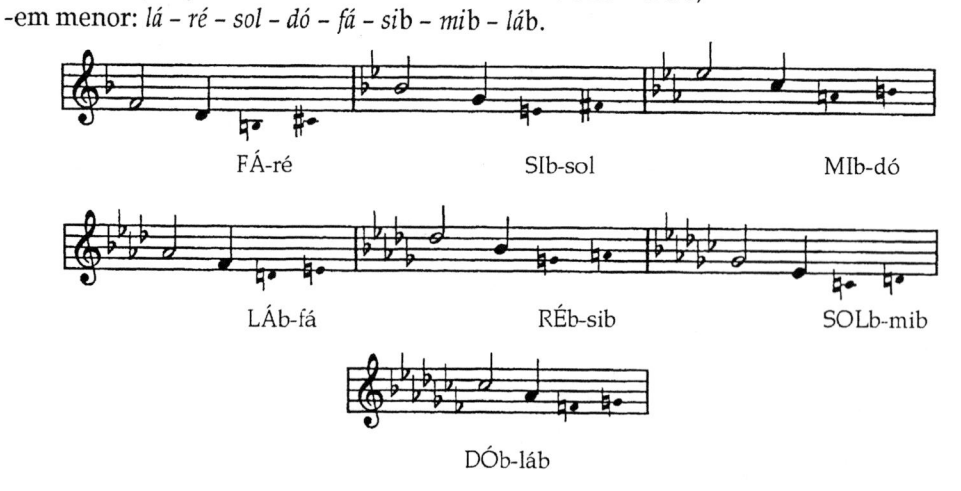

FÁ-ré SIb-sol MIb-dó

LÁb-fá RÉb-sib SOLb-mib

DÓb-láb

Certas tonalidades muito distantes do DÓ (tonalidade que podemos classificar como "neutra", porque não figura qualquer alteração na armação de clave) quer de sustenidos

Os elementos constitutivos

quer de bemóis), produzem os mesmos sons, sendo apenas diferente a sua escrita. Ex.: *DÓ*b e *SI* ou *FÁ*# e *SOL*b. Já encontrámos este fenómeno, a enarmonia, aquando do estudo dos intervalos.

Au clair de la lune em *FÁ*# e depois em *SOL*b: grafias diferentes mas sons idênticos

- **os modos "eclesiásticos"**

Estes modos foram largamente utilizados ao longo da Idade Média, ainda que sob formas ligeiramente diferentes, e ainda podemos encontrá-los hoje em música ou canções de estilo popular (desde *Colchiques dans les prés* até algumas canções dos Beatles). A sua estrutura é muito simples e requerem apenas as teclas brancas do piano, sem qualquer alteração.

modo de *ré* (um tom, ½ tom, três tons, ½ tom), um dos modos mais utilizados

modo de *mi* (½ tom, três tons, ½ tom, dois tons)

modo de *fá* (três tons, ½ tom, dois tons, ½ tom), modo reconhecível pelo trítono (*fá – si*) do início

modo de *sol* (dois tons, ½ tom, dois tons, ½ tom, um tom) é quase um modo maior (a subtónica substitui a sensível)

modo de *lá* (um tom, ½ tom, dois tons, ½ tom, dois tons), este modo está próximo do modo menor

modo de *si* (½ tom, dois tons, ½ tom, três tons)

O modo de ***dó*** corresponde ao modo **maior** (ver *supra*). O modo de ***lá*** encontra-se, igualmente, sob a forma da escala **menor melódica descendente**. Quando o intervalo entre o sétimo e o primeiro grau, é um tom inteiro, não se fala mais em sensível, mas em **subtónica**. Podemos transpôr as escalas e iniciá-las por qualquer nota. Diremos então, por exemplo, "modo de *lá* sobre *mi*", o que significa que iremos utilizar a alternância dos tons e dos meios-tons próprios de cada modo determinado, começando pela nota *mi*:

modo de lá   *modo de lá sobre mi*

● **a escala de tons inteiros**

É uma escala bastante particular que apenas tem seis graus diferentes, e que não compreende qualquer meio-tom na sua estrutura. Por consequência, esta escala apenas pode apresentar duas versões verdadeiramente diferentes, uma vez que, devido às enarmonias, os intervalos entre os seus graus são todos idênticos.

um exemplo de cada uma das duas versões da escala de tons inteiros

Observação: Não confundir uma escala de tons inteiros com o modo de *fá*, que tem os seus primeiros quatro graus idênticos. Atribui-se, frequentemente, a Claude Debussy, a utilização exclusiva da primeira, embora tenha utilizado também a segunda.

● **modos pentatónicos**

Estas escalas defectivas (ou seja, incompletas) utilizam apenas cinco graus. Muito utilizadas na Ásia (chamam-lhes frequentemente "escalas chinesas"), também as podemos encontrar, um pouco por todo o lado, no resto do mundo e em composições ocidentais, que pretendem dar a impressão de uma sonoridade extremo-oriental. Existem apenas duas escalas adaptadas aos nossos instrumentos:

-escalas pentatónicas **sem ½ tom** ou **assemítonas** e que se podem produzir facilmente tocando, por exemplo, apenas as teclas pretas do piano e escolhendo a nota fundamental (são possíveis transposições). Eis aquelas que podemos escrever com *dó ré mi sol lá*.

dois tons, 3ª menor, um tom   um tom, 3ª menor, um tom, 3ª menor

3ª menor, um tom, 3ª menor, um tom   um tom, 3ª menor, dois tons

3ª menor, dois tons, 3ª menor

-escalas pentatónicas **com ½ tom** ou **semítonas** que, como o nome indica, incluem a presença de meios-tons.

Os elementos constitutivos

As combinações são numerosas; vejamos um exemplo:

um tom, ½ tom, 3ª maior, ½ tom

Existem outras escalas pentatónicas, não utilizáveis no sistema temperado ocidental, que têm em conta intervalos inferiores ao meio-tom. Outras escalas defectivas são baseadas em três ou quatro sons e não têm qualquer ressonância nas obras dos compositores "clássicos".

• **os acordes**

Um acorde é a emissão simultânea de, pelo menos, três notas diferentes. É a componente vertical da música (simultaneidade de sons), enquanto que a melodia é a sua componente horizontal. Se uma tal sobreposição de notas faz parte de um esquema pré-definido, fala-se de um **acorde classificado**. Em caso contrário, temos um **acorde não classificado**.

acorde classificado – acorde não classificado

Um acorde possui uma **natureza**, isto é, uma constituição (maior, menor, intervalos, em que inversão...) e uma **função** (sobre que grau de qual escala se posiciona).

• **os acordes perfeitos**

Um acorde perfeito corresponde ao empilhamento de duas terceiras de natureza diferente (uma maior e uma menor) a partir de uma nota de base, a nota **fundamental**. Se a primeira terceira é **maior** (sendo a segunda terceira menor), temos um **acorde perfeito maior**. No caso contrário, temos um **acorde perfeito menor**.

Ex.: *dó - mi* (terceira maior) + *mi - sol* (terceira menor): **acorde perfeito maior**;
*dó - mi*b (terceira menor) + *mi*b *- sol* (terceira maior): **acorde perfeito menor**.

acorde maior – acorde menor

Para generalizar, um acorde perfeito forma-se sobre os acordes I, III e V de uma escala (tónica, mediante e dominante). É maior ou menor de acordo com a natureza da primeira terceira. Quando as notas se encontram ordenadas desta forma, qualquer que seja o seu nome e altura, ou se a nota do **baixo** é a nota na **base** deste acorde, falamos de **estado fundamental**.

um acorde perfeito maior no estado fundamental (*dó* no baixo)

• **a notação cifrada dos acordes**

Podemos utilizar uma escrita abreviada dos acordes, desde que se indique o que é essencial à sua formação. Tal indicação é necessária para se identificar:

-a **nota do baixo** (não a *fundamental*) do acorde;
-os principais intervalos utilizados na construção do acorde (excepto a terceira que não se cifra).

Referindo-nos ao estado fundamental de um acorde perfeito, a cifra corresponde ao número 5, devido à quinta que separa os I e V graus (a terceira, 3, é omitida e só figura a sua alteração eventual).

dó 5   *lá* 5
acorde perfeito maior   acorde perfeito menor

Esta notação cifrada surgiu no século XVII para a escrita do **baixo contínuo**. Continua a ser utilizada actualmente para a análise musical e para o ensino da harmonia.

• **as inversões**

Um acorde perfeito, no estado fundamental, admite duas permutas na composição vertical das suas notas. A estas permutas dá-se o nome de **inversões**. Para obter a **primeira inversão**, basta fazer passar para a oitava superior a **fundamental** do acorde (os anglófonos referem-se à raiz, *root*), que deixa de ser a nota do *baixo*. O intervalo entre a nova nota do baixo (*mi* no exemplo) e o *dó*, já não é uma quinta, mas uma sexta. Esta primeira inversão é cifrada com o número 6 e fala-se então de acorde de "sexta". Tal como para o estado fundamental, é primordial que a nota da mediante do acorde esteja no baixo, sejam quais forem as notas colocadas por cima.

mi 6   *dó* 6
primeira inversão de um acorde perfeito maior (*DÓ*) e menor (*lá*)

Se passarmos, novamente, a nota do baixo para a oitava superior, obtemos a **segunda inversão** que será cifrada 6, 4. A designação utilizada é a de acordes de **quarta e sexta** ou de **sexta e quarta**.

sol 6   *mi* 6
    4   4
segunda inversão dos mesmos acordes

Musicalmente, as diferentes inversões de um mesmo acorde produzem os efeitos seguintes:
-o estado fundamental dá uma forte sensação de estabilidade; é sempre utilizado como último acorde de uma passagem ou excerto;
-a primeira inversão é um acorde de temporização; menos estável, pode durar bastante tempo, mas conduz sempre a um outro acorde. É o primeiro acorde de acompanhamento de um recitativo, por exemplo;
-a segunda inversão é um acorde muito instável que dá uma sensação de "apelo" para um outro acorde. Serve de transição entre dois acordes ou precede o último encadeamento de acordes de uma passagem (cadência perfeita).

• **o acorde de quinta diminuta**

Este acorde coloca-se sobre o VII grau de uma escala. Consideram-no, geralmente, como um acorde de sétima de dominante (ver *infra*) sem fundamental, dado que o movimento das suas notas, de progressão obrigatória, é idêntico. Um acorde de quinta diminuta em estado fundamental cifra-se 5̶

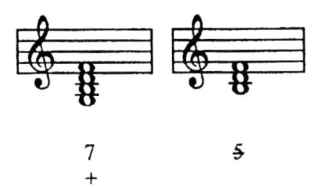

As duas inversões deste acorde são as seguintes:

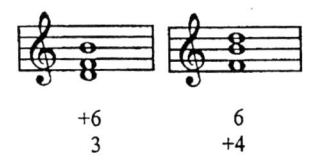

Este acorde também é utilizado sobre o segundo grau de uma escala menor (aqui: *lá*)

- **o acorde de quinta aumentada**

Este acorde é utilizado para passar de um I grau a um IV grau, jogando com uma alteração ascendente da quinta (aqui o *ré* torna-se *ré*#):

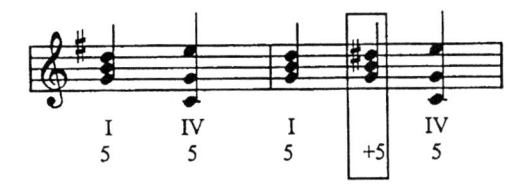

- **os acordes com mais de três sons**

Os acordes perfeitos não são os únicos existentes. Podemos continuar a empilhar terceiras sobre a dominante ou mesmo sobre um outro acorde; teremos assim:
 -acordes de **sétima**, compostos de quatro notas diferentes admitindo três inversões;
 -acordes de **nona**, compostos de cinco notas diferentes admitindo quatro inversões.

Em teoria, poderíamos continuar assim, de cada vez acrescentando uma terceira, e formar acordes de décima-primeira (6 notas), de décima-terceira (7 notas), etc. Mas, se no *jazz*, estes acordes são praticados frequentemente, é bom reconhecer que a música erudita se detém nos acordes de nona, referindo-os até com repugnância. Com efeito, por razões históricas, a escrita da harmonia musical estabilizou-se em redor de uma harmonia a quatro partes diferentes. Um acorde de cinco sons será, por isso, forçosamente incompleto; daí o incómodo que sempre provocou a certos analistas.

- **o acorde de sétima da dominante**

Acrescenta-se uma terceira menor a um acorde perfeito colocado sobre o V grau da escala (aqui, V de *DÓ* ou *dó*): *sol, si, ré, fá*. No estado fundamental, é frequentemente o penúltimo acorde de um excerto: precede o acorde final da tónica construído sobre o I grau. Este acorde possui duas notas de movimento obrigatório: a sensível que deve subir à tónica, e a sétima que deve descer à mediante. Designa-se por sétima da dominante e cifra-se (7+), significando o "+", como nas outras cifras em que aparece, a sensível:

[notação musical: acorde]

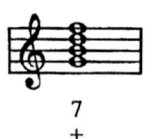

7
+

acorde de sétima da dominante no estado fundamental

O exemplo seguinte (em *DÓ*) mostra-nos este acorde encadeado, de forma tradicional, a um acorde de tónica. Repare-se nas duas notas superiores de movimento obrigatório (*si–dó* e *fá–mi*)

[notação musical]

V 7   I 5
  +

Se trocarmos a nota do baixo, obtém-se a primeira inversão deste acorde, "sexta e quinta diminuta":

[notação musical]

6
5̷

primeira inversão do acorde de sétima da dominante

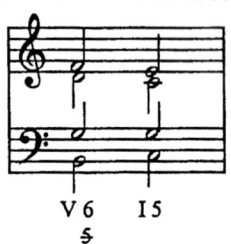

[notação musical]

V 6   I 5
  5̷

A nota sensível está no baixo; por movimento contrário, a sétima está na parte superior.

Após uma nova permuta, descobre-se a segunda inversão (+6) ou "sexta sensível":

[notação musical]

+6

segunda inversão do acorde de sétima da dominante

Esta inversão serve de transição (descendo ou subindo) entre dois estados de um mesmo acorde de tónica:

[notação musical]

I   V   I
5   +6   6

Os elementos constitutivos   29

Podemos ver que, na parte do *alto* deste encadeamento, a sétima (o *fá*) sobe para o *sol* para evitar uma inconveniência harmónica: não se deve duplicar a nota do baixo de um acorde de sexta.

A última inversão designa-se (+ 4) ou trítono:

+4

terceira inversão do acorde de sétima da dominante

Este acorde conduz geralmente ao acorde de sexta da tónica:

V   I
+4   6

encadeamento dito "trítono – sexta"

• **o acorde de sétima menor**
É sobre um acorde perfeito menor que se coloca a terceira menor suplementar; no estado fundamental cifra-se "7":

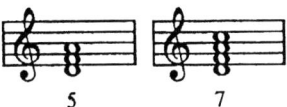

5   7

acorde perfeito menor e acorde de sétima correspondente

A primeira inversão designa-se por "sexta e quinta":

6
5

A segunda inversão por "quatro – três":

4
3

A última inversão designa-se "segunda":

2

• o acorde de sétima maior

Sobre um acorde perfeito maior, acrescenta-se uma terceira maior:

As designações das três inversões e a sua cifragem são idênticas às utilizadas para o acorde de sétima menor:

• o acorde de sétima diminuta

É um acorde bastante particular que se constrói subindo um meio-tom à nota fundamental de um acorde de sétima da dominante. Permite modular com facilidade e de forma radical. Se já fora amplamente utilizado na época barroca, serão os compositores românticos que com ele se deleitarão, porquanto gera um sentimento de incerteza tonal bastante forte.

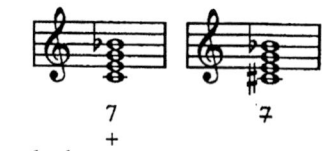

sétima da dominante – sétima diminuta

as três inversões de um acorde de sétima diminuta

• particularidade do acorde de sétima diminuta

Este acorde, por vezes, pode ser, tonalmente, bastante ambíguo. Com efeito, a disposição da escrita das suas notas poderá indicar quatro resoluções em diferentes tonalidades menores:

ré   si   fá   láb

as quatro tonalidades sugeridas por um acorde de sétima diminuta

• os acordes de nona

Estes acordes, incompletos numa harmonia a quatro vozes, empilham uma terceira suplementar sobre um acorde de sétima. O mais empregue será o acorde de nona da dominante, apresentado usualmente no estado fundamental. Acontece, também, a nona não ser mais do que a apogiatura da tónica.

Os elementos constitutivos 31

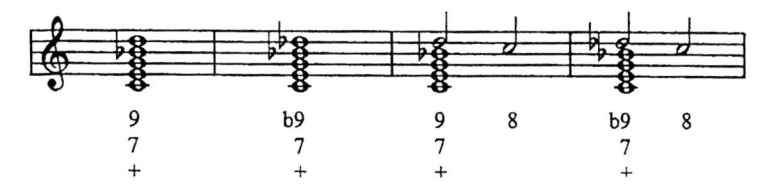

9	b9	9	8	b9	8
7	7	7		7	
+	+	+		+	

algumas formas do acorde de nona da dominante

• as tonalidades e os seus acordes

Uma tonalidade é um conjunto musical complexo que compreende uma escala melódica baseada sobre uma nota (ver *supra*), e os acordes construídos sobre os graus dessa escala. Vejamos primeiro as tonalidades maiores a partir do modelo de DÓ:

escala de DÓ

Graus	I	II	III	IV	V	VI	VII
Notas	dó	ré	mi	fá	sol	lá	si

quadro dos graus de DÓ

Veja-se os acordes colocados sobre os graus de uma escala maior:

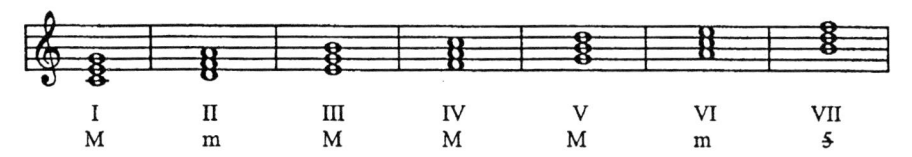

I	II	III	IV	V	VI	VII
M	m	M	M	M	m	5̷

Todos os acordes são perfeitos maiores (M) ou menores (m) à excepção do acorde colocado sobre o VII grau que é um acorde de quinta diminuta (5̷) e que é assimilado por um acorde de sétima da dominante.

Veja-se o equivalente para as tonalidades menores (ex.: *lá*):

escala de *lá* menor harmónica

Graus	I	II	III	IV	V	VI	VII
Notas	lá	si	dó	ré	mi	fá	sol#

quadro dos graus de *lá*

Veja-se os acordes colocados sobre os graus de uma escala menor:

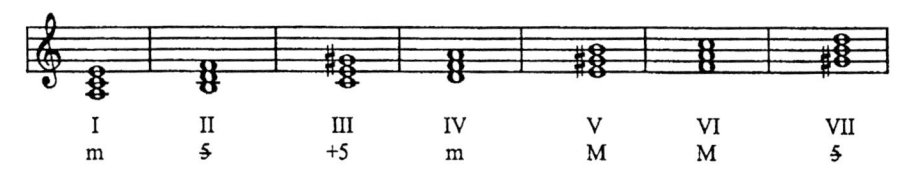

I	II	III	IV	V	VI	VII
m	5̷	+5	m	M	M	5̷

O acorde do III grau em menor (quinta aumentada) não é utilizado neste modo.

● **as modulações**

Uma modulação é a passagem de uma tonalidade para outra. Produz-se ao utilizar, na primeira, acordes característicos da segunda, situação permitida pelo facto notável de que um acorde isolado pode pertencer a várias tonalidades. Ex.: um acorde maior como *DÓ* pode ser considerado como o **I** grau de *DÓ*, o **IV** grau de *SOL*, o **V** grau de *FÁ* ou o **VI** grau de *mi*.

Da mesma forma, um acorde menor como *ré* pode ser encarado como o **I** grau de *ré*, o **II** grau de *DÓ*, o **III** grau de *SIb*, o **IV** de *lá* ou o **VI** grau de *FÁ*.

No entanto, o meio mais seguro de modular consiste em utilizar o acorde de sétima da dominante da nova tonalidade. Se a modulação se fizer ascendentemente, na ordem dos sustenidos, é necessário acrescentar um sustenido (a nova nota sensível); em caso contrário, é necessário acrescentar um bemol (a nova sétima). Esta regra funciona igualmente nas modulações entre tonalidades menores (ex: de *ré* a *lá*).

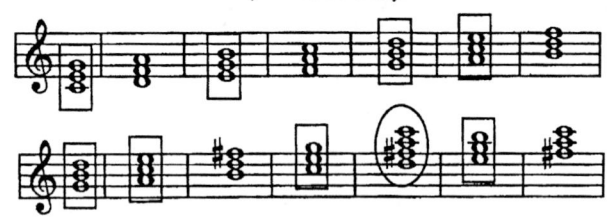

modulação de *DÓ* para *SOL*
os acordes assinalados nos quadrados são comuns às duas tonalidades;
o acorde assinalado no círculo é o que faz a modulação

modulação de *DÓ* para *FÁ*

A modulação para a tonalidade relativa (que é de modo diferente e tem o mesmo número de alterações na armação de clave) faz-se igualmente sem dificuldade (de maior para menor e na inversa):

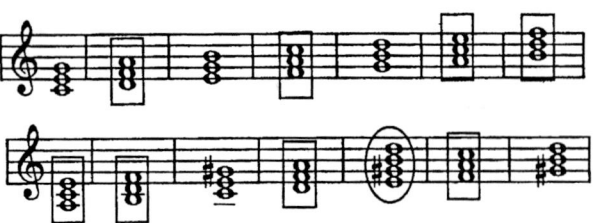

modulação de *DÓ* para *lá* menor

● **as cadências**

Uma cadência é um encadeamento de acordes exactos que se produz, mais frequentemente, no final de uma passagem. É o equivalente a um sinal de pontuação que conclui,

Os elementos constitutivos

respira ou conduz a outra frase. Podemos referir seis tipos principais de cadências: a **cadência perfeita**, a **meia-cadência**, a **cadência interrompida** e a **cadência evitada**, a **cadência plagal** e a **cadência imperfeita**.

- **a cadência perfeita**

Esta cadência encadeia imperativamente os acordes do V ao I grau em posição fundamental. Tem um forte poder conclusivo, o equivalente ao ponto final na frase.

V   I

- **a meia-cadência**

Esta cadência tem o efeito de uma vírgula, de uma respiração, de uma pequena pausa. Encadeia um acorde qualquer (habitualmente I, II ou IV) ao acorde da dominante.

II   V

- **a cadência interrompida**

Cria uma surpresa porque funciona como uma cadência perfeita. A diferença é que não será o acorde do primeiro grau que é encadeado, é o do VI, que possui duas notas comuns com o anterior.

V   VI

- **a cadência evitada**

Esta cadência cria, ela também, um sentimento de surpresa efectuando uma minúscula tentativa de modulação ao tom da dominante. Muitas vezes, sucede-lhe uma cadência perfeita, completando e terminando a passagem.

V   V de V   V   I

• a cadência plagal

Esta cadência encadeia os graus IV e I, geralmente, após uma cadência perfeita. Encontramo-la com bastante frequência, no final de passagens de música religiosa (de Haendel ao *Espiritual Negro*).

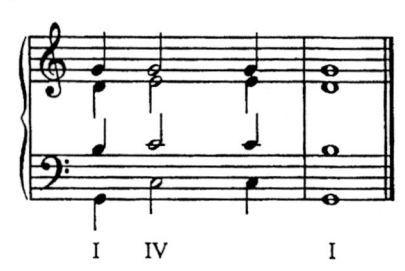

• a cadência imperfeita

O modelo apresentado é o dos encadeamentos harmónicos particulares que Gabriel Fauré utilizou nas suas obras e deixou aos harmonistas principiantes. Trata-se, com efeito, de uma meia-cadência que se constrói sobre uma escala melódica ascendente (utilizando um *mi* bequadro). O exemplo proposto é o início do *Pie Jesu* do *Requiem*.

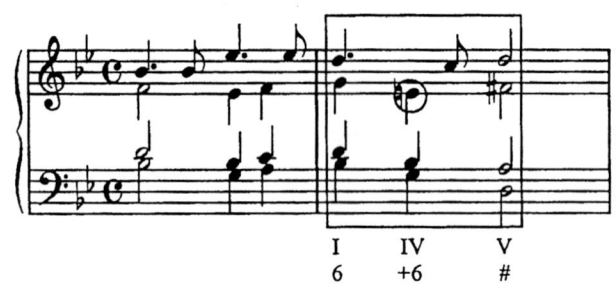

• as notas estranhas

São notas de uma melodia que não fazem parte dos sons constitutivos dos acordes que a acompanham.

a) as notas de passagem

Estas notas colocam-se ("passam") entre duas notas reais (que fazem parte do acorde). Por este facto, não produzem qualquer efeito de dissonância.

J'ai du bon tabac e duas notas de passagem

b) a apogiatura

Esta nota "apoia" outra nota que não pertence ao acorde (ex.: um tom acima) para resolver na nota seguinte.

[que j'aime] ta parure (*Mon beau sapin*)

c) os ornatos

Estas notas ornam por cima ou por baixo uma nota de um acorde e regressam ao som inicial.

ornato inferior seguido de um superior

d) a escapada

Trata-se de uma nota da melodia que não pertence a qualquer acorde próximo da passagem. Podemos considerar que é um ornato incompleto, sem o regresso à nota inicial. Esta nota é muito dissonante; no exemplo que se segue, a escapada, o *lá*, é tocado ao mesmo tempo que o *si*b do tenor, o que provoca uma ligeira perturbação harmónica, resolvida sobre o último acorde.

escapada

e) a antecipação

Estas notas são tocadas antes de se fazer ouvir o acorde que as contém. Os compositores apreciam bastante este efeito musical, porquanto permite fazer ouvir simultaneamente a sensível do acorde, aqui o *fá*#, e a tónica, o *sol*, em partes diferentes.

antecipação do *sol* do último acorde

f) o retardo

Trata-se do prolongamento de uma nota de um acorde sobre o acorde seguinte. O retardo, processo de escrita muito expressivo deve resolver-se – descendentemente será a forma mais usual – sobre uma nota do novo acorde.

        I   V   (+6)

o *si* do segundo compasso é retardado pelo *dó* do primeiro

g) a pedal

É uma nota (em referência a um som longo tocado pela pedaleira do órgão) colocada geralmente no baixo, e sobre a qual se inscrevem acordes, de que nem sempre faz parte. Uma pedal resolve-se sempre sobre um acorde que a contém.

pedal de *dó* tocada no baixo

Os elementos constitutivos

A duração

• a pulsação, as pulsações

A pulsação (no singular) é o conjunto de marcas temporais periódicas (logo, regulares) que servem de apoio à organização da duração das notas, ao longo de uma parte ou de um trecho inteiro. Estas marcas são chamadas de pulsações (no plural). Todas as notas terão, assim, durações segundo relações aritméticas simples com esta unidade de base. Multiplicando: 2x1, 3x1, 4x1, etc. Dividindo: 1/2, 1/3, 1/4, etc. Quase todos os tipos de música em todos os continentes utilizam as pulsações para as suas construções rítmicas. Podemos, no entanto, referir uma excepção na nossa música ocidental erudita, porquanto o que se designa por *canto gregoriano* ou *cantochão* é anterior a este princípio, o seu tempo (espiritual, e por isso, para além de toda a acção mecânica humana) escapa-se dele.

As primeiras pulsações (*) de *Au clair de la lune*

A linguagem popular diz: "marcar a cadência" para marcar a pulsação de um trecho musical. O termo "cadência" deve ser, absolutamente, evitado, devido a ter já outros significados musicais. Um chefe de orquestra dá, geralmente, a pulsação com o seu braço direito – que sustém a batuta – enquanto que a mão esquerda dá as entradas aos instrumentos e define as dinâmicas desejadas.

• o tempo

É a frequência da pulsação, dito de outra forma, o número de pulsações por minuto. Isto define a velocidade real de um trecho, mais do que a duração inscrita das notas. Um excerto contando sessenta pulsações tocadas num tempo de 60, dura um minuto. Se duplicarmos o tempo para 120, o mesmo excerto durará 30 segundos, não tendo sido modificada a escrita das notas. O tempo tem assim, enorme influência na interpretação e na audição da música pelo público. A *Tetralogia* de Richard Wagner (quatro óperas com cerca de quatro horas cada uma) pode, facilmente, ganhar ou perder uma hora, dependendo dos *tempos* que os diferentes maestros possam escolher, a despeito das indicações bastante exactas do compositor.

• as indicações de tempo

Estas indicações, inscritas no início de um trecho se o tempo não se modificar, ou de cada vez que se modifique, correspondem geralmente a palavras italianas que indicavam originalmente um estado de espírito – *allegro* significa "animado" – mas que se tornaram termos agógicos (reportando-se aos andamentos). Estes termos indicam, por vezes, o carácter com que se teve tocar o excerto: *gai* é mais rápido enquanto que *dolce* será, de facto, mais lento. Podemos estabelecer uma certa correspondência entre estas palavras e as indicações metronómicas; o quadro que se segue apresenta as designações mais frequentes e a respectiva velocidade, mas não devemos tomá-lo como referência absoluta! Acontece, que o primeiro termo pode ser seguido de outras palavras que determinem a execução esperada pelo compositor. Ex.: *allegro ma non troppo (non tanto)*: animado mas não demais (sem exagerar).

Termos italianos	Equivalentes portugueses	Velocidades metronómicas
Largo	Largo, muito lento	40 a 60
Adagio	Lento	60 a 80
Andante	Animado, sem atrasar	80 a 120
Allegro	Vivo, rápido	120 a 170
Presto	Muito rápido	170 a 240

as principais indicações do tempo

● o metrónomo

É um pequeno aparelho mecânico, registado por Johann Nepomuk Maelzel (1772 - 1838) em 1816, que permite definir exactamente o tempo de um excerto musical. É constituído por um mecanismo de mola que acciona um pequeno braço oscilante, graduado por um pequeno peso móvel que lhe serve de lastro. Quanto mais alto estiver este peso, mais tempo leva o braço a oscilar e mais lento será o ruído obtido (como um estalido) e que serve de referência à marcação do tempo. Beethoven foi um dos primeiros compositores a indicar, de forma rigorosa, as indicações metronómicas nas suas partituras. Chegou mesmo a escrever um andamento na sua *oitava sinfonia* que faz ouvir um movimento contínuo de colcheias, em homenagem, segundo ele, a Maelzel e à sua invenção. Curiosamente e mau-grado este facto, poucos chefes de orquestra ousam aplicar, verdadeiramente, os *tempos* com rigor: defendem que a música será impossível de executar ou desvirtualizada se respeitarem cegamente as indicações do compositor.

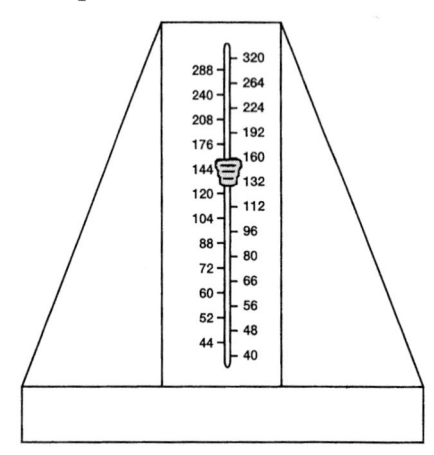

metrónomo (esquema)

Hoje, existem metrónomos eléctricos que emitem sons ou uma luzinha intermitente. Certos modelos são mesmo equipados com um auscultador de pequeno formato, para que os músicos os possam ouvir enquanto tocam. É um utensílio indispensável para a boa execução de passagens rítmicas complexas, mas é bom não esquecer que ligeiras imperfeições, normais e esperadas, constituem uma parte do interesse musical de uma peça: uma execução demasiado rígida no ponto de vista rítmico, torna-se aborrecida. A observação metronómica do tempo é, sobretudo, válida para a execução de certos peças que fazem ouvir um movimento contínuo de notas da mesma duração, como as que podemos encontrar em Johann Sebastian Bach.

● as indicações pontuais de tempo

Por vezes, no decorrer de um trecho, o compositor pode solicitar, pontualmente, uma ligeira alteração de tempo, que se traduzirá por indicações inscritas sob a pauta: *acc.*, *accelerando* (acelerando), *rit.*, *ritardando* ou *ritenuto* (retardando ou sustentado).

Os elementos constitutivos 39

- **pulsações binárias e ternárias**

Um elemento fundamental relativo ao ritmo consiste em definir quais as divisões internas das pulsações. Existem dois grandes sistemas de organização rítmica: o sistema **binário** e o sistema **ternário**. Além da divisão teórica por dois (binário) ou por três (ternário) da pulsação, cada sistema tem as suas características próprias.

- **as figuras de ritmo**

Cada duração de uma nota tem uma representação gráfica que lhe corresponde na partitura. Ao modificar apenas um pequeno elemento desta representação, o sentido é modificado e, também, a duração da nota. Este sistema permite definir com exactidão um grande número de valores.

- **a pulsação binária e a sua divisão**

Neste sistema, a duração de base vale um tempo (1) e é habitualmente uma semínima (o corpo da nota é cheio a preto e munido de uma haste simples). Percorre um intervalo de tempo compreendido entre duas pulsações. No esquema que se segue, cada pulsação é marcada por um asterisco (*); cada semínima começa num asterisco e prolonga-se até ao seguinte. Esta representação é, afinal, bastante imprecisa, dado que a continuidade do som não é representada, apenas o início da nota.

duas semínimas e a sua duração

A semínima pode dividir-se num número de notas de duração igual, seguindo as potências de dois:

2^0 = uma nota para um tempo: uma **semínima**;

2^1 = duas notas para um tempo: duas colcheias, reconhecíveis pela sua ligadura simples ou pela colcheia única com uma cauda no topo da haste.

duas colcheias ligadas e colcheias isoladas

Acontece que uma figura hoje desaparecida, a "colcheia-branca", ainda surge em manuscritos ou edições antigas, como por exemplo este *pointé-coulé* para duas violas da gamba, extraído do *Douzième Concert* de François Couperin publicado em 1724:

colcheias "brancas" (com valor de semínima)

2^2 = quatro notas para um tempo: quatro **semicolcheias**, que têm uma ligadura dupla ou uma cauda dupla.

quatro semicolcheias ligadas e semicolcheias isoladas

2^3 = oito notas para um tempo: oito **fusas**, com uma ligadura tripla ou uma cauda tripla.

oito fusas ligadas e oito fusas isoladas

2^4 = dezasseis notas para um tempo: dezasseis **semifusas**

dezasseis semifusas e uma semínima

Em teoria, poderíamos continuar, livremente, seguindo o mesmo princípio e multiplicando, sempre por dois, o número de notas idênticas por pulsação. Na prática, as semifusas constituem um limite raramente atingido: encontramo-las em andamentos muito lentos, em que a pulsação nem sequer é a semínima mas, muitas vezes, a colcheia, o que já perfaz oito notas regulares por minuto. Na música vocal, em que cada sílaba corresponde a, pelo menos, uma nota, é usual quebrar as ligaduras dos grupos de várias notas, isolando-as, por forma a permitir ao cantor realizar uma leitura mais rigorosa. Para a mesma melodia, o instrumentista terá figuras "ligadas".

É bem evidente que todos estes valores de base se podem combinar entre si sem dificuldade:

frase formada por ritmos diferentes

- **a ligadura**

Alguns valores de notas, mais ou menos curtos, e não pertencentes à mesma pulsação podem agrupar-se formando apenas um único som: desenha-se uma curva entre estas notas da mesma altura, uma **ligadura**, significando que apenas se tocará uma *única nota* cuja duração será igual à soma das durações das duas.

duas ligaduras

- **a pulsação binária e a multiplicação**

No sistema binário, uma nota pode, evidentemente, durar muito mais do que um único tempo, do que uma semínima. As multiplicações das durações fazem-se, de igual forma, seguindo as potências de dois, tendo uma grafia particular para cada duração.

2^1 = uma nota para dois tempos: uma **mínima** (equivalente a duas semínimas) que se reconhece pela sua figura "branca".

duas mínimas

2^2 = uma nota para quatro tempos: uma **semibreve** (equivalente a duas mínimas) que é uma mínima sem haste.

uma semibreve

2^3 = uma nota para oito tempos: uma **breve** (equivalente a duas semibreves; rara).

uma breve

Notas muito longas e sem grafia própria, são escritas com o auxílio de ligaduras:

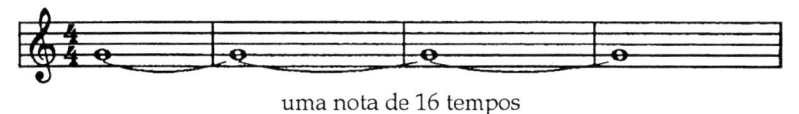

uma nota de 16 tempos

- **os valores com ponto de aumentação**

No interior de uma pulsação, pode acontecer que se deseje uma nota que não resulte de uma divisão por dois. Para evitar uma ligação inútil, **pontua-se** o valor superior. Ex.: uma colcheia pontuada vale três semicolcheias (uma vez e meia o seu valor).

três escritas equivalentes (a última é a melhor)

Todos os valores das notas podem ser pontuados e valer uma vez e meia o seu valor não pontuado. Ex.: uma **semínima com ponto** vale uma semínima + uma colcheia (uma semínima e meia ou três colcheias). Para completar a fracção do tempo que resta, acrescenta-se um elemento do valor inferior.

O grupo **colcheia com ponto – semicolcheia** executa-se durante um tempo: uma colcheia + uma semicolcheia = 0,75 de um tempo, uma **colcheia com ponto**. Para completar, acrescenta-se uma semicolcheia ou o seu equivalente.

colcheia com ponto – semicolcheia

O grupo **semínima com ponto – colcheia** executa-se durante dois tempos: uma semínima + uma colcheia = 1,5 tempo, uma **semínima com ponto**. Para completar, acrescenta-se uma colcheia ou o seu equivalente.

semínima com ponto – colcheia

O grupo **mínima com ponto – semínima** executa-se durante quatro tempos: uma mínima + uma semínima = três tempos, uma **mínima com ponto**. Para completar, acrescenta-se uma mínima ou o seu equivalente.

mínima com ponto – semínima

O grupo **semibreve com ponto–mínima** executa-se durante oito tempos: uma semibreve + uma mínima = seis tempos, uma **semibreve com ponto**. Para completar, acrescenta-se uma mínima ou o seu equivalente.

semibreve com ponto – mínima

- **o duplo ponto**

Permite juntar a uma nota já pontuada, metade da duração do valor inferior.

realização de uma semínima duplamente pontuada

- **as figuras de silêncio (pausas)**

Como o som, o silêncio deve marcar-se de forma bastante exacta. Existe, por isso, para cada valor de nota um sinal de pausa que lhe corresponde.

O sinal de pausa que equivale a uma semibreve é a **pausa de semibreve**. É um traço horizontal colocado *sob* a quarta linha. Quando um compasso não contém qualquer nota, independentemente da sua medida de tempo, preenche-se sempre com uma pausa de semibreve.

uma semibreve e a respectiva pausa

A **pausa de mínima** vale dois tempos binários de silêncio. É um traço horizontal "colocado" *sobre* a terceira linha da pauta.

uma mínima e a pausa de mínima

A **pausa de semínima** corresponde a um tempo de silêncio.

uma semínima e a pausa de semínima

A **pausa de colcheia** vale uma colcheia de silêncio.

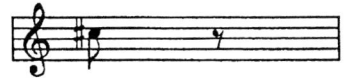

uma colcheia e a pausa de colcheia

A **pausa de semicolcheia** e **a pausa de fusa** são figuras de silêncio relativas à semicolcheia e à fusa. Verifica-se que estes sinais de pausa têm o mesmo número de caudas que as notas a que estão referidas.

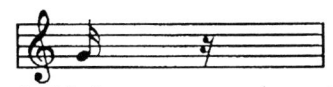

uma semicolcheia e uma pausa de semicolcheia

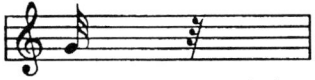

uma fusa e uma pausa de fusa

Como para as figuras das notas com as quais têm a possibilidade de se misturar, as figuras de silêncio podem pontuar-se e durar uma vez e meia o seu valor não pontuado. Esta propriedade é muitas vezes utilizada para reagrupar vários sinais de silêncio num único:

estas duas escritas são equivalentes (a segunda é mais abreviada)

• **a pulsação ternária e a sua divisão**

O valor de base vale um (1) tempo e tem o nome de semínima com ponto (equivalente a três colcheias). Dura o intervalo de tempo compreendido entre duas pulsações. No esquema que se segue, cada pulsação é marcada com um asterisco (*); cada semínima com ponto (ou a sua equivalente) começa no asterisco e prolonga-se até à seguinte.

uma semínima pontuada e três colcheias

A semínima com ponto tem divisões internas um pouco diferentes das que encontramos na semínima. A sua primeira divisão é em três colcheias regulares. Por conseguinte, cada colcheia será dividida em múltiplos de dois.

três colcheias e seis semicolcheias

seis semicolcheias e doze fusas

A divisão dos valores termina, geralmente, neste nível. Uma divisão frequente da semínima com ponto corresponde ao grupo "semínima-colcheia" ou "colcheia-semínima".

"semínima-colcheia" seguida de "colcheia-semínima"

As três colcheias podem ser tocadas de forma irregular. A figura mais frequentemente utilizada é a "siciliana", cujo ritmo se encontra num número bastante elevado de andamentos lentos de concertos de Vivaldi.

três colcheias seguidas de uma "siciliana"

O ritmo de siciliana comporta três notas de durações diferentes que são colocadas segundo uma certa ordem; no entanto, podemos modificar esta ordem de acordo com os imperativos da música.

- **os valores longos das medidas ternárias**

Uma nota durando duas pulsações ternárias escreve-se geralmente sob a forma de uma mínima com ponto:

uma mínima com ponto ternária

Não existe notação reunindo num som três pulsações ternárias; escreve-se ligando uma mínima com ponto a uma semínima com ponto:

três tempos ternários

Uma semibreve com ponto vale duas mínimas com ponto ou quatro semínimas com ponto:

uma semibreve com ponto ternária

- **os valores irregulares**

Pode acontecer que se necessite, temporariamente, de uma divisão ternária numa pulsação binária: o grupo assim obtido chama-se **tercina** ou três-quiáltera. Poderá ser de qualquer valor: de mínimas, de semínimas, de colcheias, de semicolcheias, etc. Pelo contrário, um grupo de duas notas numa medida ternária designa-se por **bisina** (dois-quiáltera). Também existem, mas a lista não será exaustiva, a **quatrina** ou (quatro-quiáltera) e a **quintina** ou (cinco-quiáltera).

quatro colcheias e duas tercinas de colcheias (medida binária)

três colcheias e uma bisina (medida ternária)

três colcheias e uma quatrina (medida ternária)

quatro colcheias e uma quintina (medida binária)

Os valores irregulares existem para todas as durações de notas. Ex.: a tercina de semínimas que se executa no tempo de uma mínima:

uma tercina de semínimas e duas semínimas (medida binária)

- **a suspensão**

É um sinal que se coloca por cima de uma nota ou de um acorde, indicando que a duração dessa nota ou acorde deve ser alongada de forma significativa, conforme a liberdade do intérprete. Muitas vezes, uma suspensão indica o final de uma frase musical (nomeadamente, de um coral) ou mesmo o fim da repetição de uma parte de um excerto. O equivalente para uma figura de silêncio será a **pausa suspensiva**.

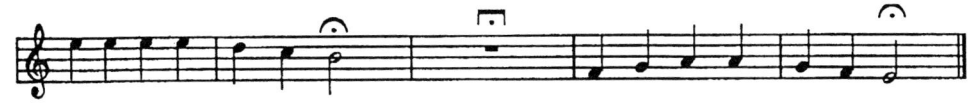

uma suspensão de final de frase; uma pausa suspensiva; uma suspensão final

- **os compassos**

Para a comodidade da leitura e uma boa interpretação rítmica das obras, reúnem-se as pulsações em grupos idênticos: os **compassos**. Um compasso é separado do seguinte pela **barra de compasso**. Estes grupos são blocos de duas, três, quatro ou seis pulsações ainda que se possam encontrar outras (uma, cinco, sete, etc.). Indica-se no início de um trecho o número de pulsações e o valor de cada uma delas através de dois números específicos que constituem a **cifra do compasso**.

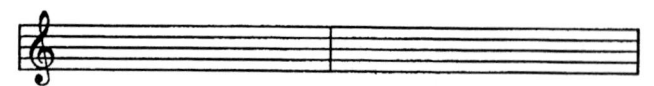

dois compassos (em branco) e uma barra de compasso

• **a cifra de compasso**

Corresponde, geralmente, a dois números colocados um sobre o outro, do lado direito da primeira clave de um trecho musical, indicando a organização rítmica do mesmo. O número de CIMA (que ocupa a posição de um numerador) indica o número de pulsações (de tempos) por compasso, enquanto que o número de BAIXO (que ocupa a posição de um denominador, calculado relativamente à semibreve: mínima = ½ semibreve, número 2; semínima = ¼ semibreve, número 4; colcheia = $^1/_8$ semibreve, número 8; etc.) determina se a pulsação é binária ou ternária. Geralmente, um compasso é binário se o número de baixo for 2 (pulsação = mínima) ou 4 (pulsação = semínima). Um compasso é ternário se o número de baixo for 8, mas cada pulsação valerá então três colcheias (semínima com ponto).

Veja-se alguns compassos binários (pulsação = semínima): em "um por quatro", "dois por quatro", "três por quatro", "quatro por quatro".

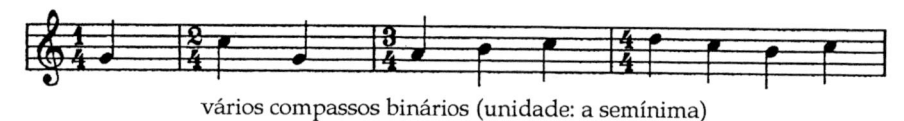

vários compassos binários (unidade: a semínima)

Observe-se agora outros compassos binários (pulsação = mínima): em "um por dois", "dois por dois", "três por dois" e "quatro por dois".

vários compassos binários (unidade: a mínima)

Acontece, por vezes, que no lugar da escrita moderna dos seguintes compassos

quatro tempos à semínima – dois tempos à mínima

encontramos a escrita antiga equivalente (a lembrar a grafia das medidas ditas "imperfeitas" da Idade Média):

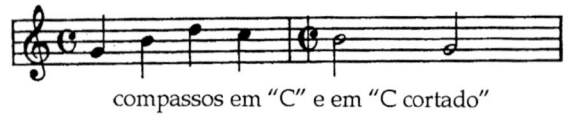

compassos em "C" e em "C cortado"

Os compassos ternários (pulsação = mínima com ponto) escrevem-se por grupos de três colcheias:

alguns exemplos de compassos ternários (pulsação = semínima com ponto)

Os elementos constitutivos   47

Contrariamente às aparências, podemos, igualmente, encontrar compassos binários com o denominador oito e medidas ternárias com quatro no denominador:

compassos binários a dois tempos (colcheias) e ternário a dois tempos (mínimas com ponto)

O tempo ocupa uma grande importância na execução; assim, os compassos seguintes são muito diferentes, graficamente, mas absolutamente idênticos ao ouvido:

os *tempos* são: colcheia a 120, semínima a 120, mínima a 120, semínima a 40

Podemos também forçar o tipo de compasso e transcrever em binário o que é ternário, invertendo-o e mantendo o mesmo tempo para a pulsação:

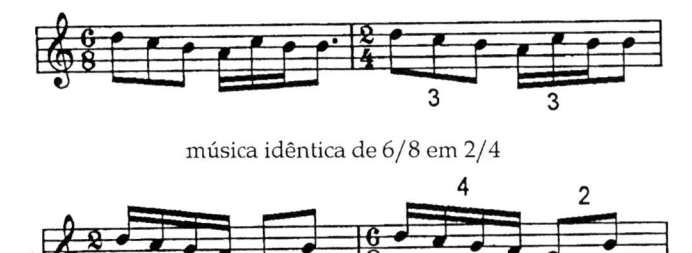

música idêntica de 6/8 em 2/4

música idêntica de 2/4 em 6/8

Para concluir acerca destes tipos de compasso, é preciso relembrar que a escrita musical deverá reflectir o pensamento do compositor, mas, igualmente, ser escrita de modo a permitir uma leitura o mais fácil possível.

● **a hierarquia dos tempos nos compassos**
Se as pulsações são agrupadas de uma e não de outra maneira, é porque obedecem a uma hierarquia interna própria de cada compasso: existem tempos "fortes" e tempos "fracos".

Nos compassos a dois tempos (2/4 ou 6/8), o primeiro tempo é "forte", quer dizer que é bastante mais marcado do que o segundo, que se executa de forma menos acentuada. Isto é bastante evidente nos andamentos de marcha (dois pés = dois tempos). No exemplo que se segue, F representa um tempo forte e f um tempo fraco.

F f   F f   F f   F f

Nos compassos a três tempos, o primeiro é mais forte (F), o segundo mais fraco (f) e o terceiro algo entre os dois (m=médio):

F   f   m   F   f   m

Bach: 1º *Concerto Brandeburguês*, Minueto

Os compassos a quatro tempos são extensões dos compassos a dois tempos:

F   f   m   f

• **os compassos irregulares**

Os compassos têm, geralmente, um número de pulsações de 1, 2, 3 ou 4 em binário, tal como em ternário. No entanto, acontece que existem músicas escritas em compassos ditos "irregulares" que correspondem aos compassos a cinco ou sete tempos ou até compassos a nove, agrupados de forma peculiar: 2 + 2 + 2 + 3 em vez de 3 vezes 3. Veja-se dois exemplos de Dave Brubeck:

Take Five escrito de duas maneiras diferentes

notação normal e notação real (*Blue Rondo a la Turc*)

• **durações e compassos**

Há notas que podem sobrepor-se a dois compassos. Para respeitar a sua duração e a correcção rítmica dos compassos, utilizam-se as ligaduras de prolongação. Ex.: no tema do *Hino à Alegria* de Beethoven, temos um som que deve prolongar-se durante dois tempos. Este começa no quarto tempo de um compasso e prolonga-se sobre o primeiro tempo do compasso seguinte. A única forma de o escrever consiste em dividi-lo em dois, completando o resto da duração no compasso seguinte e reagrupar as duas metades com o auxílio de uma ligadura:

Beethoven: nota com ligadura de prolongação

A intensidade

É a característica do som respeitante à sua potência sonora, ao seu volume. Os físicos utilizam o *bel* e sobretudo o *décibel* (dB), unidades relativas de comparação de intensidade entre dois sons. Os músicos utilizam pequenos sinais que se inscrevem, habitualmente, por baixo das pautas e que indicam o volume desejado ou o efeito de volume relativo desejado. Com efeito, se um compositor indica uma *nuance* forte para uma certa passagem de uma obra orquestral, o verdadeiro resultado sonoro dependerá do número de músicos presentes. É evidente que quarenta violinos produzirão mais som do que vinte (de facto 30% mais forte). Em compensação, as relações de intensidade serão conservadas seja qual for o número de músicos utilizado. Estes sinais de controle de volume, a que os músicos chamam de *nuances*, são, na sua maioria, derivados de palavras italianas. Surgiram no séc. XVI mas, até meados do século XVIII, o seu uso foi bastante moderado, pontualmente, para marcar um forte contraste de volume: *fraco – forte* ou o inverso. Apesar de ser possível encontrar alguns exemplos precoces (em francês ou em inglês), a verdade é que somente no século XIX se tornou frequente encontrar esses mesmos termos italianos traduzidos na língua materna dos compositores. Se foi possível efectuar uma correspondência entre as indicações de tempo e uma certa velocidade metronómica, verificamos que, uma vez mais, somos relativamente impotentes para tentar a mesma operação com os sinais de intensidade. Um *fortissimo* exigido a uma flauta de bisel estará muito longe da mesma *nuance* escrita para piano. Uma *nuance* orquestral será bastante diferente da mesma *nuance* exigida num quarteto de cordas. Digamos, para resumir, que as *nuances* são em parte relativas entre si e só adquirem sentido quando em relação umas com as outras. As *nuances* podem ser indicadas tanto para uma passagem longa como para uma única nota (Messiaen: *Modes de valeurs et d'intensités*).

- **os sinais de intensidade constante**

Estes sinais definem uma intensidade pontual que será válida até ao aparecimento de um outro sinal.

Sinal	*pp*	*p*	*mp*	*mf*	*f*	*ff*
Italiano	*pianissimo*	*piano*	*mezzopiano*	*mezzo forte*	*forte*	*fortissimo*
Português	muito fraco	fraco	meio fraco	meio forte	forte	muito forte

Quadro das principais intensidades

- **os sinais de intensidade mutável**

Permitem uma evolução progressiva do volume de uma *nuance* para outra. São em número de dois: **crescendo** (cada vez mais forte) e **decrescendo** ou **diminuendo** (cada vez mais fraco) e têm a forma de um funil que se alarga para a direita, para o primeiro (o som aumenta de volume) e para a esquerda, no segundo.

Dvorak: *Sinfonia do Novo Mundo*, IV

- **as intensidades compostas**

Pode acontecer que uma nota seja objecto de duas intensidades sucessivas como, por exemplo, um ataque forte seguido de uma continuação fraca ou vice-versa.

Sinais	*fp*	*Sfz* ou *sf*	*Sfp*
Italiano	*forte piano*	*Sforzando* ou *sforzato*	*Sforzando piano*
Português	forte fraco	som reforçado	idem, seguido de fraco

Quadro das intensidades compostas

Todos estes sinais podem combinar-se:

Berlioz: "idée fixe" [ideia fixa] da *Sinfonia Fantástica*

Organologia

A **organologia** é o estudo dos instrumentos de música. O princípio fundamental do funcionamento dos instrumentos consiste em pôr o ar em vibração, o que tem como resultado a produção de som. Classificam-se em quatro categorias: os sopros, as cordas, as percussões e os instrumentos que utilizam as novas tecnologias.

A: os instrumentos de sopro (aerófonos) fazem vibrar a coluna de ar que está contida no corpo do instrumento. Dividem-se em dois grupos: as "madeiras" e os "metais".

1º) as **"madeiras"** são classificadas assim devido à sua história e ao modo de produção do som. Integraram, na segunda metade do século XIX, um instrumento como o saxofone, que apesar de não incluir madeira na sua estrutura, tem uma boquilha de clarinete. Repartem--se em cinco grupos:

a) instrumentos de **embocadura em aresta** (bisel), em que o instrumentista projecta o ar sobre um orifício em aresta situado numa extremidade do instrumento, como a **flauta transversa** (piccolo, flauta alto, flauta baixo) que era construída em madeira até à época clássica, adquirindo a sua forma actual no século XIX (sistema de chaves de Boehm). O flautista é responsável por uma grande parte da sonoridade obtida. O outro tipo de flauta dispõe de um canal que conduz o ar directamente na direcção do bisel: a **flauta de bisel** (sopranino, soprano, alto, tenor, barítono, baixo e contrabaixo) com uma sonoridade fraca e que deixou de ser utilizado na orquestra em meados do século XVIII.

b) os instrumentos de **palheta simples**, que fazem vibrar uma lamela de cana de junco. O **clarinete,** que tem uma sonoridade doce (requinta, alto, baixo, contrabaixo e *cor de basset*) e o **saxofone,** com um timbre mais agressivo (sopranino, soprano, alto, tenor, barítono e baixo), pertencem a este grupo.

c) os instrumentos de **palheta dupla**, que utilizam uma dupla lamela de cana de junco para fazer vibrar o ar, tal como o **oboé** (corne inglês) ou o **fagote** (contrafagote) que têm uma sonoridade anasalada.

d) instrumentos de **palhetas livres** que produzem o som fazendo vibrar lamelas metálicas integradas no interior dos instrumentos. Podemos referir o **acordeão** e a **harmónica**.

e) o **órgão** de igreja, que integra muitos dos sistemas acima indicados. Este instrumento possui uma reserva de ar, tubos e um sistema de transmissão que permite seleccionar uma sonoridade, um registo distinto ou misturá-la com outras. Cada registo é constituído por uma série completa de tubos. O órgão é munido de vários teclados sobrepostos (de 2 a 5) e de uma pedaleira cromática que serve, sobretudo, para executar as notas graves. Existem dois tipos de tubos: os tubos flautados ou jogos de boca e os tubos palhetados ou jogos de palheta. A partir daqui, em função do material (madeira ou metal), da forma (cónica ou cilíndrica) e da terminação (fechada ou aberta), cada registo irá ter uma sonoridade particular.

2º) os **metais** funcionam graças à vibração dos lábios dos músicos. Em função da forma e da perfuração do tubo do bocal (cónica, cilíndrica ou mista), o timbre obtido é bastante diferente. Durante muito tempo, estes instrumentos eram apenas constituídos por um tubo, mais ou menos curvo, não forçosamente metálico (**buzina de corno, serpentão**). As diferentes notas eram obtidas graças ao sopro do executante, que produzia os diferentes harmónicos do som fundamental gerado pelo tubo (instrumentos ditos "naturais"). Os metais existem em vários formatos, cada um de entre eles correspondendo a uma tonalidade (em *dó*, em *ré*, em *fá*,...) tal como os timbales, aos quais eram, muitas vezes, associados. Seguidamente, foram adaptados aos instrumentos pequenos tubos que modificavam o comprimento total do tubo principal: as **roscas adicionais** [*corps de rechange*]. Por volta de 1814, aplicaram definitivamente o sistema de **pistões** a todos os metais, permitindo a estes instrumentos tocar em diferentes tonalidades sem os instrumentistas terem necessidade de efectuar verdadeiras "obras de canalização"! Note-se o facto de que estes instrumentos conservaram a particularidade de serem **transpositores**, isto é, de não tocarem as notas tal como estão escritas (para uma trompa em *fá*, um *sol* na partitura é realmente um *dó*). Podemos referir a **trompete** (piccolo, alto, baixo, cornetim), o **trombone** (alto, tenor, baixo e contrabaixo), que possui uma vara deslizante que modifica o comprimento útil do tubo e a **trompa de harmonia** (tuba, sousafone, *hélicon*)

B: os instrumentos de cordas (cordófonos) amplificam através de uma **caixa de ressonância** a vibração destas últimas. Há três maneiras diferentes de as fazer vibrar: friccionando, beliscando e percutindo.

1º) as **cordas friccionadas** utilizam um **arco** (vara de madeira com crinas de cavalo). No século XVI coexistiam dois tipos de instrumentos: a **viola da braccio** (viola que se tocava apoiada no braço) e a **viola da gamba** (viola que se tocava apoiada nas pernas). Os descendentes destes dois instrumentos são os seguintes:

a) o **violino** (alto, violoncelo e contrabaixo) é o descendente da *viola da braccio* dado que se toca apoiado no braço esquerdo. Tem as ilhargas arredondadas, quatro cordas, orifícios em forma de "*f*" e não tem trastos no braço. A extremidade do braço é ornada com uma voluta. Se na Itália ou na Alemanha reconheceram rapidamente as capacidades do violino, a França conservou algumas reticências à sua utilização, uma vez que ainda no início do século XVIII, era considerado como um instrumento dos saltimbancos, enquanto que a viola, com uma sonoridade mais discreta e talvez mais aristocrática, gozava ainda de grande preferência.

acorde do violino, do alto, do violoncelo e do contrabaixo

b) a **viola da gamba** (soprano, alto, tenor, baixo e contrabaixo) é a descendente do instrumento homónimo do século XVI. Tem as ilhargas altas, seis cordas, orifícios em forma de "C" e tem trastos no braço. O instrumento não possui voluta mas é ornado, muitas vezes, com uma escultura de cabeça de mulher. A esta família pertencem o **barítono**, viola da gamba munida de cordas simpáticas (cordas que vibram unicamente por ressonância), e que foi tocado, nomeadamente, pelo patrono de Joseph Haydn. As violas eram tocadas em conjunto ("*consort*") ou a solo.

acorde da viola da gamba

2º) as **cordas beliscadas** podem sê-lo de duas formas: directamente pelos dedos do executante, ou por uma palheta de um mecanismo apropriado.

a) o **alaúde** (bandolim, balalaica, teorba, *chitarrone* ou guitarrão, *colascione* ou colachão) – do árabe *al'ûd*: a madeira – tem uma caixa arredondada, uma abertura rendilhada, um cravelhame colocado no ângulo direito do braço e comporta, geralmente, cinco fieiras de cordas duplas (ordens ou *choeurs*) e uma corda simples melódica, a *chanterelle*. Do século XV ao início do séc. XVIII, foi um instrumento muito praticado e foi-lhe destinada uma abundante literatura musical. As cordas do alaúde beliscam-se com os dedos.

os dois principais acordes do alaúde

b) a **guitarra** (*vihuela, arpeggione, ukulele*, banjo) tem uma caixa em forma de oito, um orifício circular e seis cordas. Desenvolveu-se, primeiramente, em Espanha na Idade Média e tornou-se um instrumento aristocrático (Luís XIV tocava-a) no século XVII (possuía então quatro ou cinco ordens de cordas). Adquiriu as actuais seis cordas no século XVIII e no início do século seguinte. Paganini e Berlioz tocaram-na. O sistema de notação por tablaturas praticado para este instrumento (tal como para o alaúde) é muito antigo e ainda hoje é utilizado. As cordas da guitarra "clássica" tocam-se com os dedos.

o acorde da guitarra

c) o **cravo** (virginal, espineta) possui um ou dois teclados, beliscando as cordas com a ajuda de plectros de feltro colocados sobre os saltarelos (mecanismo que permite beliscar as cordas e regressar à posição inicial sem a tocar de novo). Foi muito utilizado durante o Renascimento e até à época clássica, quando foi suplantado pelo piano.

d) a **harpa** (céltica, de concerto) é um instrumento cujas cordas são esticadas verticalmente e beliscadas com os dedos. A harpa de concerto é munida de um sistema de sete pedais que permitem subir as 47 cordas em um ou dois meios-tons a fim de ser inteiramente cromática.

3º) os instrumentos de **cordas percutidas** são, essencialmente, representadas pelo **clavicórdio**, que percute as cordas com uma tangente (pequena chapa de latão) que divide as cordas em duas: uma das duas partes pode vibrar e produzir um som mais ou menos forte em função do ataque. Mas o instrumento principal deste grupo é o **piano** (vertical e de cauda) que percute as cordas com o auxílio de pequenos martelos cobertos de feltro. A grande vantagem deste instrumento, cujo aperfeiçoamento se iniciou na primeira metade do século XVIII, consiste na sua capacidade de produzir um volume sonoro conforme à energia aplicada sobre as teclas. Dito de outra forma, comparativamente ao cravo e à intensidade constante deste, o novo instrumento pode tocar de forma fraca (*piano*) ou forte (*forte*). Além disso, o sistema dos abafadores permite manter os sons, enquanto se tocam outros situados num plano sonoro diferente.

C: os instrumentos de percussão são classificados em função dos seus materiais e das respectivas características musicais.

1º) os **idiófonos** produzem som por si próprios

a) os **idiófonos de concussão** funcionam por choque com um instrumento idêntico: as **clavas, castanholas, címbalos (pratos)** ...
b) os **idiófonos de percussão**: o **triângulo, xilofone** (marimba), **metalofone** (*glokenspiel*, celesta, vibrafone), **sinos tubulares, címbalo (gongo), bloco de madeira** (*wood-block*), **guizos, sininhos, campainhas** ...
c) os **idiófonos por raspagem**: o **reco-reco**, a **cegarrega**.
d) os **idiófonos por beliscadela**: a **caixa de música**, o **berimbau**.
e) os **idiófonos por fricção**: **copofone** ou **harmónica de Franklin** (por vibração de vidro molhado), o **flexaton** ou **serrote musical** (serrote tocado com um arco).

2°) os **membranófonos** utilizam uma pele esticada que, mais frequentemente, é percutida:

a) percussão por macetas, baquetas ou bilros: os **timbales** (bacias ou **caldeiras** semi-esféricas, cobertas com pele), são afinados e produzem notas exactas, enquanto que os **tambores** (bombo, tarola), de forma cilíndrica, produzem ruídos (sons indeterminados).
b) percussão manual: os **bongos**, as **congas** ...

D: os instrumentos eléctricos e electrónicos surgiram no início do século, com os progressos ligados ao domínio da electricidade, depois da electrónica e por fim, da informática. Existem dois tipos de instrumentos:

1°) os instrumentos acústicos amplificados: a **guitarra eléctrica** (guitarra baixo), o **violino eléctrico** que possuem captadores colocados sob as cordas transmitindo o som a um amplificador. À saída, o som pode ser modificado pelo uso de filtros.

2°) os instrumentos com um **módulo de som incorporado**: o **sintetizador** (que pode "fabricar" as suas sonoridades), o **expansor** (que tem sons pré-determinados na sua memória e que não os pode modificar). Estes dois instrumentos são munidos de um teclado que serve para os comandar.

E: a informática musical e a norma M.I.D.I. (interface numérico para instrumento musical) surgiram no início dos anos 80, devido à necessidade que os músicos tiveram de transmitir dados numéricos da escrita musical, de um instrumento para outro, quaisquer que sejam os seus fabricantes, modelos e sistemas informáticos utilizados. É, por isso, que um excerto pode ser gravado na máquina X com um programa A e ser tocado pela máquina Y com um programa B. Se a compatibilidade MIDI for assegurada, o resultado é praticamente idêntico de uma configuração para outra. Eis as principais características do MIDI:

• Existem **16 canais** MIDI. Cada canal pode fazer ouvir uma sonoridade distinta, o que permite misturar, num dado momento, 16 instrumentos. Por normalização, o canal n° **10** é reservado para as **percussões**.

• O número de partes diferentes é quase ilimitado, dependendo das possibilidades materiais ou programáticas.

• Foi definido um quadro de **128** instrumentos (sem contar as percussões).

• Um ficheiro MIDI criado com uma configuração instrumental precisa será reconhecido e tocado **tal como foi escrito** por qualquer outro sistema respondendo à norma geral MIDI. Alguns fabricantes alargaram esta norma, como a Roland e o seu modelo G.S. ou a Yamaha e o seu modelo X.G.

Os elementos constitutivos 55

• Os dados de um ficheiro MIDI correspondem aos valores dos parâmetros musicais: altura, duração, intensidade e timbre. **Podemos modificar em tempo real qualquer um desses parâmetros**. Parâmetros especiais (os controladores MIDI) são utilizados para afinar o som (um dos parâmetros, o *bank controller*, permite ter acesso a sonoridades suplementares).

O **material mínimo** para se equipar é o seguinte:

• Um **computador** (com um programa musical) que receberá as coordenadas vindas do módulo de som, tratará estes dados através do programa e reenviá-los-á para o módulo.

• Um **interface** MIDI, que pode assumir a forma de um módulo de expansão a inserir na máquina ou através de um dispositivo que assegura a ligação entre o computador e o módulo de sons.

• um **módulo de sons** (com ou sem teclado) que contém na sua memória um certo número de sonoridades.

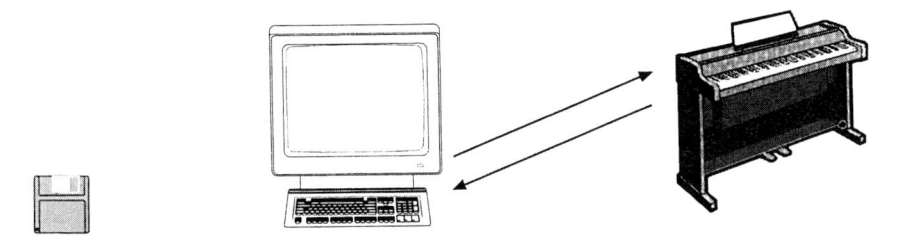

um sistema completo: programa + computador + teclado (expansor)

Pianos	Baixos	Palhetas	Efeitos sintét.
1 piano de concerto	33 contrabaixo pizz.	65 sax. soprano	97 chuva
2 piano brilhante	34 baixo eléct. (dedos)	66 sax. alto	98 soundtrack
3 piano doce	35 baixo eléct. (palheta)	67 sax. tenor	99 cristal
4 piano honky-tonk	36 baixo sem trastos	68 sax. barítono	100 atmosfera
5 piano eléctrico 1	37 baixo slap 1	69 oboé	101 brilho
6 piano eléctrico 2	38 baixo slap 2	70 corne inglês	102 goblins
7 cravo	39 baixo sintet. 1	71 fagote	103 ecos
8 clavinete	40 baixo sintet. 2	72 clarinete	104 ficção-científica
Percus. Cromát.	**Cordas**	**Flautas**	**Inst. étnicos**
9 celesta	41 violino	73 piccolo	105 sitar
10 glockenspiel	42 alto	74 flauta transv.	106 banjo
11 caixa de música	43 violoncelo	75 flauta de bísel	107 shamisen
12 vibrafone	44 contrabaixo	76 flauta de pan	108 koto
13 marimba	45 trémulo de cordas	77 garrafa	109 kalimba
14 xilofone	46 cordas em pizzicato	78 shakuhachi	110 cornamusa
15 sinos tubulares	47 harpa	79 assobio	111 rabeca
16 dulcimer	48 timbales	80 ocarina	112 shanaï
Órgãos	**Ensembles**	**Sint. melódicos**	**Percussões**
17 órgão 1	49 ensemble de cordas 1	81 square	113 sino
18 órgão 2	50 ensemble de cordas 2	82 saw tooth	114 agogo
19 órgão de rock	51 cordas sintetizadas 1	83 calliope	115 steel drums
20 órgão de igreja	52 cordas sintetizadas 2	84 chiff	116 wood-block
21 órgão de palhetas	53 coro Aah	85 charang	117 taïko
22 acordeão	54 coro Ooh	86 vozes	118 tom
23 harmónica	55 voz sintetizador	87 quintas	119 tambor sintetiz.
24 bandónio	56 tutti de orquestra	88 baixo	120 prato suspenso
Guitarras	**Metais**	**Nappes v.**	**Efeitos**
25 guitarra clássica	57 trompete	89 new age	121 trémulo de guit.
26 guitarra folk	58 trombone	90 warm	122 vento
27 guit. eléct. jazz	59 tuba	91 polisintetizad.	123 ondas na praia
28 guitarra clean	60 trompete surdina	92 coros	124 canto de pássaros
29 guitarra surdina	61 trompa de harmonia	93 arco	125 telefone
30 guitar. overdriven	62 secção de metais	94 metálica	126 helicóptero
31 guit. distorsion	63 metais sintetiz. 1	95 halo	127 aplausos
32 harmónicos guit.	64 metais sintetiz. 2	96 sweep	128 tiro

O quadro padronizado das 128 sonoridades MIDI

Os elementos constitutivos

As formações

1º) **a música de câmara** designa formações constituídas por um pequeno número de executantes – o número limite parece rondar a dezena – sendo cada executante o solista da sua parte. Além da música escrita, especificamente, apenas para um instrumento, podemos encontrar peças compostas para as seguintes formações "tradicionais":
- o **solo** (três instrumentistas): um instrumento melódico e o baixo contínuo (um baixo de arco e um instrumento polifónico);
- o **duo** (dois instrumentistas) para dois instrumentos idênticos ou um instrumento melódico e um instrumento de acompanhamento;
- a **sonata em trio** (quatro instrumentistas): dois instrumentos melódicos e o baixo contínuo;
- o **trio de cordas**: violino, alto e violoncelo;
- o **trio com piano**: violino, violoncelo e piano;
- o **quarteto (quatuor) de cordas**: dois violinos, alto e violoncelo;
- o **quarteto com piano**: violino, alto, violoncelo e piano;
- o **quarteto de saxofones**;
- o **quinteto de cordas**: dois violinos, dois altos e violoncelo; ou dois violinos, alto e dois violoncelos; ou dois violinos, alto, violoncelo e contrabaixo;
- o **quinteto com piano**: violino, alto, violoncelo, contrabaixo e piano;
- o **quinteto de sopros**: flauta, oboé, clarinete, trompa e fagote.

Esta lista não é exaustiva, porquanto existem outras formações de música de câmara bastante importantes – sexteto (sêxtuor), septeto (septuor), octeto (octuor), ... – ou formações tradicionais ligeiramente modificadas: quinteto para clarinete e cordas, quinteto para piano e sopros, etc.

2º) **a música de orquestra** diz respeito às formações para as quais existe a noção de *tutti*, isto é, para aquelas cujos instrumentos tocam em simultâneo. No mínimo, um concerto de Vivaldi pode ser executado pela seguinte formação:
violino solo, dois primeiros violinos, dois segundos violinos, alto, violoncelo, contrabaixo e cravo = nove instrumentistas.

As formações mais correntes são:
- a **orquestra de cordas**;
- a **harmonie**: sopros, percussões e por vezes, um teclado;
- a **fanfarra**: metais e percussões, em desfile,
- a **orquestra de câmara**: cordas, flautas, oboés, fagotes, clarinetes, trompas e timbales;
- a **orquestra sinfónica "padrão"**: todas as famílias de instrumentos estão representadas e em vários exemplares no caso dos sopros;
- a **orquestra sinfónica "alargada"**: tem, além do material da precedente, uma percussão reforçada e instrumentos extras (guitarra, bandolim, ...).

3º) a **música vocal** designa formações que incluem cantores:
- o **coral** é independente e tem um pequeno número de músicos. Pode ser a uma voz (crianças) ou a vozes mistas;
- o **coro** é um conjunto mais importante, associado, frequentemente, a uma orquestra para executar música sacra.

Os sinais de execução

A. os sinais de repetição

Acompanhando a progressiva elaboração da escrita musical, um dos principais problemas foi a necessidade de inventar uma sinalética eficaz para tudo o que se relaciona com a repetição de passagens musicais. Com efeito, quer nos manuscritos quer nas primeiras edições impressas (início do século XVI), o espaço, no sentido de espaço disponível no papel, custava bastante caro: era vital economizar ao máximo, por forma a escrever o maior número de notas possível, evitando reescrever o que já fora tocado. Daí resultou, por vezes, diferentes processos, mais ou menos semelhantes, de escrita de repetições, que o compositor escolhia à sua vontade, desde que os intérpretes soubessem descodificá-lo.

O exemplo seguinte, propositadamente simples, mostra-nos como "reduzir", de forma progressiva, a escrita de um excerto de música até ser possível dividir por dois o espaço necessário.

Au clair de la lune, escrita "em bruto"

- **a repetição de passagens inteiras idênticas**

Utiliza-se barras duplas com dois pontos de ambos os lados, não sendo, habitualmente, necessário colocá-las ao lado da clave.

o início, sem sinais de repetição

A escrita abreviada permite escrever uma única vez a parte "a", indicando a sua repetição completa.

o início, com sinais de repetição

- **a repetição de uma parte a partir do início**

Podemos querer repetir apenas um fragmento a partir do início. Neste caso, coloca-se, junto ao local onde se faz a entrada da passagem a repetir, os sinais D. C. ou *Da capo*, que significam "do início". No local em que se pretende que a repetição acabe, coloca-se a palavra *Fine* que interrompe o processo.

- **a repetição de uma passagem com variação no final**

Neste caso, a repetição não se realiza de forma completamente idêntica; indica-se, então, através de um enquadrado com o número 1, o que deve ser tocado na primeira vez, e com outro enquadro marcado 2 (e assim sucessivamente) o que deve ser tocado na segunda vez.

Os elementos constitutivos 59

Pomme de reinette, em escrita completa

Esta segunda versão, cujo resultado é idêntico ao primeiro mas escrita de forma abreviada, toca-se *a – b – a – c*.

a   b   c

Pomme de reinette, em versão com repetição variada

B: os sinais instrumentais

Alguns instrumentos beneficiam de uma sinalética que lhes é própria e, por vezes, indispensável para, de uma só vez, ter uma escrita económica e uma boa execução da música. As cordas friccionadas, munidas dos seus acessórios, têm dois tipos de arcada principais: para baixo, num movimento descendente ("*tiré*"), e para cima, num movimento ascendente ("*poussé*"):

Para baixo e para cima

Com estes movimentos determinados, é possível produzir diferentes tipos de ataque. O mais doce é o *legato*, que liga os sons:

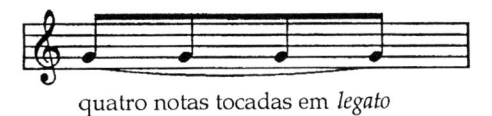

quatro notas tocadas em *legato*

O ataque intermédio é um pouco menos sustentado que o precedente, é o *portato* ou som acentuando a primeira nota de cada tempo:

quatro notas tocadas *portato*

O *staccato* articula de forma bastante clara cada nota, o que tem por efeito encurtar as suas durações:

quatro notas tocadas *staccato*

Se o violinista mudar de arcada a cada nota, podemos indicar-lhe que as toque "destacadas":

o *destacado*

Uma técnica que exige uma grande perícia é a do *ricochete*, que faz ressaltar o arco sobre as cordas do instrumento:

quatro notas tocadas em *ricochete*

Um dedo deslizando ao longo de uma corda, subindo ou descendo, percorre uma infinidade de sons que não são notas distintas. A este fenómeno chama-se *glissando*:

um *glissando* descendente

Tendo as cordas da orquestra, frequentemente, as mesmas notas e os mesmos motivos para tocar, inventaram-se sinais que permitem ganhar espaço no papel e poupar a paciência dos copistas.

notação do trémulo sobre uma nota

notação do trémulo sobre duas notas

repetição de um mesmo motivo

Capítulo 2: acústica e música

O diapasão

Corresponde a uma nota de referência que serve para afinar todos os membros instrumentais e vocais de uma mesma comunidade musical. No universo ocidental, actualmente, esse ponto de referência foi fixado no *lá*3 com uma frequência de 440 Hz, à temperatura ambiente de 20° C. Por extensão, esta palavra designa uma pequena forquilha metálica com dois dentes, tendo a propriedade de produzir por ressonância a nota acima referida, assim que é posta em vibração com uma pancada, e depois apoiada de encontro a um objecto côncavo que serve de amplificador. Este utensílio foi inventado em 1711 pelo inglês John Shore, trompetista.

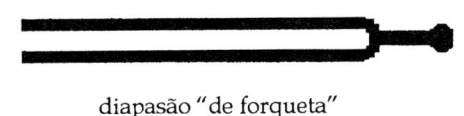

diapasão "de forqueta"

Esta forqueta produz apenas um som fundamental, desprovido de harmónicos. Este facto traduz-se num sistema bidireccional muito eficaz: por um lado, assim que é aplicado o choque, é capaz de vibrar durante muito tempo para fornecer a sua nota, por outro, se tocarmos a sua nota – a sua própria frequência – vibra, imediatamente, por simpatia. Existem outros utensílios, tais como uma pequena harmónica, em forma de flauta de pã ou de estrela, que apenas produz as seis notas da guitarra. Hoje, encontramos também afinadores electrónicos, capazes de produzir as frequências de qualquer nota em qualquer sistema de acordes.

Se o diapasão actual é relativamente recente, e se as primeiras tentativas de normalização internacional datam de meados do século XIX, a fixação da altura dos sons é muito antiga. É por isso que a história dos diapasões ocidentais é muito difícil de apreender, não apenas porque se registavam variações de altura notáveis entre diferentes países, mas também no mesmo país, de região para região. Numa cidade, em função do tipo de música, poderiam até coexistir vários diapasões. Neste domínio particular, a norma era uma noção um pouco vaga, o que se torna bastante irritante para a nossa mentalidade moderna. Os músicos viajavam imenso e podiam ser confrontados com mudanças de diapasão, tornando impossível a execução de algumas peças, nomeadamente vocais, escritas nos limites graves ou agudos. Imaginemos um compositor, utilizando um diapasão baixo, escrevendo uma obra compreendendo passagens muito agudas para a voz. Este compositor viaja e chega a uma região onde se utiliza um diapasão mais alto; para poder executar a sua composição, os cantores locais seriam obrigados a transpô-la, de outra forma as notas escritas ficariam muito acima do seu âmbito. No que concerne aos instrumentos, as cordas podiam adaptar--se a qualquer situação, porquanto as diferenças de tensão podem efectuar-se facilmente. Já no que diz respeito aos sopros, metais e madeiras, havia que optar entre duas possibilidades para resolver a situação. A primeira, prendia-se com o facto de estes instrumentos possuirem por vezes, vários *corps de rechange*, correspondendo cada um a uma altura particular; bastaria então, encaixar o mais conveniente para poder tocar na altura desejada. A segunda, consistia em tratá-los graficamente como instrumentos transpositores.

Na época barroca, existiam, pelo menos, dois grandes tipos de diapasão, correspondendo cada um, a uma utilização específica:

• o tom de capela, ou *Chor-Ton*, o mais agudo, que servia para a música religiosa. Refira-se que os órgãos eram afinados segundo este diapasão.

• o tom de câmara, ou *Cammer-Ton*, mais grave, que se situava geralmente um tom ou um tom e meio acima (*Tief Cammer Ton*) do precedente. Este diapasão era utilizado na música profana.

Um exemplo "quebra-cabeças" relativo aos diapasões

Algumas partituras de música religiosa, escritas para grandes festas ou ocasiões, necessitavam, por vezes, de um instrumentário imponente, misturando instrumentos pertencentes às duas categorias acima descritas. Isto faz com que estejamos em presença de curiosos manuscritos que exibem particularidades locais, que é necessário saber compreender. Algumas cantatas de Bach pertencem a esta categoria, como por exemplo a cantata fúnebre BWV 106, *Actus Tragicus*, cujo efectivo instrumental se divide na forma que se indica no esquema abaixo.

Flauto I

Flauto II

Viola da gamba I

Viola da gamba II

Contínuo

A designação *flauto* I e II indica a presença de flautas de bisel alto (em reforço da sua escrita em clave de *sol* na primeira linha, não figurada aqui, mas sistemática para elas em Bach). O contínuo fazia-se nomeadamente pelo órgão. Verificamos que as alterações (na armação de clave) utilizadas para as flautas são diferentes das dos outros instrumentos. Os primeiros editores desta cantata não tiveram dúvidas: reescreveram as partes transpondo-as para a mesma tonalidade resto da orquestra. Mas as flautas, que tinham *fás* graves para tocar, viram as suas notas transformarem-se em *mi*b, notas impossíveis de tocar! Supôs-se que estas flautas de bísel fossem em *mi*b e não em *fá*. Todavia, não se encontraram quaisquer referências a tais instrumentos na documentação da época. A solução surge com o desenvolvimento de uma melhor compreensão da questão dos diapasões. Pensa-se que o órgão da igreja seria afinado pelo tom do coro, que as violas da gamba tal como as partes vocais seriam afinadas pelo órgão e que as flautas alto seriam instrumentos em *fá*, como era norma, construídas a partir de um diapasão mais baixo um tom do que o tom de câmara!

A afinação temperada

É a forma pela qual são organizados os intervalos físicos entre os sons de uma escala. A escolha de um temperamento conveniente sempre foi uma preocupação importante dos músicos, pois dele provêm todos os princípios de composição. Registaram-se vários sistemas teóricos que se sucederam no tempo e que, cada um à sua maneira, tentaram racionalizar este aspecto da música. É forçoso verificar que tudo o que se relaciona com o temperamento foi, frequentemente, assunto de estudo de matemáticos ou de teóricos, pelo facto de manipularem bastantes números e, em essencial, sob a forma de relações. Quanto aos músicos, tanto seguiram os matemáticos, tentando aplicar os sistemas propostos, como utilizaram todas estas relações matemáticas, sem o saber, confiando no seu instinto musical e no seu "ouvido". Felizmente para a música, parece que os partidários da prática em vez da teoria foram bastante mais numerosos.

- **a série dos harmónicos**

Todos os sistemas de temperamento e de acordes dos instrumentos assentam de facto sobre um compromisso, que permanece como o melhor possível, entre a "justeza" dos sons estabelecidos de forma física, "natural", e uma certa "margem de erro" reconhecida pelos músicos mas considerada pelo ouvido como aceitável e indispensável para a composição. Na perspectiva física, o ponto central é constituído por aquilo que chamamos os **harmónicos**. Desde a Antiguidade, esta famosa série era pressentida mas ainda não verdadeiramente identificada. Eis do que se trata: um som musical é, com efeito, a adição de uma multiplicidade de sons, tendo por base um som **fundamental**, que dá ao conjunto a sensação de uma altura exacta. Os outros sons, mais agudos do que a fundamental, são os seus **harmónicos**. Cada harmónico tem uma frequência (número de vibrações por segundo) que é um múltiplo inteiro do som fundamental. Ex: para um som fundamental de 100 Hz, os primeiros harmónicos serão 200, 300, 400, 500 Hz. A energia, mais ou menos presente nos harmónicos de um som, tem influência sobre o timbre do som em questão e, nomeadamente, vai permitir ao ouvinte reconhecer este ou aquele instrumento. Reconhecemos as vozes dos nossos familiares em grande parte devido ao seu timbre vocal, logo, à sua composição pessoal no domínio dos harmónicos.

A partir do *dó*1, som fundamental no exemplo seguinte, veja-se quais são os primeiros harmónicos que se obtêm (as notas marcadas com um asterisco são mais baixas do que as suas equivalentes no sistema temperado):

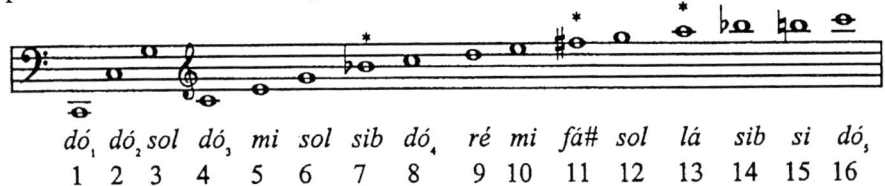

dó$_1$	dó$_2$	sol	dó$_3$	mi	sol	sib	dó$_4$	ré	mi	fá#	sol	lá	sib	si	dó$_5$
1	2	3	4	5	6	7	8	9	10	11	12	13	14	15	16

Esta série de harmónicos foi identificada, efectivamente, de maneira científica pelo físico francês Joseph Sauveur (1653-1716) em 1700.

- **o sistema antigo**

Na Antiguidade, considerava-se que os intervalos mais consonantes eram aqueles cuja relação numérica era a mais simples. Para isso, utilizava-se um "instrumento" de uma corda – o monocórdio, munido de uma multitude de pequenas marcas – sobre a qual se colocava e se deslocava convenientemente um dedo, obtendo-se comprimentos de corda diferentes que davam os intervalos musicais correspondentes. A série dos harmónicos era então exactamente identificada.

uma corda em todo o seu comprimento (suponhamos um *dó*3)

Colocando o dedo no meio da corda, obtém-se a **oitava** superior, dito de outra forma, um *dó*4 que se expressa por uma relação 1/2:

1/2 do comprimento: *dó*3 – *dó*4

Colocando o dedo a dois terços da corda, encontra-se o intervalo de **quinta**:

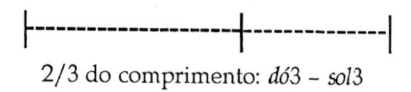

2/3 do comprimento: *dó*3 – *sol*3

Colocando o dedo a ¾ da corda, surge o intervalo de **quarta**:

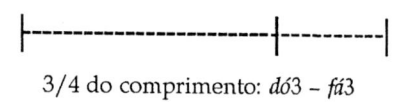

3/4 do comprimento: *dó*3 – *fá*3

Para os eruditos da Antiguidade, estes três intervalos, fisicamente exactos, eram considerados como consonantes. Todos os outros, deles derivados, eram considerados dissonantes dado que se baseavam em relações numéricas mais complexas (ex.: o tom, 8/9).

● **a escala pitagórica**

Este sistema, ligeiramente derivado do precedente pelo método de cálculo, é bastante mais completo, uma vez que permite, teoricamente, encontrar os doze sons contidos numa oitava. O princípio é muito simples: a partir de uma nota de base, digamos *dó*, encontra-se a sua quinta superior, intervalo exacto, pelo produto de 2/3 do comprimento da corda (multiplica-se de facto a sua frequência por 3/2) e obtém-se o *sol* acima. Se repetirmos esta operação, será a quinta superior (*ré*: 2/3 de 2/3 da corda e 3/2 x 3/2 para a frequência em relação ao som de partida) que se faz ouvir. Repetindo-se esta operação doze vezes, encontra-se o total cromático (o conjunto dos meios-tons compreendidos numa oitava):

$dó_1$	*sol*	*ré*	*lá*	*mi*	*si*	*fá*#	*dó*#	*sol*#	*ré*#	*lá*#	*mi*#	si_7#
1	$(3/2)$	$(3/2)^2$	$(3/2)^3$	$(3/2)^4$	$(3/2)^5$	$(3/2)^6$	$(3/2)^7$	$(3/2)^8$	$(3/2)^9$	$(3/2)^{10}$	$(3/2)^{11}$	$(3/2)^{12}$

as doze quintas que dão todos os meios-tons da oitava

A nota de chegada desta cadeia é o si_7# ($dó_8$ por enarmonia) que se encontra sete oitavas mais alto do que a nota de partida. Uma vez todos estes tons determinados, restará recolocá-los numa única oitava, pelo cálculo da oitavação, e obteremos uma escala dita pitagórica. Como partimos de um *dó* e como chegamos a um *dó* situado sete oitavas mais acima, é possível ouvir essa nota, acumulando oitavas e não quintas. Esta operação não será repetida doze vezes, mas apenas sete.

$dó_1$	$dó_2$	$dó_3$	$dó_4$	$dó_5$	$dó_6$	$dó_7$	$dó_8$
1	2	2^2	2^3	2^4	2^5	2^6	2^7

as sete oitavas "equivalentes" às doze quintas

Se nos dermos ao trabalho de calcular os produtos terminais destas duas séries numéricas, será fácil registar que os resultados serão diferentes, dado que:

$(3/2)^{12}$ é aproximadamente igual a **129,75** enquanto que 2^7 vale exactamente **128**.

Neste caso de exemplo, o *si#* é mais alto do que o *dó* correspondente! Esta diferença entre este *si#* e o *dó* obtidos por sucessões de empilhamentos, designa-se **coma pitagórica** e está na origem de muitos problemas ligados ao temperamento. Em temperamento pitagórico doze quintas justas, fisicamente, são mais altas do que sete oitavas. Daqui se conclui que este sistema não é fechado, que pode ser comparado a uma espécie de espiral e que quanto mais se afasta do som de base, mais os intervalos se distanciam daquele que seria esperado. Em conclusão, digamos que funciona correctamente enquanto as melodias forem restritas no seu âmbito e que os intervalos harmónicos se restrinjam em relações privilegiadas de oitavas, quintas e quartas. É a situação que encontraremos durante uma boa parte da Idade Média e é talvez o que explica as regras de composição enunciadas na época.

- **o sistema zarliniano** (a escala "natural")

Giuseppe Zarlino (1517-1590) é um compositor da Renascença que teve mais importância pelos seus escritos teóricos (que foram seguidos até ao século XVIII) do que pelas suas obras musicais. Ele deu seguimento a uma antiga invenção (no sentido de achado) do grego Aristoxenes, que utilizava a série dos harmónicos encontrada por cálculo (sempre pelo princípio das divisões múltiplas de uma corda) para chegar aos sons de uma escala. Para tal, é necessário retomar o esquema precedente dos harmónicos a fim de calcular o conjunto dos intervalos musicais utilizados. O método é fácil: basta calcular a relação entre os dois sons de um intervalo escolhido; por exemplo: *dó - sol* corresponde a 3/2. Reencontramos assim, relações já conhecidas desde há muito:
- a oitava: 2/1 ou 4/2 ou 8/4;
- a quinta: 3/2 ou 6/4 ou 12/8;
- a quarta: 4/3 ou 8/6 ou 16/12; além de outras como:
- a terceira maior: 5/4 ou 10/8;
- a segunda maior: 9/8.

Todos estes intervalos são calculados em função de uma nota de base, *dó*, neste caso. Todavia, surgem resultados muito interessantes quando se decide calcular os intervalos entre os sons vizinhos desta escala, como por exemplo entre *ré* e *mi* ou *si* e *dó*. Veja-se o que se obtém, directamente pela leitura ou pelo cálculo das proporções entre si, relativamente ao *dó* de base:

dó - ré: 9/8 por leitura directa do esquema;
ré - mi: 5/4 : 9/8 = 10/9;
mi - fá: 4/3 : 5/4 = 16/15;
fá - sol: 3/2 : 4/3 = 9/8;
sol - lá: 5/3 : 3/2 = 10/9;
lá - si: 15/8 : 5/3 = 9/8;
si - dó: 16/15 por leitura directa do esquema.

Apercebemo-nos, imediatamente, de que o tom não tem sempre o mesmo valor. Esta escala, dita "natural", admite três tipos de intervalos:
- o **tom maior**, 9/8, entre *dó* e *ré*, *fá* e *sol* ou *lá* e *si*;
- o **tom menor**, mais pequeno, 10/9, entre *ré* e *mi* ou *sol* e *lá*;
- o **meio-tom**, 16/15, entre *mi* e *fá* ou *si* e *dó*.

A estes intervalos fundamentais acrescenta-se a diferença entre o tom menor e o maior, que vale exactamente 81/80, e que se chama **coma de Zarlino** ou **coma sintónica** ou, ainda, **meio-tom menor**. Apesar do seu fraco valor, é um intervalo perfeitamente audível.

Regressando à nossa escala e observando-a, verificamos que ela é formada por dois tetracordes (série de quatro notas conjuntas) *dó-ré-mi-fá* e *sol-lá-si-dó* que não são **idênticos** dado que os intervalos calculados entre as suas notas são **diferentes** (T: tom maior; t: tom menor; mt: meio-tom):

```
dó   ré    mi    fá   |   sol   lá    si    dó
  9/8  10/9  16/15       9/8   10/9  9/8  16/15
   T    t    mt           T     t    T    mt
    Primeiro tetracorde       segundo tetracorde
```

Este facto é importante desde que se pretenda modular, isto é, mudar de escala musical. Se quisermos mudar para a tonalidade de *SOL*, basta estabelecer uma translação destes tetracordes não esquecendo a nova sensível *fá#*. Algumas notas irão ser falsas como se depreende da escala assim obtida:

```
sol   lá    si    dó   |   ré    mi    fá#   sol
  10/9  9/8  16/15        9/8   9/8  10/9  16/15
```

Os números não correspondem, de modo algum, aos do modelo baseado sobre *dó*. O intervalo *sol – lá* irá parecer demasiado baixo, e *ré – mi* demasiado alto! Esta escala de Zarlino é perfeita dado que não modula, mas deverá ser modificada se desejarmos aventurar-nos para outros espaços harmónicos. Existiam duas formas de sair deste aperto. A primeira consistia em afinar o cravo ao longo dos trechos, o que francamente não é fácil nem cómodo. A segunda solução consistia em tocar num teclado especial, compreendendo um número de teclas para que cada nota fosse perfeitamente exacta, qualquer que fosse a escala musical utilizada. Este procedimento foi usado de forma discreta, pois nos museus de instrumentos existem cravos tendo, por vezes, teclas "disfarçadas", divididas em duas para uma mesma nota. É bom acrescentar que a pauta era bastante limitada. Não era ainda uma solução conveniente.

• os temperamentos "médios"

A questão da afinação dos instrumentos tornou-se absolutamente fundamental a partir do século XVI, devido à evolução de dois aspectos *a priori* diferentes, mas finalmente conexos, que foi necessário "harmonizar". O primeiro prende-se com o facto de esta época ter sido um momento muito importante no desenvolvimento dos instrumentos polifónicos (cravo, órgão, alaúde, ...).Estes, tendo extensões que se alargavam – perto de cinco oitavas – e podendo, por definição, tocar várias notas em simultâneo, depressa tornaram necessário que fosse encontrado um sistema coerente para os afinar, a fim de que, pelo menos, os seus próprios sons ligassem uns em relação aos outros. O segundo aspecto, bastante relacionado com o primeiro, viu o sistema tonal (maior-menor) insinuar-se lentamente, afirmar-se relativamente aos modos eclesiásticos e depois, alargar-se, progressivamente, através das modulações, primeiro muito próximas e depois, a pouco e pouco, cada vez mais afastadas. O que antes se adaptava aos instrumentos monódicos, que praticamente não mudavam de escala musical no decorrer das peças, tornou-se, acentuadamente, insuficiente para uma música cuja linguagem evoluira de maneira rápida e consequente. A primeira solução encontrada foi a de utilizar sistemas de acordes que "corrigiam" alguns intervalos naturais impossíveis de tocar [A coma de Zarlino foi por diversas vezes corrigida para tornar mais fácil a execução. N do T.]. Digamos, para simplificar, que estes temperamentos "desiguais" permitiam tocar afinado em certas tonalidades; noutras, que compreendiam notas algo duvidosas, de forma aceitável e interditavam abertamente certas modulações, porquanto o ouvido não aceitava certos afastamentos, tornados demasiado importantes (designados por *loups* [lobos] porque certos intervalos "uivavam").

Se tivermos em atenção que cada escala tem a sua própria personalidade pela natureza dos intervalos que a formam, compreendemos melhor as tabelas de utilização das tonalidades que certos compositores da época barroca nos deixaram. Um de entre eles, Marc-Antoine Charpentier (1645/50-1704) no seu pequeno tratado de composição, fala da energia – o termo moderno é *ethos* – dos Modos (tonalidades), e atribui um estado de espírito subjectivo a cada um de entre eles:

DÓ	Alegre e guerreiro	dó	obscuro e triste
RÉ	Feliz e vitorioso	ré	grave e devoto
MIb	cruel e duro	mib	horrível e assustador
MI	Brigão e barulhento	mi	efeminado, amoroso e plangente
FÁ	Furioso e arrebatado	fá	obscuro e plangente
SOL	Docemente feliz	sol	sério e magnífico
LÁ	Feliz e campestre	lá	terno e plangente
SIb	Magnífico e feliz	sib	obscuro e terrível
SI	Duro e queixoso	si	solitário e melancólico

a "energia" dos modos segundo M.-A. Charpentier

Este quadro é reproduzido integralmente. O conjunto das tonalidades não está completo, faltam seis, aquelas que deveriam ser completamente impossíveis de tocar face à presença de dissonâncias evidentes. Podemos notar que certas tonalidades referidas por Charpentier deveriam soar de maneira bastante particular, dado que ele as classifica de "horríveis e assustadoras" ou de "briguentas e barulhentas". Estas diferenças de percepção tendem a mostrar que a escala de *fá* não seria, na época, a transposição da de *sol*, fosse qual fosse o tipo de diapasão utilizado.

- **o temperamento igual**

No final do século XVII, a evolução da escrita musical obrigou os músicos a orientarem-se na direcção de um sistema de afinação generalizada, que lhes permitisse, finalmente, tocar nas vinte e quatro tonalidades maiores e menores sem o perigo de fazer ranger os dentes dos seus ouvintes. Uma vez que já era necessário fazer tramóia para manusear alguns intervalos entre os sons, então melhor seria fazê-lo para todos e de uma vez por todas! É o que afirmam músicos como o alemão Andreas Werckmeister que, em 1686-87 e 1691, no seu tratado *Musicalische Temperatur*, propõe a utilização do temperamento "igual", que divide a oitava em doze meios-tons rigorosamente iguais, repartindo entre eles o valor do coma pitagórico. É o fim das tonalidades limitadas, de uma certa energia dos modos e da diferença de altura entre as notas enarmónicas como *réb* e *dó#*. Para isto, foi necessário recalcular as relações entre todos os sons de uma escala e admitir dados físicos falsos (como a quinta temperada que é mais baixa que a quinta natural) mas, musicalmente, exactos. Para obter a frequência do meio-tom superior, é necessário multiplicar a da nota de base por $\sqrt[12]{2}$ (cerca de 1,059), valendo o meio-tom "natural" 16/15 (cerca de 1,066). Em toda a Europa, certos críticos apelidaram isto de um escândalo, afirmando que este sistema era apenas composto por notas falsas, que produziria uma lassidão no ouvinte e que faria perder especificidade às tonalidades – a sua "energia", como teria dito Charpentier. Não existindo a noção de altura absoluta, reconhecia-se uma tonalidade pelos seus intervalos constitutivos. Isto não impede que esta evolução tenha respondido às expectativas dos compositores, dado que rapidamente viu florescer um grande número de tratados ou obras utilizando as vinte e quatro tonalidades que se tinham tornado acessíveis. Quando Johann Sebastian Bach publica o primeiro volume do seu *Wohltemperierte Klavier* (*Cravo bem temperado*) em 1722, refere que a sua colectânea contém peças utilizando a terceira maior *DÓ, RÉ, MI* e a terceira menor *ré, mi, fá* em todos os tons e meios-tons, dito de outra forma, ele percorre as vinte e quatro tonalidades. Mau-grado a novidade do assunto, não será o primeiro a fazê-lo, porque três anos antes, em 1719, o compositor e teórico Johann Matheson (1681-1764) editara um tratado de baixo contínuo, contendo exercícios escritos em todos os tons. A meio do século, podemos considerar que a mutação se fez e o temperamento igual foi adoptado por todos, permitindo novos avanços no domínio da escrita.

Capítulo 3: os processos de escrita

O baixo contínuo

[*Baixo contínuo, contínuo, baixo cifrado* representam a mesma noção musical.]

Este termo, um pouco obscuro, que figura muitas vezes nos títulos de obras da época barroca, designa em simultâneo um processo de escrita rápida da música *e* os instrumentos que a executam. Um baixo contínuo realiza-se (é a palavra técnica) no mínimo, com: um baixo de arco ou instrumento de sopro (violoncelo, contrabaixo, baixo de viola, fagote, flauta de bisel, baixo) e um instrumento polifónico com a capacidade de poder executar acordes (cravo, órgão, alaúde, guitarra, teorba). Note-se que o instrumento polifónico executa na sua parte mais grave (a mão esquerda do teclado) a mesma música que o seu colega monódico. O adjectivo "contínuo" afecto a este baixo indica que este processo é utilizado ao longo do trecho sem interrupção, ou então, com pausas pontuais. Por este facto, a ausência de contínuo numa obra da época barroca, revelaria um carácter extraordinário. Razões de ordem acústica fizeram aproximar um instrumento monódico de registo grave, com um teclado. Com efeito, o baixo contínuo é um processo intimamente ligado à harmonia, à boa percepção dos acordes e sobretudo à grande importância atribuída às partes extremas. O facto da região grave dos teclados de cordas beliscadas (cravo, clavicórdio, espineta) ter uma potência sonora insuficiente tornou necessário o acréscimo de, pelo menos, um instrumento de registo grave para dobrar a linha do baixo e fazer soar convenientemente os harmónicos das notas. É por isto que um "contínuo" clássico é constituído por, pelo menos, dois instrumentos.

- **elaboração**

É feita em todos os países, a par e com um processo mais ou menos idêntico. O século XVI viu desenvolver-se o género da canção polifónica, com a *chanson parisienne* em França, escrita para quatro partes vocais solo: soprano, alto, tenor e baixo. Podemos encontrar uma quinta voz, com maior mobilidade e que reforçará uma das partes do baixo. Algumas destas obras foram francos sucessos internacionais e, além de numerosas edições, viram também as suas partes serem transcritas para os instrumentos. O exemplo que se segue constitui o "grau zero" de um tal processo: um conjunto vocal constituído por quatro vozes, transcrito para um grupo de quatro violas da gamba ou flautas de bisel que assumem, cada uma, uma linha da polifonia:

Belle qui tiens ma vie (quatro vozes) de Thoinot Arbeau

Mas, esta época não se contentou com arranjos tão simplistas, tendo os músicos ido mais longe, particularmente os alaudistas. Com efeito, e devido às inúmeras cordas deste instrumento, havia a possibilidade de executar nele polifonias completas, ou de eliminar a parte superior a fim de acompanhar um cantor solista. Esta situação durou tanto tempo que as partes intermédias, apesar do seu interesse anterior, acabam por diminuir de importância no final do séc. XVI: os compositores, e isto em todos os países, não escreviam mais do que duas partes verdadeiramente trabalhadas, o soprano (parte superior) e o baixo, sendo que as duas partes centrais – o alto e o tenor – não eram tão trabalhadas e tornaram-se num preenchimento harmónico sem muito interesse.

bipolaridade soprano/baixo e enchimento

No início do século XVII, esta revolução na escrita musical, que afirmava vigorosamente uma forte bipolaridade entre as duas partes extremas, é concluída: em 1601, Giulio Caccini, nas suas *Nuove Musiche*, publica monodias vocais, explicitamente acompanhadas por baixo contínuo. Na mesma época, voltando a França, será a *air de cour* [ária de corte] que predomina, acompanhada por alaúde ou baixo contínuo.

Se o compositor já não se preocupa em escrever as partes intermédias, deverá, pelo menos, indicar quais os acordes que prevê sobre as notas do baixo. É então inventado, progressivamente, um sistema de notação cifrada de acordes, do qual o já apresentado na parte técnica provém directamente. Se regressarmos à nossa canção a quatro vozes e apenas observarmos as vozes extremas, será necessário escrever as cifras por cima das notas do baixo, indicando em escrita abreviada os acordes escolhidos pelo compositor.

Belle qui tiens ma vie em versão com baixo contínuo

[Este exemplo jamais seria escrito tal qual: os acordes perfeitos no estado fundamental (cifrados 5) **nunca** se anotariam (excepto o acidente como o sustenido). Teríamos apenas duas indicações: o # no primeiro compasso e o 6 no penúltimo.]

Um cravista de baixo contínuo será, então, capaz de um acompanhamento à primeira vista, sem invadir, demasiadamente, as notas afectas ao soprano. Este sistema bipolar (soprano-baixo) foi muito longe e constitui um dos fundamentos da época barroca: sabe-se, por exemplo, que eram os alunos ou os colaboradores de Lully que completavam as partes de orquestra das suas óperas, contentando-se o mestre em compôr as melodias principais e o baixo cifrado. Este sistema tornou-se, rapidamente, um dos símbolos da escrita moderna, a *seconda prattica* de Monteverdi, e foi utilizado universalmente. Por mais curioso que pudesse parecer, um "solo" de violino deveria ser tocado por três músicos: o violinista, um violoncelista e um cravista, estes dois últimos assegurando o contínuo. A sua ausência, a não ser nos duos ou trios para instrumentos solistas, teve sempre uma forte significação expressiva. Numa obra bastante longa onde esteja constantemente presente, a sua ausência ocasional terá o efeito de um aligeiramento sonoro extraordinário. Bach deixou um exemplo célebre de tal efeito: na *Paixão segundo S. Mateus*, a ária de soprano nº 49, *Aus Liebe*, é acompanhada apenas por uma flauta transversa e dois oboés alto sem qualquer baixo contínuo.

Sendo o contínuo, uma prática intimamente ligada à improvisação, raros serão os traços de realização deixados pelos músicos. Temos, apesar de tudo, um exemplo um pouco tardio deixado por um aluno de Johann Sebastian Bach, Johann Philipp Kirnberger (1721-1783) que, num tratado de baixo contínuo publicado em 1781 (numa época em que começava a desaparecer), nos apresenta uma realização escrita de um andamento particularmente carregado de cifras, da sonata em trio da *Oferenda musicale* do seu eminente mestre. Na parte inferior, encontra-se o baixo original de Bach, munido das suas cifras enquanto que no cimo, numa pauta mais pequena, se lê a realização "improvisada" de Kirnberger:

baixo cifrado de Bach e realização de Kirnberger

O contínuo existiu até à época clássica que, com a invenção de formas derivadas das da época barroca, como o *quatuor* de cordas, decidiu escrever todas as notas de todas as partes instrumentais. As únicas obras que continuaram a utilizar um contínuo foram os recitativos da ópera e os concertos ou as sinfonias dirigidas, ao teclado, pelo próprio compositor. No seio das orquestras que tinham ainda tamanhos razoáveis, o baixo cifrado podia ainda ser ofício do chefe, realizando um contínuo audível aos músicos e assegurando a coesão do conjunto. No início do século XIX, o contínuo, enquanto procedimento instrumental, desaparece completamente. Nos nossos dias, os alunos dos conservatórios continuam a aprender harmonia (técnica dos encadeamentos de acordes) realizando baixos cifrados. Mas o contínuo, enquanto prática viva conhece actualmente um aumento de interesse com o desenvolvimento dos ensinamentos ligados à interpretação da música antiga, em geral, e do reportório barroco, em particular: os aprendizes cravistas estudam, obrigatoriamente, além da interpretação das obras, o acompanhamento com a execução, à primeira vista, de um baixo cifrado.

• **descendência do contínuo**

Se o considerarmos como uma forma de escrever e de descodificar, rapidamente, a essência de um acompanhamento, o contínuo barroco teve um descendente na notação americana abreviada, que se escreve por cima da melodia e que permite acompanhar simplesmente, sem artifícios de escrita, obras de pequenas dimensões, como canções. Com efeito, indicam-se os acordes e as principais inversões. Por este meio rudimentar, mas eficaz, como no século XVII, os músicos acompanhadores sabem quais são os acordes e as inversões que devem tocar.

O espiritual negro *Go down Moses* e os seus acordes

Os instrumentos previstos para esta improvisação, o que os *jazzmen* chamam de secção rítmica, são os seguintes: uma bateria, um contrabaixo e um piano. Os dois últimos estão, espantosamente, próximos dos seus antepassados barrocos e desempenham a mesma função, com o mesmo nível de improvisação necessária.

O canône

[Apesar desta técnica ser específica da arte dos sons, ela foi sempre reservada, prioritariamente, àqueles capazes de ler música, aos "entendidos", até porque a descoberta, num trecho, de um canône elaborado faz-se, principalmente, de forma visual.]

É um processo de escrita muito antigo, em imitações rigorosas, pertencente ao domínio do contraponto e que encontramos desde a Idade Média. A regra (o "cânone") consiste em fazer cantar ou tocar, em vozes diferentes, a mesma música de forma desfasada no tempo. O exemplo mais simples é o do *Frére Jacques* que se canta em numerosas línguas e que é constituído por quatro grupos que entram uns após os outros. Quando o primeiro grupo termina, retoma a melodia desde o início. *A priori*, um cânone é o equivalente musical de uma espiral, podendo tocar-se até ao infinito; para parar, basta encontrarem-se as vozes numa situação de acordo.

o início do *Frére Jacques* a quatro vozes

A expressão mais simples do cânone é quando todas as partes cantam em uníssono, à mesma altura. O primeiríssimo exemplo conhecido data, aproximadamente, de 1240, é inglês e oriundo do mosteiro de Reading. É composto por quatro vozes canónicas e por duas vozes graves de acompanhamento. Designa-se por *Sumer is icumen in* (*O Verão chegou*) e, como o seu título indica, saúda a chegada da estação quente:

Su - mer is i - cu - men in -

motivo principal do mais antigo cânone conhecido

Depois do mais antigo, o mais conhecido: o célebre *Canon a 3 con suo Basso und Gigue* de Johann Pachelbel (1653-1706) que obteve sempre muito sucesso e que é bastante utilizado, actualmente, como música de fundo pelos grupos de *rap*.

Pachelbel: *Canon* (a 2ª voz está em pequenas notas)

Os tipos de cânone são bastante numerosos. Existe, para começar, uma variante do cânone em uníssono que consiste em colocar a segunda voz (*comes* = consequente) à oitava inferior da primeira (*dux* = antecedente) como nesta sonata para flauta de bisel e contínuo de

Os processos da escrita 73

Telemann, em que este coloca o cânone entre duas partes (o asterisco * indica a entrada de uma voz):

Largo da sonata em SIb de G. P. Telemann

Johann Sebastian Bach, nas suas obras finais, utilizou bastante o cânone e fê-lo de forma magistral. Encontramo-lo, primeiramente, nas *Variações Goldberg* BWV 988 para cravo a dois teclados (Quarta parte da *Clavierübung*), nas quais o intervalo entre o *dux* e o *comes* se alarga progressivamente: uníssono, segunda, terceira, quarta ... O exemplo seguinte mostra-nos a variação nº 6, um cânone à segunda superior: o *dux* inicia-se em *sol* enquanto que o *comes* o segue um tom mais alto, em *lá*.

cânone à segunda entre as duas vozes superiores

Verifica-se que o *comes* progride por movimento contrário, isto é, segue na direcção oposta do *dux*: no exemplo que se segue, a décima quinta peça das *Variações Goldberg*, um cânone à quinta, o *dux* desce enquanto que o *comes* sobe: é um movimento contrário.

cânone à quinta por movimento contrário

A segunda obra em que se faz apelo ao cânone é a *Oferenda musicale* BWV 1709, publicada ainda em vida de Bach, em 1747, e que decorre da sua visita ao rei-flautista, Frederico II. Este havia-lhe proposto um tema particularmente cromático (*Thema Regium* ou tema real) pedindo-lhe que improvisasse fugas sobre ele. Bach realizou este pedido e o rei sugeriu-lhe, então, que improvisasse uma fuga a seis vozes. O compositor recusou polidamente, referindo a grande complexidade da tarefa mas prometeu-lhe que iria trabalhar sobre a proposta. Regressado a sua casa, dedicou-se ao trabalho e, finalmente, enviou ao rei uma série de obras baseadas no famoso tema real: uma fuga a três vozes, uma outra a seis (para satisfazer o pedido real), uma sonata em trio e um conjunto de cânones, mais ou menos, misteriosos, cuja solução não era dada, apenas um indício que permitia, em cada repetição, encontrar o *comes*. Veja-se dois exemplos dos cânones mais elaborados:

a) cânone *cancrizante* ou por **movimento retrógrado**

Para encontrar a segunda voz, é necessário partir do fim da peça, ler as notas da direita para a esquerda e depois sobrepôr as duas partes:

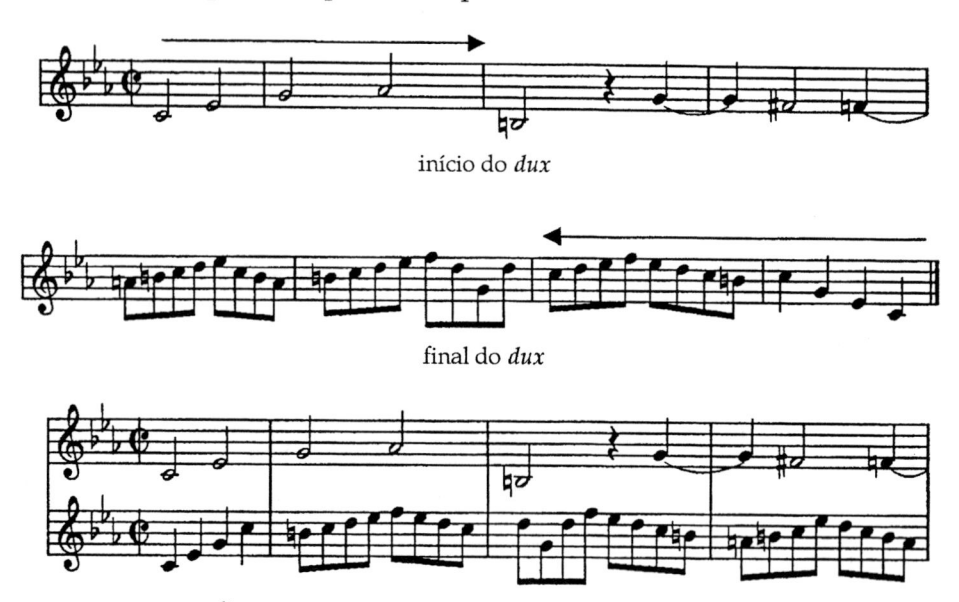

início do *dux*

final do *dux*

realização: encontra-se o *comes* lendo o *dux* a partir do fim

b) cânone a **duas partes**, em **aumentação** e por **movimento contrário**

No segundo exemplo, Bach apenas escreveu as vozes inferiores; é preciso "reconstruir" a parte subentendida, multiplicando por dois os seus valores de ritmo, em aumentação, e mudando o sentido dos intervalos por movimento contrário:

4º cânone da *Oferenda musicale*

O exemplo seguinte é muito singular: Jean-Philippe Rameau (1683-1764), na parte consagrada à composição no seu *Traité de l'harmonie* [*Tratado de Harmonia*] (1722), propõe-nos um exemplo de cânone perpétuo **modulante** em que cada uma das quatro vozes se situa a um intervalo constante da precedente, o de quinta. A escrita é própria: cada uma das vozes surge numa tonalidade diferente (o número de alterações varia segundo as vozes) e cada repetição do *dux* faz-se uma terceira maior acima. Este cânone, que só pode ser correctamente executado num sistema de afinação temperada, conseguiu uma revolução completa, ao fim de três entradas efectuadas por cada uma das vozes (*dó*, *mi*, *sol#*, *láb* e *dó*). A primeira entrada está escrita aqui com as notas grandes e a segunda distingue-se pelas notas mais pequenas.

Ah, loin de rire, início de um cânone perpétuo modulante de Rameau

O cânone é um processo que continuou a sua existência, apesar do abandono do sistema tonal por certos compositores do início do século XX. Arnold Schönberg (1874-1951) no seu *Pierrot Lunaire* (1912), inicia a décima sétima peça, *Parodie*, com um cânone entre o clarinete, a viola e a voz falada:

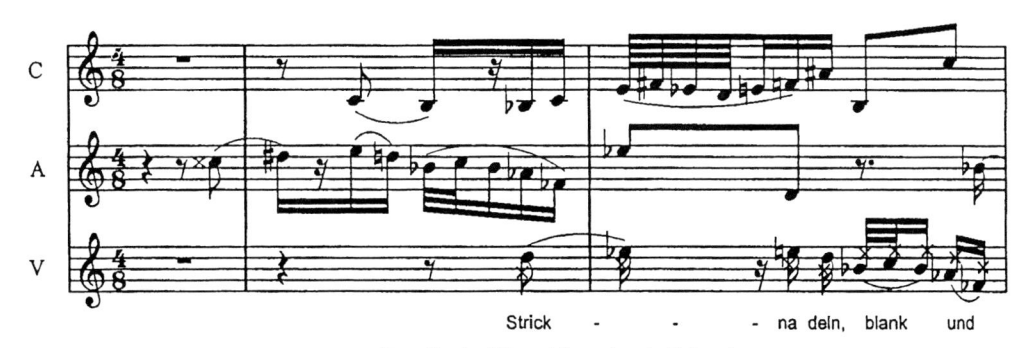

cânone na *Parodie* do *Pierrot Lunaire* de Schönberg

Se a viola tem o *dux*, o *comes* do clarinete faz-se por movimento contrário enquanto que o da voz está em uníssono (pelo menos, ritmicamente) com a viola.

Para concluir, podemos dizer que os cânones, enquanto peças completas com este nome e demonstrando um grande virtuosismo técnico, são bastante raros. O mais frequente é encontrar uma passagem restrita, num excerto, em que se aplica, pontualmente, este processo, sem que seja obrigatório referi-lo no título.

O contraponto

[etimologia latina: *punctum contra punctum*, ponto (nota) contra ponto. Trata-se de um contracanto inventado que acompanha uma melodia pré-existente, um *cantus firmus*. Ao longo dos exercícios de aprendizagem de contraponto, supõe-se que se trata de linhas vocais e não instrumentais.]

O contraponto representa um conjunto de técnicas complexas de escrita musical segundo regras muito precisas, encarando a música de forma essencialmente **horizontal**, como sendo a sobreposição de linhas melódicas com comportamentos distintos, se bem que em relação uns com os outros. No Ocidente, remonta às primeiras tentativas medievais na arte da composição, ou seja, ao acto de sobrepôr, pelo menos, duas linhas melódicas diferentes: a *vox prius facta* – melodia gregoriana pré-existente – executada em valores longos e uma segunda voz (inventada), designada segundo as épocas por voz organal ou *discantus*, o descante. Com a evolução das técnicas composicionais, ao longo dos séculos, o número de vozes alargou-se de duas a oito com um forte domínio da formação musical "padrão" a quatro vozes: soprano, alto, tenor e baixo, o que ofereceu uma grande flexibilidade na organização das linhas melódicas. As regras de base do contraponto regem os diferentes aspectos que podem assumir as vozes inventadas. Mesmo se por natureza, o contraponto gere prioritariamente a horizontalidade, a faceta vertical da música, a harmonia, nunca é negligenciada: as consonâncias permitidas pelas regras devem, periodicamente, encontrar-se em cada compasso.

A o contraponto simples a duas vozes
A duas vozes, o trabalho contrapontístico consiste em colocar um *cantus firmus* na parte superior ou inferior e compor uma voz complementar.

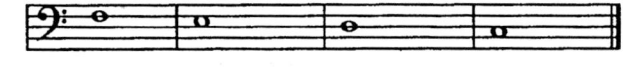

exemplo de *cantus firmus*

Registam-se cinco espécies – modos de escrita – de contraponto, do mais simples ao mais complexo:

1) as semibreves: nota contra nota
O contraponto surge aqui no seu nível mínimo, quase harmónico, dado que a cada nota do *cantus firmus* corresponde uma nota do contraponto. É habitual escrever o contraponto nas claves de *dó*, mas a maioria dos exemplos seguintes estão na clave de *sol* para facilitar a sua leitura.

cf

nota contra nota

2) as mínimas: duas notas contra uma
Escrevem-se duas notas do contraponto para uma do *cantus firmus*.

Os processos da escrita

duas notas contra uma

3) as semínimas: quatro notas contra uma
Escrevem-se quatro notas contra uma do *cantus firmus*.

quatro notas contra uma

4) as síncopas
Esta espécie é uma variante da anterior ao utilizar síncopas de mínimas, o que produz retardos que devem ser correctamente resolvidos.

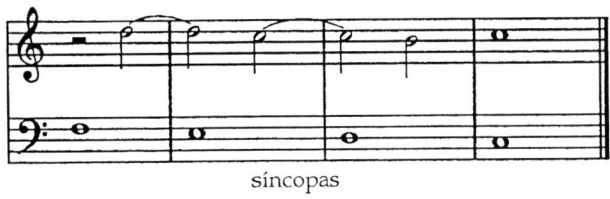

síncopas

5) o contraponto florido
Esta última espécie permite a sucessão de ritmos diferentes, à relativa apreciação do compositor.

contraponto florido

B o contraponto invertível
Este tipo de contraponto exige a escrita de uma linha melódica que possa tocar-se, quer por baixo quer por cima do *cantus firmus*, o que complica substancialmente o "cálculo" da segunda parte.

o contraponto invertível

A mestria deste contraponto "móvel" é indispensável quando se deseja escrever uma fuga, uma vez que o contratema deve poder ser colocado não importa onde, em relação ao tema.

C o contraponto a três, quatro, ... vozes

Após ter estudado o contraponto a duas, aumenta-se progressivamente o número de vozes, começando por três. As cinco espécies são trabalhadas com duas partes de semibreves e uma parte de ritmo diferente. Mas neste ponto, as misturas de espécies são abordadas e chegamos – a três e a quatro vozes – a escrever ritmos diferentes para cada uma das partes. O exemplo seguinte, a quatro partes, é muito conhecido: designa-se por *grand mélange* e sobrepõe três espécies diferentes além das semibreves do *cantus firmus*.

grand mélange

Uma vez todas estas técnicas assimiladas, podemos estudar as formas tipicamente contrapontísticas que são as imitações, os cânones e sobretudo a fuga que, de certo modo, constitui o resultado de toda a reflexão musical consagrada ao contraponto.

O contraponto interessa-se, igualmente, pelos dois andamentos melódicos particulares que são a escrita por movimento contrário e por movimento retrógrado.

O **movimento contrário** consiste em inverter o sentido dos intervalos de uma melodia; em vez de subir, desce e vice-versa.

melodia original (*Ah vous dirai-je Maman*)

melodia transformada por movimento contrário

O **movimento retrógrado** consiste em tocar as notas de uma melodia imaginando um eixo de simetria, um "espelho", que divide o todo em duas partes iguais:

início da melodia repetida por movimento retrógrado

Os processos da escrita

Ao ouvido, um movimento retrógrado é bastante difícil de perceber. Contrariamente, desde que confrontados com a partitura, os seus elementos puramente gráficos, girando em torno de um eixo de simetria, ajudam bastante quanto ao seu reconhecimento. Uma tal partitura faz parte do tipo de obras musicais que sempre existiram e que representam o lado elitista da música, acessível somente a uma minoria, a única capaz de decifrar a escrita. No século XIV, Guillaume de Machault (1300-1377) escreveu uma peça a três vozes utilizando este procedimento de escrita. Ao fim de vinte compassos, metade do trecho, as vozes prosseguem num outro sentido, invertendo as partes superiores. Mas o compositor adverte os seus ouvintes do que irá ouvir, dado que as primeiras palavras são muito explícitas: *Ma fin est mon commencement et mon commencement ma fin* (*Meu fim é o meu começo e o meu começo é o meu fim*). E a continuação do texto cantado é apenas a explicação deste artifício de escrita. Para um músico da *Ars Nova*, período muito reputado intelectualmente e que produziu muitas músicas, por vezes, bastante misteriosas, uma tal disposição, tão claramente pedagógica deve ser realçada:

Machaut: *Ma fin est mon commencement et mon commencement ma fin*

Mais perto de nós, no século XX, Alban Berg utilizou bastante este processo, nomeadamente, na sua ópera *Wozzeck* e no terceiro andamento da sua *Suite lírica* para *quatuor* de cordas:

escrita em espelho (viola e violoncelo)

O figuralismo

É um processo muito corrente que consiste em evocar, numa passagem, um elemento extramusical que pode ser de natureza variada: um elemento natural (pássaro, chuva, vento, tempestade, ...), um objecto (espada, casa, ...), um conceito (embriaguez, a alegria, Deus, ...) ou um fragmento de texto, e mesmo um nome próprio. Desde a Idade Média, o figuralismo é utilizado nos seus graus diversos e constitui, muitas vezes, um acrescento de sentido suplementar. Pode ilustrar tão bem as palavras de uma peça musical, quanto existir por si só, através de uma actividade de evocação. No ponto de vista estético, se a imitação da natureza esteve, frequentemente, no centro das preocupações dos compositores, o figuralismo foi uma das formas preferidas de dela se aproximar.

O sentido acrescentado
a) de forma directa

Os compositores anglo-saxões, que conservaram a designação das notas por letras, tiveram a possibilidade de sugerir palavras ou nomes ao escrever curtas melodias. Alguns nomes "musicais" ficaram célebres desta forma. O mais conhecido é o de Bach (B: *sib*, A: *lá*, C: *dó* e H: *si*) que inspirou inúmeros compositores, mas existem ainda outros. Assim, em 1830, Robert Schumann dedicou à condessa Pauline von Abegg uma série de variações para piano, o seu *opus 1*, cujo motivo principal é o apelido da condessa:

A homenagem musical directa a alguém pode, igualmente, fazer-se a partir dos nomes das notas da esfera de influência latina. Desta forma, o patrono de Josquin Des Prés (*ca.* 1440-1521), o cardeal Ascanio Sforza, tinha por hábito responder com estas palavras às pessoas que lhe vinham pedir favores ou dinheiro: "*Lascia fare mi!*". O compositor prestou-lhe uma homenagem jocosa dedicando-lhe uma missa cujo tenor repetia as palavras algo transformadas:

b) de forma numerológica

As notas podem, também, ter um significado mais difícil de perceber pela sua quantidade no seio de uma melodia. Desde há muito tempo, fez-se corresponder o alfabeto latino com a série dos números inteiros naturais, sendo os resultados utilizados para fins divinatórios, mágicos ou mais simplesmente simbólicos. Os compositores compreenderam, rapidamente, a atracção do mundo numérico, não para predizer o futuro, mas para acrescentar, através dos números sugeridos pelas notas, e embora com um acesso mais difícil, um sentido suplementar à música. É necessário não esquecer que durante toda a Idade Média, os números foram considerados como pertencentes ao domínio da perfeição e uma produção artística teria um grande valor se os referisse. Aliás, actualmente, podemos achar divertido o facto de ler rubricas regulares de numerologia nas revistas femininas, quando um compositor reputado como sério, Johann Sebastian Bach, a quem não podemos apelidar de fútil, também os utilizou bastante. Tecnicamente, o processo é pouco menos que infantil. Primeiro, fazemos corresponder um número a cada letra do alfabeto (atenção: I = J e U = V no alfabeto latino):

A B C D E F G H I = J ...
1 2 3 4 5 6 7 8 9 ...

Seguidamente, tomamos as letras de um nome: B, A, C, H, e procuramos as concordâncias.

B =2; A =1; C = 3 e H = 8. O nome **BACH** vale então: 2 + 1 + 3 + 8 = **14**

Podemos continuar da mesma forma com J. S. BACH.

Temos então J = **9**; S = **18** e BACH = **14**. J.S. BACH = 27 + 14 = **41** (notável anagrama de 14). Os números constituem duas facetas da assinatura numérica de Bach: estão normalmente, não constantemente, presentes em toda a sua obra e não podem ser a simples manifestação de um feliz acaso ou da vontade de um musicólogo obtuso. Observe-se dois exemplos:

1) Em 1722, Bach publica o primeiro volume do seu *Cravo bem temperado*, a saber, vinte e quatro prelúdios e fugas para teclado em todos os tons. O tema da primeira fuga, em *DÓ*, é o seguinte:

Como podemos verificar, compreende 14 notas, ou seja, o número correspondente a BACH, a assinatura numérica do compositor.

2) Em 1723, Bach reune duas séries de peças curtas a duas e a três vozes, cada uma de entre elas conhecida sob a designação genérica de *Inventio* (2 vozes) e *sinfonia* (3 vozes). Cada série comporta quinze peças escritas em diferentes tonalidades. A *sinfonia* nº 9, em *fá* é bastante perturbante em termos numerológicos, dado que aí se encontra como que em filigrana o nome de Bach. Esta peça é a nona da série, o que corresponde à letra J (Johann). Podemos contar oito <u>antes</u> e seis <u>depois</u>; 8 + 6 = **14**, isto é: BACH. Além disso, é inteiramente construída sobre um contraponto invertido a três partes distintas, que formam sobreposições diferentes ao longo do trecho. O exemplo seguinte mostra-nos estas três partes no seu último arranjo: a parte superior contém **19** notas, a parte mediana **14** e o baixo **10**, estes três números representando o nome do compositor. No que concerne ao número 14, já vimos que correspondia a BACH. Para os outros dois números que o enquadram, é bastante simples dado que 19 + 10 = 29, número que se encontra frequentes vezes, atendendo a que é, em simultâneo, o total das letras J + S + B, e o total da sua outra assinatura, aquela que se encontra, especialmente, no fim do manuscrito de numerosas partituras, a saber S.G.D. - *Soli Gloria Deo* - " só para a glória de Deus".

últimas notas da sinfonia nº 9: BACH e JSB e SGD

Esta pequena demonstração, que pode aparentar-se à contagem das notas numa partitura serialista, pode parecer duvidosa e ser tão verdadeira quanto tirar um coelho da cartola. O que é mais perturbador, é o facto de estas relações numéricas estarem longe de surgirem isoladas dado que outras partituras como algumas cantatas sacras ou corais para órgão encerram também estas alusões numéricas. Podemos mesmo mostrar que nos *ariosos* da *Paixão segundo S. João*, surge um número de notas tocadas no contínuo que corresponde exactamente ao das referências de textos de salmos na Bíblia, textos que completam o sentido das palavras cantadas nesse momento. Mas todo o interesse da música de Bach não reside, felizmente, nestas manipulações numéricas, que devem apenas ser consideradas como vontade do compositor em querer integrar-se numa comunidade escolástica, velha de muitos séculos, que considerava, frequentemente, como uma homenagem ao divino a composição de obras com significado numerológico.

c) de forma numérica

Outro grande compositor que manipulou, conscientemente, o universo numérico foi o Húngaro Béla Bártok (1881-1945). Interessou-se, sobretudo, em produzir obras cujas proporções reflectissem a perfeição mítica ligada ao número de ouro. Este número, também conhecido por "*secção de ouro*", permite estabelecer proporções muito harmoniosas entre as diferentes parte de uma construção. É igual, simultaneamente, à relação entre o todo e a parte maior e entre a parte maior e a mais pequena. Este número, muito utilizado em arquitectura e pintura, representa-se por f (do nome do escultor antigo Fídias) e vale aproximadamente 1,618. Musicalmente, podemos utilizá-lo através de uma relação de proporções dos números de notas ou de compassos e materializando o resultado obtido, coloca-se nesse "local" um acontecimento musical especial. Imaginemos um excerto de cem compassos, a proporção ideal, se o quisermos dividir em duas partes, será fazer ouvir qualquer coisa de assinalável ao longo do compasso 62. Em numerosas partituras do compositor húngaro, tais como a sua *Música para cordas, piano e celesta* (1936), os diferentes andamentos são escritos desta forma. Se contarmos as notas, como em Bach mas de forma diferente, podemos encontrar esta famosa proporção: na *sonata para dois pianos e percussão*, após ter numerado as colcheias de toda a obra, o número de ouro surge, exactamente, no final do 1º andamento.

• **o texto através das notas**

A partir do Renascimento, desenvolveu-se entre os músicos a vontade de ilustrar de maneira musical o conteúdo de um texto, tanto profano como sacro. Assim, numa missa, o compositor poderia fazer alusão à Santíssima Trindade utilizando tercinas ou repetindo uma passagem três vezes; mais tarde, ele não hesitará em escrever a passagem em questão numa tonalidade compreendendo três sustenidos ou três bemóis. Pouco a pouco, irá realizar uma ilustração paralela do texto, atingindo o seu ponto culminante na época barroca, e que

Os processos da escrita

irá ser muito apreciada em todos os países. Este verdadeiro código expressivo acoplado à representação das paixões (amor, ódio, admiração, alegria, tristeza, desejo) será compreendido por todos. Genericamente, podemos citar alguns efeitos:

- o cromatismo: *tristeza, dor, sofrimento;*
- notas rápidas repetidas: *tumulto, violência;*
- notas agudas: o céu; notas graves: *o inferno;*
- modo maior, o tempo rápido, as consonâncias: *a alegria;*
- o modo menor, o tempo lento, as dissonâncias: *a tristeza* ...

Um bom compositor jamais esquecerá de sublinhar, pontualmente, uma palavra ou uma ideia através de motivos musicais algo ingénuos, mas apropriados. Na ária *Deposuit* do seu *Magnificat*, Bach sublinha musicalmente duas ideias contraditórias. A primeira *deposuit potentes* ("ele deporá os poderosos") traduz-se por uma dupla descida, seguida de um verdadeiro "trambolhão" musical (sobre *potentes*):

A segunda ideia, ao contrário da primeira, *exaltavit humiles* ("ele elevará os humildes") traduz-se, naturalmente, no sentido inverso, por um longo vocalizo ascendente, atingindo a nota mais aguda do trecho (assinalada com um círculo):

Para terminar, os humildes (*humiles*) também têm direito à sua representação musical. Como por natureza permanecem no seu lugar, Bach descreve-os através de uma nota longa:

Um estado de espírito como a alegria é sempre sublinhado por amplos vocalizos, como nesta ária do *Messias* de Haendel:

- **a música descritiva**

Mesmo se uma obra incluir um texto para ser cantado, a música pode ter um papel puramente imitativo, fazendo alusão a animais ou ruídos da natureza. Na maior parte dos casos, como a orquestra não é um sistema mecânico de reprodução de som, não se trata de imitar servilmente, mas de evocar, de orientar o espírito do ouvinte para este ou aquele objecto, mais ou menos, definido. E se é difícil representar noções abstractas, a tarefa do compositor foi sempre tornada fácil em certas representações do mundo animal.

a) os pássaros

Os campeões em todas as categorias do bestiário musical são, sem contestação possível, os pássaros, animais que têm em comum com o homem, a produção de um canto, geralmente, harmonioso e reconhecível. Este canto pode ser escrito, musicalmente, com bastante fidelidade: uma terceira menor descendente representa, quase sempre, um cuco. Como esta imitação é muito fácil de realizar em termos técnicos, encontramos traços dela em toda a história da música, desde a Idade Média, com o cânone *Sumer is icumen in* que refere que *Lhud sing cucu* (*os cucos cantam forte*) até ao *Carnaval dos Animais* de Camille St. Säens. A galinha e o galo foram sempre animais que congregaram as preferências. Encontramos um bom exemplo na canção *Il est bel et bon* (1534) de Pierre Passereau (*ca.*1509-1547) em que os baixos os imitam:

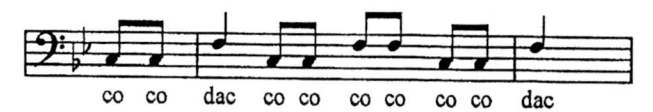

co co dac co co co co co co dac

Dois anos mais tarde, Clément Janequin com a sua célebre canção *Le Chant des Oiseaux* [*O Canto dos Pássaros*] (1537), inventa toda uma série de onomatopeias imitando nem se sabe que animais alados:

alguns pássaros, segundo Janequin

A época barroca, gulosa de processos imitativos, deixou-nos alguns retratos de pássaros realizados pelos cravistas franceses: a décima-quarta *ordre* (1722) de François Couperin (1668-1733) inclui, nomeadamente, *Le Rossignol-en-Amour* [*O Rouxinol apaixonado*], *La Linote éfarouchée* [*A pintarroxa assustada*] e *Les Fauvèttes Plaintives* [*As toutinegras chorosas*]. Um pouco mais tarde, em 1728, Jean-Philippe Rameau (1683-1764) escreve a *Galinha* (*Poule*) que se celebrizou:

co co co co co co co dai

a *Galinha* (onomatopeias marcadas por Rameau)

Em Itália, Antonio Vivaldi (1678-1741) também escreveu cantos de pássaros nos seus concertos (consagrando uma flauta, inteiramente, ao *Cardellino*, o pintassilgo), como testemunha o trio do início da *Primavera* das *Quatro Estações* (cerca de 1720):

Os processos da escrita   85

Canto dè gl'uccelli (o canto dos pássaros)

No *Verão* do mesmo ciclo, é mais preciso e escreve o canto de uma rola:

a rola, por Vivaldi

Uma centena de anos mais tarde, na sua sinfonia nº 6 (*Pastorale*), Beethoven faz-nos ouvir um trio composto, segundo as suas próprias indicações, por um rouxinol (parte superior: flauta), uma codorniz (parte média: oboé) e um cuco (parte inferior: clarinete em *Sib*):

Beethoven, sinfonia nº 6, *Cena junto ao ribeiro*

Uma lista exaustiva de partituras tendo directamente pássaros como tema e como objectos musicais, levaria muito tempo a elaborar. Podemos, no entanto, dizer que nos séculos XIX e XX, a paixão pelos seres alados não se extinguiu, e se *O Carnaval dos Animais* (1886) de Camille St. Saëns contém *Galinhas e Galos*, um *Cuco ao fundo do bosque*, um *Aviário* e um *Cisne*, o compositor mais ornitólogo de todos os tempos foi, sem contestação, Olivier Messiaen (1908-1992) que consagrou às aves numerosas páginas (mais de três horas de música), tanto para piano solo como com acompanhamento de orquestra, tal como *Les Oiseaux exotiques* [*Os pássaros exóticos*] (1955-56), partitura dedicada à sua esposa a pianista Yvonne Loriod. Esta obra faz-nos ouvir não menos de quarenta e sete cantos de pássaros diferentes, tocados quer pela orquestra quer pelo piano, com o nome do animal marcado ao lado das suas notas, como este pássaro da América do Norte que surge várias vezes:

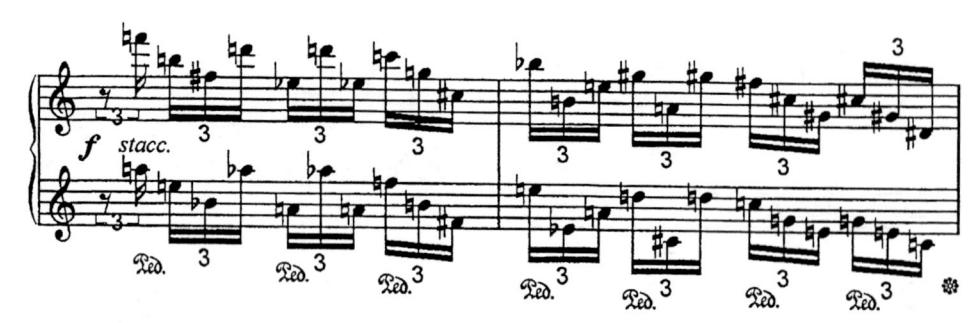

visão pianística do melro de Swainson, extraída dos *Oiseaux exotiques* de Messiaen

b) outros animais

Não foram só os pássaros que despertaram o interesse dos compositores, a tal ponto que poderíamos inventariar todos os habitantes de um zoo em títulos de peças ou na audição de excertos bem escolhidos. Todavia, alguns ficaram mais célebres do que outros e por isso podemos ouvir assim, num momento de um concerto muito conhecido, os latidos estilizados de um cão (*uáu-uáu*):

o cão (*uáu-uáu*) da *Primavera* das *Quatro Estações*

Para Mendelssohn, aos dezoito anos, será o zurrar de um burro que servirá à identificação de uma personagem de uma peça de Shakespeare, Bottom, que malfadadamente sofreu uma metamorfose pouco lisonjeira:

Mendelssohn, *Sonho de uma Noite de Verão* (*Abertura*)

c) os ruídos

Os fenómenos naturais, como o fluxo de um rio, ou meteorológicos, tais como o vento, a tempestade ou a trovoada, prestam-se bem a uma representação sonora, se bem que menos imitativa do que os sons dos animais. Têm todos em comum a presença do elemento líquido, observado sob vários aspectos. Em quantidades mínimas, as gotas, são, muitas vezes, representadas por notas agudas muito curtas. Podem ter um valor simbólico e provir de um perfume, como na *Paixão segundo S. Mateus* de Bach, em que a pecadora lava os pés de Cristo com este precioso líquido (as gotas são tocadas pelas flautas):

Os processos da escrita 87

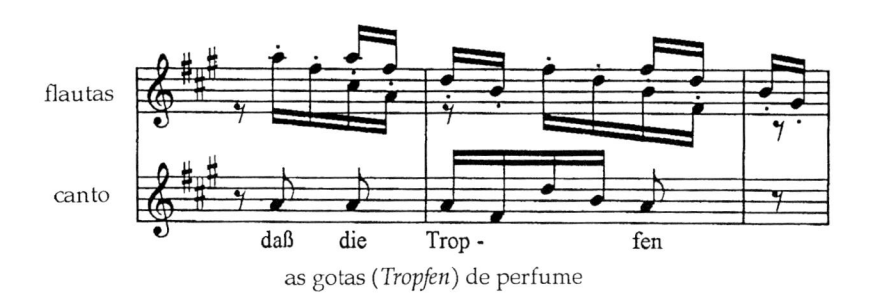

flautas

canto

daß die Trop - fen

as gotas (*Tropfen*) de perfume

Na generalidade, as gotas são de água e para sugerir o seu movimento, os músicos, a partir da geração romântica, utilizaram bastante o poder evocativo do piano. Na colectânea *Suisse* dos *Années de pèlerinage* [*Anos de peregrinação*] para piano, Franz Liszt (1811-1886) utiliza dois planos sonoros para executar a descrição da sua *fonte*. Primeiro, as notas da melodia fazem alternar as fricções dos intervalos de segunda com uma nota isolada mais aguda (notas assinaladas com círculo), que sugerem alguns salpicos. Finalmente, o resto das notas sugerem o fluxo da nascente, constituído por uma corrente ininterrupta:

Franz Liszt, *Junto a uma nascente*

Esta peça não imita, verdadeiramente, a água que corre. Apenas o seu poder evocativo é tal que, praticamente manipulado pelo seu título, o ouvinte é levado "à força" a pensar, prioritariamente, no mundo aquático. O número de trechos para piano ou mesmo para orquestra com o mesmo tema contido no título, é bastante elevado e quando o trecho é conseguido, a ilusão funciona perfeitamente.

A outra representação que põe em cena a água, de forma bastante mais animada desta vez, é a pintura sonora de uma tempestade. Desde a época barroca, o processo não variou quase nada: é necessário fazer executar pelos instrumentos, mais frequentemente pelas cordas friccionadas, um desencadeamento de notas muito rápidas, idênticas, em escalas ou arpejos menores, em *nuances* cada vez mais fortes. No início do século XVIII, o resultado podia ser semelhante a este:

desencadear da tempestade no *Verão* das *Quatro Estações* (1724)

Quase cento e cinquenta anos mais tarde, em 1870, a receita é a mesma para Richard Wagner e todo o início de *A Valquíria* começa com uma tempestade fabricada de maneira muito similar:

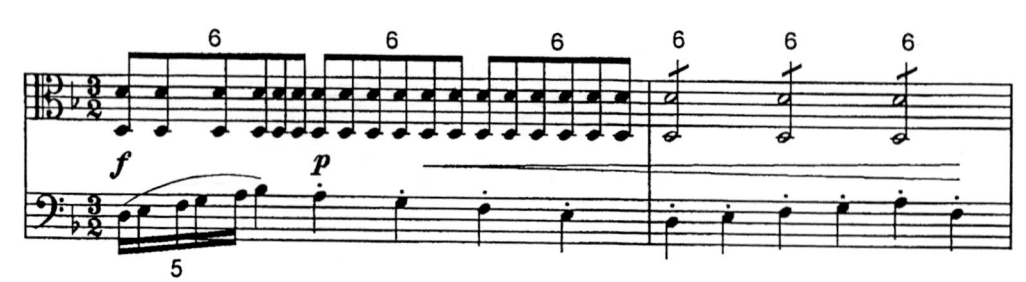

a tempestade no início de A Valquíria

- **o *leitmotiv* (motivo condutor)**

Um compositor pode dar a um tema um sentido muito preciso, tema que terá a cada ocorrência um significado idêntico e representará, invariavelmente, a mesma personagem, objecto ou a mesma ideia. Um dos primeiros a ter sonhado incorporar um mesmo tema a várias repetições, foi Hector Berlioz. Numa obra como a *Sinfonia Fantástica* (*Symphonie Fantastique*; 1830), o tema da amada, a *idée fixe* [ideia fixa] reaparece a cada andamento, sofrendo por vezes metamorfoses, seguindo as indicações do programa escrito pelo autor. A primeira apresentação deste tema surge em toda a sua nobreza:

a idée fixe *na sua apresentação original*

Mais longe na sua obra, em *Songe d'une nuit de sabbat* [Sonho de uma Noite de Sabat], o autor vê a sua bem-amada transformada em bruxa; naturalmente, o seu tema irá *travestir-se* de forma idêntica, fazendo caretas e saltitando:

a idée fixe *vestida de bruxa*

Alguns anos mais tarde, Richard Wagner irá sistematizar este processo para a escrita das suas óperas. No que designa por *Tetralogia*, grupo de quatro óperas que constituem uma só história com cerca de quinze horas, os espectadores são continuamente confrontados com este fenómeno, que permite ao compositor fazer passar uma grande quantidade de informações enquanto uma personagem canta. Entre uma e outra, mesmo se não atingirmos, perfeitamente, o sentido das palavras, os *leitmotiv* apresentados estão lá para nos ajudar a compreender o quê ou quem está em questão. Assim que surge um elemento novo, uma personagem, um objecto ou um conceito abstracto, este é imediatamente caracterizado por um motivo particular, geralmente curto, que se repetirá em cada vez que se lhe faça alusão. Este motivo será, primeiramente, cantado e depois reaparecerá em forma orquestral, sempre ligeiramente diferente no seu tempo, *nuances* e orquestração. Mas, sejam quais forem as alterações, reconhecemo-lo sempre, mesmo se estiver camuflado nas profundezas da orquestra, no meio de quaisquer outros dos seus companheiros. Eis três exemplos de *leitmotiv* extraídos de A Valquíria:

Os processos da escrita

a) uma personagem

As Valquírias

b) um objecto

a espada Notung

c) uma noção abstracta

o amor Sieglinde-Siegmund

A grelha

É a notação abreviada do acompanhamento de um trecho completo, combinando a escrita harmónica americana com um sistema de casas representando os compassos. Foi utilizada, primeiramente, pelos *jazzmen*, que na sua maioria, não sabiam ler partituras e necessitavam de referências harmónicas simples para acompanhar as improvisações dos solistas. Os trechos não sendo geralmente longos e sendo todos praticamente em compassos a quatro tempos (cada casa tem quatro cantos), a grelha tornou-se num auxiliar de memória extremamente simples e prático. Tomemos como exemplo o célebre *spiritual*, *Oh when the saints go marching in*, na sua escrita em partitura vulgar:

Oh when the saints go marching in em notação solfégica

Os *jazzmen* gostaram bastante desta peça que depressa se tornou um padrão e que foi interpretada pelos grandes (Louis Armstrong, Ella Fitzgerald, ...). Para os instrumentos de acompanhamento, dado que a melodia e as palavras têm apenas um interesse relativo, a forma de escrita seguinte é mais cómoda e funciona para todas as estrofes:

C	/	/	/	/	/	G	/
C	C7	F	Fm	C	G	C	/

Oh when the saints go marching in em notação de *jazz*

Uma casa marcada com "/" mantém o acorde do compasso precedente e regressa ao início assim que se chega ao fim da segunda linha. Quando dois acordes partilham um compasso, divide-se a casa em dois, e coloca-se de um lado e de outro da diagonal os acordes desejados, lendo sempre da esquerda para a direita:

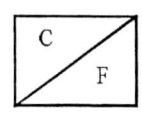

Daqui resulta que uma grelha pode servir para vários trechos e por isso, é completamente insuficiente para a identificação de qualquer um: é o reverso da medalha da sua simplicidade. Felizmente, as estruturas puramente jazzísticas – como o *blues* – reconhecem-se e realizam--se quase sempre desta forma:

C	C	C	C7
F	F	C	C
G7	F7	C7	G7

Exemplo de grelha de *blues*

A harmonia

Corresponde ao conjunto das regras de encadeamento de acordes aplicados a um estilo musical particular. Por outras palavras, a harmonia constitui o lado vertical da música, por oposição ao contraponto que é o seu lado horizontal. Todavia, será muito difícil isolar, completamente, estes dois elementos: teoricamente, uma passagem bem conseguida deverá combinar estes dois aspectos de forma equilibrada para suscitar o interesse junto do ouvinte. A segunda parte da definição é igualmente importante, uma vez que os compositores do século XVI até ao início de século XX, utilizaram, globalmente, os mesmos acordes, o mesmo material sonoro de base. O que vai mudar de Mozart a Schumann, no que concerne à harmonia, diz respeito, nomeadamente, à disposição das notas nos acordes, a sua função, os percursos tonais e o ritmo harmónico. De Josquin des Prés (1440-1521) a Maurice Ravel (1875-1937), um acorde tal como o de *dó-mi-sol* é estritamente idêntico, apenas muda o contexto em que é utilizado. Além disso, dois compositores contemporâneos, tendo à sua disposição a mesma linguagem musical, terão cada um a sua forma pessoal de acomodar os sons, de praticar a sua própria receita sonora. Johann Sebastian Bach, Georg Friedrich Haendel e Domenico Scarlatti nasceram todos em 1685, no entanto, a sua atitude face à harmonia é bem diferente.

A característica principal da harmonia, no decurso da sua evolução, foi a **integração progressiva da dissonância** no seio do conjunto dos objectos permitidos num momento dado. Com efeito, alguns serão proibidos numa época determinada e serão utilizados, sem qualquer escrúpulo, nas épocas seguintes. O seu carácter, inicialmente agressivo devido à sua novidade, foi-se transformando, a pouco e pouco, por uma questão de hábito, tornando-se parte do aceitável. O efeito inverso também se produziu: encadeamentos considerados como arcaicos desapareceram de circulação, e foram classificados como pertencendo a um estilo fora de moda.

A harmonia, finalmente, ocupa-se de dois fenómenos distintos mas complementares. O primeiro consiste em estudar o que nós poderíamos chamar de alargamento do catálogo dos acordes, isto é, a aceitação de acordes cada vez mais ricos. O segundo, organiza as suas relações em termos mais amplos, estabelecendo hierarquias entre si e permitindo modulações (passagem de uma tonalidade para outra) através da sua mudança de função ou da sua transformação. Aqui, também os conceitos de época e de estilo assumem bastante importância.

A. Os acordes enquanto entidades distintas

Aparecimento da noção de acorde
A harmonia nasceu quando partes diferentes começaram a ser sobrepostas propositadamente, por volta do século IX. Isto exclui o facto de cantar "naturalmente" à quinta ou à oitava, como sucede quando um grupo de pessoas decide cantar em uníssono. Acontece, por vezes, que certos cantores, incapazes de alcançar a nota correcta, se colocam à distância de quinta e aí permanecem. Este tipo de polifonia é instintiva e não verdadeiramente reflectida, pelo que não constitui harmonia, apesar do facto de sons diferentes serem emitidos em simultâneo.

exemplo de harmonia "instintiva"

No exemplo precedente, a parte original é constituída pelas semibreves maiores e poderia ser cantada por homens. As semibreves mais pequenas, destinadas às mulheres ou às crianças, estão na oitava superior. A parte em notas a preto está à quinta superior da primeira e segue-a paralelamente. Os movimentos das partes entre si, são inteiramente paralelos, o que exclui toda a vontade harmónica; o resultado vertical não será mais do que a consequência do movimento melódico das vozes sobrepostas.

Nos seus primórdios, a polifonia "composta" era a duas vozes: uma parte principal, pré-existente e uma outra de acompanhamento. Era necessário que entre ambas se encontrasse uma consonância permitida (quinta ou quarta), sobre o que chamaríamos hoje de tempo forte, sendo o resto deixado ao critério contrapontístico do compositor. Seguidamente, tendo aumentado o número de vozes e a música tornado mais complexa, tanto melódica como ritmicamente, as sobreposições dos sons reconhecidas como tais são cada vez mais numerosas e os teóricos comentaram-nas nos seus tratados de composição, indicando o que seria permitido fazer ou utilizar. Nas antigas histórias da música, era de todo inconveniente escrever a palavra "harmonia" para a música da Idade Média, sendo esta considerada como unicamente contrapontística, ou seja, as sobreposições de notas (não se falava de acordes) resultavam do aspecto horizontal da música, isto é, da condução simultânea das vozes. Este ponto de vista, que convém a uma boa parte da música medieval, foi amplamente modificado e até contestado, dado que algumas passagens de determinadas obras do século XIV não poderiam ser compreendidas, se fosse seguido este princípio unicamente contrapontístico. Com efeito, acontece que estamos, indiscutivelmente, em presença de acordes, como no exemplo seguinte:

excerto do "Gloria" da *Missa* de Guillaume de Machaut

Se soubermos que o texto cantado neste ponto é *Jesu Christe* (logo, silábico), que as durações das notas são importantes (breves que valem cada uma duas semibreves) e que esta passagem será repetida e ampliada sobre cinco notas, um pouco mais à frente, teremos uma sucessão de acordes e uma passagem realmente harmónica. E porque aqui se regista harmonia, é necessário que observemos os acontecimentos musicais que se encontram no fim das frases musicais. No século XIV, a escrita é a três e mesmo quatro vozes (ver *supra*). Nesta época, encadeamentos de quintas (*dó-sol, ré-lá*) e de oitavas harmónicas paralelas são permitidas. Veja-se alguns exemplos de cadências finais:

a: cadência no modo de *ré*; o *superius* e o *tenor* são idênticos. A parte do *bassus* contém a subtónica *dó*. Esta cadência é ainda bastante modal quanto à sua sonoridade.

b: cadência com dupla sensível, no modo de *ré*. Um meio-tom separa a fundamental da subtónica que se torna assim uma "sensível". Para acentuar este efeito, a quinta sofre também esta elevação: *dó# - sol#*. A impressão dada não é ainda tonal, apesar da presença de uma verdadeira nota sensível.

c: cadência com dupla sensível sobre a fundamental *fá* (sugestão de *fá* maior).

a b c

Estas três cadências pré-tonais (as melodias são ainda regidas pelos modos eclesiásticos) têm a característica comum de não integrar a terceira no seu acorde final. Para tal, é necessário esperar até ao século XVI. Até ao século XVIII, a terceira fundamental será quase sempre maior, mesmo numa peça escrita no modo menor (falamos de terceira "picarda"). Este facto poderá dever-se ao sistema de acorde dos instrumentos de tecla – o temperamento – que, até meados do séc. XVIII, coloca os doze meios-tons da oitava em intervalos irregulares. A terceira maior soava, com efeito, bastante melhor do que a terceira menor num acorde terminal, produzido para durar muito mais tempo do que um acorde menor "de passagem", tocado no decorrer de um trecho.

No século XV, já é possível encontrar no baixo a progressão dominante-tónica típica de uma cadência tonal. Esta tem duas formas: uma forma ascendente em quarta (**d**) e uma forma descendente em quinta (**e**). No final do século XVI, o tenor sobe para a terceira para completar o acorde perfeito.

d e

Regressando aos acordes propriamente ditos, no século XV, a Inglaterra irá inundar o continente com uma técnica de improvisação cantada, simples e muito eficaz: o fabordão (*faux-bourdon*). Trata-se de acompanhar – pode-se dizer, harmonizar – uma melodia pré--existente acrescentando a terceira e a sexta superiores. A novidade resulta do emprego destas consonâncias reputadas até então como imperfeitas e que nem sempre eram bem vistas nos tratados continentais. Para o fazer, é necessário possuir uma melodia de base do tipo cantochão, tirada geralmente de uma recolha.

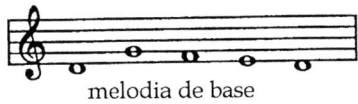

melodia de base

No continente, as consonâncias acrescentadas eram, frequentemente, quartas, quintas ou oitavas, o que produzia um resultado bastante duro para os nossos ouvidos modernos...

harmonização continental

... que fazia lembrar a harmonização "instintiva" já referida. Quanto aos Ingleses, iniciavam e terminavam as peças sobre os mesmos intervalos de quinta e de oitava, mas o caminho interno admitia terceiras e sextas paralelas nas consonâncias intermédias, o que foi bastante revolucionário para a época e soava de forma pontual e, indiscutivelmente, mais moderno:

harmonização inglesa

A utilização do fabordão, não já como uma técnica de improvisação (como o era na sua origem) mas como um processo de composição de facto, irá, consequentemente, ampliar a admissão da terceira como intervalo "aceitável" e aumentar o número de acordes "perfeitos", compreendendo três sons diferentes no seio das composições. No entanto, esta técnica permanece bastante ligada ao aspecto horizontal da música, não sendo as consonâncias, também aqui, teoricamente, mais do que o resultado da sobreposição das linhas melódicas.

o desenvolvimento da harmonia

No século XVI, a predominância absoluta do contraponto começa a diluir-se, sendo os acordes perfeitos escritos por si só. Certos encadeamentos de notas começam a estabilizar-se e os compositores fazem questão em não escrever mais quintas (*fá-dó, sol-ré*) nem oitavas (*dó-dó, ré-ré*) sucessivas, que soam demasiado duras aos nossos ouvidos, habituados a maior suavidade:

dois encadeamentos proscritos

Além disso, a prática intensiva da redução de obras instrumentais ou vocais, escritas em várias partes, destinadas a um instrumento polifónico (alaúde, teclado) irá fazer com que os músicos progridam, consideravelmente, no domínio harmónico. Irão ser capazes de reduzir uma polifonia ao que ela tem de essencial, logo, considerando-a de forma mais vertical do que horizontal. Na viragem do século, a grande moda da monodia acompanhada conseguirá estabelecer uma verdadeira consciência puramente harmónica, realizando um tipo de acompanhamento rápido: o **baixo contínuo**. Este processo permite escrever, de forma bastante rápida, o esqueleto harmónico de um acompanhamento deixando ao intérprete o cuidado de organizar, ele próprio, a estrutura dos seus acordes. A época barroca irá, então, ser capaz de integrar, progressivamente, toda uma série de dissonâncias, tais como retardos, apogiaturas, notas de passagem que irão enriquecer a pouco e pouco a paleta harmónica dos compositores e permitir-lhes ser muito mais expressivos. Esta época vai, igualmente, generalizar o uso do acorde de sétima da dominante que permite enriquecer as cadências. A sétima, considerada durante muito tempo como uma dissonância, foi, primeiramente, empregue como uma nota de passagem ou convenientemente preparada (tocada no acorde precedente). Mais tarde, poderá ser tocada em pleno, válida por si só.

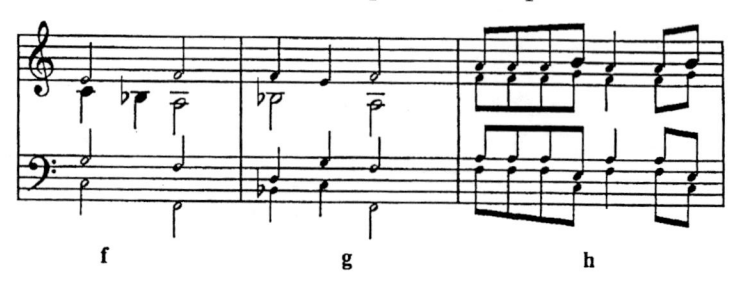

f   g   h

f: a sétima está no alto e é considerada aqui como uma nota de passagem entre o *dó* e o *lá*;

g: a sétima é preparada no acorde precedente e deixa de ser uma nota de passagem;

h: neste início do *Outono*, concerto para violino de Antonio Vivaldi, a sétima é tocada abertamente, sem ser uma nota de passagem nem ter sido preparada no acorde anterior. O que antes era considerado como uma dissonância, faz agora parte do vocabulário harmónico de base.

Os compositores irão, a pouco e pouco, afastar da sua linguagem harmónica os encadeamentos entre os acordes tonalmente distantes, produzindo muitas vezes o que se designa por **falsas relações**. Uma falsa relação produz-se quando um movimento cromático, como *dó-dó#*, se coloca entre duas partes diferentes, ao mesmo tempo que uma certa lógica (herdada do contraponto) desejaria que ele se realizasse na mesma voz. No início do século XVII, ainda é muito praticada porque dá uma impressão bastante abrupta de mudança de côr musical.

falsa relação

No primeiro encadeamento, a falsa relação produz-se entre o soprano e o tenor. O segundo encadeamento, que coloca o cromatismo apenas no soprano, suprime-a.

A análise harmónica *stricto sensu* ainda não existia com este nome, mas no final do século XVII, alguns acordes até então "inauditos" – no verdadeiro sentido do termo – encontravam-se um pouco por toda a Europa:

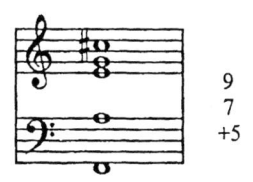

9
7
+5

A partir da cifra do baixo contínuo, trata-se de um acorde de nona (*fá-sol*) sobre o terceiro grau menor que compreende uma sétima maior (*fá-mi*) e uma quinta aumentada (*fá-dó#*). Marc-Antoine Charpentier apreciou bastante este acorde, utilizando-o frequentemente na sua música vocal para reforçar a expressividade de uma passagem. Encontramos, igualmente e bastante vezes, este acorde em Johann Sebastian Bach, na parte central da *Toccata, Adagio e Fuga* para órgão. Mas este acorde não é de modo algum o que a sua cifra parece indicar, dado que se trata, simplesmente, de um acorde de sexta (primeira inversão do acorde perfeito) cujas notas superiores, que pertencem ao acorde precedente (de dominante), são retardadas e irão resolver-se no acorde seguinte.

Bach: *Toccata, Adagio e Fuga*

O compositor inglês Henry Purcell irá ainda mais longe na surpresa para os nossos ouvidos habituados a uma harmonia relativamente padronizada. Se o acorde evocado precedentemente era notável, uma parte dos sons que o constituíam já tinham sido escutados anteriormente. Em Purcell, alguns acordes são verdadeiramente atirados, sem preparação, e ainda hoje produzem grande efeito no ouvinte moderno, como acontecera certamente na época. O exemplo seguinte é retirado do início da ária do Génio do Frio de *King Arthur*.

Purcell: *Ária do "frio"*

O acorde enquadrado, além do facto de não ser esperado e conter uma falsa relação, possui a característica de ser bastante evanescente nas sua tonalidade, uma vez que surge como um acorde de quinta aumentada invertido (*dó-mi-lá*, inversão de *lá-dó-mi*). Mas as aparências iludem, dado que no tempo seguinte se revela a sua verdadeira natureza: um acorde simples de dominante do quarto grau (V do IV) cuja quinta (*sol*) fora ornada (*sol-lá-sol*). Esta explicação, racional, moderna mas complicada, permanece todavia pouco satisfatória: Purcell escreveu este empilhamento de notas porque lhe apeteceu, sem qualquer justificação exterior (restos de um racionalismo demasiadamente pouco eficaz em arte). Com efeito, este período do final do século XVII vê manifestar-se o triunfo incontestável da harmonia sobre o contraponto, agora utilizado, pontualmente, na música religiosa e no seio de algumas obras especiais. Os músicos desta época inventam, testam e produzem encadeamentos que serão, na sua maioria, abandonados nas épocas seguintes, mais cuidadosos com a forma, com as relações das tonalidades entre si, em detrimento do deslumbramento do ouvinte por um acorde particularmente rebuscado.

estabilidade e acumulação
O século XVIII irá generalizar o acorde de sétima diminuta (7) que será utilizado de diversas maneiras. Na primeira, assumirá o lugar da dominante habitual:

Encontramo-lo igualmente como componente numa cadência:

Neste exemplo extraído do *Outono* de Vivaldi, o *dó#* é uma nota de passagem cromática entre o *dó* e o *ré*. No modo menor, alguns acordes alterados irão também participar nas meias-cadências:

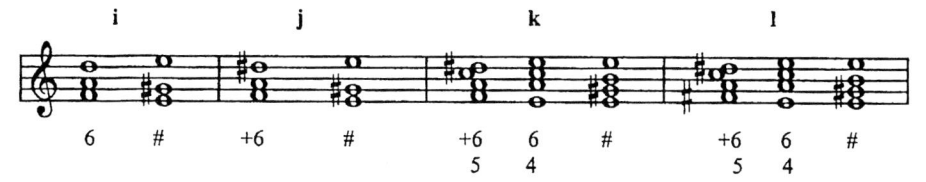

i: meia-cadência simples, IV-V;

j: meia-cadência, IV-V, o *ré#* é atraído pelo *mi* e forma um acorde de sexta aumentada, muito utilizado por Mozart, entre outros.

k: meia-cadência, IV – (I) – V, em duas etapas transitando pelo acorde de quarta e sexta do primeiro grau;

l: a mesma cadência com o baixo subido (primeira inversão de um acorde de sétima diminuta).

Estas quatro cadências têm, absolutamente, a mesma função: a de estabelecer um repouso sobre a dominante. Apenas se altera o primeiro acorde, mais ou menos rico, e a sua resolução mais ou menos rápida.

O modo menor, o mais rico porque mais variado nas suas escalas, terá mesmo o privilégio de utilizar um acorde alterado não pertencendo, *a priori*, a uma escala dada. Trata-se do **tom napolitano**, utilizado sobretudo sob a forma de um acorde de sexta: a **sexta napolitana**. Constrói-se baixando meio-tom ao segundo grau da escala menor, o que faz desaparecer o intervalo de quinta diminuta presente neste caso. Esta alteração tem dois efeitos: verifica-se, primeiramente, um contorno melódico fazendo aparecer uma terceira diminuta (*sib-sol#*) muito expressiva, não fazendo o *sib* parte da escala de *lá* menor. O segundo efeito produzido, gera uma falsa relação (*sib-si*) entre duas vozes, o que induz a uma pequena dificuldade harmónica muito passageira (mas desejada) [os exemplos seguintes estão todos em *lá* menor].

m: acorde de quinta diminuta "normal" do segundo grau de *lá* menor; o tom napolitano: o *si* torna-se *sib*; a posição clássica deste acorde: na forma de sexta com a nota do baixo duplicada.

n: cadência perfeita em menor, encadeamento dos graus II-V-I;

o: cadência perfeita utilizando uma sexta napolitana mas atenuando os dois efeitos mencionados atrás, dado que um acorde de quarta e de sexta se encontra intercalado entre o acorde da sexta napolitana e o acorde da dominante.

p: cadência perfeita utilizando os dois efeitos da sexta napolitana ao aproximar este acorde do da dominante.

a harmonia romântica

Uma das especificidades da música romântica, que se estende sobre os três quartéis do século XIX, foi o facto de retardar, ao máximo, as resoluções habituais dos acordes, para conservar apenas uma verdadeira cadência perfeita: a da conclusão do trecho musical. Além disso, este período que refinou todos os recursos da harmonia, irá jogar bastante com as ambiguidades tonais próprias para desestabilizar a consciência harmónica do ouvinte. Um dos aspectos magistrais deste jogo será o acorde de sétima diminuta que continua a fazer parte das cadências não modulantes, como em Robert Schumann, na primeira das suas *Kinderszenen* (*Cenas de crianças*) (1838) para piano:

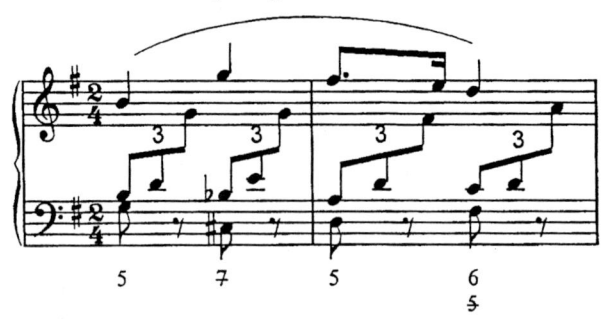

Schumann: 1ª *Cena de crianças*

Mas ela irá ser empregue, futuramente, de forma bem mais subtil, apoiando-se nas propriedades da enarmonia (escolha da escrita em sustenidos ou em bemóis de uma nota alterada; ex.: *dó#* ou *réb*). Este acorde, soando de uma maneira idêntica em ambos os casos, admite quatro escritas, quatro "ortografias" diferentes. Em função dos efeitos desejados, o compositor poderá, instantaneamente, fazer bifurcar o seu trecho para esta ou aquela tonalidade, ao escolher a resolução que mais lhe convém.

as escritas de um acorde de sétima diminuta em *ré*, *si*, *fá* e *sol#* ou *láb* (tonalidades menores)

Vejamos alguns exemplos de percursos tonais possíveis que poderemos seguir a partir do primeiro acorde de sétima diminuta (*dó#-mi-sol-si*):

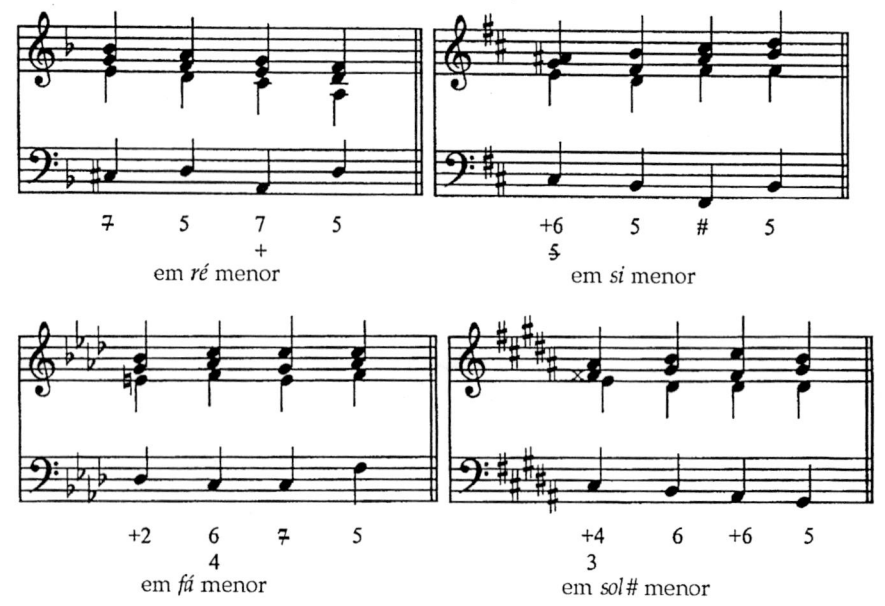

em *ré* menor

em *si* menor

em *fá* menor

em *sol#* menor

Os processos da escrita 99

Os compositores puderam, então, por este processo rápido e eficaz, modular facilmente para tonalidades distantes da sua base, e não se fizeram rogados em utilizar esta possibilidade! Mas estas modulações repousavam ainda e sempre, sobre encadeamentos bem conhecidos e sobre conduções harmónicas bem familiares; podemos falar a este propósito, de "clichés" harmónicos.

o caso Wagner

A ambiguidade tonal acentua-se, verdadeiramente, quando os analistas começaram a ficar perplexos perante sequências como a seguinte:

Richard Wagner, início do prelúdio da ópera *Tristão e Isolda* (1865)

Com efeito, o problema de análise, que já produziu milhares de páginas desde há mais de cem anos, encontra-se no ponto enquadrado. Trata-se, simplesmente, de descrever o acorde contido nesta célula. A tonalidade desta pequena passagem é claramente definida: trata-se de *lá* menor, dado que estamos perante uma meia-cadência (terminada sobre o V grau), com o soprano contendo uma nota de passagem cromática sobre o tempo (*lá#-si*). O acorde precedente, *fá-si-ré#-lá* é um acorde de sexta aumentada bem identificada:

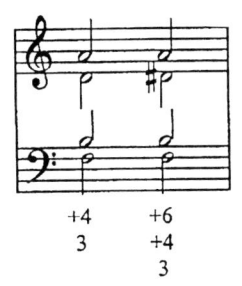

+4   +6
 3   +4
        3

O único ponto restante, consiste em nomear o que precede este acorde, a saber, a sobreposição *fá-si-ré#-sol#*. Uma hipótese comum considera o *sol#* como a apogiatura inferior do *lá*; como consequência, o acorde é o mesmo em toda a sua medida e a explicação fica concluída.

explicação comum deste acorde: o *sol#* é a apogiatura do *lá*

Esta explicação, que se justifica plenamente, deixa ao analista moderno uma certa sensação de insatisfação: deve haver mais qualquer coisa. Esta dúvida harmónica poderá explicar-se pela orquestração. Com efeito, Wagner escreveu este excerto tendo em conta – à imagem de Berlioz – os timbres dos instrumentos ideais para o executar. Assim "arranjado", dá uma impressão de grande estabilidade e não faz apelo, forçosamente, mau-grado as origens possíveis recorrendo a notas agregadas, a uma resolução "clássica" sobre um outro acorde bem definido. Podemos, além disso, sublinhar que dura bastante tempo, como se Wagner quisesse que o saboreassemos. É ainda certo que Wagner fez uma escolha atendendo ao que lhe deveria ser encadeado. Poderia ter feito surgir um outro acorde, arrastando-o tonalmente, o que colocaria em causa a existência da meia-cadência:

outra resolução possível (bastante pior) do acorde de *Tristão*

Para concluir sobre esta matéria, podemos dizer que Wagner fez parte dos compositores que aplicaram rudes golpes na harmonia tradicional e nos seus encadeamentos padronizados. Multiplicando os cromatismos e integrando o timbre instrumental por sobre o que se fazia até então, contribuiu para a dissolução do sistema tonal que prevalecia desde o século XVI.

o século XX

No início do século XX, a harmonia está na encruzilhada de vários caminhos que a fazem evoluir, cada um à sua maneira, seguindo estéticas diferentes.

a) as justaposições de acordes

Existem duas maneiras de justapôr acordes. A primeira será o encadeamento dos acordes designados como distantes entre si, mas possuindo, por vezes e pelo menos, uma nota comum (por enarmonia ou não).

as notas comuns aos acordes justapostos estão ligadas pelo pontilhado

A segunda maneira de justapôr acordes consiste em os sobrepôr, para evoluir no que é designado, consequentemente, por bitonalidade, isto é, o facto de escrever melodias evoluindo em duas tonalidades muito distantes, como no segundo quadro de *Pétrouchka* (1911) de Igor Stravinsky, que nos expõe um curioso duo de clarinetes:

Stravinsky: *Pétrouchka*

O primeiro clarinete (na parte superior) evolui claramente em *DÓ*, enquanto que o segundo (na parte inferior) toca em *FÁ#*, que é a tonalidade mais afastada da primeira. É evidente neste exemplo que a tradicional noção de acorde desaparece, para deixar lugar a uma polimelodia em que cada elemento é tonalmente independente.

b) a harmonia "livre"

Esta harmonia utiliza os acordes por si só, sem utilizar "regras" habituais de encadeamento. Erik Satie deixou-nos um exemplo famoso do que era considerado, na época, como uma total falta de competência musical, a primeira *Gymnopédie* para piano (1888):

Satie: 1ª *Gymnopédie*

O que chocou os puristas contemporâneos de Satie foram os dois acordes de sétima maior, executados sem qualquer preparação no que diz respeito a duas notas particulares (marcadas com um *) que eram o *fá#* e o *dó#*. Com efeito, as regras de harmonia clássica impunham que as sétimas fossem escutadas no acorde precedente e à mesma altura, o que Satie, soberbamente, ignorou.

c) no sentido do cromatismo total e da música atonal

A terceira via assistiu ao seguimento dos compositores na evolução anunciada por Wagner, ao multiplicar os cromatismos em todas as partes e ao integrar no seu vocabulário harmónico acordes cada vez mais ricos (nonas, décimas primeiras, ...) que multiplicarão o número de resoluções possíveis. Uma das consequências directas deste facto foi a perda, mais ou menos a longo prazo, da primazia da tónica do trecho, sendo apenas mais uma nota no meio das outras (os doze meios-tons cromáticos contidos numa oitava), sem importância hierárquica particular. A partir deste desaparecimento do pólo tonal, o compositor não é mais obrigado a harmonizar esta nota (morreu a tónica!) de uma maneira tradicional e a harmonia, no sentido geral e histórico, desaparece para dar lugar a uma harmonia própria a cada músico. Entramos, então, no domínio da música atonal, da qual Arnold Schönberg (1874-1911) será um dos primeiros exploradores.

B as relações tonais à escala de um trecho

O segundo domínio da harmonia diz respeito às relações tonais no interior de um trecho. Com efeito, paralelamente à evolução dos acordes, é possível verificar uma evolução equivalente no domínio das modulações, quer dizer, o glissando temporário de uma escala musical e dos acordes que a representam e suportam, para uma outra.

Podemos dizer, de uma forma geral, que a música da Idade Média, que repousa globalmente sobre a utilização dos modos ditos "antigos", é por natureza uma música que permanece, de um extremo ao outro das peças, construída a partir da mesma escala musical. Mas, por vezes, acontece que podemos encontrar o que chamamos de mudança de cor harmónica, quando se passa temporariamente da forma *autêntica* à forma *plagal* de um mesmo modo (mudança de *tenor*). Neste ponto, ainda não podemos falar de modulação, pois ainda não estamos num sistema tonal, mas a impressão obtida está bastante próxima, é a de um deslizar de escala para outra.

a modulação

É o deslizar, a translação de uma escala melódica para uma outra, dito de outra forma, uma mudança de tónica, a modificação do que é considerado como o primeiro grau. Esta mudança afecta as notas que constituem as escalas e, também, as funções dos acordes construídos com estas mesmas notas. Em DÓ, o quinto grau é a nota *sol*, que é o primeiro grau na tonalidade de SOL. Para modular, é necessário transformar os intervalos entre os sons para formar os que convêm à nova tonalidade. Em SOL, é necessário um *fá#* para respeitar o meio-tom entre a sensível e a tónica. Partindo do modelo de DÓ, um *fá#* que não está presente na armação de clave, deverá ser indicado "manualmente" (ver exemplo). Para modular do DÓ para FÁ, é necessário acrescentar, pela mesma razão, um *sib*, que corresponde ao quarto grau. Como iremos ver, a partir de DÓ, estas duas tonalidades são facilmente acessíveis transformando uma de cada vez. Um acorde colocado sobre uma nota pode pertencer a várias tonalidades; o que permite uma grande ligeireza na prática das modulações. Para modular para tonalidades mais distantes, ou seja, incluir um grande número de alterações, será necessário fazer ouvir as notas que constituem essas novas escalas.

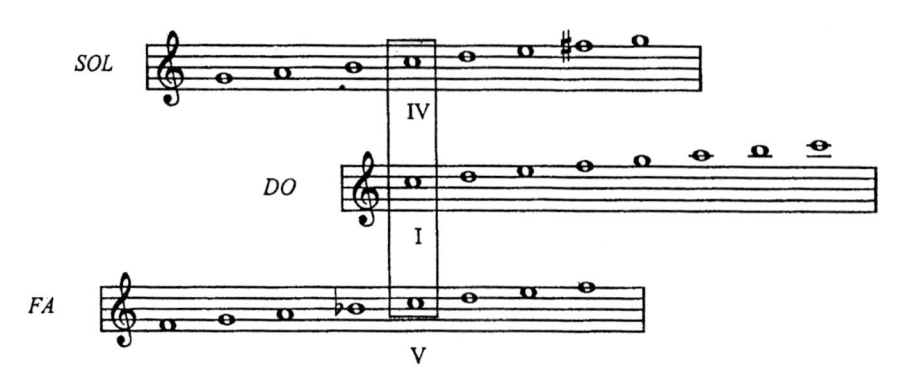

No século XVI, os modos medievais são, em função do género musical, abandonados a pouco e pouco, em favor de duas escalas, maior e menor, transponíveis. Será ao tom da dominante, V grau e em maior, que até ao século XIX quase todos os compositores modularão. Por volta de 1528, será a única modulação, aliás muito curta, que iremos encontrar na canção parisiense *Tant que vivrai* de Claudin de Sermisy:

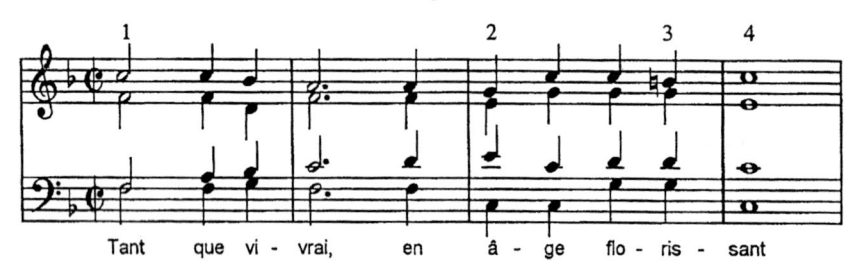

1 : acorde de FÁ, primeiro grau, I ;
2 : acorde de DÓ, quinto grau de FÁ, V, mas também neste caso primeiro grau de DÓ ;
3 : acorde de SOL, quinto grau de DÓ, V de V, com a nova sensível *si* (bequadro);
4 : acorde de DÓ, novo primeiro grau (que permanece como o quinto grau de FÁ --dominante)

Esta modulação terá como efeito fazer-nos ouvir e apreciar o *si* bequadro, mesmo que seja de maneira furtiva. Para contrabalançar este efeito modulante para cima, o resto da canção fará ouvir muitos acordes de *sib*, nota que não é mais do que o IV grau em FÁ.

No modo menor, a modulação principal faz-se, frequentemente, ao tom relativo (terceira menor superior), como pode testemunhar este extracto de uma canção francesa, *Belle qui tiens ma vie* de Thoinot Arbeau:

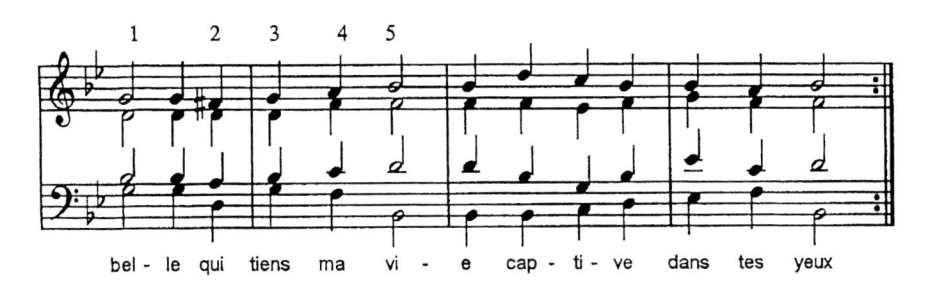

[partitura musical com texto: "bel - le qui tiens ma vi - e cap - ti - ve dans tes yeux"]

1 : acorde de *sol*, primeiro grau, I ;
2 : acorde de *RÉ*, quinto grau de *sol*, V ;
3 : acorde de *sol*, primeiro grau e também sexto grau de *Sib*;
4 : acorde de *FÁ*, dominante de *Sib* ;
5 : acorde de *Sib*, nova tónica e relativa de *sol*.

No século XVII, a forma binária surge com todas as suas variantes harmónicas, nomeadamente, em menor. No século seguinte, será a forma sonata que irá imiscuir-se num grande número de géneros, tanto vocais como instrumentais. Esta forma é construída em torno de uma modulação: a passagem à tonalidade da dominante. Para contrabalançar este efeito, a parte designada como *desenvolvimento*, será, tradicionalmente, muito modulante, mas regressará, finalmente, à tonalidade principal, após algumas aventuras harmónicas se apresentarem, quase sempre sob a forma de marchas. Mas os acordes são, por vezes, simplesmente justapostos e o regresso à tonalidade principal poderá fazer-se de forma abrupta:

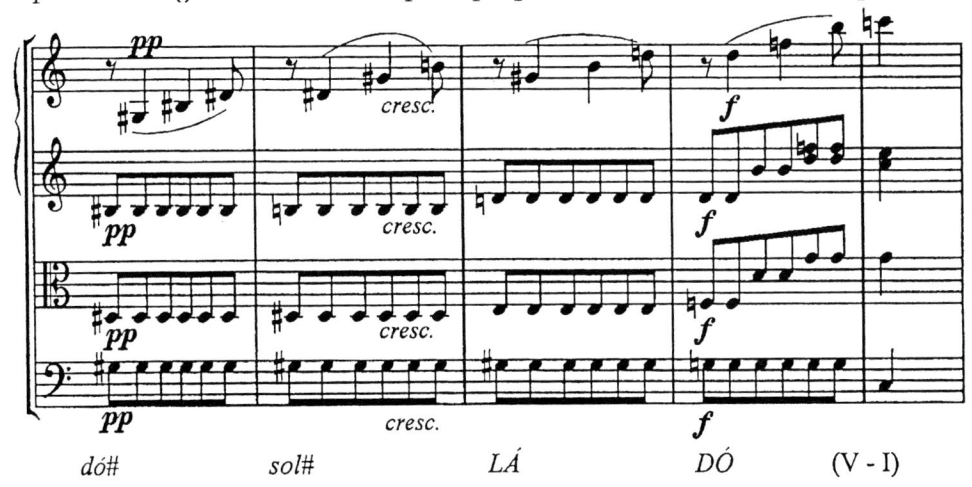

[partitura musical com as indicações: dó#, sol#, LÁ, DÓ (V - I)]

fim do desenvolvimento modulante do andante do *concerto para piano* nº 17 de Mozart

Mozart, no andamento central do *concerto para piano* nº 17, no espaço de quatro compassos passa de *dó#* a *DÓ* (duas tonalidades distantes de um meio-tom) utilizando apenas uma vez um movimento cadencial "normal" V–I, limitando-se os outros acordes em deslizar.

técnica clássica de modulação

Para modular de forma suave, a receita é muito simples: basta fazer ouvir a dominante da nova tonalidade, que produzirá o encadeamento V – I. Esta cadência perfeita permanece, todavia, um pouco sumária em termos harmónicos. De facto, para que as coisas se passem com doçura, é necessário precedê-la de um outro acorde, à escolha entre o III e o IV grau (que realizam exactamente a mesma função) como nos exemplos seguintes:

[notação musical]

I=IV V I VI=II V I

duas modulações de DÓ para SOL

as marchas harmónicas

Encontramos sob este vocábulo um processo de encadeamento de acordes que oferece a possibilidade, se assim o desejarmos, de modular, tanto no modo maior como no modo menor. Servimo-nos de um motivo melódico recorrente (que se repete a alturas diferentes) simples e facilmente reconhecível, e acordes que se encadeiam por quartas ascendentes ou quintas descendentes (*dó, fá, si, mi, ...*). As possíveis combinações melódico-harmónicas são numerosas, o que faz com que as marchas harmónicas tenham sido um utensílio muito apreciado pelos compositores.

a) as marchas não modulantes

Estas marchas permanecem na tonalidade inicial: o último acorde é idêntico ao primeiro:

[notação musical]

I   IV VII III VI II V I
5   5   5   5   5   5   5 5

marcha completa, em maior

Podemos melhorar este aspecto incluindo sétimas, o que provoca dissonâncias passageiras:

[notação musical]

I   IV VII III VI II V I
5   7   5   7   5   7   5 5

marcha completa com acordes de sétima, em maior

No modo menor, os acontecimentos são muito semelhantes, tendo além disso uma alusão à tonalidade maior relativa (3º e 4º acordes):

[notação musical]

I   IV VII III VI II V   I
5   5   5   5   5   5   #   5

marcha não modulante, em menor

marcha não modulante com acordes de sétima, em menor

b) as marchas modulantes

Estas marchas não terminam com o primeiro acorde: ao longo do seu desenrolar, um dos acordes funciona como dominante com o aparecimento de uma nova sensível, que faz surgir uma nova alteração. Em maior, isto acontece com maior frequência ao tom da dominante, aqui de *DÓ* para *SOL* (aparecimento de um *fá#*):

marcha modulante à dominante, em maior

Em menor, as marchas modulantes podem, igualmente, conduzir ao tom da dominante (em *lá*, aparecimento de um *ré#*), mas este é então minorizado (*sol* em lugar de *sol#*), se desejarmos proceder a uma verdadeira modulação, e não a uma meia-cadência.

marcha modulante à dominante menor, em menor

As imitações

É um procedimento que consiste em fazer ouvir numa outra parte de um trecho musical, uma "cópia" mais ou menos fiel de um fragmento da melodia que o constitui. Esta cópia, mais ou menos imperfeita, chama-se imitação. Quando esta reproduz, fielmente, os intervalos do modelo, falamos de imitação "estrita", em caso contrário, será uma imitação "livre". Nas suas *Invenções* (a duas vozes) para cravo, Johann Sebastian Bach (o compositor que mais praticou este aspecto de escrita musical) propõe-nos como que um curso de composição baseado no uso das imitações. Na primeira obra desta série, a *invenção* em DÓ, a partir de um motivo simples, mostra-nos como proceder de maneira progressiva

motivo gerador da primeira *invenção*

Para começar, a imitação mais simples faz ouvir as mesmas notas, numa outra oitava (parte inferior circulada), à quinta (parte superior enquadrada) e finalmente, à dupla oitava inferior da quinta (parte inferior enquadrada):

duas imitações sucessivas, Bach, início da *Invenção* em DÓ

De seguida, ensina como proceder por movimento contrário, ou seja, a inversão da direcção das notas na cópia: quando o original sobe, a cópia, proporcionalmente, desce.

movimento original seguido de movimento contrário

Sendo Bach um artista de primeira ordem, embora um técnico áspero, encadeia, muitas vezes, o motivo principal ao seu próprio motivo contrário, o que tem por efeito mergulhar o ouvinte numa onda de notas e fazê-lo esquecer, temporariamente, o motivo inicial:

movimentos contrários encadeados

Para terminar esta lição, Bach apresenta-nos as duas formas (directa seguida de contrária) do motivo inicial, tocadas uma após a outra de forma muito aproximada no tempo:

as duas versões do motivo inicial

No total, nesta obra muito curta (vinte e dois compassos), o compositor deu-nos a escutar o seu motivo apresentado em todas as suas formas, nada menos do que trinta e sete vezes.

Nas peças de orquestra, as imitações fundem-se, por vezes, sobre um motivo muito curto, passando por vários instrumentos, tendo um único ponto comum entre eles, como no exemplo seguinte, onde apenas o ritmo (a subida e depois as notas repetidas) assegura a unidade dos intervenções sucessivas das violas, violinos II e violinos I :

Mozart, imitações livres do *Andante* da *sinfonia n° 40*

Tais imitações são classificadas de **irregulares** dado que apenas um vago contorno perpassa ao longo das diferentes ocorrências.

A improvisação

Trata-se da capacidade que certos músicos possuem de poder integrar-se num determinado sistema musical, mantendo a estrutura essencial do trecho, e tocar notas que não foram previamente escritas pelo compositor. Contrariamente às ideias estabelecidas, a improvisação, que se trabalha como qualquer outra técnica musical, é tudo menos fácil e natural. A maioria dos grandes compositores praticaram esta arte difícil e receberam a admiração dos seus contemporâneos. Este procedimento musical é muito próximo da ornamentação, com a diferença que se aplica, geralmente, sobre uma parte inteira de uma obra, enquanto que a segunda tem um campo de acção mais limitado.

A improvisação sempre existiu, mesmo nos tipos de música considerados como pertencentes ao domínio da música erudita. Na Idade Média, os melismas das peças gregorianas são, claramente, o resultado de improvisações bastante conseguidas e que foram, por isso, registadas. Do mesmo modo, os primeiros **organa** extraíram daqui a sua substância. Mais tarde, na Renascença, logo que a escrita musical foi codificada, tanto no sentido da notação, como no da composição, a improvisação fazia-se em quadros precisos, mas restritos. Será, essencialmente, o apanágio de instrumentistas polifónicos que tomaram como "tema" de início o *incipit* de um tema religioso, de uma canção ou ainda uma melodia caída, como diríamos hoje, no domínio público. Se nos séculos XVI e XVII, os alaudistas serão apreciados pelas suas improvisações, a concorrência dos cravistas e dos organistas torna-se muito dura e eles acabarão por desaparecer, deixando o lugar aos instrumentistas de teclas (e a alguns violinistas como Corelli ou Vivaldi). No decurso dos séculos seguintes, os organistas, que contam nas suas fileiras com personagens prodigiosas e polivalentes como Bach ou Haendel, irão, a pouco e pouco, apagar-se em proveito dos pianistas, que serão solicitados, incessantemente, como improvisadores. Entre os reis do teclado, podemos citar Mozart, Beethoven, Chopin, Liszt e muitos outros que durante as épocas romântica e moderna ainda irão estar activos. No início do século XX, se a improvisação não desapareceu da esfera da música dita "erudita", far-se-á notar sobretudo pela sua utilização intensiva e quase obrigatória pelos *jazzmen* americanos que tocavam nos *cabarets* e que gravavam inúmeros discos. Estes músicos, quase todos negros, receberam uma formação musical bastante reduzida, mas são capazes de improvisar solos durante secções inteiras, sobre as melodias, muito simples e fortemente estruturadas, que tocavam. As suas improvisações não são escritas mas nós temos a sorte – por via das gravações – de poder conservá-las, integralmente, e de as tornar acessíveis a todo o mundo, com excepção das que foram realizadas anteriormente.

A orquestração

A orquestração é o conjunto de técnicas que visam adaptar para uma orquestra uma música pré-existente. Diferentemente da **instrumentação**, com uma pauta mais limitada, o compositor não se contenta em adaptar partes melódicas completas (piano por exemplo) a este ou aquele instrumento e de nada modificar depois; ele terá, além disso, uma actividade de reescrita para que as melodias "passem" e se difundam em toda a orquestra.

- passar de uma *sonata em trio* para órgão de J. S. Bach a um trio para flauta, violino e violoncelo é uma **instrumentação**: três partes musicais - três instrumentos;
- passar de uma *Gymnopédie* para piano de Érik Satie, que apenas compreende três linhas melódicas (melodia na mão direita, acordes e baixo na mão esquerda), a uma peça para uma grande formação, é uma **orquestração** (realizada de forma soberba por Claude Debussy). Neste caso, existem sempre três partes musicais de base, mas o orquestrador tem agora à sua disposição um efectivo de uma centena de pessoas, das quais deverá tirar o máximo partido.

Quanto menor for o número de partes musicais, mais será árdua a tarefa do arranjador, aquele que deve "recompor" a obra. Existe um exemplo bastante surpreendente de uma tal reconstrução, datada da época barroca. Trata-se da *sinfonia* da abertura da cantata sacra BWV 29, *Wir danken Gott* de Bach, escrita para órgão solo e orquestra, compreendendo as habituais cordas e o contínuo, assim como as partes de oboé, fagote, trompetes e timbales. Para a época, era uma orquestra bastante imponente e esta cantata foi produzida para um acontecimento importante: a substituição de um Conselho Municipal. O extraordinário da história vem do facto de o original ser o *Prelúdio* da *Partita em MI* para violino solo, do mesmo compositor, concebida como uma onda quase ininterrupta de semicolcheias!

Uma boa orquestração utiliza toda uma série de técnicas que permitem fazer soar a orquestra da melhor maneira possível, utilizando ao máximo as suas infinitas possibilidades sonoras. Algumas dessas técnicas são aqui explicitadas:

- **a colagem**

Trata-se de cortar uma melodia em várias partes que são tocadas por instrumentos diferentes. No exemplo seguinte a melodia é assim repartida:

Rectângulo a cheio: flauta transversa; *a tracejado*: clarinetes; *a pontilhado*: fagotes; *a tracejado--pontilhado*: trompas.

Mozart, *concerto para piano n° 22*, I

No início do século XX, os três principais representantes da segunda "Escola de Viena" utilizaram, ao extremo, o processo de atomisação instrumental da melodia, a *Klangfarbenmelodie*, que consiste em cortar uma melodia em pequenos pedaços e a confiá-la a vários instrumentos.

Esta técnica, utilizada para as obras atonais e dodecafónicas, foi igualmente empregue de forma surpreendente por Anton Webern na sua orquestração do *Ricercar* a seis vozes da *Oferenda musicale* de Johann Sebastian Bach. O tema desta fuga é assim cortado em sete fragmentos tendo cada um uma "cor" instrumental:

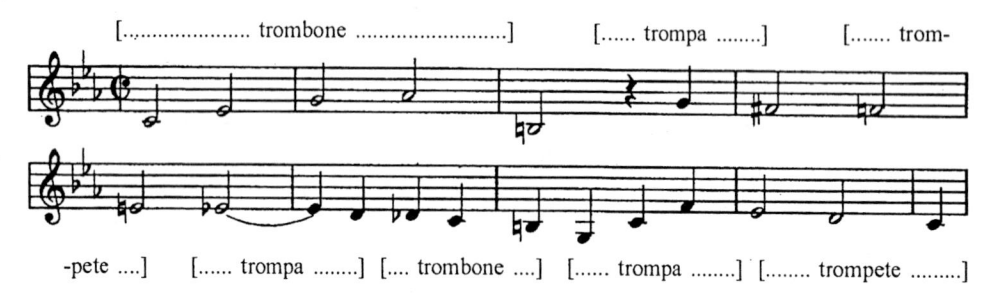

início do *Ricercar* Bach – Webern

Por vezes, a melodia, ou aquilo que está no lugar dela, é tocada por tantos blocos de instrumentos diferentes quantas as partes. No exemplo seguinte, temos três blocos (oboés, violinos e baixos) provocando uma quebra, tanto melódica, devida à mudança perpétua de sonoridade, como harmónica, dado que cada bloco assegura uma função única. O resultado final é bastante curioso para uma música que data do início dos anos 1720:

Bach, *Concerto Brandeburguês* nº1, II

- **o encadeamento**

Este processo consiste em confiar um fragmento de melodia a pelo menos dois instrumentos diferentes, através de uma porção comum (indicada pelo enquadramento) que assegurará uma transição suave da melodia entre ambos:

Mozart, *Concerto para piano* nº 2, I

- **as alianças instrumentais**

Trata-se de misturar os timbres utilizando as duas técnicas já citadas – colagem e encadeamento – a fim de obter uma sonoridade orquestral própria, uma "massa" que se pode reconhecer ao ouvi-la e que é a marca de um grande orquestrador.

Os processos da escrita

Mozart, andante da *sinfonia nº 40*

A ornamentação

Sob este vocábulo genérico escondem-se dois significados bem distintos. O primeiro é o que envolve a realização de toda uma sinalética que toma a forma de pequenos sinais que se colocam verticalmente (por cima e por baixo) em relação às notas, e que devem ser, obrigatoriamente, executados: os **ornamentos (I)**. Um ornamento é válido para uma única nota. O segundo significado prende-se aos **ornamentos (II)**, geralmente facultativos, e que são constituídos por uma grande quantidade de notas que se intercalam entre as notas principais de uma melodia. A grande diferença entre estas duas noções é que existem os ornamentos *escritos* pelo compositor (I) e os ornamentos *improvisados* pelo intérprete (II). O seu ponto comum é o facto de melhorarem o resultado final, podendo até complementar-se, mutuamente, numa peça.

A : os ornamentos (I)

É sobretudo na época barroca que se situa a época de ouro dos ornamentos, e isto, principalmente, na música francesa, instrumental e vocal. Será talvez necessário associar a origem dos ornamentos, pela predilecção por dois instrumentos que não tinham a capacidade de sustentar as notas e que obtiveram, a pouco e pouco, o favor dos Franceses: o alaúde e depois o cravo. As músicas italiana e alemã também utilizaram alguns sinais, mas de forma mais económica do que a francesa. Em todos os casos, estes ornamentos são obrigatórios e numerosos testemunhos da época indicam que desvirtualizaríamos uma melodia se não os tocássemos, ou se o fizéssemos mal.

Vejamos alguns de entre muitos dos ornamentos que encontramos um pouco por toda a Europa, apesar de pequenas diferenças de grafia e de nome:

a : **cadência**; b : **mordente**; c : **grupeto**.

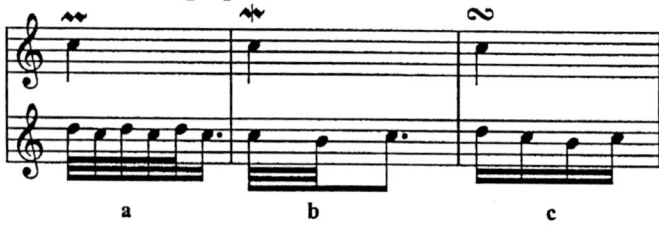

d : *port de voix* ou **acentuação**; e : *port de voix duplo*; f : **o som cortado**.

g : **arpejo**; h : **a terceira ligada**.

i : **trilo**, no final de frase.

i

B : os ornamentos (II)

A ornamentação consiste em fazer variar apenas a melodia, o "soprano", ou dito de outra forma, a parte superior de um trecho, respeitando as características do modelo. Trata-se de uma variação em pequena escala, dado que uma transformação total remeteria já para o domínio da forma variação. A ornamentação baseia-se sobre as notas essenciais de uma melodia, frequentemente, sobre as notas pertencentes à harmonia e em "preencher os espaços" que possam existir entre elas.

A época Renascentista vê a arte instrumental tentar acompanhar a arte vocal. Numerosos tratados e métodos vêm à luz do dia, assim como uma profusão de livros de canções ornamentadas, conhecidas de todos e que poderíamos apelidar de uma maneira trivial, de os "*hits*" da época. Estas canções ornamentadas consistiam em variações melódicas escritas a partir da parte aguda de obras polifónicas vocais, profanas ou sacras. As outras três ou quatro partes eram, frequentemente, arranjadas para serem interpretadas por um instrumento polifónico reductor – cravo, alaúde, ... – que acompanhava a voz superior ornamentada. Estas variações têm o nome de **reduções** (dado que se *reduz* o valor real das notas originais) e encontramo-las escritas, virtuosisticamente, para todos os tipos de instrumentos tais como a flauta de bisel, o violino, a viola da gamba e sobretudo para a buzina de corno, o cornetto, instrumento muito apreciado e que alia uma grande expressividade a uma agilidade notável. Assim, durante uns bons sessenta anos, numerosos compositores alemães, ingleses, espanhóis, franceses e italianos irão publicar versões ornamentadas de peças vocais. Entre estas, destaca-se uma célebre canção de Roland de Lassus (1532-1594), *Suzanne ung jour*, editada em 1560. Registam-se nada menos do que cerca de quarenta versões. Giovanni Bassano propôs uma em 1591, nos seus *Motteti, madrigali et canzione francese di diversi eccelentissimi Auttori a Quattro Cinque & Sei Voci, Diminuiti per sonar con ogni sorte di Stromenti*. O título dá-nos uma ideia do conteúdo: trata-se de reduções de obras várias de excelentes autores, possíveis de executar por (quase) todos os tipos de instrumento. O exemplo seguinte dá-nos uma amostra do virtuosismo exigido aos intérpretes, sobrepondo os três últimos compassos da versão original de Lassus (a pulsação é à semibreve) e a de Bassano, bastante volúvel:

Lassus / Bassano, final de *Suzanne ung jour*

Na época barroca, ao contrário de hoje, raramente as ornamentações eram escritas *in extenso*. Com efeito, fazia parte do trabalho normal do intérprete saber improvisar uma ornamentação válida e que não aborrecesse o público. Os cantores deveriam saber praticar esta arte, dado que eram obrigados a variar a repetição de uma *ária da capo*. Conscientes de que apenas bons profissionais seriam capazes de realizar bem este aspecto, alguns editores propuseram a edição de obras instrumentais que incluísse uma ornamentação mais ou menos aprovada pelos compositores. Em 1700, Arcangelo Corelli (1653-1713) faz editar em Roma o seu *opus V*, um livro de sonatas para violino e baixo contínuo. Nos *adagios*, sendo a escrita bastante despojada (a), é evidente que os bons intérpretes deveriam acrescentar a sua ornamentação. Em 1707, o inglês John Walsh publica em Londres as mesmas sonatas com os ornamentos escritos (b). Em 1710, Étienne Roger publica em Amsterdão uma outra versão (c) cujo argumento publicitário indica "*acrescentaram-se os ornamentos dos adagios desta obra, composta por A. Corelli, tal como ele as toca.*"

início da quarta sonata do *opus V* de Corelli

Embora existindo dúvidas quanto à autenticidade desta última ornamentação, ela fornece apesar de tudo, aos intérpretes modernos, uma pequena ideia do que se poderia fazer na época. Será a vez destes tocarem tal e qual ou de inventarem outra coisa, inspirando-se nos modelos contemporâneos do compositor. O caso é diferente quando o compositor propõe uma ornamentação sua, ao longo de um trecho. É o caso de Johann Sebastian Bach. No *Orgelbüchlein* (pequeno livro de órgão) terminado em 1716, dá-nos um verdadeiro curso sobre a arte da variação ornamental, como no coral *O Mensch* BWV 622 que faz variar de duas maneiras:

primeiras notas do coral e duas variações ornamentais decorrentes

A ornamentação das repetições tornou-se, rapidamente, um elemento fundamental da música. Em todo o domínio da *suite* instrumental, sendo a maioria das peças em forma binária, a duas partes, os compositores ganharam, rapidamente, o hábito de escrever e de publicar "duplas" que deveriam ser tocadas aquando da repetição. Por vezes, acontece que não é possível escolher entre várias duplas; é por isso que Bach inclui duas na segunda *courante* (corrente) da sua primeira *Suite Inglesa* para cravo:

Courante II seguida de duas duplas

Note-se que, neste exemplo, Bach vai muito além da simples escrita de uma "dupla" da parte aguda: também varia a mão esquerda do teclado, o que é menos frequente neste tipo de peças. As notas essenciais, tanto melódicas como harmónicas são mantidas; apenas muda o trajecto entre elas, que se realiza de forma mais ou menos directa. É evidente que uma execução integral destas três peças não se justifica. O intérprete deve escolher a versão da dupla que deseja executar, na repetição de cada parte do "modelo". Este último exemplo mostra-nos que, à época barroca, os dois aspectos que constituem a ornamentação eram altamente complementares e figuravam conjuntos numa peça.

A ornamentação, nestes dois aspectos, escrito e improvisado, irá desaparecer progressivamente na segunda metade do século XVIII, com os compositores escrevendo cada nota das suas obras, interditando, por isto, aos intérpretes a possibilidade de invadir o seu domínio reservado. Este fenómeno produziu-se gradualmente e se isto se verificou no domínio instrumental, em que da imensa sinalética barroca apenas restaram o trilo e o grupeto, foi o domínio vocal, o mais afectado por esta transformação. Com efeito, o abandono da instituição que representava a *ária da capo*, com a sua repetição variada, restringiu as veleidades ornamentais dos intérpretes. Para ficar ainda mais seguro do resultado, Gioacchino Rossini (1792-1868) foi um dos primeiros compositores de ópera a escrever, integralmente, a ornamentação das suas árias, propondo mesmo várias versões diferentes para uma mesma ária. A tradição da ornamentação operática improvisada irá, também, desaparecer completamente na segunda metade do século XIX, em que ninguém se lembraria de propôr uma versão ornamentada de uma intervenção de Wotan em *A Valquíria* de Richard Wagner!

A série

É o material de base de um método de composição musical atonal, iniciado por Arnold Schönberg em 1923, que utiliza os doze meios-tons cromáticos da oitava, e que os apresenta ao ouvinte de forma sucessiva ou simultânea. Estes doze sons, também conhecidos pela designação de "série dodecafónica" são apresentados segundo uma certa ordem, desempenhando o papel de um *leitmotiv*, de um tema de base neste tipo de obras. Nos primeiros tempos, era teoricamente proibida a repetição de qualquer um dos sons, excepto de forma rápida e aproximada, antes de se fazer ouvir a série na sua totalidade, e a ordem pré-estabelecida pelo compositor deveria permanecer inalterada durante todo o trecho musical. Seguidamente, por este nível de imposições ter sido considerado bastante excessivo, os músicos adoptaram frequentemente uma posição mais ligeira relativamente a estas regras de escrita. O essencial continuava a ser a produção de obras musicalmente válidas e não tanto a aplicação algorítmica de processos matemáticos.

Alguns críticos consideram que uma passagem muito particular do *Don Giovanni* de Mozart (1787), cantada pela estátua do Comendador no momento do confronto final, pode ser considerada como um dos precursores distantes do processo serial. Com efeito, num espaço de apenas dez sons, são cantadas nove notas diferentes, o que representa três quartos do total cromático e que produz um efeito "serial", não premeditado, bastante surpreendente:

Mozart, *Don Giovanni*, Acto II, cena XV

Os primeiros verdadeiros utilizadores deste sistema foram o próprio Schönberg e os seus dois alunos mais dedicados, Alban Berg (1875-1935) e Anton Webern (1885-1945). Em 1924, este último publica uma colecção de seis peças miniatura para quarteto de cordas, as *Seis Bagatelas* opus 9, cuja duração total não excede os três minutos e meio. A primeira destas peças é construída de maneira muito límpida. A série de base está assinalada pelas notas circuladas. A segunda exposição desta série começa no violoncelo (notas enquadradas).

Webern, três compassos da primeira *Bagatela* para quarteto de cordas

Os processos da escrita 117

Com esta série de peças muito curtas, o problema do desenvolvimento da série, praticamente, não se coloca, porquanto ao fim de dois ou três arranjos diferentes, cada obra está terminada. Em contrapartida, nos trechos mais longos, o compositor deve zelar por trabalhar a série transformando-a segundo os princípios contrapontísticos tradicionais. Tomemos como exemplo a série composta por Alban Berg em 1925-26:

primeira "voz principal", *Hauptstimme*, da *Suite Lyrique* de Berg

Esta série não foi escolhida por Berg ao acaso, dado que ela contém, intrinsecamente, uma grande quantidade de desenvolvimentos ulteriores possíveis. Para começar, se extrairmos duas notas consecutivas, encontramos todos os intervalos musicais existentes, da segunda menor (*fá-mi*) à oitava diminuta ou à sétima maior (*sib-si*). Além disso, cada um de entre eles possui o seu complementar em relação à oitava escrita em espelho, se considerarmos que o intervalo entre os sons 6 e 7 forma um eixo de simetria. Assim, por exemplo:

- os intervalos (**1,2**), segunda menor *fá-mi* + (**11,12**), sétima maior *sib-si* = oitava;
- os intervalos (**2,3**), sexta menor *mi-dó* + (**10,11**), terceira maior *solb-sib* = oitava;
- os intervalos (**3,4**), terceira menor *dó-lá* + (**9,10**), sexta maior *mib-solb* = oitava, ...

Seguidamente, uma vez escolhida a série (a), podemos ouvir o seu retrógrado (b) que apresenta todas as notas no sentido contrário, da direita para a esquerda:

série original e o seu retrógrado

A transformação seguinte consiste em inverter os intervalos (inverter o sentido) para obter o inverso (c) tal como o seu retrógrado (d). Desta forma, o meio-tom original descendente *fá-mi* transforma-se em meio-tom ascendente *fá-solb*:

inverso e o seu retrógrado

Enfim, para concluir estes exemplos, podemos, a partir da série original (e), efectuar uma transposição (f situa-se um tom acima) de uma das formas precedentes:

série original e uma transposição

A música serial anterior à Segunda Guerra Mundial interessou-se, sobretudo, pela altura das notas, deixando de parte os outros parâmetros constitutivos do som, isto é, a duração, a intensidade e o timbre (os ataques). Em 1949, Olivier Messiaen (1908-1992) fez uma tentativa de serializar estes parâmetros em *Modes de valeurs et d' intensités* [*Modos de valores e intensidades*], um estudo para piano. Propõe a organização dos três registos seguintes:

- registo agudo: 12 graus, 12 durações (unidade de base: fusa), sete intensidades contrastadas e 11 ataques;
- registo médio: 12 graus, 12 durações (unidade de base: semi-colcheia), sete intensidades médias e 11 ataques;
- registo grave: 12 graus, 12 durações (unidade de base: colcheia), sete intensidades fortes e 11 ataques.

Esta primeira tentativa de pré-determinar, de forma rígida, o material musical, irá influenciar Pierre Boulez (nascido em 1925) que irá escrever as suas *Structures* (1952) para dois pianos. Este compositor vai construir uma série de doze elementos para cada um dos quatro parâmetros do som. Em homenagem a Messiaen, retoma a mesma série de alturas:

série de alturas Messiaen/Boulez

Boulez utiliza doze durações diferentes, da fusa à semínima com ponto e, onde Messiaen terminara com sete, este propõe doze intensidades indo do *pppp* ao *ffff*, o que pertence, muito honestamente, ao domínio da utopia no que concerne a uma interpretação exacta. Para terminar, define dez ataques deixando dois campos livres aos intérpretes. Tudo isto pré-estabelecido, pode começar a escrever a sua partitura, que utiliza, de facto, uma ínfima parte das possibilidades combinatórias destes elementos constitutivos. A grande questão com uma tal obra foi que, neste caso, o cálculo ganhou bastante mais importância sobre a expressão ou, por outras palavras, sobre o lado "humano", o que valeu ao seu autor algumas críticas cépticas e, todavia, fundamentadas. O próprio compositor estava consciente deste facto e o serialismo integral, bastante árido, que fora testado nas *Structures*, é rejeitado e classificado, de sua própria vontade, como um "túnel". Por conseguinte, o serialismo não desapareceu totalmente, tornou-se um pouco mais discreto, deixando de afectar a integralidade dos parâmetros musicais.

Se é certo que as obras escritas de forma serialista têm, muitas vezes, a má reputação de serem estudadas de lápis em punho, com o analista numerando todas as notas, as únicas composições válidas que permaneceram, foram aquelas que passaram vitoriosamente sob a autoridade da audição real. São as descendentes de uma importante linha de partituras, dado que desde a Idade Média, houve bastantes exemplos de *musica reservata*, cuja globalidade só poderia ser compreendida por uma minoria de pessoas que soubessem ler uma partitura e compreendessem, realmente, todos os factores. Todas as peças tecnicamente complexas, mas musicalmente estéreis, nunca tiveram longas carreiras. Apenas permaneceram as obras que embora possuindo um elevado nível composicional continham, igualmente, uma expressão musical sincera.

Capítulo 4: as formas

A forma binária

É uma estrutura musical muito simples, frequentemente, muito curta, em duas partes (daí "binária") que se repetem: a, a, b, b.

plano de um excerto em forma binária

O ponto essencial desta estrutura consiste no que acontece, em termos tonais, junto da barra dupla de repetição (assinalada com o círculo). Os eventos tonais podem ser extremamente variados; assim, no modo maior, podemos ter os encadeamentos seguintes (lista não exaustiva):

T = tónica; D = dominante; rel. = relativo; Dm = dominante menor; ½ cad. = meia cadência.

‖:	T	→	T	:‖:	T	→	T	:‖
‖:	T	→	½ cad.	:‖:	T	→	T	:‖
‖:	T	→	D	:‖:	D	→	T	:‖

Em menor, o tom relativo é, frequentemente, o alcançado:

‖:	T	→	½ cad.	:‖:	T	→	T	:‖
‖:	T	→	½ cad.	:‖:	rel.	→	T	:‖
‖:	T	→	rel	:‖:	rel.	→	T	:‖
‖:	T	→	Dm	:‖:	rel.	→	T	:‖

Além disso, também podem ocorrer breves passagens às tonalidades vizinhas.

No que concerne ao aspecto temático, podemos dizer que estes andamentos possuem, geralmente, apenas um tema; por vezes, apresentam um esboço fugidio de um segundo tema (que surge, de facto, no início do século XVIII, nomeadamente com Bach). A grande maioria das danças antigas, estruturadas em forma binária, que encontramos a partir do século XVI surgem isoladas ou agrupadas na forma de conjuntos com designações mais ou menos equivalentes: *suites*, *ordres* ou *partitas* e compreendem danças estilizadas tais como: *allemanda, sarabanda, minueto, giga*, etc. A forma binária encontra-se, igualmente, em andamentos completos de sonatas monotemáticas barrocas. Os compositores da época clássica utilizaram-na naturalmente, quando tiveram de escrever andamentos de variações, prestando-se a estrutura, muito simples, desta forma, a um reconhecimento fácil.

A *Da Capo*

Esta forma, bastante simples na sua essência, conheceu a sua época de glória a partir do início do século XVII e até ao final do século XVIII. É a estrutura de numerosas peças instrumentais mas foi, sobretudo, na música vocal e, em particular, no domínio da ária de ópera, a *aria* italiana, que deixou mais traços.

A forma *Da capo* é uma estrutura em três partes A B A cuja última é a repetição estrita da primeira. Nas partituras, era habitual indicar no final da parte B: *Da capo*, isto é, retomar o início, à "cabeça" do excerto. Implicitamente, o intérprete, tanto instrumental como vocal, deveria variar com arte e gosto esta repetição completa da primeira parte, com o objectivo de surpreender e de maravilhar o seu público, improvisando ornamentos diferentes a cada repetição. Esta forma, de espírito tipicamente barroco, contribuiu fortemente para o sucesso da ópera, em geral, e das obras, em particular. A reputação dos compositores e dos intérpretes desenvolvia-se em função destas *árias*. Uma lenda, que parece ser bastante verídica, conta que o célebre cantor castrado Farinelli, Carlo Broschi de seu verdadeiro nome (1705-1782), cantou durante vinte e cinco anos as mesmas quatro *árias* para o seu patrono, o rei Filipe V de Espanha, variando todas as noites as repetições! Se Farinelli não foi certamente genial a cada repetição, poderemos afirmar que deveria possuir técnica e inspiração suficiente para não desiludir o seu patrono ao longo de cerca de nove mil execuções.

Ainda na época barroca, temos alguns exemplos instrumentais da forma *da capo*. Johann Sebastian Bach utilizou-a nos primeiros andamentos do quarto *Concerto Brandeburguês* BWV 1049 e do *Concerto para violino em MI* BWV 1042.

A forma *durchkomponiert*

É uma classificação bastante cómoda que indica um andamento escrito sem interrupção e que não corresponde a qualquer outra forma de reportório particular. A designação alemã poderá traduzir-se por "composição contínua". Podemos arrumar nesta categoria, quer andamentos de peças instrumentais (concertos e sonatas), quer vocais (recitativos, árias). Alguns andamentos bastante longos foram escritos segundo este princípio, como uma parte do primeiro acto da ópera *Don Giovanni* de Mozart. O compositor encadeia alguns fragmentos isolados como a altercação entre Don Giovanni e o Comendador, que terminará num duelo. O contexto dramático nesta cena, é tão intenso e rápido, que a única maneira de acompanhar musicalmente a vivacidade da acção, não seria utilizando formas típicas, mas antes uma sequência de fragmentos que se encadeassem rapidamente.

Geralmente, um trecho escrito nesta forma reconhece-se pelo facto de não evidenciar qualquer repetição na sucessão dos seus componentes estruturais.

A forma sonata

Apesar de esta forma estar presente num grande número de andamentos de sonatas, aqueles que não só tiveram a ideia desta expressão mas que também a propagaram, não mediram a amplitude da sua descoberta. Em primeiro lugar, esta forma não é exclusiva da sonata. Com efeito, apresenta-se de maneira equivalente em andamentos de concertos, sinfonias e nas árias cantadas, pertencentes ao universo da ópera ou do oratório. Além disso, os compositores escreveram sonatas mais de um século e meio antes do aparecimento e estabilização desta forma, em meados do século XVIII. Por fim, apesar da fórmula existir, numerosas sonatas foram escritas sem recorrer a ela. É bom sublinhar que um andamento de sonata não é, obrigatoriamente, o equivalente da forma que tem o seu nome.

Antes de mais, e apesar da ideia que se tinha no século XIX, uma forma sonata é uma estrutura de composição de um andamento essencialmente tonal, mais do que temático. Baseia-se em torno de dois eventos dramáticos internos muito fortes, que articulam todo o conjunto: a modulação ao tom da dominante (V grau) no modo maior e ao tom do relativo (III grau maior) no modo menor, e sobretudo a passagem dita "desenvolvimento modulante" que regressa à tonalidade do início. Simplificando ao extremo, se quisermos resumir esta forma, diríamos que é, geralmente, tripartida e construída da forma seguinte:

• 1ª parte, **A**, EXPOSIÇÃO – caracteriza-se pela afirmação da tónica e depois por uma modulação para o tom da dominante/relativo (V/III). Podemos referir que esta parte é, frequentemente, indicada como devendo ser repetida, os compositores escrevendo sinais de repetição que nem sempre são seguidos pelos chefes de orquestra;

• 2ª parte, **B**, DESENVOLVIMENTO – é um trabalho temático frequentemente bastante modulante, dirigindo-se para a tónica. Esta parte é a mais curta e em teoria a mais intensa da forma sonata. No século XIX, os compositores confrontavam musicalmente os temas apresentados na exposição, mas também há casos em que usavam um só elemento;

• 3ª parte, **A'**, REEXPOSIÇÃO – é uma repetição mais ou menos idêntica do material temático de **A**, permanecendo, maioritariamente, na tonalidade principal, não existindo modulação para o V/III. Por vezes, encontra-se uma modulação bastante curta à tonalidade da subdominante (IV grau) que tem como efeito contrabalançar a modulação que é produzida na exposição. Uma coda (terminação), mais ou menos longa, pode concluir o andamento.

No interior deste trabalho tonal, colocam-se os diferentes temas utilizados ao longo do andamento. Afirmou-se muitas vezes, e de forma demasiado peremptória, que a forma sonata não compreenderia mais do que dois temas, bastante contrastantes, estando o primeiro reservado para a parte do andamento na tónica e o segundo para a parte da dominante//relativo. Isto verificou-se na prática, mas será bom matizar um pouco esta afirmação. Sobre a estrutura tonal que sustenta a forma sonata, encontramos, com efeito, em lugar de dois temas, dois grupos temáticos, mais ou menos fornecidos em motivos. Cada grupo pode ter apenas um único tema, mas acontece também que poderá ter vários. Seria, igualmente, pena negligenciar os pequenos motivos que asseguram as transições entre os blocos temáticos mais importantes, e que podem ser colocados em vários locais tonalmente estratégicos. Para descrever de forma mais explícita e rigorosa o que pode representar uma forma sonata, tomemos um exemplo facilmente acessível e vejamos o que fez Beethoven no conhecido primeiro andamento da sua célebre 5ª sinfonia.

A: EXPOSIÇÃO
a : afirmação da tónica, 1º grupo temático (um só tema, rítmico), *dó* menor;

primeiro tema

b : transição – também chamada de *ponte modulante* – para a tonalidade relativa (*dó* menor → *Mi*b maior) por meio de um acorde de sétima diminuta (assinalada com o círculo) que pode conduzir para quatro tonalidades diferentes. Beethoven escolheu primeiro a resolução para o tom relativo;

transição

c : 2º grupo temático (um só tema, desta vez melódico) no tom relativo, *Mi*b maior; o primeiro tema continua presente mas é tocado pelos baixos e serve de acompanhamento ao segundo;

segundo tema acompanhado pelo primeiro

d : grupo cadencial em dois blocos, que afirmam de forma peremptória a nova tonalidade. No final do segundo bloco, coloca-se tradicionalmente o sinal de repetição da exposição.

bloco 1

bloco 2 (sobre o motivo do bloco 1)

As formas

B: DESENVOLVIMENTO
Esta parte bastante modulante repousa aqui, unicamente, sobre o primeiro tema, não existindo qualquer "combate" temático entre os elementos já escutados e, contrariamente ao que por vezes se produzirá posteriormente a Beethoven, não surge qualquer motivo realmente novo. As tonalidades seguintes, mais ou menos distantes das tonalidades de base, são abordadas ou antes, afloradas: *fá* menor, *dó* menor, *sol* menor, *dó* menor, *fá* menor, *si*b menor, *sol*b (*fá*#) menor e regresso a *dó* menor.

A': REEXPOSIÇÃO
a : regresso do primeiro tema num arranjo orquestral um pouco diferente.

b : regresso da passagem de transição que desta vez não modulará, permanecendo na tonalidade de *dó* menor, graças a uma outra resolução do acorde de sétima diminuta já encontrada na exposição, mas cuja ortografia musical é um pouco diferente: *fá*# em vez de *sol*b.

transição não modulante (*dó* menor)

c : 2º grupo temático em DÓ maior apesar da lógica desejar a sua transformação em menor:

os dois temas sobrepostos

d : regresso do grupo cadencial em dois blocos em DÓ maior

bloco 1

bloco 2

CODA

Devendo Beethoven terminar, imperativamente, o seu primeiro andamento em **menor** e não em **maior**, irá conclui-lo acrescentando, habilmente, à forma sonata habitual, uma coda construída sobre o primeiro tema e fazendo um ligeiro «empréstimo» ao tom de *fá* menor, o que lhe permite terminar no modo desejado.

últimos compassos do andamento

A forma sonata será utilizada, tal e qual, por todos os compositores das épocas clássicas e românticas. No entanto, desde a sua consolidação, ela começará a sofrer transformações, os músicos já não respeitando mais as "regras" (tácitas) desta forma, sobretudo no que concerne aos percursos tonais. Na sua sonata para piano em *UT* KV 545, Mozart cria um efeito de surpresa ao modificar a tonalidade da reexposição. Em vez de *DÓ*, utiliza *FÁ*:

Mozart: *sonata para piano* KV 545, I, compassos 40-44

Cada músico teve oportunidade de compor obras respondendo a este princípio de construção. Alguns ampliaram, grandemente, a secção do desenvolvimento enquanto outros (como Mozart) reduziram-no, frequentemente, ao mínimo. É por isso que surgiu uma forma, derivada da forma sonata de base, que não inclui esta secção e que encadeia directamente a reexposição à exposição. Como a encontramos frequentemente em andamentos lentos (sonatas, concertos, árias, ...), os musicólogos, que não viram nela qualquer problema, designaram-na sobriamente – mas eficazmente – por: "forma sonata de andamento lento".

A fuga

[A "fuga" designou primeiramente o cânone, que possui com ela a particularidade de as diferentes vozes entrarem umas após outras, de forma desfasada no tempo. Posteriormente, a fuga tornou-se uma forma muito mais importante do que o cânone e acabou por englobá-lo.]

É a forma musical à volta da qual reina o maior mistério e que inspirou e inspira ainda o maior respeito dos músicos pelos compositores que a souberam dominar. Escrever uma fuga, com efeito, exige sólidos conhecimentos técnicos em harmonia (que constitui a base da escrita musical) mas, sobretudo, em contraponto e ao nível mais elevado, o contraponto invertível e imitações de todos os géneros. Esta forma não suporta a mediocridade: uma má fuga é bastante penosa de ouvir enquanto que uma fuga bem sucedida suscita admiração. Uma fuga mediana, deixa-se facilmente adivinhar, sendo os seus eventos musicais demasiado previsíveis. Logo, não será de admirar que as fugas se encontrem apenas num pequeno número de géneros musicais. O seu aspecto rigoroso, por vezes severo, incluiu-a primeiro num género de peças difíceis, quase "experimentais", a partir do início do século XVI. Estas peças, puramente instrumentais, que eram um pouco o equivalente de problemas matemáticos aplicados à música, tinham o nome de *ricercar* (procurar). Faziam ouvir um motivo curto, repetido polifonicamente e constituíam a sobrevivência de obras altamente intelectuais reservadas a uma élite de conhecedores, tais como eram apreciadas na Idade Média. Apenas os capazes de decifrar e compreender a música, ou seja, pouquíssimas pessoas, poderiam enfim esperar compreender as particularidades de tais peças. Johann Sebastian Bach, já louvado no seu tempo como sendo o campeão incontestado desta forma, foi considerado como sendo o último compositor desta tradição de músicos "eruditos". A contrapartida disto foi o facto de terem considerado o seu estilo muito rico, mas, sem dúvida, igualmente fora de moda: tendo o estilo "galante" feito a sua aparição no segundo quartel do século XVIII, uma escrita demasiadamente contrapontística deixava de ser aceitável. Será necessário esperar pelo último quartel desse século, para que compositores como Haydn, Mozart ou Beethoven reutilizassem essas técnicas nas suas próprias composições.

Regressando à forma fuga, na época barroca, alguns espaços são-lhe reservados, expressamente (quase obrigatórios) nas seguintes composições musicais:
- parte central da abertura à francesa (fuga "ligeira" ou *fugato*);
- andamentos rápidos da sonata *da chiesa* e do concerto *grosso*;
- segunda parte de um díptico para teclado solo (prelúdio, *toccata*, fantasia, ... e fuga);
- passagens corais de obras de música religiosa (cantata, oratório, missa, ...)

Construção de uma fuga

Apesar desta forma ser bastante rigorosa no que diz respeito à sua estrutura, é deixada aos compositores toda a liberdade para organizar as diferentes partes que a constituem, da forma que mais desejarem. Por outras palavras, todas as fugas escritas são diferentes. Dos numerosos exemplares desta forma deixados por Johann Sebastian Bach, nenhum é repetido e o ouvinte atento das suas quarenta e oito fugas do *Cravo bem temperado* nunca experimentará a sensação de já ter ouvido uma fuga idêntica em toda a colectânea.

A fuga é uma composição musical de essência contrapontística que se caracteriza pela **entrada sucessiva das diferentes vozes**, segundo o princípio da imitação à quinta. O número habitual de vozes é **quatro** (em referência à música vocal) mas também se encontra, frequentemente, uma disposição a **três** partes na música para teclas. Excepcionalmente, também se encontram disposições menos habituais de **duas**, **cinco** ou **seis** vozes (*Ricercar* da *Oferenda* *musicale*). Tonalmente, uma fuga é por natureza bastante estável, ainda que certas passagens devam ser escritas em tonalidades próximas da tonalidade principal. Dramaticamente, não se passa grande coisa, pois o único ponto susceptível de evidenciar tensões é o *stretto* final (cf. adiante), que poderá resolver-se sobre uma pedal de tónica.

Uma fuga começa sempre pela **exposição**. Este termo designa a primeira entrada sucessiva das vozes segundo o princípio seguinte, aqui aplicado a uma fuga a quatro vozes:
- a primeira voz apresenta o motivo da fuga, o **tema**, na tónica. Dirige-se para o tom da dominante;
- a segunda voz faz ouvir o tema na dominante (à quinta), dita **resposta**, transposta quase fielmente. Não pode ser completamente semelhante ao original porque deve, imperativamente, regressar à tónica para que a terceira voz faça ouvir o tema por sua vez. Esta pequena transformação efectuada na resposta designa-se por **mutação**. Entretanto, a primeira voz faz ouvir um contraponto que se designa por **contratema**;.
- as terceira e quarta vozes retomam este princípio, enquanto que as duas primeiras continuarão o seu próprio caminho. A exposição só fica concluída quando todas as vozes fazem a sua intervenção, pelo menos, uma vez.

É necessário registar o facto de não existirem regras precisas quanto à ordem de aparecimento das vozes, ainda que as entradas ao produzirem-se no mesmo sentido, ou seja, dirigindo-se, regularmente, para o agudo ou para o grave, sejam mais difíceis de apreender pelo ouvinte que não tem a partitura sob os seus olhos. O exemplo seguinte é a reescrita de um original para teclado a quatro vozes, isoladas apenas por comodidade de leitura. As vozes entram por ordem a partir do grave: Baixo (tema), Tenor (resposta), Alto (contratema), Soprano (resposta):

exposição da fuga IX do *Cravo bem temperado*, II, de Johann Sebastian Bach

Uma vez entradas todas as vozes, o compositor faz alternar um certo número de passagens mais livres de escrita, de facto mais harmónicas, repousando quase sempre sobre o início (a "cabeça") do tema, tais como divertimentos e passagens bastante mais elaboradas nas quais uma voz "trabalha" o tema enquanto que as outras vozes multiplicam os contrapontos, os **desenvolvimentos**. Um destes desenvolvimentos sobrepõe numerosos contrapontos escutados individualmente. Um pouco antes do fim coloca-se, tradicionalmente, uma pedal de dominante anunciando o final da peça, se bem que para terminar não será raro encontrar um última apresentação do tema por cima de uma pedal de tónica geralmente colocada no baixo.

As formas

final da primeira fuga da Arte da fuga.
O tema está colocado no tenor por cima de uma pedal de tónica

Alguns procedimentos particulares

Os compositores utilizam naturalmente nas suas fugas algumas técnicas de escrita musical muito impressionantes, técnicas que não tiveram o ensejo de colocar noutro lado. Os exemplos seguintes são retirados, essencialmente, de uma recolha conhecida de fugas, incompleta devido ao falecimento do seu autor: a *Arte da fuga*, de Johann Sebastian Bach.

- **o *stretto***

Esta palavra italiana (*stretto*: cerrado) indica que as vozes entram umas após as outras, como na exposição, mas o intervalo de tempo que separa cada entrada é cada vez mais reduzido, bastante mais cerrado. Compare-se o exemplo seguinte com a exposição da mesma linha, da página precedente:

stretto: entradas próximas das vozes (A,T,B,S) da fuga IX

- **o movimento contrário**

Trata-se de apresentar uma resposta no sentido inverso do que é proposto pelo tema. Por outras palavras, quando este sobe, aquele desce, como na quinta fuga da *Arte da fuga*:

tema e resposta por movimento contrário

É interessante notar o facto que neste exemplo, o tema e a resposta estão na mesma tonalidade, *ré* menor. A modulação à tonalidade da dominante não se produz.

● o movimento em aumentação/diminuição

Esta outra técnica altamente sofisticada transforma as durações das notas multiplicando--as ou dividindo-as no decorrer do mesmo trecho musical:

início da fuga nº 7 da *Arte da fuga*

No exemplo anterior, as quatro vozes têm um percurso muito diferente:

- o tema está no tenor (constitui a "base" desta fuga);
- a resposta é dada ao soprano por movimento contrário e em **aumentação**, isto é, as figuras do ritmo do tema são multiplicadas por dois (uma colcheia torna-se uma semínima, uma semínima torna-se uma mínima, ...);
- o tema é, seguidamente, executado pelo alto em **movimento contrário**;
- a última resposta está no baixo **por movimento contrário e em aumentação** por relação à primeira resposta: uma semínima do tema torna-se uma semibreve!

Mais adiante, o ritmo original será ainda transformado e muitas das suas transformações mais ou menos regulares serão sobrepostas, o que aumenta um pouco mais a confusão do ouvinte.

Um tal procedimento pode funcionar, igualmente, no sentido inverso, o da **diminuição**, em que a duração das notas é dividida por dois.

● a escrita em "espelho"

A técnica do espelho é bastante mais rara e rebuscada e, de facto, reservada apenas ao simples leitor da partitura. Consiste em se escrever uma fuga (aqui a quatro vozes) e de fazer imaginar a sua imagem invertida em relacção a um eixo simétrico que se colocará sobre cada sistema. A imagem assim obtida é, igualmente, uma fuga e funciona perfeitamente com a ajuda de alguns retoques mínimos. No exemplo seguinte, a parte do soprano do primeiro sistema corresponde à parte do baixo do segundo.

extracto da fuga nº 12 da *Arte da fuga*, em espelho

Este último procedimento não é, por assim dizer, identificável auditivamente. Apenas um "iniciado" com a capacidade de ler uma partitura será capaz de se dar conta deste fenómeno. Esta colectânea da *Arte da fuga* estava, provavelmente, destinada a servir de comunicação científica de alto nível no seio de uma sociedade erudita à qual Bach pertencia. A perda da visão e depois a sua morte, impediram-no que terminasse este ciclo de obras e uma fuga com três temas – um dos quais corresponde ao próprio nome de BACH: *sib, lá, dó, si* – permanece inacabada e continua a suscitar comentários sobre a forma pela qual o compositor poderia tê-la terminado.

A história da fuga depois de Bach é singularmente pouco brilhante, até porque, ainda que os exemplos sejam numerosos, a herança bachiana terá sido, neste domínio, demasiado esmagadora. Mozart tendo-o descoberto (Bach e não a fuga, que já conhecia) no final da sua vida, em Viena, graças ao barão Van Swieten, dedicou-se então à escrita de numerosas fugas, subsistindo um testemunho bastante convincente no *Adagio e fuga em ut menor* para quarteto de cordas. Beethoven que, aos dez anos, tocava de cor todo o *Cravo bem temperado*, também tentou este género e deixou alguns exemplares nas sonatas para piano e numa peça isolada, gigantesca e impressionante, que reservou para um quarteto de cordas: a *Grande fuga*, cuja linguagem, demasiado moderna para a época, se aproxima, pela sua escrita, das obras do final do século XIX. Outras tentativas mais ou menos conseguidas serão assinadas por Schumann ou por Liszt mas nunca alcançarão os altos píncaros musicais.

O recitativo

Esta forma encontra-se em numerosos géneros vocais tais como a ópera, o oratório ou a cantata (sacra ou profana). Como o seu nome indica, é uma passagem em que uma personagem faz um relato, comenta uma acção ou estabelece um diálogo com um outro protagonista. Um recitativo faz avançar a acção enquanto que uma ária se limita frequentemente a comentá-la. Musicalmente, um recitativo (nos séculos XVII e XVIII) é construído com os seguintes elementos:

- um cantor – o narrador ou uma personagem da acção – e um baixo contínuo;
- um caudal de texto bastante rápido, sem repetições de palavras nem vocalizos, que se assemelha bastante ao ritmo da palavra;
- uma melodia baseada sobre fragmentos de uma escala ou dos arpejos dos acordes sustentando a voz;
- um contínuo reduzido ao mínimo: alguns acordes e cadências perfeitas sobre os finais das frases ou de palavras importantes.

Este recitativo é chamado "*secco*", seco. Constitui uma espécie de "passarela dramática" entre dois trechos de maior envergadura tais como um coro ou uma ária. Por este facto, pode ser muito modulante e percorrer várias tonalidades bastante afastadas. A harmonia é assaz rudimentar e encontram-se, frequentemente, encadeamentos de acordes contrários às regras elementares (acordes de trítono que se resolvem sobre o estado fundamental da tónica). Nas épocas barroca e clássica, uma frase de um recitativo começa, quase sempre, com um acorde de sexta (primeira inversão) tocado pelo contínuo, o que permite uma extraordinária delicadeza tonal. Por outras palavras, a partir de um mesmo acorde, o ouvinte não pode absolutamente prever para qual(ais) tonalidade(s) o compositor a dirigirá.

escrita de um recitativo "seco" extraído do *Don Giovanni* de Mozart

As notas da parte vocal são todas separadas para uma melhor leitura e execução das sílabas. Quanto à parte do baixo, frequentemente, esta é escrita em valores longos que geralmente não são tocados tal e qual, sendo os acordes correspondentes arpejados com bastante rapidez.

Uma versão menos sóbria musicalmente e muito mais expressiva desta forma é o recitativo "acompanhado" que tem a mesma função do recitativo simples (*secco*), mas que beneficia de um verdadeiro acompanhamento orquestral com a junção das cordas friccionadas. O compositor utiliza-o para realçar as palavras ou as acções realmente importantes para o desenrolar da história. Esta presença instrumental reforça a intenção dramática e prepara o ouvinte para o fragmento seguinte que deve concentrar toda a sua atenção. A parte cantada é bastante mais vocalizada, agora mais próxima do estilo do canto do que da fala. O exemplo que se segue, extraído do *Messias* de Georg Friedrich Haendel, apresenta-nos um tenor acompanhado pelas cordas que executam acordes em valores longos.

As formas

recitativo acompanhado extraído do Messias de Haendel

Beethoven, no início do quarto andamento da sua 9ª sinfonia, utilizou de forma extraordinária o estilo particular da escrita do recitativo. Neste compasso (10) e em várias repetições, os baixos de cordas (violoncelos e contrabaixos) imitam uma voz humana cantando um recitativo:

Beethoven: recitativo "instrumental" da 9ª sinfonia

Para ser absolutamente claro, o compositor aliás sublinhou explicitamente esta utilização do estilo vocal, indicando sob esta mesma linha de baixo um texto escrito num francês algo desajeitado: "*Segundo o carácter de um recitativo* (sic), *mas a tempo*". Alguns compassos mais à frente, um cantor (este verdadeiro) retomará, desta vez com palavras, o início deste curioso recitativo instrumental.

Na segunda metade do século XIX, o recitativo assume em Wagner uma importância capital, como no início de *A Valquíria*, que começa de forma quase arcaica sobre um acorde de sexta:

Wagner: primeiras palavras de A Valquíria escritas num estilo de recitativo tradicional

As inflexões vocais encontradas na *Tetralogia* pertencem quase exclusivamente a este domínio do recitativo, com poucas diferenças estruturais comparativamente ao seu predecessor do século XVII. A única diferença, que é de vulto, é que a orquestra que acompanha a voz se tornou num parceiro muito importante: é ela que faz os comentários musicais, por vezes contraditórios, do que o cantor vai exprimindo. Informar-nos-á sobre a sua filiação, a sua história e os seus actos futuros.

Poderíamos acreditar que o recitativo iria desaparecer com o abandono progressivo do sistema tonal, no início do século XX. Isto não aconteceu, antes pelo contrário. Os três compositores da segunda escola de Viena (Arnold Schöenberg, Alban Berg e Anton Webern) utilizaram uma forma derivada do recitativo, que mantém o caudal rápido de palavras e a suavidade de expressão: o *sprechgesang* (canto falado ou fala cantada). Neste processo, o intérprete deve seguir as inflexões propostas, sem quase nunca vocalizar as sílabas. Para tal, indicam-lhe as notas marcadas com uma cruz que representa as direcções de altura e ele sabe, mais ou menos, de que modo colocar a sua voz, numa espécie de "fala" aprimorada. No exemplo seguinte, o compositor indicou simplesmente *Sprechstimme* (voz falada) ou *Rezitation* (termo que indica que ele não pensou em qualquer tipo de voz em particular) no lugar da habitual indicação vocal:

Colombina, extracto em *Sprechgesang* do *Pierrot Lunaire* de Arnold Schöenberg

É necessário, aliás, mencionar o facto desta partitura ter sido grandemente influenciada, na sua concepção, pelo estilo dos *cabarets* literários berlinenses, cujos textos eram muito mais declamados do que cantados, um pouco à maneira de um melodrama. Este último género parece ter sempre existido desde a antiguidade: é aliás, bastante fácil acompanhar um recitador com música de fundo. Actualmente, a música popular dos anos oitenta parece ter redescoberto e apreciado este procedimento antigo: o *rap* (do americano "lábia") é uma das suas últimas metamorfoses.

As formas 133

O *rondó*

[Forma instrumental surgida na época barroca. O termo *rondó* significa "refrão"]

A forma rondó é uma estrutura muito simples quanto ao seu princípio de base: faz alternar um refrão sempre idêntico com estrofes sempre diferentes. Em forma literária, um andamento em forma rondó pode ser escrito da seguinte maneira (R é um refrão enquanto que E representa uma estrofe):

R   E1   R   E2   R   E3   R   etc.

A priori, as estrofes são escritas em tonalidades diferentes (geralmente em tons próximos) mas no final de cada uma, assiste-se ao regresso à tonalidade principal, de maneira mais ou menos abrupta. Um exemplo célebre da forma rondó encontra-se no terceiro andamento do *concerto para violino em MI* de Johann Sebastian Bach:

início do refrão

R	E1	R	E2	R	E3	R	E4	R
MI	SI	MI	dó#	MI	LÁ	MI	sol#	MI

percurso tonal do *concerto* BWV 1042

As variações

Esta forma musical (chamada igualmente "tema e variações") foi sempre extremamente utilizada pelos compositores, dado que desafia tanto a memória do ouvinte como as suas faculdades de reconhecimento de um tema. O princípio dinamizador das variações é muito simples. Em primeiro lugar, o músico faz ouvir o tema que vai servir de ponto de referência a toda a obra. Este tema deverá ser perfeitamente claro em todos os seus aspectos – melodia, ritmo e harmonia – para que não possa existir qualquer ambiguidade no espírito do ouvinte. Como deve ser bem memorizado, o compositor escolhe-o, frequentemente, curto e em forma binária (duas partes com repetições), fazendo com que seja executado tal e qual, pelo menos, duas vezes. Terminada esta exposição temática inicial, o trabalho das variações pode começar. O compositor desenvolverá, progressivamente, para cada uma delas, tudo o que estava latente no tema inicial. Modificará um a um todos os parâmetros musicais: multiplicará o número de notas, variará o tempo, mudará a orquestração se for caso disso, inverterá o modo, remexerá na métrica, na harmonia, etc. O objectivo é atingido e a variação é conseguida quando se realiza o seguinte paradoxo: o tema original é perfeita e amplamente deformado mas a sua versão primitiva, ainda na memória do ouvinte, permanece subjacente.

No século XVI, desde as primeiras tentativas de emancipação da arte instrumental relativamente à arte vocal, foram escritas variações sobre esta ou aquela canção ou ária em voga, para instrumentos capazes de realizar simultaneamente a parte superior (ornamentada) e o acompanhamento. Estes instrumentos foram, primeiramente, o alaúde e o teclado (cravo ou órgão). Conjuntos de instrumentos (flautas, violas, ...) foram também previstos para executar estas peças, com o modelo mais agudo encarregue das variações. No mesmo estado de espírito, os compositores deixaram inúmeras reduções para instrumentos agudos (corneto, violino, viola, ...), com ou sem acompanhamento, sobre árias profanas ou mesmo sacras como é o caso do Holandês Jacob van Eyck (ca.1590-1657) e as suas 150 peças do seu *Fluyten Lust-Hof* (*O Jardim da Recreação das Flautas*), que propõem variações sobre um repertório que ia dos salmos às árias de Dowland ou de Caccini.

Num século apaixonado pela música de dança, peças com o mesmo baixo e o mesmo esquema harmónico, são francos sucessos, quer junto dos compositores que executam e fazem imprimir as suas próprias versões, quer dos amadores que compram estes exemplares. Uma destas danças, sobejamente, repetida é a *folia*, de origem espanhola, que inspirará numerosos músicos na época barroca (Corelli, por exemplo):

baixo da *folia*

A época barroca utilizará bastante este procedimento de variações sobre baixos "tipo", que conservam a sua origem coreográfica num compasso sempre a três tempos. Durante todo este período, iremos encontrar dois títulos diferentes: chacona (*chaconne*) ou passacalhe (*passacaglia*). Apesar de numerosas e corajosas, mas vãs, tentativas de diferenciação, verificamos que estas duas aplicações designam, afinal, a mesma realidade musical. Ainda que cada compositor tenha tido sua preferência, as coisas invertem-se com frequência se as compararmos duas a duas: o que um designa primeiro por *chaconne* acaba por ser na obra do segundo uma *passacaglia* e vice-versa ... Para não irritar ninguém, diremos que a questão permanece em aberto.

As formas

Regressando à música, os baixos variados pertencem a dois grupos: o primeiro reune os baixos ostinatos, que não variam ao longo do excerto. Uma das particularidades deste tipo de baixo é que a harmonia que se desenvolve por cima, pode variar de uma sequência para outra. No final do século XVII, Henry Purcell fez um uso intensivo deste baixo e, literalmente, "recheou" toda a sua produção instrumental e vocal de ostinatos de todos os géneros. O exemplo seguinte propõe-nos duas vozes superiores que evoluem em cânone e em uníssono por cima de um baixo ostinato. Trata-se de um excerto da ópera *Dioclesiano* (1690) que tem o título de *Two in one upon a Ground* (*Dois em um sobre um Baixo Ostinato*).

Purcell: excerto de *Two in one...*

Os exemplos conhecidos abundam, mas no domínio da música sacra será necessário mencionar o baixo do *lamento* do *Crucifixus* da *Missa em si* de Johann Sebastian Bach. Com efeito, sobre um baixo cromático, alvo de bastantes comentários pela sua significação simbólica (cromatismos descendentes, doze repetições, ...), Bach desenvolve uma harmonia muito subtil sobrepondo, por vezes, duas sequências:

baixo do *lamento* do *Crucifixus* da *Missa em si* de Bach

O segundo grupo de baixos variados apresenta as variações, em primeiro lugar, no próprio baixo, mas no decorrer da peça, assiste-se a uma migração do tema para todas as outras vozes. Um outro exemplo famoso de Bach encontra-se na *Passacaglia* para órgão em *dó* BWV 582, cujo tema aparece primeiramente na pedal:

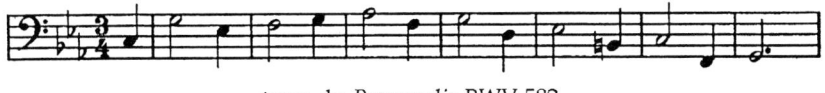

tema da *Passacaglia* BWV 582

Quanto às séries de variações verdadeiramente descritas como tal, as impressionantes *variações Goldberg* BWV 988, constituem exemplos de elevado tecnicismo. Bach não se apoia somente sobre o baixo mas, finalmente, sobre tudo o que constitui, organicamente, a ária em si mesma: a melodia, o baixo e a harmonia. Consegue transformar o seu tema inicial numa profusão de peças pertencentes a formas e a géneros diferentes (cânones diversos, invenção, abertura à francesa, fuga, siciliana, ...). O baixo, servindo de ponto de partida a estas *variações*, é extremamente longo (trinta e dois compassos) para uma obra deste tipo; o número de habitual de compassos oscilava entre 8 a 16:

baixo das variações Goldberg

Este baixo de trinta e dois compassos encontra eco no plano de conjunto destas variações pela sucessão de peças que as constituem: 32 compassos, logo, 32 peças repartidas em dois grupos: ária + 15 variações e 15 variações + ária. Para confirmar esta estrutura, é necessário referir que a décima sexta variação (a primeira do segundo grupo) é uma *Abertura* (à francesa).

Mais tarde no século XIX, os entusiastas de Bach, tal como Johannes Brahms, (1833--1897) irão escrever sequências similares. Este último reservou uma para as partes agudas do último andamento da sua 4ª sinfonia:

Brahms: tema da *chaconne* da 4ª sinfonia

No final do século XVIII, a época clássica irá também apreciar este género que, desde a sua existência, permite demonstrar a ciência do compositor que imagina as variações e o virtuosismo do intérprete que as executa. O que se segue irá permitir-nos entrar um pouco mais na oficina de um fabricante particularmente dotado neste domínio.

O ano de 1778 assiste à estadia de Wolfgang Amadeus Mozart (1756-1791) em Paris. Entre outras obras, Mozart compõe uma série de doze variações para piano sobre uma ária, então muito em voga e que permanece ainda hoje como um clássico da canção infantil francesa: *Ah, vous dirais-je Maman*. Esta canção de forma binária com repetição do início, era um excelente protótipo de tema destinado a ser variado: o contorno da melodia era muito claro e o ritmo das notas bastante regular. Além disso, a sua fama junto dos Franceses, facilitava a boa aceitação das transformações operadas pelas variações. Para começar, é necessário e obrigatório apresentar o tema tal e qual, sem lhe tocar: este deve ser executado da forma mais pura possível. Podemos sublinhar que é, ligeiramente, diferente da versão vocal. Veja-se primeiro o início da canção original:

Ah vous di - rais je Ma - man

Depois, a versão "retocada" de Mozart:

início do tema utilizado por Mozart

Depois de nos ter apresentado o modelo, Mozart começa por multiplicar os valores das notas, bordando as notas essenciais da melodia (circuladas) e acrescentando notas de passagem e ornamentos:

As formas 137

variação I

O efeito produzido é o de um turbilhão de notas que não chegam a apagar a persistência do modelo. Seguidamente, após ter alongado este processo, quer no agudo, quer no grave, Mozart seguiu no seu trabalho desestruturando metodicamente o seu tema. Na sua quinta variação, o ritmo sofre transformações:

variação V

Em seguida, será a vez do modo sofrer alteração: de DÓ maior, passamos a dó menor. O compositor aproveita para usar de algumas astúcias de contraponto elementar, recorrendo a imitações (enquadradas) e de retardos (circuladas):

variação VIII

Finalmente, a última variação, a décima-segunda, transforma a métrica do tema passando de um compasso a dois tempos para um compasso a três tempos, o que tem por efeito concluir a mutação:

variação XII

Para terminar, esta forma irá abandonar a partir da época clássica a exclusividade acordada, até então, ao repertório da música para teclado solo, para estruturar andamentos de quartetos de cordas (Schubert: *La jeune fille et la Mort*), de sinfonias (IV de Brahms) e mesmo de concertos (nº 22 para piano de Mozart). No século XX, Anton Webern (1883-1945) também se afeiçoou bastante a esta forma (a sua primeira composição publicada é a *Passacaglia* opus 1 para orquestra, enquanto que uma das suas últimas obras é a série de *Variações* opus 27 para piano) que permite ao compositor jogar com a memória do ouvinte como com uma ilusão de óptica.

Capítulo 5: os géneros

São categorias de obras musicais com uma organização externa rigorosa: efectivo instrumental, vocal, destino profano ou religioso, etc.

O coral

[Não confundir o *coral*, a forma musical, com um coral, grupo de cantores que pode, aliás, executar *corais*.]

Além das questões dogmáticas bem conhecidas, como os sacramentos, o estatuto da Virgem, a liturgia, as indulgências ..., a Reforma Protestante – Martinho Lutero, na Alemanha, Ulrico Zuínglio, na Suíça e João Calvino, em França – teve menos duas "queixas" relativamente à organização da música e à participação dos fiéis durante a celebração do culto. Primeiramente, a música "católica" da época tinha ganho bastante em complexidade – crítica já bastante antiga – e por isso, tornara-se absolutamente impraticável pelos não-músicos. A complexidade da polifonia e a profusão dos vocalizos reservava-a exclusivamente a profissionais. A segunda crítica dizia respeito à própria língua do ofício. O latim continuava como senhor incontestado; Martinho Lutero e seus continuadores propuseram a sua supressão no decorrer do ofício e a sua substituição pelas vernáculas, próprias de cada país, não só para que um maior número de fiéis pudesse participar activamente na cerimónia, mas também para melhor compreensão do que era cantado ou dito no ofício. Logo, era necessário inventar um novo tipo de música religiosa que satisfizesse estas duas exigências. Calvino e Zuínglio menosprezaram um pouco o papel da música e será, principalmente, sob o impulso de Lutero que a mutação se operou. Este sentia, intimamente, que o canto e a música eram meios excelentes de aceder a Deus. Desta forma, surge na Alemanha o **coral**, que podemos definir como sendo um canto religioso protestante, prosódico e de tempo lento. Perante a necessidade de fornecer com rapidez um reportório de base às congregações, Martinho Lutero, que era músico, compôs ele mesmo uma vintena de corais originais, mas será bom sublinhar que a maior parte das outras melodias é constituída por arranjos de músicas católicas, então bastante conhecidas – as mais antigas de origem gregoriana – ou mesmo canções profanas do conhecimento de todos. Um coral reconhece-se pelas suas frases curtas, entoações simples, com movimentos melódicos muito ligados e um ritmo muito básico: semínimas e algumas colcheias.

a) exemplo de criação original de Lutero

Ein' feste Burg ist unser Gott, coral original de Martinho Lutero

b) exemplo de adaptação de uma melodia gregoriana:

Ve - ni re - dem - tor gen - ti - um

Veni redemptor, hino latino que serviu de modelo

Os géneros 139

Nun Komm der Hei - den Hei - land

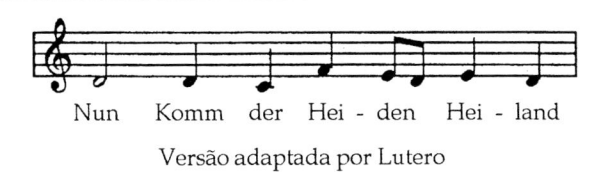

Versão adaptada por Lutero

c) exemplo de adaptação de uma melodia profana; em cima, canção profana de Hans Leo Hassler (1564-1612); em baixo, melodia do coral adaptado:

Mein Gmüth ist mir ver - wir - ret   das macht ein Jung - frau   zart

Melodia original

Melodia de coral adaptado

d) criação original de outro músico:

Jesu, meine Freude, de Johannes Crüger (1598-1663)

Se quisermos observar rapidamente a sua evolução, poderemos dizer que nos primeiros tempos, a assembleia cantava-os a uma só voz (*choraliter*: seguindo o ritmo do texto). Seguidamente, o coral cantado pôde alternar com uma versão executada pelo órgão (*alternatium*). Por fim, a época barroca acrescentou-lhe um acompanhamento sob a forma de um baixo contínuo executado pelo órgão. Muito rapidamente, estas novas melodias "sacras" tomaram o lugar – no seio das comunidades protestantes – que os cantos gregorianos ocupavam até então. Torna ram-se referências musicais e todos os compositores protestantes de língua alemã as utilizaram para escrever obras de maior e menor envergadura. A partir de um tal material sonoro, tudo era musicalmente possível e qualquer compositor hábil nos arcanos mais árduos do contraponto, como era o caso de Johann Sebastian Bach, soube tirar do "objecto" coral inúmeras possibilidades de criacção.

Vejamos, primeiro, um exemplo do coral de Hassler a quatro partes (teoricamente vocal, mas na prática dobrado pelos instrumentos) tal como o podemos encontrar nas cantatas ou nas paixões de J. S. Bach, sendo o mesmo texto cantado por todas as partes:

sop.
O Haupt voll Blut und Wun - den, voll Schmerz und vol - ler Hohn,
alt.
ten.
bas.

Coral, *Paixão segundo S. Mateus* de Bach

Esta forma de base serviu de modelo a outras elaborações musicais um pouco mais sofisticadas:

a) o coral (órgão)

É uma peça que precedia o canto do coral pela assembleia. Por isso servia, antes de mais, para afirmar a tonalidade e relembrar a melodia. Para cada número, Johann Sebastian Bach não se contentou sempre em retomar uma harmonização simples; ainda que reconheçamos perfeitamente as melodias, ele adornou-as com esplêndidas (demasiado) jóias sonoras para o seu público paroquial. É aliás, criticado, frequentemente, pela complexidade das obras que apresentava aos fiéis – imitações, cânones, variações, paráfrases de melodias dos corais, sem esquecer o figuralismo mais ou menos aparente que fazia referência directa aos textos literários e não apenas musicais. Além disto, há uma profusão de formas de harmonizar cada coral (de escolher os acordes e suas inversões), o que faz com que uma mesma melodia possa dar origem a numerosas versões. No exemplo que se segue, um célebre coral para a época do Advento, a cabeça do tema (ver *supra*) é repetida em imitações na pauta central, antes de ser exposta de maneira bastante ornamentada na parte superior. Quanto à pedaleira (em baixo) engrena um movimento quase contínuo de colcheias.

Nun Komm' der Heiden Heiland, coral para órgão de Johann S. Bach

b) música sacra

Esta música, que assumiu várias designações, mas actualmente é designada por cantata, integrava também o ofício luterano de domingo e era dividida em duas partes. Terminava com um simples coral, mas poderia começar por um coro acompanhado, tratando o mesmo coral em estilo fugato. Esta mesma melodia poderia reencontrar-se cantada por um solista acompanhado por um instrumento concertante e um baixo contínuo:

Coral para violino, alto (vocal) e baixo contínuo, cantata BWV 113 de J. S. Bach

c) o coral segundo Bach

O compositor deixou sobre este género uma tal marca que todos aqueles que se seguiram por vezes confundiram, inconscientemente, o próprio Bach com o coral: este músico do século XVIII tornou-se a personificação do coral. A mínima referência a um coral, conduzia-a subentendidamente, a uma homenagem a Bach e à sua escrita musical, já considerada pelos seus contemporâneos como sendo extraordinária. Este facto levou a que durante os séculos XIX e XX, se tenha continuado a trabalhar sobre corais utilizados pelo mestre ou a inventar outros por necessidades pedagógicas ou composicionais. Encontramos então, obras que já nada têm de religioso como em Mendelssohn, no segundo andamento da *Sinfonia Italiana*.

Mendelssohn: pseudocoral da *Sinfonia Italiana*

Em certos casos, o coral (que se tornou então música "sacra") chegou mesmo a uma fase em que representa a ideia do Céu, apenas pela sua simples citação, como no *Concerto para violino (em memória de um anjo)* de Alban Berg, que no meio de uma obra francamente atonal, cita *in extenso* o coral *Es ist genug* da cantata BWV 60 de Bach, reconhecível entre todos pela sua quarta aumentada inicial (*lá-ré#*):

coral *Es ist genug* (basta!)

O concerto

É um género puramente instrumental que surgiu, em Itália, no início da época barroca (muitas vezes designada como a época do "estilo concertante"), em meados do século XVII, e que continua, ainda hoje, a originar bastantes obras. O termo italiano *concertare*, que está na origem da palavra "concerto" significa, simultaneamente, opôr-se e tocar em conjunto. De facto, o concerto opõe um ou vários solistas ao resto da formação instrumental, uma orquestra, constituída por um conjunto cujo tamanho pode variar, consideravelmente, de uma época para outra. Chamamos **concerto (para solista)** a um concerto que apenas tem um solista. No caso em que vários solistas partilham o papel principal falamos de **concerto grosso,** mesmo se esta designação não figurar no título da obra, sendo então os solistas chamados de **concertino** e os outros instrumentos formando o **ripieno**. Num andamento de concerto, uma passagem tocada pelo(s) solista(s) é um **solo**, ao passo que uma passagem tocada por todo o conjunto é um **tutti** (tocada por todos). Alguns grandes compositores marcaram profundamente a história do concerto.

[A nomenclatura nem sempre é muito peremptória. Encontramos diversos concertos para vários instrumentos solistas que não têm o título de concerto "grosso". Parece que esta designação não é utilizada quando os solistas pertencem todos à mesma família instrumental, como por exemplo o *Concerto para quatro violinos* de Antonio Vivaldi.]

I - O CONCERTO BARROCO

• o concerto em Corelli

Arcangelo Corelli (1653-1713), excelente violinista que teve a distinção de ser enterrado no Panteão de Roma ao lado do pintor Rafael, escreveu sobretudo concertos grossos que apresentavam um *concertino* composto de dois violinos e um violoncelo, que se opõem, numa escrita próxima da sonata trio, ao resto da orquestra (cordas e baixo contínuo). São obras escritas, na maioria dos casos, em quatro andamentos, alternadamente, lentos e rápidos.

• o concerto em Vivaldi

Existe o hábito de atribuir ao *prete rosso* (padre ruivo) veneziano Antonio Vivaldi (1678-1741) a paternidade do concerto para solista em três andamentos (rápido – lento – rápido). É certo que os seus cerca de quinhentos concertos para diferentes combinações instrumentais formam um conjunto impressionante e envolvem uma formidável mestria técnica e expressiva que marcou, fortemente, não apenas os seus contemporâneos em toda a Europa, como ainda os nossos contemporâneos neste final do século XX. Várias razões podem explicar este fenómeno:

a) a plenitude da sua linguagem harmónica, bastante moderna para a sua época, que permanecerá inalterada pelo menos até Robert Schumann (1810-1856); são utilizados todos os acordes (encontramos cascatas de sétimas diminutas nas suas *Quatro Estações*) e os seus encadeamentos não seguem sempre o que se via preconizado nos tratados de escrita musical, o que permitia ao escritor ser bastante expressivo e manter o ouvinte sempre atento.

b) a extrema clareza das suas estruturas, tanto nos andamentos lentos, frequentemente em forma binária, como nos andamentos mais rápidos, que fazem ouvir um único *ritornello* instrumental, que se reconhece mais ou menos inalterado, nas tonalidades próximas (maiores e menores) nos *tutti*, enquanto que os solos, muito virtuosísticos, se encarregam das modulações entre as diferentes tonalidades. Isto encontra-se, por exemplo, no 1º andamento do concerto para flauta de bisel sopranino e orquestra em DÓ:

T	S	T	S	T	S	T	S	T
DÓ	DÓ - lá	lá	lá - FÁ	FÁ	FÁ - mi	Mi	mi - DÓ	DÓ

T = *tutti* ; S = solo

ritornello original

duas mutações do *ritornello* original (em *lá* e depois em *FÁ*)

c) a utilização sem limite do instrumental da sua época. Apesar do próprio Vivaldi ser um violinista prodigioso, não se contentou, como muitos outros músicos do seu tempo, em instrumentar as suas obras de forma relativamente padronizada. O seu cargo de professor de Música no *Ospedale della Pietá* (asilo para jovens órfãs ou bastardas, que possuía uma famosa escola de música) em Veneza, deu-lhe ocasião de testar com as suas alunas (que incluiam virtuosas em todos os instrumentos e que davam concertos elogiados em toda a Europa, escondidas atrás de uma cortina) todas as sonoridades então disponíveis e todas as alianças de timbres imagináveis. É por isso que os efectivos solistas das suas obras mencionam, além dos instrumentos habituais da época, os *chalumeaux*, a viola de amor, o bandolim, o alaúde, a guitarra, as flautas de todas as espécies, o fagote, etc. Todos estes instrumentos eram escritos no seu registo mais favorável e ornados com dificuldades técnicas que ainda hoje permanecem difíceis de ultrapassar. Certos concertos que têm o subtítulo de *con molti stromenti* propõem-nos curtos solos que são, praticamente, andamentos de sinfonias, quando o género ainda estava em gestação.

- **o concerto em Telemann**

Como Corelli na geração precedente, Georg Philipp Telemann (1681-1767) quase sempre preferiu o plano do concerto em quatro andamentos (lento – rápido – lento – rápido). A escrita instrumental é tão técnica e expressiva quanto em Vivaldi, ainda que o seu estilo de escrita pertença plenamente ao da época "galante". Telemann utilizou bastante a forma *Da Capo* (A B A).

- **Haendel e o concerto para órgão**

O Alemão imigrado na Inglaterra Georg Friedrich Haendel (1685-1759) aperfeiçoou um tipo de concerto bastante particular. Durante os entractos dos seus oratórios, tinha o hábito de apresentar ao público improvisações, executadas no pequeno órgão que fazia parte do contínuo. Perante o sucesso encontrado, decidiu escrever partituras bastante mais trabalhadas, acompanhadas pela orquestra. É desta forma que nasceram os dezasseis concertos para órgão, que nós conhecemos, e que figuram entre os primeiríssimos escritos especificamente para o teclado.

- **o concerto em Bach**

Johann Sebastian Bach (1685-1750) preferiu, em geral, o plano tripartido (A, B, A) nos seus concertos que são todos em três andamentos. A sua obra concertante, amplamente influenciada por Vivaldi (transcrições para órgão solo de alguns concertos do veneziano), é bastante reduzida em comparação com a dos seus contemporâneos (cerca de vinte no total), mas de grande qualidade. A sua principal inovação no domínio do concerto para solista foi a utilização do cravo, e nem sempre apenas um exemplar, mas três e até mesmo quatro, num arranjo que efectuou de um concerto para quatro violinos de Vivaldi. Relativamente ao concerto grosso, é necessário referir os seus *Seis Concertos para vários instrumentos* (os *Concertos Brandeburgueses*), cada um beneficiando de um tratamento instrumental e formal diferente. Não podemos esquecer os concertos escritos ou reescritos para órgão solo (frequentemente a partir de obras de colegas) e o *Concerto Italiano*, para cravo solo, cujo andamento central, que se desenvolve em três planos sonoros, imita, nomeadamente, os pizzicatos das cordas graves.

II – O CONCERTO CLÁSSICO

O período que se segue à época barroca vê a forma sonata difundir-se em todos os géneros; o concerto não escapa e abandona progressivamente a fórmula *ritornello*-solo. A nova forma sonata, necessitando de mais tempo musical para se desenvolver, leva a que os andamentos se alonguem bastante e se tornem, progressivamente, sinfónicos. Além disso, o instrumental solista irá reduzir-se ao mínimo: o violino, alguns sopros (flauta, oboé, clarinete e fagote), mas o instrumento que ganha importância é o pianoforte, que adquire uma preponderância crescente que não deixará mais. As três figuras emblemáticas desta época são: Haydn, Mozart e Beethoven. Todos escreveram concertos, mas os do primeiro ficam bastante longe de marcar este género, mau-grado os bem conhecidos concertos para violoncelo. As obras do género, em Mozart e Beethoven, são claramente mais interessantes e merecem ser referidas.

• o concerto em Mozart

Wolfgang Amadeus Mozart (1756-1791), sendo um excelente pianista, comporá, praticamente, em intenção própria, a totalidade dos seus vinte e sete concertos para piano e orquestra. Se os primeiros não passam de arranjos de obras anteriores escritas por outros compositores (como Johann Christian Bach [1735-1782]) ou tentativas pessoais, é bom referir que a partir do concerto nº 8 (dedicado a uma célebre virtuosa Mlle Jeunehomme), Mozart atinge uma mestria no género que jamais perderá. Ao lado destas obras-primas, se é incontestável que os seus concertos para outros instrumentos (violino, flauta, trompa e fagote) raramente atingirão a qualidade dos escritos para piano, é importante referir duas excepções: a *sinfonia concertante* (duplo concerto) para violino e viola e o *concerto para clarinete* que estão muito à parte desta produção menor. Nos concertos para piano, o ouvinte assiste sempre a um diálogo muito cerrado entre o teclado e a orquestra. Praticamente, não existe nunca uma oposição entre ambos, mas antes uma grande complementaridade. Nos andamentos lentos, que assumem formas variadas, os instrumentos de sopro participam também no diálogo, de uma forma que nada tem de episódica.

• o concerto em Beethoven

Também ele um grande pianista, Ludwig van Beethevon deixou cinco concertos para piano (o quinto, grandioso, tem o nome de *o Imperador*) e um para violino que ampliam ainda mais o aspecto sinfónico deste tipo de obras. Serão os protótipos do que os compositores românticos escreverão mais tarde. Escreveu ainda um *Triplo concerto* para piano, violino e violoncelo, que não é mais do que um concerto para trio com piano e orquestra.

III – O CONCERTO ROMÂNTICO

Quase todos os compositores germânicos – de Beethoven a Schönberg – escreveram concertos. Quanto aos outros, especialmente os pianistas (Chopin, Liszt), talvez mais preocupados com a música vocal, não foram tentados por este género. Nesta época, já não estava em jogo um diálogo, uma conversa "amigável" entre instrumentos como sucedia em Mozart, mas antes e verdadeiramente um combate, um confronto musical entre o solista (piano ou violino) e uma orquestra que se tinha tornado gigantesca. Apesar do poder desta última, é muitas vezes o solista que triunfa a custo de proezas técnicas impressionantes. Estamos bastante longe da grande riqueza de timbres existente nas épocas anteriores. Com efeito, no século XIX, não restam mais do que dois solistas: o piano e o violino; os outros instrumentos permanecem marginais na produção total.

IV – O CONCERTO MODERNO

O início do século XX não negligenciou o concerto, qualquer que tenha sido o estilo do compositor: Berg (violino), Schönberg (violino), Ravel (piano, dos quais um concerto é "para a mão esquerda"), Gershwin (piano), Poulenc (cravo), etc. Mantêm-se sempre os três andamentos, mas as estruturas são mais ligeiras e os andamentos são menos longos do que no decurso da época romântica. A "redescoberta" da música barroca teve uma forte influência sobre o espírito destas obras. Mais recentemente, alguns grandes intérpretes suscitam, junto dos compositores seus contemporâneos, partituras concertantes destinadas ao seu instrumento. Assim, o violoncelista Mstislav Rostropoviteh será o destinatário de numerosas obras como *Tout un monde lointain*, concerto para violoncelo (1970) de Henri Dutilleux (nascido em 1916).

A missa

[O que se evoca aqui é o *Ordinário* – o que se destina a todos os dias – da missa em música, e não o *Próprio*, ou seja, o que é específico a cada dia de acordo com a celebração do santo, logo, da festa.]

É um conjunto de peças de música religiosa retomando o texto latino do ofício cristão. Compreende geralmente as cinco partes seguintes:
  1) *Kyrie eleison* (grego) : "Senhor, tende piedade", tom de súplica. O texto tem a forma A-B-A : *Kyrie eleison* (três vezes), *Christe eleison* (três vezes), *Kyrie eleison* (três vezes).
  2) *Gloria* : "glória a Deus", atmosfera festiva;
  3) *Credo in unum deum* : "eu creio", afirmação do dogma;
  4) *Sanctus* : "santo é o Senhor", canto de louvor;
  5) *Agnus Dei, qui tollis peccata mundi* : "cordeiro de Deus", tom de súplica;
Às cinco partes podemos acrescentar uma sexta, mais rara : *Ite, missa est* que podemos traduzir por " Ide, a missa terminou!".

I a missa medieval

Ainda que o texto tenha sido fixado séculos antes, os primeiros exemplos de ciclos completos do *Ordinário*, tratados sob forma polifónica, não datam de antes do século XIV. Até esta época, apenas os inúmeros textos do *Próprio* usufruíam de um tratamento elaborado. É na voz de tenor que encontramos a referência musical obrigada ao cantochão secular. Encontramos então a designação das missas que têm os nomes das cidades e que assim se conservam nos manuscritos; ex.: *A Missa de Tournai* a três vozes. E se existem semelhanças de estilo entre as peças deste conjunto, não estamos seguros que tenham sido todas compostas por uma só e única pessoa, pensando os especialistas que se trata de colectâneas artificiais. O caso da *Missa de Notre Dame* de Guillaume de Machaut (1300-1377) é bem diferente, tendo este compositor escrito, indubitavelmente, todas as partes que a constituem. Esta missa integralmente a quatro vozes (a primeiríssima do género) é notável, não apenas pela unidade do seu estilo mas também por uma grande mestria técnica de que Machaut fez prova, nomeadamente, pela utilização elegante da isorritmia (técnica que reproduz várias vezes uma mesma fórmula rítmica sobre notas diferentes), que aqui foi utilizada não naturalmente ou por bravura composicional mas, pelo contrário, ao serviço de uma grande eficácia expressiva.

II a missa no Renascimento

No século XV, os compositores franco-flamengos (Dufay, Ockeghem, Josquin ...) praticaram bastante este género, e com muito sucesso. Este facto permitiu-lhes desenvolver a sua ciência do contraponto e de harmonia, então em plena expansão. As inúmeras referências ao cantochão, colocadas no *tenor*, começam a desaparecer: ainda que os músicos não ousem inventar os seus próprios temas, substituem as célebres melodias "sacras" por outras, também conhecidas, não hesitando em ir buscar temas ao reportório da canção profana, cujo conteúdo dos textos nem sempre era muito digno. Assim, o tema musical da canção anónima *L'homme armé* foi transformado em *tenor* de missa mais de trinta vezes!

L'hom - me l'hom - me l'homme ar - mé

No século XVI, Josquin des Prés (*ca*.1440-1521) – compositor francês que trabalhava em Itália – compõe um *cantus firmus* bastante particular, baseado no nome do seu patrono, o duque de Ferrara, cujo nome era Hércules. O título latino era: *Hercules Dux Ferrarie* (Hércules, duque de Ferrara). Josquin reparou que cada sílaba poderia corresponder a um nome de nota, resultando num *tenor* inventado bastante lisonjeiro: *ré ut (dó) ré ut ré fá mi ré* ; o *tenor* gregoriano, neste tipo de composição não é mais do que uma longínqua recordação.

ré   ut   ré   ut   ré   fá   mi   ré
Her - cu - les   Dux   Fer - ra - ri - e

III a missa barroca e clássica

Nos séculos XVI e XVII, a missa perde importância entre as obras de música sacra, tendo o estilo concertante e o cisma cristão contribuído, fortemente, para a falta de interesse por este género já antigo. Não será completamente abandonado, mas apenas os compositores católicos lhe irão conceder um tratamento rico, como por exemplo Marc Antoine Charpentier, em França. Nesta época, o estilo concertante invade todos os géneros e a missa não é excepção. Até aqui, ela era exclusivamente coral e o acompanhamento instrumental muito reduzido ou completamente ausente. Daqui em diante, para além das partes do coro encontramos passagens executadas por solistas vocais, por vezes acompanhados de solistas instrumentais, como podemos ouvir em óperas contemporâneas.

No que diz respeito a esta relativa desfiguração, o próprio texto da missa será posto em causa. Numa estética que via os compositores procurar a mais pequena palavra para servir de pretexto a uma ornamentação melódica rebuscada, a vocalizos surpreendentes e a uma pintura sonora de sentimentos e paixões, é forçoso concluir que este texto, bastante dogmático por natureza e não contendo qualquer acção dramática, era perfeitamente incapaz de preencher tal papel.

A obra mais extraordinária da época é, incontestavelmente, a *Missa em si* de Johann Sebastian Bach, que constitui contudo um exemplo atípico pela sua extensão, complexidade e elevado nível, tanto musical como espiritual. Trata-se de uma mistura de fragmentos de uma missa de 1733 (*Kyrie* e *Glória*), de adaptações de fragmentos de antigas cantatas e de trechos recompostos que o compositor reuniu, por volta de 1739, para formar um todo coerente. Esta obra monumental pode ser considerada como uma espécie de catálogo do que poderia realizar um compositor de música sacra no domínio algo frio – pouco motivador do figuralismo – da missa: polifonia a cinco partes, orquestra imponente (compreendendo flautas transversas, oboés, fagote, trompetes, timbales), trechos que vão desde a ária para solista ao coro para efectivo completo. Paradoxalmente, sabemos que este conjunto extraordinário nunca foi executado *in extenso* em vida do compositor, mas pode constituir de certa forma o seu próprio *credo*. Poderemos estabelecer uma comparação com outras "somas musicais" que o compositor deixou, como a *Arte da fuga*, a *Oferenda musicale* ou as *Variações Goldberg*. No *Credo*, utilizou – facto bastante excepcional para ele – uma verdadeira e venerável melodia gregoriana, o credo nº IV, trocando as suas notas 4 e 5 a fim de adaptar o melhor possível esta melodia, construída sobre o modo de *ré*, ao sistema tonal:

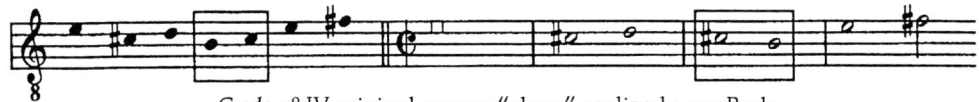

Credo nº IV original e o seu "clone" realizado por Bach

No final do século XVIII, a missa continua a existir e os três grandes compositores clássicos também a escreveram. A época procura, sobretudo, partituras acessíveis, mais do que monumentais, pondo em relevo uma beleza que rivalize com as proezas vocais, tal como as que podemos encontrar nas árias de ópera. E, se os seus subtítulos as classificam de "grandes" ou "solenes", como a *Missa Solemnis* de Beethoven, estas obras estão relacionadas com os locais para os quais foram destinadas: as igrejas de estilo rocócó germânico, elegantes mas entregando-se demasiado à ornamentação. Para ser justo, é necessário não esquecer a adaptação ao gosto da época, de obras do barroco tardio (Bach e Haendel) que Mozart descobre em Viena, graças ao Barão van Swieten. É desta forma que nasce a *Missa em dó*, consequência de um voto feito a sua esposa Constança. Esta incrível partitura soa um pouco como um monumental exercício recapitulativo dos estilos religiosos do século XVIII. A primeira intervenção coral, muito hierática e monumental, está apoiada num arpejo (*dó, mi, sol, dó, ...*) e faz-se em cânone, à distância de uma mínima. As vozes entram da seguinte maneira: sopranos, altos, tenores e baixos.

Mozart: primeiro motivo (canónico) do *Kyrie* da *Missa em dó*

IV a missa romântica e moderna

Evocar a missa romântica será falar, com efeito, de um género musical que se tornou, na época, absolutamente menor. É certo que os músicos ainda a praticam (Schubert) dado que, apesar da diminuição da influência da Igreja, é ainda necessário fornecer ao culto algo que o possa alimentar musicalmente. No entanto, podemos dizer que as grandes realizações estão praticamente ausentes, numa estética que preferia o espectacular. No século XX, tendo a musicologia gregoriana progredido, este género readquiriu a sua nobreza. Dado que o concílio Vaticano II (1963-1966) abandonou o uso do latim para autorizar as línguas nacionais e permitiu o contributo das músicas populares, as missas contemporâneas puderam assumir aspectos bastante variados em função da sensibilidade dos seus compositores.

O requiem

[o nome completo deste género é: Missa de requiem ou dos mortos ou dos defuntos.]

A a esfera católica

Por natureza, uma missa de requiem é o ofício da liturgia católica que é cantado nos funerais. Adopta o seu nome da palavra inicial da primeira peça que serve vulgarmente de abertura, o *Introito* : *Requiem aeternam, dona eis, Domine* (Senhor, dai-lhe a paz eterna). É bom referir que, contrariamente à missa, a sucessão de peças utilizadas no requiem é, relativamente, variável de um compositor para outro, mesmo se o ponto comum for a ausência do *Gloria* e do *Credo*, mas a presença do *Kyrie*, do *Sanctus* e do *Agnus dei*. Na Idade Média, é apenas constituído por peças provenientes do canto gregoriano. O primeiro exemplo de requiem "composto" parece ter sido o de Johannes Ockeghem (1430-1496), escrito no Renascimento. Seguidamente, compositores como o Espanhol Tomás Luís de Vitória (1548--1611) ou o seu contemporâneo Francês Eustache du Caurroy (1549-1609) contribuiram para o género. É nesta época que é integrado neste ofício a célebre sequência do *Dies irae* (Dia de cólera) que irá conhecer um grande sucesso, não apenas em obras religiosas mas também em partituras profanas (Berlioz, *Symphonie Fantastique*) e mesmo em canções populares:

J'ai vu le loup le r'nard le liè-vre

uma das metamorfoses do *Dies irae*

Se, por vezes, o texto e a música podem surgir utilizados em conjunto, frequentemente os compositores escreverão a sua própria música, mantendo apenas este texto e o seu conteúdo terrífico. Aliás, é preciso mencionar o facto de que, ao longo da história da música, duas opções irão apresentar-se aos músicos, em função da sua sensibilidade. A primeira opção é a que está ligada ao "medo do Juízo Final", e que nos propõe músicas angustiantes ou dolentes. A segunda opção, prende-se com outro aspecto que está ligado à esperança e à paz eterna: as obras escritas estão cheias de doçura e de calma.

Na época barroca, em França, a missa dos mortos (dos defuntos) ainda é praticada e aparenta-se então ao grande moteto, pela sua sucessão de passagens confiadas aos solistas e ao coro. Não considerando as duas obras de Marc-Antoine Charpentier (1643-1704) – a *Missa para os finados* (ca.1670) e a *Missa dos mortos* (ca.1690), ambas escritas com oito partes vocais – as mais célebres são as de André Campra (1660-1744) e a de Jean Gilles (1668-1705) composta em 1696. No final do século XVIII, o *Requiem* (1791, inacabado) de Mozart dá-nos um exemplo notável. Como é frequente noutras obras do género, uma passagem bastante "falada" é a que menciona a trombeta do Juízo Final. Mozart faz-nos ouvi-la de forma bastante sóbria e um pouco assustadora, ao contrário da visão romântica que lhe dará um realce sonoro atroador. Mozart utiliza apenas um trombone solo e uma voz de baixo, acompanhados pela orquestra:

Mozart, início do *Tuba mirum* (baixo e trombone solo)

No século XIX, o aspecto dominante é o do terror, do qual é necessário fazer a representação sonora. Importantes massas corais e orquestras gigantescas, compreendendo naipes de metais bastante reforçados, permitem a compositores como Hector Berlioz (1803--1869) ou Giuseppe Verdi (1813-1901) escrever partituras – que incluem, por vezes, passagens roçando o mau-gosto – destinadas, primeiramente, a impressionar os ouvintes. Na viragem do século, a tendência é inversa, o *Requiem* de Gabriel Fauré (1845-1924) parece ser uma consolação musical: a orquestra é relativamente pequena e parece reduzir-se a sonoridades graves e doces. O naipe de cordas faz-se notar pela ausência de violinos em quase metade das peças (três em sete), bem como no cuidado prodigalizado, nomeadamente, às cordas graves (violas e violoncelos) que são frequentemente divididas. Fauré suprimiu, também, toda a alusão ao Juízo Final: o seu *requiem* não inclui o *Dies irae*.

No século XX, as imensas catástrofes ligadas às duas guerras mundiais suscitaram vastas partituras das quais se desprendem, frequentemente e em simultâneo, uma emoção vincada e um certo pessimismo quando ao futuro da humanidade. Três exemplos confirmam esta afirmação:

1) em 1916, Frederick Delius escreve um "anti" *Requiem* [*Requiem segundo Nietzsche*] misturando diversos textos e músicas de maneira ostensivamente ateia;
2) em 1962, Benjamin Britten (1913-1976) estreou o seu *War Requiem* na inauguração da nova catedral de Coventry;
3) quatro anos mais tarde, György Ligeti (nascido em 1923) faz executar o seu *Requiem* que exige efectivos instrumentais e vocais muito importantes: podemos sublinhar a

presença de um coro escrito a 20 partes reais, caracterizado por um processo de encadeamento vocal (retomado, em separado no *Lux aeterna* para coro misto *a capella*, do mesmo ano).

B a esfera protestante

A Reforma não interditou a composição de músicas fúnebres. Simplesmente, para satisfazer as novas exigências, o texto latino foi frequentemente adaptado ou mesmo substituído por um equivalente na língua do compositor, quase sempre tirado da Bíblia. Os exemplos mais célebres – incontestáveis obras-primas dos seus compositores – são:

• Heinrich Schütz (1585-1672): *Musikalische Exequien* (*Exéquias Musicais*, 1635) que corresponde a uma compilação de textos tirados do Antigo e Novo Testamento, assim como de corais luteranos, destinados originalmente a um grupo de seis cantores e órgão;

• Henry Purcell (1659-1695): *Music for the Funeral of Queen Mary* (*Música para o funeral da Rainha Mary*, 1695) que reúne três *anthems* a par de música instrumental. Os requisitos são: soprano, alto, tenor, baixo solistas, contínuo e orquestra;

• Johann Sebastian Bach (1685-1750): *Gottes Zeit ist die allerbeste Zeit* (*O reino de Deus é o melhor de todos*, cantata dita "*Actus Tragicus*", 1707 ou 1708) para soprano, alto, tenor e baixo solistas, coro, duas flautas de bisel, duas violas da gamba e contínuo. Esta cantata é uma das primeiras que Bach escreveu. Nesta obra a orquestração é muito reduzida, a morte é sentida como uma consolação;

• Johannes Brahms (1853-1897) deixou duas obras: a primeira, em 1858, *Begräbnisgesang* (*Canto de Funerais*) para coro e conjunto instrumental "móvel" de forma a poder, verdadeiramente, colocar-se junto a uma sepultura. A segunda em 1868: *Ein deutsches Requiem* (*Um Requiem Alemão*) para solos, coro e orquestra.

A monodia vocal acompanhada

É um género maior da música que pode definir-se por colocar em presença três elementos: um poema, um cantor e um acompanhamento musical. A partir desta base rudimentar tudo é possível. Segundo os países – logo, as línguas – os títulos serão diferentes. Assim, na Alemanha, falaremos de *lied* (plural: *lieder*), na Inglaterra canta-se uma *ayr* ou uma *song*, em França o termo é *air* ou *mélodie* enquanto que em Itália teremos uma *aria* (plural: *arie*) [em Portugal teremos ária ou canção]. Na realidade, é a partir do Renascimento que este género se irá desenvolver em todos os países, mais ou menos paralelamente, apesar das obras para voz solo existirem desde a Idade Média. No Renascimento, o acompanhador preferido parece ser o alaúde ou, em menor escala, o conjunto de instrumentos de uma mesma família, o *consort*. Uma das características desta época é a grande mobilidade instrumental: o compositor apresenta uma teia esquemática a partir da qual cada um dos instrumentistas tenta executar da melhor forma consoante as suas possibilidades. No século XVII, a ária perde o seu uso estritamente "doméstico" para se inserir em novos géneros que então começavam: ópera, oratório, cantata, moteto ... A sua influência é tão importante que consegue infiltrar-se em géneros puramente instrumentais, como no seguinte excerto da suite de orquestra em que se ouvem os violinos "cantar":

Bach: *Ária* da suite em *RÉ* BWV 1068

O papel principal cabe a dois tipos de ária: o primeiro vê o acompanhamento ser realizado de uma maneira restrita, no mínimo com um baixo contínuo e a inclusão de um instrumento melódico encarregado dos *ritornellos*. O segundo tipo utilizará a orquestra como acompanhador, confiando, por vezes, a um instrumento solista o diálogo com o cantor. No final do século XVIII, esta situação pouco evoluiu tecnicamente. Assiste-se apenas a uma separação relativamente aos destinatários da música: os compositores, daí em diante, distinguirão os profissionais – capazes de virtuosismo – dos amadores que procuram peças mais acessíveis. Por isso, um pouco por todo o lado, surgem pequenas obras de qualidade, escritas sobre poesias em voga, tecnicamente fáceis e destinadas a serem acompanhadas ao piano. Na Alemanha, falar-se-á do *lied*. A época romântica consagrará esta situação e compositores como Franz Schubert (1797-1828) farão deste género a sua especialidade: este último deixou cerca de seiscentos! No final do século, o *lied* será transformado, devido, por um lado, ao aparecimento de um sumptuoso acompanhamento orquestral – como em Gustav Mahler (1860-1911) que a partir deles escreverá, até, andamentos de sinfonias – e por outro, devido a ter deixado de ser acessível ao "grande público". Estes novos *lieder* são destinados a profissionais. O século XX, por fim, vê poucas alterações no género; podemos, apesar de tudo, sublinhar a predilecção dos compositores em fazer acompanhar os cantores por um pequeno grupo instrumental, constituído por instrumentos bem escolhidos (Schönberg, Boulez, ...), integrando-se a voz como se fosse também um instrumento.

O moteto

Segundo a época, o termo bastante técnico de "moteto" reveste-se de significados bastante diversos, tendo todos em comum o facto de designar uma obra vocal.

1) o moteto medieval vai buscar o seu nome ao latim *motetus* (pequena palavra) e surge por volta do século XIII. É então, uma composição polifónica escrita, pelo menos, a duas vozes e cujo destino (profano ou sacro) é variável. Trata-se de utilizar as notas de uma melodia gregoriana pré-existente, de aumentar a sua duração e de as colocar na parte inferior, indicando, por vezes, no início da peça o título original dessa melodia. Sobre este baixo//base – que toma a designação latina de *tenor* – compõe-se então uma parte superior, bastante mais móvel e que é dotada de um novo texto, o *motetus*. Este género conhecerá um grande desenvolvimento, dado que permite compor sobre uma peça de referência antiga e conhecida, servindo esta como garantia de "seriedade" da obra. A partir daí, o número de vozes vai poder aumentar e encontraremos, assim, motetos duplos a três vozes (com dois textos diferentes) e motetos triplos a quatro vozes (com dois ou três textos diferentes). Por vezes, estes textos sobrepostos, eram escritos em línguas diferentes, facto que não melhorava a compreensão. No século XVI, na época da *ars nova*, os compositores organizam a sua parte de tenor dividindo-a numa fórmula rítmica repetitiva: a *talea*. Falamos então, de moteto isorrítmico e este género vai mesmo surgir tanto em obras completamente profanas como até nas peças do *Ordinário* da missa. Basta escolher uma melodia gregoriana, dividi-la em *talea* e de compor por cima as novas vozes (ver adiante capítulo 6, *ars nova*).

2) o moteto renascentista abandona totalmente a esfera profana e torna-se, de novo, num género exclusivamente sacro. Continua a destinar ao tenor a uma melodia pré-existente, mas renuncia à rigidez de outrora imposta pela isorritmia. Devido a isso, o tenor tem tendência a suavizar-se, ainda que esta voz não atinja a agilidade melódica das outras vozes. No século XVI, o *tenor* perde a sua qualidade de melodia de referência, dado que todas as vozes, pelo jogo das imitações contínuas, de futuro, assumirão, pontualmente, esta melodia. Não se fala então, de *cantus firmus* mas de "tema", dado que este pode ser novo, isto é, inteiramente inventado pelo compositor. Este tipo de moteto irá difundir-se em toda a Europa, sob designações por vezes diferentes (ex.: *anthem* na Inglaterra).

3) o moteto barroco é ainda uma peça vocal de música sacra, mas torna-se um termo globalizante que designa tudo o que não é cantata, oratório ou missa. Tanto pode, então, designar uma obra coral inglesa (*anthem*), a exploração polifónica dos diferentes versículos de um coral alemão (Bach: *Jesu meine Freude*), uma peça para uma ou duas vozes e baixo contínuo (*Leçons de ténèbres* de Couperin) como também uma grande partitura concertante fazendo intervir solistas, um coro e uma orquestra (*Te Deum, Stabat Mater,* ...). Este último aspecto foi uma das especialidades da música francesa desde o reinado de Luís XIV até à Revolução, e teve então o nome de "grande moteto". O seu texto era tirado dos Salmos (como o *Magnificat* que é o salmo 110/111). Também existiu uma versão mais reduzida: o "pequeno moteto". No século XVIII, a laicização do género realiza-se progressivamente: a ópera descaracteriza-o. Em 1736, Giovanni Battista Pergolesi (1710-1736) escreveu um moteto para soprano, alto, cordas e contínuo – o *Stabat mater* – que conheceu, rapidamente, um grande sucesso internacional, equivalente ao que poderia ter então uma ópera. Esta obra, com um ambiente vocal muito operático, possui traços de escrita que ainda se encontrarão, 50 anos mais tarde, em Mozart. Caracteriza-se por uma grande atenção dada ao texto e à sua representação musical. Elementos muito expressivos como as numerosas dissonâncias (choques de segundas) e os acordes de sétima diminuta contribuem para este efeito:

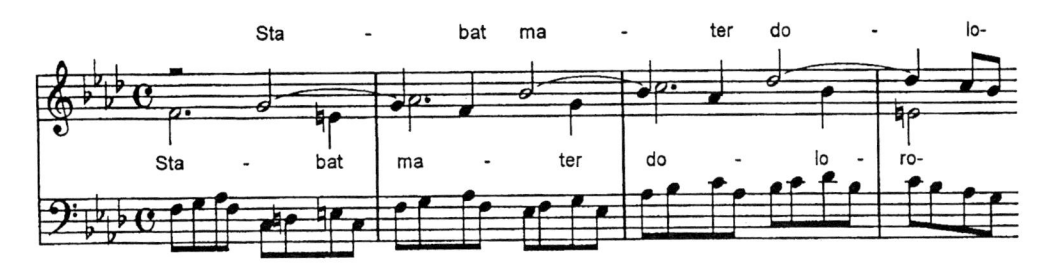

Pergolesi: início do *Stabat mater*

4) **o moteto** torna-se um género menor na época clássica, apesar de algumas belíssimas composições como o breve *Ave Verum Corpus* para coro a quatro vozes e orquestra, de Mozart:

Mozart: *Ave Verum Corpus*

Na época romântica, os compositores que contribuiram para este género foram todos admiradores incondicionais do estilo de escrita "austera" de Johann Sebastian Bach. É por isso que tanto Felix Mendelssohn como Johannes Brahms deixaram numerosas partituras (em, latim mas sobretudo em alemão) que revelam a sua ligação ao mestre de Leipzig. Mas este género, pouco propício a grandes manifestações musicais, irá perder o papel importante que tinha no século precedente; no século XX, o moteto não parece beneficiar de grande atenção por parte dos músicos.

A ópera

É o género musical mais espectacular no verdadeiro sentido do termo porque reúne, num projecto único, a música instrumental, o canto, a poesia, a comédia (a interpretação do actor), bem como as belas-artes para os cenários e as artes decorativas para o guarda-roupa. Em certas óperas, a dança não só está presente como se reveste de importância capital. Simplificando, poderemos dizer que uma **ópera** é uma peça de teatro cujos papéis são cantados e acompanhados musicalmente por uma orquestra.

Generalidades

Apesar de a ópera primitiva do início do século XVII ter tido uma descendência numerosa, podemos encontrar nos seus descendentes características comuns. O seus principais elementos constitutivos são os seguintes:

- **o texto**

Tem o nome técnico de **libreto** (*libretto*) dado que, originalmente, era impresso e distribuído aos espectadores antes do espectáculo sob a forma de um pequeno livro, tendo em conta que as intrigas representadas em cena eram demasiado complicadas de seguir. À maneira de uma peça de teatro, divide-se em **actos** e **cenas** cujo número pode variar segundo as obras. É escrito pelo **libretista** ou, mais raramente, pelo próprio compositor, retomando uma história já conhecida e adaptando-a ao género musical. Certos libretos, como os escritos pelo italiano Pietro Metastasio (1698-1782), conheceram um tal sucesso que foram musicados por numerosos compositores ao longo de várias décadas. O libreto é versificado, isto é, o texto contém rimas mas, para desgosto dos libretistas, tornou-se habitual considerar que um bom libreto de ópera tem quase sempre poesia de qualidade literária bastante medíocre, embora contendo qualidades dramáticas, bem como um grande número de passagens capazes de incitar o compositor a dar o seu melhor para permitir que os cantores solistas virtuosos brilhassem. É desta forma, que poetas bastante medíocres encontraram, apesar de tudo, o sucesso associando-se a compositores de talento na elaboração de óperas.

- **a música**

Uma ópera começa com uma **abertura** orquestral e continua com partes cantadas de diferentes tipos. A mais simples entre elas é o **recitativo**. É escrito para uma ou duas personagens que cantam ao ritmo da fala, sobre um acompanhamento reduzido, fazendo avançar a acção da ópera. É no decorrer de um recitativo que recebemos mais informação sobre as personagens. Nos séculos XVII e XVIII, quando era acompanhado por baixo contínuo, era designado como "seco", *recitativo secco*. Em contrapartida, se o recitativo era mais fornecido em termos de acompanhamento, falava-se então de recitativo "acompanhado".

O segundo tipo de cantos é constituído pela **ária,** que desempenha um papel importante na ópera: é um momento fundamental que vê, durante o seu desenvolvimento, a acção deter-se, suspender-se. Enquanto canta uma ária, uma personagem exprime as suas ideias ou os seus sentimentos. A ária pode ser muito virtuosística (presença de vocalizos) e o seu texto muito curto conter muitas repetições de palavras ou de frases.

No decorrer dos cantos designados por *ensembles*, as personagens podem ser reunidas em **duo, trio, quarteto, quinteto** ou mesmo **sexteto.** Conjuntos mais numerosos são raros, mas podemos citar um exemplo do *ensemble* de nove cantoras em *A Valquíria* de Richard Wagner, interpretando precisamente o papel das nove filhas de Wotan. Os elementos destes *ensembles* interpretam frequentemente partes próximas mas podem, por vezes, cantar em simultâneo melodias e palavras muito diferentes. Um bom *ensemble* é conseguido quando é possível distinguir, mais ou menos correctamente, cada individualidade.

Em algumas obras, estão presentes **coros**. A grande diferença entre estes e os *ensembles* é o facto de vários cantores executarem uma mesma parte vocal. Frequentemente ocultos, limitam-se a comentar a acção e têm uma participação bastante limitada, excepto quando encarnam uma personagem colectiva.

A música é escrita pelo **compositor,** que inicia o seu trabalho logo que o libreto está concluído. Na época barroca, quando um grande número de obras deveria ser rapidamente apresentado ao público, não era raro que um compositor retomasse o material musical pertencente a uma ópera anterior, e até a um outro músico. Ninguém se perturbava com este procedimento: a noção de propriedade intelectual não existia ainda e seria pouco verosímil que um colega, assim pilhado, viesse a reclamar uma parte dos lucros. Podemos mesmo afirmar que, apercebendo-se um compositor de que uma das suas composições era plagiada, sentir-se-ia até honrado por ver que a sua obra era suficientemente considerada para ser retomada num outro contexto. A maior parte das vezes, o compositor escrevia a obra na sua totalidade mas, na época barroca, este princípio foi frequentemente desrespeitado; basta pensar, por exemplo, que, para certas passagens, Lully se contentava em escrever as partes mais importantes, deixando a outros o cuidado de escrever as partes intermediárias. Além disto, quando alguns cantores vedetas não gostavam deste ou daquele recitativo ou ária podiam decidir intercalar um trecho de uma outra obra do mesmo compositor ou uma ária escrita por um outro músico. A orquestra estava oculta num fosso frente à cena.

Os **cantores** são classificados em função da sua tessitura (extensão) e do seu timbre. É desta forma que temos, do agudo para o grave, as vozes de **soprano** (voz feminina aguda), *mezzo*-**soprano** (mais grave), **alto** (voz feminina grave), **tenor** (voz masculina aguda), **barítono** (mais grave) e **baixo** (voz masculina grave). Podemos acrescentar o **contralto** ou **contratenor** que corresponde a um homem cantando em falsete, assim como o **castrado**, um homem castrado antes da puberdade. Estes tipos de voz evoluem em registos análogos às vozes femininas. O último foi muito utilizado na época barroca – excepto em França – mas os períodos seguintes baniram este tipo de voz, por ser antinatural e obtida por um processo bárbaro e considerado como contrário aos mais elementares direitos do homem. Este percurso vocal não estará completo se esquecermos as vozes de **soprano** e **alto** dos rapazes. Com efeito, durante séculos, foram estas vozes que cantaram as partes agudas em numerosas peças de música sacra, pois as mulheres, consideradas impuras, eram banidas da execução.

- **a encenação**

É regida pelo **encenador** que se ocupa das movimentações dos cantores e que tem uma visão de conjunto da totalidade do espectáculo. É ele que escolhe a maioria das opções relativas aos cenários, luzes e guarda-roupa. É ainda quem decide o estilo visual global da obra, como o uso de vestuário à moda do século dezanove para as personagens de Wagner, ou tentar encontrar a estética do vestuário em uso à época de Mozart.

- **os cenários, as máquinas**

São concebidos e executados pelos **cenógrafos** que têm de realizar um pesado trabalho plástico. Na época barroca, numerosas máquinas para fazer voar eram indispensáveis às representações. Serviam para fazer aparecer nos céus as personagens divinas ou fazer desaparecer alguns mágicos, que poderiam assim escapar a uma sorte que lhe fosse adversa, como na *Médée* de Marc Antoine Charpentier (1693). Os construtores de tais máquinas eram ao tempo tão célebres quanto os libretistas ou os compositores.

• **a sala**

Nos primeiros tempos da ópera, no início do século XVII, este espectáculo era reservado a uma elite seleccionada. Depois, foram construídas salas especializadas, às quais um público não tão afortunado tinha acesso pagando a sua entrada. Como no teatro, a ópera era iluminada por inúmeras velas, pelo que era frequente ver deflagrar incêndios que, nos piores casos, destruíam completamente as salas, arruinando e conduzindo à falência, consequentemente, todos os que aí tinham investido.

Os diferentes tipos de ópera

Para além da evolução do género que conduziu os diferentes países a adaptá-lo às preferências ou hábitos locais, as óperas rapidamente se afastaram dos modelos italianos originais. Actualmente, são classificadas em vários géneros bem diferentes e mais ou menos recentes. Podemos assim distinguir:

• **a ópera séria**, cuja intriga se baseia numa história trágica, com personagens pertencentes ao mundo da mitologia ou com heróis históricos. Nestas obras, as situações dramáticas eram por vezes tão confusas e inextricáveis que a única solução aceitável de resolução era, frequentemente, a aparição miraculosa de um deus ou de uma personagem extrordinária, o *deus ex machina*, cuja intervenção benéfica permitia de forma segura concluir airosamente a representação. Ex.: *Rinaldo*, de Haendel (1711).

• **a ópera *buffa*** (ópera "cómica") com personagens do quotidiano, como patrões e criados, serviu primeiramente de *intermezzo* aos actos das óperas sérias. Tocavam-se fragmentadas e, pela sua natureza cómica ou pelo seu carácter mais ligeiro, produziam um forte contraste com a sua colega "séria". Depois, na segunda metade do século XVIII, este tipo de óperas tornou-se totalmente independente e destacou-se para constituir um género à parte. Ex.: *La Serva Padrona* de Pergolesi (1733).

• **a *tragédie lyrique*** é o género principal do barroco francês. É constituído por um prólogo alegórico fazendo o louvor do soberano, e de cinco actos, contendo o último um final feliz geralmente graças à intervenção de um *deus ex machina*. A dança ocupa um lugar importante, face ao número de trechos instrumentais presentes nestas obras. Ex.: *Armide* de Lully (1686).

• **a *ópera-comique***, designação francesa que se refere a um género de óperas contendo passagens faladas que se intercalam entre os números musicais. Segundo os países, este género muda de nome: na Alemanha é chamado *Singspiel*. Ex.: *Carmen* de Bizet (1875).

• **a opereta** é um género próximo da ópera cómica mas de índole muito mais leve, mesmo com um carácter divertido. Ex.: *A Bela Helena* de Offenbach (1864).

• **a grande ópera** corresponde à ópera histórica em França no século XIX. Encontramos, pelo menos, um ballet, coros e uma encenação que privilegia o lado espectacular. Ex.: *Robert le Diable* de Meyerbeer (1831).

• **a ópera ballet** é um género do barroco francês que permite, para cada acto (intitulado "entrada"), uma acção independente e personagens distintas. Um tema geral serve de ligação entre estas diferentes partes e a dança ocupa um lugar importante. Ex.: *Les Indes galantes* de Rameau (1735).

- **a comédia musical** é, no século XX, um dos últimos descendentes da ópera tradicional, com a particularidade de que o estilo de composição, não sendo inovador, inscreve-se, frequentemente, no quadro de uma sucessão de coreografias e de árias escritas no estilo das canções de "variedades" então em voga. Se nos Estados Unidos da América, a Broadway foi e é ainda um grande centro consagrado a este género, é bom não esquecer o formidável suporte que constitui o cinema, ao ampliar, consideravelmente, a sua difusão, sejam as obras criações americanas (por ex: *West Side Story*, 1957, de Leonard Bernstein) ou francesas (por ex: os filmes da dupla Jacques Demy com música de Michel Legrand - *Les Parapluies de Cherbourg*, 1964, e *Les Demoiselles de Rochefort*, 1967).

Resumo histórico

O nascimento da ópera na passagem do século XVI para o XVII foi praticamente um acontecimento inevitável. Com efeito, no final do Renascimento existia, um pouco por todo o lado, inúmeros géneros precursores que misturavam as diferentes artes. É desta forma que podemos encontrar a *pastorale* e os *intermezzo* em Itália, a *masque* na Inglaterra ou o *ballet de corte* em França. Entre as características comuns destes géneros, podemos citar a curta duração e o carácter episódico na sucessão de peças curtas cantadas e dançadas. A afirmação do sistema tonal maior/menor, assim como o aperfeiçoamento de um acompanhamento eficaz, o baixo contínuo, permitiram a elaboração progressiva deste novo género. Além disto, a participação muito activa de grandes poetas conhecidos, assim como o gosto exem-plar de grandes aristocratas, simultaneamente, mecenas e artistas, como os membros da *Camerata Florentina* reunindo-se em casa dos condes Bardi e depois Corsi, facilitou o desenvolvimento deste género, assim como a sua divulgação fora dos seus salões de origem.

Atribui-se à cidade de Florença a localização dos primeiros exemplos conhecidos de óperas. É assim que uma *Dafne* foi representada por volta de 1597, fruto da colaboração do poeta Rinuccini e do compositor Jacopo Peri. Infelizmente, tudo o que subsiste desta obra mítica é constituído por duas peças do próprio compositor e por duas peças do nobre em cuja casa tivera lugar a primeira representação, o conde Corsi. Apesar destes magros restos musicais, Peri permanece como o primeiro compositor de óperas da História, uma vez que o primeiro exemplo completo do género é da sua lavra: trata-se de uma *Euridice*, datada de 1600, destinada às festas que celebravam o casamento de Henrique IV e Maria de Médicis. Esta obra, de concepção nova, desencadeará uma avalanche de louvores, de críticas, de invejas e de imitações (por Caccini) e não só contribuirá para lançar a ópera como género novo, mas também estará na origem de uma expressão equivalente no domínio paralitúrgico, para não dizer sacro, o oratório, cujo primeiro exemplo data do mesmo ano e foi escrito por Emilio Cavalieri. Esta história, contando os infortúnios de Orfeu e de Eurídice, convinha às mil maravilhas como assunto para estas primeiras obras nunca antes realizadas, dado que o tema evocado não era nada mais do que o elogio ao grande poder que a música poderia exercer, mesmo sobre os espíritos pouco inclinados, *a priori*, a deixar-se embalar por ela, como Caronte ou Plutão.

A ópera florentina difundir-se-á rapidamente fora da cidade de origem em consequência das numerosas deslocações efectuadas pelos músicos e da sua adopção por outros. É assim que em 1607, se encontra em Monteverdi o mesmo tema original da ópera, com um *Orfeo* cuja intensidade dramática e perfeição musical continuam ainda a comover os espectadores, quatrocentos anos depois da sua estreia. A partitura de Monteverdi é muito rica em indicações rigorosas: o compositor estipula a utilização de um vasto instrumental que abarcava mais ou menos tudo o que existia na época, inclusive trombones, um regal (pequeno órgão portátil com uma sonoridade anasalada), um pequeno órgão, flautas, etc. Os diferentes instrumentos eram estritamente associados às personagens ou a situações determinadas e estavam-lhes reservadas. É por isso que o regal acompanha Caronte, o barqueiro dos mortos.

No final do século XVII, a ópera difunde-se fora da Itália graças às deslocações dos compositores e dos cantores que são, então, muito procurados. Segundo os países, o género original é, mais ou menos, transformado para se conformar aos gostos do público local. Na viragem do século podemos observar três tendências que irão influenciar, grandemente, o futuro do género. A primeira tendência será o surgimento de géneros tipicamente "nacionais" cuja característica principal consiste na rejeição do italiano como única língua operática possível. É assim que surgem obras escritas em alemão, inglês ou francês. A segunda tendência vê sobressair o lado espectacular do género: em lugar privilegiado figura a dança que os Franceses muito apreciam, assim como os cenários e máquinas destinadas a maravilhar o auditório. A terceira tendência vai, a pouco e pouco, afastar o aspecto "sério" original do género, ao rejeitar, progressivamente, uma temática demasiado aberta à mitologia ou heróica e ao recusar libretos demasiado difíceis de compreender. Cada vez mais, as personagens do quotidiano irão fazer a sua aparição, em obras que deixarão de ser consideradas apenas como entreactos ou caricaturas das óperas sérias. Para resumir, a ópera evoluirá no sentido da naturalidade e da simplicidade. As estruturas musicais também evoluirão. No final do século XVIII, verifica-se o desaparecimento da ária *da capo* (A-B-A) em proveito da forma sonata que permite um percurso dramático bastante mais realista: a repetição variada da parte inicial já não está na ordem do dia. O recitativo, que até então era o único meio de fazer avançar a acção, está, também ele, em situação de franco recuo. Além disto, ainda que os actos continuem a ser constituídos por números separados, pode daí em diante observar-se uma linha de maior continuidade no desenrolar da acção: no primeiro acto do *Don Giovanni* de Mozart (1787), não existe qualquer ruptura – a cadência perfeita – entre o final do trio Comendador-Don Giovanni-Leporello; Mozart encadeia directamente o recitativo que se segue (a fronteira é assinalada pela barra dupla).

Mozart: encadeamento contínuo trio-recitativo no *Don Giovanni*

Na segunda metade do século XIX, Wagner dá um golpe fatal na tradição de há dois séculos. Primeiro, a sua orquestra é muito mais do que o simples acompanhador dos cantores. Adquire, verdadeiramente, um papel dramático de primeiro plano, comentando, constantemente, o que cantam as personagens, pela evocação de motivos já escutados (*leitmotiv*). Além do mais, a divisão das obras em números separados já não existe: os actos passaram a ser monoblocos. Finalmente, a tonalidade, que era até então um suporte técnico incontornável da composição do género, começa a vacilar sobre os seus alicerces: Wagner introduz a ambiguidade no que era considerado como estável.

No início do século XX, aquando da estreia de *Pelléas et Mélisande* (1902), Claude Debussy ainda tem dificuldade em se libertar da influência wagneriana. Todavia, se o seu estilo vocal, próximo das inflexões da declamação cantada, é muito pessoal, a orquestra, pelo seu papel de comentador, ainda deve bastante ao autor de *Tristão*. Vinte anos mais tarde, *Wozzeck*, de Berg, demonstra que uma ópera pode ser atonal ainda que nela possamos encontrar, inteiramente, todos os processos de escrita existentes desde a Idade Média (cânone, fuga, suite, variações, ...). A segunda ópera de Berg (*Lulu*, inacabada) irá adoptando no mesmo sentido, uma forma de *ensemble* ainda mais trabalhada. Após a Segunda Guerra Mundial, a ópera conhece grandes sucessos em Inglaterra, graças, nomeadamente, à personalidade de Benjamin Britten (1913-1976), que soube assimilar a história do género e produzir obras originais. Entre as suas numerosas partituras, podemos citar *Peter Grimes* (1945), *A Violação de Lucrécia* (1946), *Billy Budd* (1951), *A Rosca do Parafuso* (1954) e *Sonho de uma noite de Verão* (1960). Se, nos anos que se seguiram, se pensou no desaparecimento deste género eminentemente espectacular, em 1983, Olivier Messiaen (1908-1992) cria a sua *Saint François D'Assise* (cenas franciscanas em 3 actos e 8 quadros) demonstrando que a ópera podia ainda suscitar, entre os compositores, criações dignas de interesse. Seguramente, o século XXI continuará nesta via.

O oratório

É um género de inspiração religiosa que exige, praticamente, os mesmos recursos musicais que a ópera (solistas, *ensembles*, coros e orquestra) mas que não é geralmente representada com cenários, guarda-roupa, e encenação, mas sim interpretada de maneira "estática", sob a forma de um concerto. O assunto é tirado da Bíblia ou conta a vida de um santo. Uma categoria particular de oratórios é a "Paixão" que conta os derradeiros instantes da vida de Cristo, quase sempre a partir do próprio texto dos Evangelhos. Um recitador (evangelista, narrador, ...) conta a história por meio de recitativos, enquanto que os solistas ilustram os diferentes estados de alma através das árias. Os coros representam a multidão.

Se a Idade Média tinha utilizado bastante o drama litúrgico, executado primeiro no interior das igrejas e depois nos adros, é sob o impulso das novas ordens religiosas, surgidas após o Concílio de Trento, que nasce o oratório moderno. A Congregação do Oratório, fundada por Filipe de Neri (1515-1595), apreciou bastante a música e encorajou a execução de obras com assuntos religiosos próprios para "excitar as almas para a contemplação das coisas celestes". As primeiras obras foram cânticos espirituais (*Laudi spirituali*) que continham em germe os elementos do oratório futuro, o "diálogo" entre a alma e o corpo. Em 1600, em Roma, Emilio de Cavalieri faz representar no oratório de Santa Maria della Valicella, o primeiro oratório moderno: *La Rappresentazione di Anima e di Corpo* (*A Representação da Alma e do Corpo*). Encontramos aqui, nomeadamente, um dueto entre a alma e o corpo, caracterizados, cada um, por uma voz e um estilo musical (recitativo ou ária) diferente. Este género, próximo da ópera, vai espalhar-se rapidamente para além do oratório e depois, para além de Itália, e os compositores terão, então, duas opções. A primeira é a do oratório latino – género principal no século XVII nos países que permaneceram católicos – com texto tirado do Antigo Testamento e cujas mais célebres contribuições foram as de Giacomo Carissimi (1605-1674), em Itália, e do seu aluno Marc-Antoine Charpentier (1645-1704), em França, que escreveu magníficas obras como *Le Reniement de Saint Pierre*. A segunda opção – o oratório "vulgar", ou seja, escrito na língua do compositor – passará por um desenvolvimento muito mais importante. É necessário dizer que, musicalmente, tinha tendência para se aproximar mais da ópera do que a sua versão latina. Por isso, foi possível, por vezes, pô-lo a substituir a ópera (nas mesmas salas, com os mesmos compositores e cantores) nos períodos do ano em que esta estava interdita, por razões religiosas (nomeadamente durante a Quaresma).

Hoje, o termo "oratório" evoca, inevitavelmente, os nomes dos dois mais importantes compositores da época barroca que deixaram exemplos magníficos: Johann Sebastian Bach e Georg Friedrich Haendel.

• De **Bach**, restam-nos duas Paixões (segundo S. João, 1724 e segundo S. Mateus, 1727) entre os cinco que compôs. A primeira, de expressão geral sombria, atribui uma grande importância à multidão que intervém, frequentemente, para comentar a acção por meio dos coros ou de corais. Quanto à segunda, privilegia a expressão pessoal e a meditação ao apresentar numerosas árias de grande qualidade (sobre palavras que não figuram no Evangelho) para solistas. Podemos acrescentar o facto de, sendo o texto de S. Mateus mais desenvolvido e a obra destinada a ser executada na igreja de S. Thomas em Leipzig (que possuía dois órgãos), Bach e o seu libretista Picander terem aproveitado a ocasião para produzir uma partitura sumptuosa (dois coros, duas orquestras, instrumental muito variado) que constitui, certamente, um dos expoentes máximos do género. No que concerne aos oratórios, Bach integrou-os no ofício, durante a missa, o que os diferencia daqueles escritos por Haendel, destinados ao teatro. Por estes motivos, os outros três oratórios (de Páscoa, 1725-40, de Natal, 1734, da Ascensão, 1735) que chegaram até nós, estão, exteriormente, muito próximos das cantatas sagradas. A diferença maior provém do texto que por definição é no oratório muito mais narrativo do que meditativo.

• **Haendel**, durante a sua carreira praticou bastante o oratório. As suas primeiras tentativas são italianas, romanas e muito influenciadas pela ópera. Trata-se de *Il Trionfo del Tempo e del Disinganno* (*O Triunfo do Tempo e da Decepção*, 1707) e a *La Rezurrezione* (*A Ressurreição*, 1708). Onze anos mais tarde, escreve a sua única Paixão alemã que é executada em Hamburgo, sobre o texto de Brockes, então muito em voga: a *Brockes-Passion*. A partir de 1720 (*Esther*), e até 1751 (*Jephta*), Haendel vai criar e depois desenvolver o que chamamos hoje de oratório "inglês", que se caracteriza nomeadamente por um estilo muito operático, assim como por uma escrita cuidadosa dos coros, e que sem nunca atingir o nível da ciência contrapontística bachiana, conseguem ser muito expressivos. Durante 30 anos, irá compor oratórios sobre textos inventados como *Athalia, Saul, Samson, Joseph and his Brethen* (*José e seus Irmãos*) e também utilizando textos sagrados como *Israel in Egypt* ou *The Messiah*. Além destes, escreveu oratórios "profanos" que são, de facto, óperas que não usufruem de representação cénica como *Il Allegro, il Penseroso ed il Moderato* (*O Alegre, o Pensativo e o Moderado*), *Semele et Hercules*. Haendel deixou ainda uma grande quantidade de obras que marcarão profundamente as décadas seguintes (de Mozart aos nossos dias), que não só executarão as partituras de Haendel com efectivos cada vez mais colossais, mas que também contribuirão de forma abundante para este género.

A época clássica prosseguiu visivelmente no caminho aberto por Haendel. É assim que Joseph Haydn nos deixou quatro oratórios bem diferentes uns dos outros. O primeiro, *Il Ritorno di Tobia* (1775), pertence à categoria dos oratórios italianos que privilegiam o binómio recitativo-ária em detrimento dos coros. O segundo (1795) consiste em acrescentar palavras à música composta para ilustrar as *Sete Últimas Palavras de Nosso Salvador na Cruz* (1787). Em 1798, termina *Die Schöpfung* (*A Criacção*), escrita sobre um libreto alemão do barão Gottfried van Swieten a partir da Bíblia e do *Paraíso Perdido* de Milton. Esta partitura é a digna continuadora do *Messias* de Haendel, pela qualidade da sua música e pela elevação da sua inspiração. Contribuiu grandemente para alimentar a imensa fama conquistada por Haydn no fim da sua vida. Três anos mais tarde, com o mesmo libretista, produz *Die Jahreszeiten* (*As Estações*) obra que descreve, particularmente, as actividades humanas (trabalho, caça, vindimas, ...) evocadas em função das estações. Esta peça é uma obra-prima que, pela sua temática e realização desempenha um pouco o papel de "charneira" entre a época clássica e o romantismo.

No século XIX, o oratório continua a sua caminhada tendo sempre presentes os exemplos de Haendel e de Haydn. Os mais célebres e monumentais são: *Paulus* (1836) e *Elias* (1846) de Felix Mendelssohn (1809-1847), *L'enfance du Christ* (1854) de Hector Berlioz (1803-1869), *Les Béatitudes* (1870) de César Franck (1822-1890) e *Christus* (1872) de Franz Liszt (1811-1886).

No século XX, o género reconquista bastante interesse, devido ao progresso da musicologia e a um maior conhecimento da história da música, assim como à vontade de os compositores se situarem nesta tradição antiga, o que tem como efeito confortá-los espiritualmente na sua criacção. Podemos citar, entre outros: *Rei David* (1921) de Arthur Honegger (1892-1955), *Oedipus Rex* (1927) de Igor Stravinsky (1882-1971), *A Escada de Jacob* (inacabada) de Arnold Schönberg (1874-1951), *Noyes Fludde* (O Dilúvio, 1958) de Benjamin Britten (1913-1976), *La Transfiguration* (1969) de Olivier Messiaen.

A sonata

[etimologicamente, uma *sonata* é uma peça destinada a fazer *soar* um ou vários instru-mentos. Surge por oposição a *cantata* que é escrita para fazer *cantar*. Um andamento de uma sonata não é, forçosamente, estruturado em *forma sonata*.]

I a sonata primitiva

Situamos o seu aparecimento, aproximadamente, em finais do século XVI, em Veneza. Nesta época, a sua designação ainda alude à sua ascendência vocal: *Canzon da sonare* (canção escrita para os instrumentos). Com efeito, as primeiras composições instrumentais eram, frequentemente, apenas arranjos de canções polifónicas a quatro ou cinco partes, em voga nessa altura. Seguidamente, os compositores escreveram música totalmente "original", conservando o estilo próprio das canções (notas iniciais repetidas, sucessão de curtas partes alternadamente homófonas e em imitação). O que caracteriza estas primeiras sonatas é o facto de o efectivo instrumental – cornetos, sacabuxas (trombones), violinos, etc. – ser repartido em vários grupos de instrumentos (os "coros") que se respondiam entre si ao longo dos andamentos. As composições de Andrea Gabrieli (1510-1586) *Canzoni alla francese* (que incluia a *Bataille de Marignan*) e do seu sobrinho Giovanni Gabrieli (1557-1612) *Canzoni et Sonate* retratam bem os inícios, ainda inspirados na música vocal, deste novo género puramente instrumental. Posteriormente, o efectivo aligeirar-se-ia consideravelmente até não conservar mais do que uma voz superior (à escolha do executante) e o baixo contínuo. Girolamo Frescobaldi (1583-1643) fez parte desses músicos que evoluiram no sentido de uma nova forma de realização, tendo escrito, cerca de 1628, um livro de *Canzoni (da sonare) a una, due, tre, et quattro voci con ogni sorte di Stromenti*. Outros compositores como Riccio, Merulo ou Fontana, na mesma época, escreveram sonatas muito virtuosísticas, pensadas expressamente para um instrumento em vias de adquirir carácter de nobreza – pelo menos em Itália, uma vez que em França será considerado até ao século XVIII como o instrumento dos saltimbancos – o violino. É também no início do século XVII que se afirma um aspecto importante deste género: a sonata trio (duas vozes superiores e o baixo contínuo).

II a sonata barroca

Esta virou completamente as costas à música vocal das suas origens, para se desenvolver em duas direcções diferentes: a sonata dita "de câmara" e a sonata "de igreja". O primeiro tipo de sonatas (*da camera*) compõe-se de um prelúdio seguido de uma série de andamentos (de dois a quatro) de aspecto fortemente coreográfico e de carácter bastante ligeiro. Uma tal obra, sem forçosamente o indicar no título, está bastante próxima de uma suite. Uma sonata de igreja (*da chiesa*), pelo contrário, tem um aspecto mais sério, mesmo severo, em virtude de uma escrita mais sóbria, menos brilhante e muito menos coreográfica, em consequência de uma utilização mais marcada do contraponto. Os andamentos que se encadeiam são os seguintes: lento, rápido (com entradas fugadas), lento, rápido. Os andamentos lentos são peças de um só fôlego, enquanto que os andamentos rápidos são construídos sobre o princípio da forma binária (duas partes repetidas). Arcangelo Corelli (1653-1713), no seu *opus V* (publicado em 1700, do qual, facto raríssimo, se fizeram numerosas reedições mesmo em vida do autor), deixou seis sonatas de cada espécie (a última é *la folia*, série de variações) que foram os modelos para todos os músicos da primeira metade do século XVIII. Todos os compositores barrocos escreveram e publicaram frequentemente sonatas de câmara e de igreja e alguns de entre eles, um pouco menos conformistas ou um pouco menos constrangidos que os outros, por vezes misturaram os dois géneros ao compor sonatas "mistas" (meio-câmara, meio-igreja) que englobavam andamentos de cada uma das espécies.

A uma sonata para um instrumento e baixo contínuo chamava-se geralmente um *solo*. É necessário não interpretar mal o sentido exacto deste termo, pois uma obra solo era interpretada pelo menos com um mínimo de três pessoas: a voz superior instrumental, um baixo de arco e um teclado. Se o efectivo instrumental fosse apenas um instrumento, o título da sonata poderia ser algo como: *Sonata per il Flauto traverso solo senza Basso* [*Sonata para Flauta Travessa solo sem Baixo*]. Johann Sebastian Bach escreveu três sonatas deste tipo para violino solo (em *sol*, em *lá* e em *DÓ*) que utilizava todos os recursos polifónicos do violino como as cordas triplas ou quádruplas:

Bach: *sonata* em *sol* para violino solo, Adagio

No andamento seguinte, não hesita em escrever uma fuga com entradas verdadeiras:

Bach: *sonata* em *sol* para violino solo, Fuga

A sonata trio, tocava-se com duas vozes superiores inicialmente idênticas, como dois violinos, e um baixo contínuo. Rapidamente, e ainda que a teoria tenha evoluído pouco, este género foi transformado na sua prática. Os compositores, primeiramente, começaram a misturar os instrumentos agudos casando sonoridades como as da flauta de bisel, da flauta transversa, do oboé, do violino (o iniciador do género), violas, etc. No final da época barroca, Joachim Quantz (1697-1773), o professor de flauta do rei da Prússia Frederico II, escreveu uma sonata que misturava, nas duas vozes superiores, o passado e o futuro. As duas vozes eram uma flauta de bisel (instrumento já então ultrapassado) e uma flauta transversa (em plena ascensão). Num segundo momento, o princípio do trio foi aplicado a instrumentos polifónicos a solo, em peças inteiras. Tais instrumentos teclados – cravo ou órgão – eram capazes de executar sozinhos as três partes. As seis *sonate en trio* para órgão de Johann Sebastian Bach, todas em três andamentos, constituem exemplos célebres. A distribuição das vozes é evidente: cada uma das mãos executa uma das vozes superiores enquanto que a pedaleira executa o baixo.

Bach, *sonate en trio* para órgão nº 2, 1º andamento

Para terminar este rápido panorama da sonata barroca, não devemos deixar de referir as mutações que ela sofreu com a transformação do acompanhamento. Alguns compositores, pouco satisfeitos com a relativa pobreza que o contínuo proporcionava, começaram a escrever todas as notas da parte do teclado. É desta forma que Johann Sebastian Bach escreve, em Köthen, as suas sonatas para flauta, para viola da gamba e para violino com acompanhamento *obligato*, procedimento que se generalizou na época clássica. O violoncelo não estava formalmente excluído desta formação mas desaparece naturalmente assim que os *piano-forte* passaram a ter graves mais cheios (era a sua razão de existir como elemento do contínuo).

III a sonata clássica

Com as formas e o instrumentário barrocos transformando-se, pouco a pouco, surge um novo estilo no início da segunda metade do século XVIII. A forma sonata, designação por demais ambígua neste caso preciso, multiplicou-se em todos os géneros, e, evidentemente, também na sonata. As distinções do tipo *da camera – da chiesa* desaparecem para dar lugar a um género único em três – por vezes quatro – andamentos: o minueto, que tinha sido integrado na sinfonia e que agora era dela suprimido. Veja-se como as mudanças ocorreram:

- a sonata para voz superior e baixo contínuo que previa três músicos – voz superior, baixo de arco e teclado – transformou-se em trio, quase sempre com violino, violoncelo e teclado (piano).
- a sonata para voz superior e acompanhamento *obligato* evoluiu em duas direcções. A primeira opção foi a de conservar, bem ou mal, o relativo equilíbrio entre os dois instrumentos (a voz superior tendo uma ligeira preponderância sobre o teclado) e este tipo de sonata (violino e piano) subsistirá, tal e qual, até ao século XX. A segunda opção viu este equilíbrio alterar-se. Os títulos das sonatas tornaram-se, por exemplo: *Sonata para teclado com acompanhamento de violino*; o compositor indicava muito claramente que o teclado dominava nestas obras, não tendo a voz superior mais do que um papel vagamente decorativo, dado que dobrava, frequentemente, uma parte que era executada pelo teclado. Este elemento supérfluo desapareceu, logicamente, e o teclado, agora só, era o alvo da atenção dos músicos que lhe destinavam sonatas.
- a sonata em trio teve, também ela, uma descendência muito variada. Os compositores que conservaram o teclado, fizeram-na evoluir para o *quatuor* com piano (violino, viola, violoncelo e piano), substituindo o segundo violino por uma viola. No caso em que o teclado era suprimido, os músicos tiveram, pelo menos, duas atitudes. Primeiro, acrescentaram uma viola para formar o que se tornaria no quarteto de cordas (dois violinos, viola e violoncelo), género beneficiando de uma harmonia a quatro partes e destinado a um grande futuro. Em seguida, substituíram o segundo violino por uma viola para dar origem ao trio de cordas (violino, viola e violoncelo), género muito difícil de executar, devido às acrobacias incessantes a que um músico estava sujeito por forma a construir uma harmonia a quatro partes apenas com três instrumentos. Neste caso, há sempre um elemento do trio que, em certos momentos, toca em cordas duplas.

Os três grandes compositores da época clássica – Joseph Haydn (1732-1809), Wolfgang Amadeus Mozart (1756-1791) e Ludwig van Beethoven (1770-1827) – escreveram obras que não são mais do que sonatas para piano solo (todos eram pianistas), piano e violino, trio com piano, quarteto com piano, trio, quarteto, quinteto de cordas. Este parágrafo não estaria completo se não mencionasse o facto de um instrumento de sopro (flauta, oboé, clarinete ou trompa) vir, por vezes, tomar o lugar de um violino em qualquer destas formações, sendo o efectivo e o discurso musical transformado ligeiramente para dar um pouco mais de importância ao instrumento "convidado".

IV a sonata no século XIX

Continua a ser um género bastante praticado, apesar do facto de a moda da época privilegiar as peças curtas reagrupadas em ciclos. Os instrumentos utilizados parecem confinar-se a uma espécie de padrão: além da versão para piano solo que encontra bastante sucesso junto dos pianistas-compositores, as vozes superiores preferidas parecem reduzir-se ao violino, numa grande parte, e ao violoncelo, numa outra menos importante. As estruturas modificam-se também: se a forma tri ou quadripartida ainda é utilizada, alguns não hesitarão em chamar "sonata" a gigantescos monoblocos como o fez Franz Liszt (1811-1886) e a sua *Sonata* em *si* menor, concluída em 1853.

V a sonata no século XX

Este género reconquistou bastante interesse no início do século XX, e viu os compositores começarem a explorar formações instrumentais estranhas até então. Claude Debussy (1862-1918) escreveu três sonatas a partir de 1915: em *ré* para violoncelo e piano, em FÁ para flauta, viola e harpa e em *sol* para violino e piano. Quanto a Maurice Ravel (1875-1937), a sua contribuição é limitada à *sonatina* para piano (3 andamentos), à *sonata para violino e violoncelo* em DÓ e à *Sonata para violino e piano* em SOL. Ao longo do nosso século, o género parece ainda interessar os compositores, um pouco como um desafio, dado que alguém como Pierre Boulez (1925) escreveu, desde 1946, uma *Sonatina* para flauta e piano, assim como três *Sonatas* para piano solo (1946, 1948, 1957). Para concluir, podemos dizer que este género regressou à sua significação primeira: uma *sonata* é uma peça destinada a fazer *soar* um instrumento.

A *suite*

É uma sucessão, uma "sequência" de peças curtas, de origem coreográfica, em forma binária e escritas na mesma tonalidade. No início, estes diferentes trechos serviam, realmente, de suporte a danças, mas no decorrer dos séculos o aspecto prático esfumou-se e só o seu carácter se manteve. Fala-se então de danças "estilizadas". A suite nasceu no século XVI, quando surgiu o hábito de tocar as danças por pares: uma dança lenta, binária, e "deslizante" como a **pavana**, seguida de uma dança rápida, ternária e "saltitante" como a **galharda**. Estas duas danças tinham, muitas vezes, um tema comum:

Pavana

Galharda

Progressivamente, na primitiva sucessão pavana-galharda foram integradas danças bastante modelares e com uma origem muito localizada como a alemanda (*allemande*), a burrê (*bourrée* de Auvergne), a gavota (*gavotte*, de Gap), a **giga** (da Inglaterra), o **minueto** (de Poitou), a **sarabanda** (de Espanha), a **siciliana**... Para começar uma *suite*, havia o hábito de tocar um excerto introdutório que não era uma dança, mas uma peça como um **prelúdio** ou uma **abertura** "à francesa". Esta última – constituída em três partes – teve a sua forma definida pela escola lullista e pode definir-se assim:

1. parte lenta e majestosa, construída sobre ritmos pontuados;
2. parte rápida incluindo entradas em imitação;
3. parte lenta que lembra a primeira.

Se todas as repetições indicadas pelos compositores forem, efectivamente, executadas, uma abertura pode facilmente atingir a duração de dez minutos, o que é bastante longo para a época barroca.

Com a ajuda da padronização, a *suite* estabilizou-se no século XVII com um grupo de quatro danças "obrigatórias" que formam a sua estrutura base: a alemanda, a corrente, a sarabanda e a giga, às quais se podia acrescentar outras peças facultativas. Num ponto de vista instrumental, eram possíveis três destinações:

a) para um instrumento solo, mais ou menos polifónico: violino, violoncelo, flauta, alaúde ou teclado;

b) para uma ou duas vozes superiores acompanhadas de baixo contínuo (sonata de "câmara" ou suite);

c) para uma orquestra, com ou sem solista.

Para ilustrar a composição de uma *suite*, eis as peças da segunda *Suite "Inglesa"*, em *lá* menor, para cravo, de Johann Sebastian Bach:

Inicia-se por um longo **prelúdio,** geralmente, a duas partes, cujo papel principal é estabelecer, de maneira vincada, a tonalidade:

Os géneros 167

Prelúdio da Suite Inglesa nº 2

A segunda peça, **alemanda**, é uma dança binária moderada a quatro tempos, começando por uma anacruse (nota isolada que serve para "lançar" o trecho):

Alemanda da Suite Inglesa nº 2

A **corrente** é uma dança rápida a seis tempos que podem repartir-se em 2 x 3 ou em 3 x 2 tempos, até mesmo numa sucessão mais ou menos marcada destas duas divisões:

Corrente (aqui 3 x 2) da Suite Inglesa nº 2

A **sarabanda** é uma dança lenta a três tempos, com apoio sobre o segundo:

Sarabanda da Suite Inglesa nº 2

Depois da sarabanda, Bach colocou um par de danças facultativas rápidas: duas **burrês**, uma em menor (a tonalidade da peça) e uma em maior:

Burrê I, em menor, da Suite Inglesa nº 2

Burrê II, em maior, da Suite Inglesa nº 2

Para terminar, a tradicional **giga**, que é uma dança rápida ternária:

Giga da Suite Inglesa nº 2

Se o termo "*suite*" é o mais corrente, encontramos também os de "*partita*", de "*ordre*" (em Couperin), ou aquele mais generalizado de "**abertura**", que designa a primeira peça e o conjunto, nas *suites* orquestrais de Bach ou de Telemann. As peças de dança não foram apenas circunscritas nas *suites*: contaminaram quase todos os géneros existentes, como o concerto, que incluia, frequentemente, uma siciliana em lugar central:

Vivaldi: concerto para flauta opus 10/3, *Le Chardonneret, Cantabile*

Quanto ao minueto, sobreviveu ao desaparecimento da *suite* ao ser incluido na sinfonia, em meados do século XVIII, guardando a sua estrutura primitiva: minueto – trio – minueto, sofrendo por vezes uma certa aceleração de tempo:

Mozart: minueto da sinfonia nº 40

Mozart: trio do precedente

No século XIX, a suite de danças características já não existe mas o termo ainda é utilizado para designar uma sucessão de peças orquestrais. Na mesma época, "a suite de ballet" (Tchaïkosvky, Ravel, Stravinsky ...) reencontra um aspecto coreográfico mesmo incluindo peças livres.

A sinfonia

Uma sinfonia é uma obra orquestral de grandes dimensões, geralmente formada por quatro andamentos (rápido, lento, minueto ou scherzo e final).

I a gestação

É um género tipicamente orquestral que surgiu no início do século XVIII. Longe de constituir um elemento separado, a *sinfonia*, na época, era uma peça orquestral que servia de introdução a uma outra obra vocal (cantata, ópera, etc.) de maiores dimensões. A diferença que existe comparativamente com uma abertura é que a sinfonia primitiva – chamada de "italiana" – incluia três andamentos (rápido, lento, rápido) um pouco à maneira do concerto. A *sinfonia* destacar-se-á, progressivamente, do que se lhe seguia para formar um género totalmente independente. A base da orquestra era constituída pelas cordas e pelo contínuo; alguns instrumentos de sopro, sobretudo oboés, podiam por vezes ser-lhe acrescentados. Várias escolas de compositores trataram a sinfonia segundo ópticas bastante diferentes:

- a escola italiana

Em meados do século XVIII, esta corrente é representada por Giovanni Battista Sammartini (1700-1775) e Johann Christian Bach (1735-1782) que, nas suas obras em três andamentos, privilegiaram o lado cantante e agradável das melodias expressas por meio de uma escrita muito clara e de fácil acesso.

- a escola de Berlim

Sob esta designação reúnem-se compositores alemães como Carl Philipp Emmanuel Bach (1714-1788), que escreveram sinfonias de carácter mais sério, com maior importância dada ao contraponto. São obras de índole um pouco menos alegre do que as compostas pelos seus colegas que exerciam em Itália.

- a escola de Manheim

Esta terceira escola, a mais conhecida, desenvolveu e transformou consideravelmente a *sinfonia* barroca para lhe atribuir inúmeras características muito mais modernas que serviam de norma aos compositores dos períodos seguintes: melodias obedecendo a quadraturas claras, uso progressivo da forma sonata com dois temas fortemente contrastantes, trabalho aturado das *nuances* (crescendo, alternância rápida entre os *forte* e os *piano*), a técnica orquestral (disciplina, ataques, importância dos sopros) e acrescentando, à forma primitiva, um quarto andamento, um minueto que se coloca em terceiro lugar (imediatamente depois do andamento lento). Esta escola de Manheim estendeu-se a duas gerações de compositores, representadas sobretudo pela família Stamitz, originária da Boémia, com Johann (1717-1757) para a primeira geração, e seus filhos Carl (1745-1801) e Anton (1750-*ca*.1809) para a segunda. Este estilo de Manheim, quer pela composição quer pela execução, será apreciado em toda a Europa.

II a sinfonia clássica

Paralela ou posteriormente, os três grandes compositores da época clássica sofreram a influência da escola de Manheim, tal como a maioria dos outros músicos europeus, e souberam criar obras-primas a partir dos modelos que lhe haviam sido apresentados. Com a evolução da sua situação social, iremos verificar uma forte diminuição do número de obras. Com efeito, no século XVIII, um compositor não é, no melhor dos casos, mais do que um empregado, e no pior, pura e simplesmente considerado como um serviçal, que trabalha para uma municipalidade ou para um príncipe (eclesiástico ou laico). Escreve em função das encomendas que lhe fazem, nunca por estar inspirado ou por ter vontade de escrever esta ou aquela obra. Sendo a sinfonia um género que por natureza exige um grande conjunto de músicos, dito de outra forma, uma orquestra, um compositor não tinha meios de ter uma ao seu serviço para repetir ou executar uma nova partitura por si criada, a menos que isto fosse parte do seu trabalho. Isto faz com que Haydn, ao serviço dos príncipes Esterházy durante mais de trinta anos, depois independente mas muito solicitado, tivesse 106 sinfonias inscritas no seu catálogo póstumo e que Beethoven, um dos primeiros músicos inteiramente "livres", ou seja, sem patrono, não tenha mais do que nove.

- **Joseph Haydn** (1732-1809)

Escreveu sinfonias durante trinta e cinco anos (de 1761 a 1795) e, devido à sua produção numericamente importante, contribuiu imenso para fixar o género. Seguindo a par e passo todas as correntes musicais com as quais deparou, as suas 106 sinfonias (durante bastante tempo apenas se inventariaram 104), que podem facilmente ser classificadas por períodos, são uma notável síntese: constituem uma ponte que liga a estética barroca à atmosfera da sinfonia *Heróica* de Beethoven. Uma boa parte das suas obras têm títulos, mais ou menos dados ou tolerados pelo próprio Haydn, tais como a trilogia *A manhã*, *A tarde*, *A noite* (nº 6, 7 e 8), *O Relógio*, *A Surpresa*, *Rufo de timbales*, *Militar*, *Londres*, etc. Mas estes títulos não são a única razão da justa popularidade das suas sinfonias; podemos afirmar, sem risco de nos enganarmos, que é bastante raro que um *corpus* assim tão numerosos de obras possa conter tantas partituras de tanto valor.

la « surprise »

- **Wolfgang Amadeus Mozart** (1756-1791)

Para este amigo de Haydn, a sinfonia ocupa um lugar menos importante quanto ao número de obras: 41 em vez de 106. É necessário referir que Mozart viveu muito menos tempo e que apenas compôs sinfonias durante vinte e quatro anos (1765-1788). No final da sua vida, não podendo multiplicar os seus concertos, as famosas *Académies*, tanto quanto gostaria, a composição de peças deste género abrandou bastante e apenas três obras-primas (que aliás nunca ouviu) datam desta época (1788): as sinfonias nº 39, 40 e 41 (*Júpiter*). A quadragésima, em *sol* menor, tem um início lancinante bastante identificável:

início da sinfonia nº 40

Quanto ao final da nº 41, é único no seu género, dado que Mozart nos apresenta uma demonstração de contraponto de alto nível: após nos ter feito ouvir, no decorrer do andamento, cinco temas tocados sucessivamente, combina-os (sobrepõe) na coda do andamento, fazendo apesar de tudo que a sua percepção seja perfeitamente clara. Já se escreveu bastante sobre o quanto esta passagem fascinante, porque bastante inesperada no final de uma sinfonia, era uma espécie de fusão entre o contraponto barroco e o estilo instrumental clássico.

Mozart: os cinco temas sobrepostos no final da sinfonia nº 41 "Júpiter"

- **Ludwig van Beethoven (1770-1827)**

Dado que Mozart teve um patrono no início da carreira (o célebre príncipe-arcebispo de Salzburgo Hieronymus Colloredo), Beethoven é praticamente o primeiro compositor a nunca ter sido obrigado a responder sobre o que quer que seja e perante quem quer que fosse: ele foi "livre" e a sua liberdade nem sempre lhe facilitou as coisas. No domínio da sinfonia, por comparação a Haydn e a Mozart, o número de *opus* é extremamente restrito: nove apenas; mas, na sua maioria, são monumentos! Alguns afirmaram que as únicas partituras dignas de interesse eram aquelas que tinham um número ímpar, a saber, as nº 1, 3, 5, 7, e 9. Este juízo é sem dúvida um pouco excessivo pois ainda que as sinfonias pares (2, 4, 6, e 8) sejam porventura menos inovadoras ou revolucionárias do que as outras, contêm, no entanto, andamentos que não as afastam do conjunto global. No que concerne à estrutura interna, uma das inovações de Beethoven terá sido a de transformar o minueto, um pouco pomposo, num andamento muito mais ligeiro e animado: o *scherzo*.

Entre as nove sinfonias, se fosse necessário reter apenas três, poderíamos propôr as nº 3, 5 e 9. Para começar, a 3ª, concluída em 1804, dedicada inicialmente a Bonaparte e subintitulada *Heróica*, é uma partitura que alia vastas dimensões a uma estrutura muito clara e a uma mestria formal sem falhas. Seguidamente, a 5ª sinfonia (1808) que, apesar de ser bastante conhecida, não se mantém uma realização bem sucedida do princípio ao fim. Do primeiro andamento, é necessário destacar a utilização permanente e o desenvolvimento notável de um tema mais rítmico do que melódico, que se poderia quase classificar de minimalista (três figuras breves e uma longa):

Beethoven: início da 5ª sinfonia (o tema do destino)

Para terminar, a 9ª sinfonia (1824) que faz explodir o quadro tradicional do género ao fazer ouvir as novidades que serão largamente repetidas em todos os sinfonistas posteriores e até ao século XX: obras de grandes dimensões, repetição de fragmentos de temas no último andamento (aspecto cíclico) e sobretudo a inserção de partes vocais num género até então tipicamente instrumental! Com efeito, Beethoven conclui a sua sinfonia com uma grandiosa composição sobre o texto da *Ode à Alegria* de Schiller para quatro solistas vocais e coro misto. Beethoven concluiu a sua obra sinfónica transmitindo-nos o seu ideal de fraternidade e de liberdade; a escolha desta peça como hino europeu foi perfeitamente justificável.

início do final da 9ª sinfonia

III a sinfonia romântica

"Que fazer depois de Beethoven?" perguntou-se Franz Schubert (1797-1828) ao evocar uma possível continuação no domínio da sinfonia. É verdade que o Mestre de Bona fora um grande pioneiro no domínio formal e que, até às grandiosas obras de Gustav Mahler, apenas a linguagem e a expressão mudaram, permanecendo as estruturas mais ou menos idênticas. Schubert deixou, no entanto, nove sinfonias entre as quais se destacam duas: a sinfonia "incompleta" (nº 7 ou nº 8 segundo as numerações) que apenas tem dois andamentos, e a sinfonia nº 8 (ou nº 9) dita "a grande" em *DÓ*, que merece bem o sobrenome pelas suas dimensões e aspecto majestoso.

Para Hector Berlioz (1803-1869), a sinfonia deve contar uma história – no caso, a sua – e a *Sinfonia Fantástica* "Episódios da vida de um artista" não foge a esta regra. Cada um dos cinco andamentos é dotado de um título e de um "programa" preciso: 1. *Sonhos e Paixões* ; 2. *Um Baile* ; 3. *Cena campestre* ; 4. *Marcha para o suplício* ; 5. *Sonho de uma noite de Sabbat*. Nesta obra circula o tema da "*idée fixe*" [ideia fixa] e o último andamento faz o contraponto com o *Dies irae* da missa dos mortos. Pela sua escrita, esta sinfonia é um dos mais extraordinários exemplares do género.

Félix Mendelssohn (1809-1847) foi bastante mais ajuizado: as suas cinco sinfonias não são nunca revolucionárias, apenas bem escritas, com uma menção especial para as duas últimas: a nº 4 *"Italiana"* e a nº 5 *"Reforma"*.

Johannes Brahms (1833-1897) deixou quatro sinfonias, destacando-se a nº 3 pelo seu intenso lirismo, bastante perceptível no terceiro andamento (*Poco allegretto*):

tema executado pelos violoncelos

Anton Dvorák (1841-1904) terminou a sua carreira de sinfonista com uma partitura que ofuscou completamente as restantes oito: a Sinfonia dita do "Novo Mundo", estreada em 1893. Esta obra faz-nos ouvir uma colecção de temas (escritos no carácter das músicas populares europeias e americanas) que está em todas as memórias e que inspirou largamente os compositores de música para os filmes de *cow-boys*.

início do tema do Largo, tocado pelo corne inglês

Se é inegável que a sinfonia pós-romântica conta sempre uma história, esta não será, unicamente, a do compositor: parecerá que assistimos, em cada vez, a uma total (re)criação do Mundo. Para um trabalho assim, serão necessários efectivos importantes. Por este facto, a sinfonia charneira entre os séculos XIX-XX, necessita de uma orquestra enorme, destacando--se pontualmente alguns solistas.

Anton Bruckner (1824-1896) terminou oito sinfonias e deixou inacabada a 9ª (falta-lhe o final). As suas obras gigantescas sofreram, frequentemente, uma dupla inspiração: nelas encontram-se curiosamente misturadas as influências wagnerianas, por um lado, e profundamente teológicas, por outro. Censuraram-lhe a sua falta de mestria na orquestração: para alguns, ele escrevia a música como música para órgão, manipulando planos ou massas sonoras sem grande subtileza.

Do ponto de vista numérico, Gustav Mahler (1860-1910) ultrapassou o último por uma unidade: apenas, a sua 10ª sinfonia ficou inacabada: De cada vez, ele também reescreve o Universo: podemos notar, frequentemente, no início das suas obras uma espécie de introdução que vai organizando os elementos até ao aparecimento de um verdadeiro "primeiro tema". O exemplo da 9ª sinfonia de Beethoven – que necessitava de vozes – é retomado na sinfonia nº 2 *"Ressurreição"*, que exige além da orquestra, um soprano, um alto e coros. A fronteira entre o *lied* e a sinfonia será frequentemente ténue como podem testemunhar as sinfonias nº 3, nº 4 e nº 8 (sinfonia dita "dos Mil", construída sobre o hino *Veni Creator Spiritus*). Quanto à *Canção da Terra*, para alto, tenor e orquestra, apesar do seu título, é uma verdadeira sinfonia em seis partes.

IV a sinfonia moderna

Oscila entre o gigantismo mahleriano, por um lado, e o aspecto de "música de câmara" que é uma das características da música do início do século XX, por outro.

Dimitri Chostakovitch (1906-1975) é um dos representantes da primeira tendência. Entre 1926 e 1971, escreveu 15 sinfonias das quais as nº 3, 13 e 14 fazem apelo às vozes e mesmo ao coro. Quanto a Arnold Schönberg (1874-1951), privilegiou o aspecto "reduzido" das suas duas sinfonias "de câmara" escritas em 1906 e 1939. Ambas têm a característica de serem fortemente tonais (a segunda foi escrita em pleno período serial). Igor Stravinsky (1882--1971) escreveu cinco sinfonias cuja execução não ultrapassa a meia-hora. Em 1908: a *Sinfonia em MIb*; em 1920: *Sinfonias para instrumentos de sopro*; em 1930: a *Sinfonia dos Salmos* (que exige um coro misto a quatro vozes); em 1940: a *Sinfonia em dó*; em 1946: a *Sinfonia em 3 andamentos*. No mesmo ano, Olivier Messiaen (1908-1992) cria a sua *Turangalîlâ-Symphonie*, uma enorme partitura cheia de alegria para uma orquestra também colossal.

O poema sinfónico

É um género musical em um andamento surgido no século XIX e que se aparenta à sinfonia. Se esta última não beneficia obrigatoriamente de um argumento literário, o poema sinfónico é construído a partir de um "programa" relativamente rigoroso, mas não é a tradução sonora servil de um texto. Franz Liszt (1811-1886), com as suas 13 contribuições, foi um dos primeiros compositores a praticar este género eminentemente descritivo. Os temas favoritos são:

a) a descrição de uma paisagem: *A Moldava* de Bedrich Smetana (1824-1884), *Finlândia* de Jean Sibelius (1865-1957), *As Fontes de Roma* de Ottorino Respighi (1879-1936) ...

A Moldava

b) a narração de uma história: *Hamlet* de Franz Liszt, *Peer Gynt* de Edvard Grieg (1843--1907), *O Aprendiz de Feiticeiro* de Paul Dukas (1865-1935) ...
c) a realização musical de ideias: *Assim falava Zaratustra* de Richard Strauss (1864-1949) ...
d) a ilustração sonora de uma máquina: a locomotiva a vapor *Pacific 231* de Arthur Honegger (1892-1955) ...

Capítulo 6: A música medieval (séc. IV a XIV)

● **quadro histórico**

Querer colocar mais de mil anos de música sob um mesmo rótulo, pode parecer uma operação demasiado vaga pela sua imprecisão, uma vez que este período, extremamente longo, assistiu ao desenrolar de inúmeros acontecimentos. Mas, se tentarmos procurar um denominador comum, com base numa óptica tanto histórica quanto musical, o facto mais marcante será o da expansão e evolução da religião cristã – diremos antes, católica no Ocidente –, desde o seu reconhecimento por um imperador romano (Constantino) no século IV, até à sua contestação por um monge alemão (Lutero), facto que irá conduzir toda a cristandade ocidental ao grande cisma do século XVI. Este longo período conheceu catástrofes de vários géneros: guerras, invasões bárbaras e epidemias. Todos estes problemas causaram perdas ou esquecimentos temporários de partes inteiras da cultura da antiguidade. Todavia, esta não será inteiramente esquecida, porquanto se realizava ainda uma intensa actividade intelectual em locais relativamente protegidos, nos mosteiros e nas abadias, espaços que testemunhavam o poder e a estabilidade espiritual e temporal da Igreja nessas épocas conturbadas. Os invasores são numerosos e sucedem-se por vagas a partir do século IV. Podemos referi-los por ordem alfabética: os Francos, os Godos, os Hunos, os Lombardos, os Ostrogodos, os Saxões, os Vândalos e os Visigodos. Estes diferentes povos, vindos do Leste e acossados uns pelos outros, fixaram-se junto ao Atlântico e ao Mediterrâneo, sedentarizando-se. A autoridade romana não conseguiu fazer face a tal propagação e a integração progressiva dos bárbaros nos quadros do exército ou a aliança militar com alguns deles – como o combate comum dos Romanos, Francos e Visigodos contra Átila em 451 – apenas causou um ligeiro atraso: em 394, o imenso império romano divide-se (Oriente e Ocidente) e, em 476, Rómulus Augústulus, o último imperador romano do Ocidente, é deposto por um bárbaro.

Paralelamente à desintegração da autoridade romana, assiste-se à crescente importância da religião cristã, a qual passa, sucessivamente, de um estatuto de seita interdita e de religião autorizada (313) ao de religião oficial do império em 381 (édito de Teodósio). A última etapa consiste na conversão da maioria dos grandes chefes bárbaros – o caso de Clovis em 496 – os quais, aliando-se a uma importante força temporal, se legitimam politicamente, dado que a Igreja os apoia e a autoridade moral desta era indiscutível. A dinastia carolíngia consolidará esta autoridade, protegendo o papado e garantindo a segurança do clero no seio do império.

● **enquadramento filosófico**

O homem medieval apoia o seu saber no saber dos Antigos, cujo passado e autoridade, indiscutíveis por natureza, constituem, aos seus olhos, provas de irrefutável validade. É desta forma que todos os tratados se iniciam com o elogio dos grandes anciãos, não deixando de emitir no seu final, timidamente, posições divergentes e, por vezes, contraditórias. Uma das principais figuras da Antiguidade é Pitágoras (séc. VI a.C.) que, com os seus sucessores, obcecados pelos números e acreditando firmemente no seu valor organizador, ordena todo o Universo segundo relações numéricas, tão válidas para os planetas como para a alma humana. A outra grande referência será Platão e a sua filosofia assente sobre uma concepção ética da música: em si mesma, nem toda a música é boa para a alma e, apenas aquela construída segundo bons modelos melódicos pode ser escutada com proveito. A outra, utilizando modos perversos, conduz inevitavelmente à lascívia e ao debiche. Para Aristóteles, o problema é diferente: podemos apreciar a música e devemos estudá-la enquanto jovens, para melhor a compreender; mas devemos cessar de a tocar quando adultos, porquanto será uma actividade puramente mecânica, logo degradante. O único estatuto honroso é o do ouvinte e jamais o do executante. Na era cristã, Stº Agostinho (354-438) enuncia, na sua obra *De musica* que: *"musica est sciencia bene modulandi"* (a música é a arte de bem modular [a voz]). Para ele, a música é uma ciência e o seu objectivo consiste na busca da perfeição através de relações numéricas ideais, contidas nos sons. Não procura tocá-la, apenas compreendê-la. Mais tarde, Boécio (*ca*.480-*ca*.524) no seu *De institutione musica* retomará e desenvolverá as ideias pitagóricas, estabelecendo um sistema filosófico-musical, que será ainda citado mais de 10 séculos após a morte do seu autor. Boécio dividia a música em três categorias. Primeiro, a ***musica mundana***, que não é mais do que a música produzida pelas esferas (os planetas) nas suas trajectórias e rotações. O segundo tipo de música será a ***musica humana***, dita de outra forma, a música que cada homem produz interiormente pela harmonia geral entre a sua alma e corpo; será a aplicação ao Homem do conceito de música mundana. O terceiro género de música será a ***musica instrumentalis***, a música produzida "artificialmente" pelo canto e por instrumentos. Segundo a sua opinião, esta será a menos nobre e a que merece menos atenção. Boécio estabelece, contudo, uma distinção entre teóricos, aqueles que sabem e que têm uma actividade espiritual – o que é de louvar – e os praticantes, aqueles que apenas interpretam e têm uma actividade do corpo, o que é miserável. No tempo de Carlos Magno, a música adquire um verdadeiro estatuto científico: é incluída entre o *quadrivium*, grupo de disciplinas matemáticas que têm os números como principal objecto de estudo – a aritmética, a geometria, a astronomia [e a música]. Esta consideração foi puramente teórica, uma vez que a arte dos sons jamais foi ensinada como tal. A partir do séc. XI, as considerações demasiado metafísicas relativas à música perdem importância perante o aspecto prático dos tratados: a pedagogia musical não pode permanecer mais ao nível das esferas, deve tornar-se concreta. No século XIV a evolução praticamente terminou, pois não se distingue mais do que dois tipos de música: a música vocal e a música instrumental. Além disso, a música é agora apreciada por si só, pela beleza produzida pela harmonia dos sons e já não em função de uma ou outra justificação místico-filosófica.

Com todos estes elementos apresentados, podemos agora abordar a história da música, propriamente dita, dividindo o milénio em três partes:

    1. período inicial – séc. IV a IX
    2. período de desenvolvimento – séc. IX a XII
    3. período de apogeu – séc. XIII a XIV

1. O início: séculos IV a IX

Os primeiros tempos da história da música erudita medieval confundem-se com os da elaboração progressiva de uma música cristã própria. Simplificando, pode dizer-se que os primeiros cânticos da Igreja foram "compostos" com elementos teóricos trazidos do mundo grego e, com elementos práticos retirados directamente aos que se usavam nas sinagogas. Os Judeus praticavam (e praticam ainda hoje) a leitura entoada dos salmos. Este tipo de canto, assemelha-se a uma espécie de recitação modulada, com apoio numa única nota, frequentemente repetida. Este fenómeno intermediário entre a palavra e o canto, mais próximo deste último, tem o nome de recitação. Literária e musicalmente, um salmo é composto de versos que se dividem em várias partes: uma **entoação** geralmente ascendente, uma fase plana, apoiada sobre uma única nota repetida *recto tono* – a ***tenor*** ou corda recitativa, podendo ser interrompida, temporariamente, por uma cadência a meio dos versos – uma *mediatio* ou mediação e uma **cadência final** (*differencia* ou terminativa). A fase plana, sendo a que tem maior duração, foi classificada de *cantus planus* ou **cantochão**. Foram deixados exemplos práticos aos *chantres*, indicando-lhes como proceder. O que se segue é respeitante à forma de se cantar um salmo, segundo as regras do primeiro tom (*primus tonus*): primeiro a **entoação** (a) e depois a ***tenor***, aqui representada pelas figuras quadradas. No caso de um verso mais longo, o chantre está autorizado a baixar temporariamente a voz, o que provoca uma **flexa** (b):

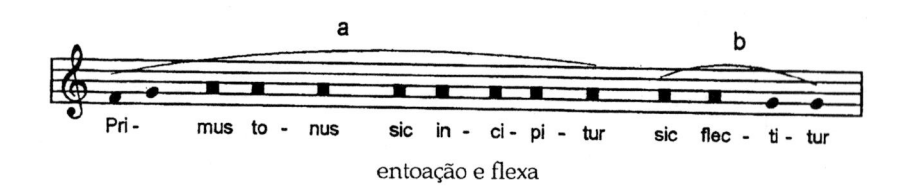

[partitura: Pri- mus to- nus sic in- ci- pi- tur (a) sic flec- ti- tur (b)]
entoação e flexa

Encontramos, seguidamente, uma **cadência mediante** e depois uma **cadência final**, que pode ser bastante variável (d):

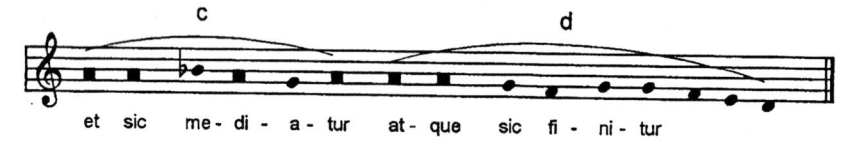

[partitura: et sic me- di- a- tur (c) at- que sic fi- ni- tur (d)]
cadência mediante e cadência final

O âmbito destas peças não é muito grande: está confinado, geralmente, dentro dos limites da oitava, podendo alargar-se a uma décima. O ritmo é relativamente livre e segue o que é imposto pelo texto. Além disso, a notação musical aparecerá muito tardiamente, nos séculos VIII e IX pelo que, a interpretação rítmica exacta dos primeiros cantos permanece no universo das conjecturas. As melodias têm na base **modos**, que determinam os intervalos que separam os diferentes sons da escala. Os modos são construídos a partir de quatro fundamentais teóricas: *ré*, *mi*, *fá* e *sol* e cujas designações são *protus* (primeiro), *deuterus* (segundo), *tritus* (terceiro) e *tretardus* (quarto). Determina-se, a seguir, se a extensão será aguda, em versão *autêntica* (principal) ou antes grave, em versão *plagal* (secundária). A partir daqui, pode contar-se oito modos diferentes, possuindo cada um três características estruturais:

1º- a **fundamental**, que funciona como nota tónica;

2º- a ***tenor*** que é a nota mais cantada ao longo de uma peça e que se pode compar a uma dominante. A *tenor* está à distância de 5ª da fundamental num modo autêntico e, a maior parte das vezes, à distância de 3ª num modo plagal;

3º- o **âmbito** que irá confirmar qual o modo utilizado (um âmbito pode ser comum a vários modos).

É desta forma que podemos denominar **oito modos** (grupo designado por *octoechos*) e que se encontram no cantochão. Cada modo, pela sua organização interna única, tem a sua própria cor sonora e seus efeitos psicológicos no ouvinte: cada modo será referido como alegre ou triste ou mesmo meditativo. É assim que um modo particular será escolhido em vez de um outro, para valorizar um texto, tornando-se mais conveniente ao conteúdo deste. Para cada um dos modos indicaremos a fundamental (F) e a *tenor* (T) em figuras maiores a branco. As notas mais frequentemente cantadas, em figuras menores a branco. Os graus menos utilizados em figuras maiores a negro e, as notas consideradas de passagem, em figuras mais pequenas a negro. Os nomes gregos destes modos não correspondem aos originais teóricos: estão deslocados em relação aos seus modelos. Portanto, o modo frígio grego está construído sobre a escala de *ré*, ao passo que o seu homónimo medieval está sobre a escala de *mi*.

[partitura: F ... T ♭]
1º modo – *Protus* autêntico ou Dórico

2º modo – *Protus* plagal ou Hipodórico

3º modo – *Deuterus* autêntico ou Frígio

4º modo – *Deuterus* plagal ou Hipofrígio

5º modo – *Tritus* autêntico ou Lídio

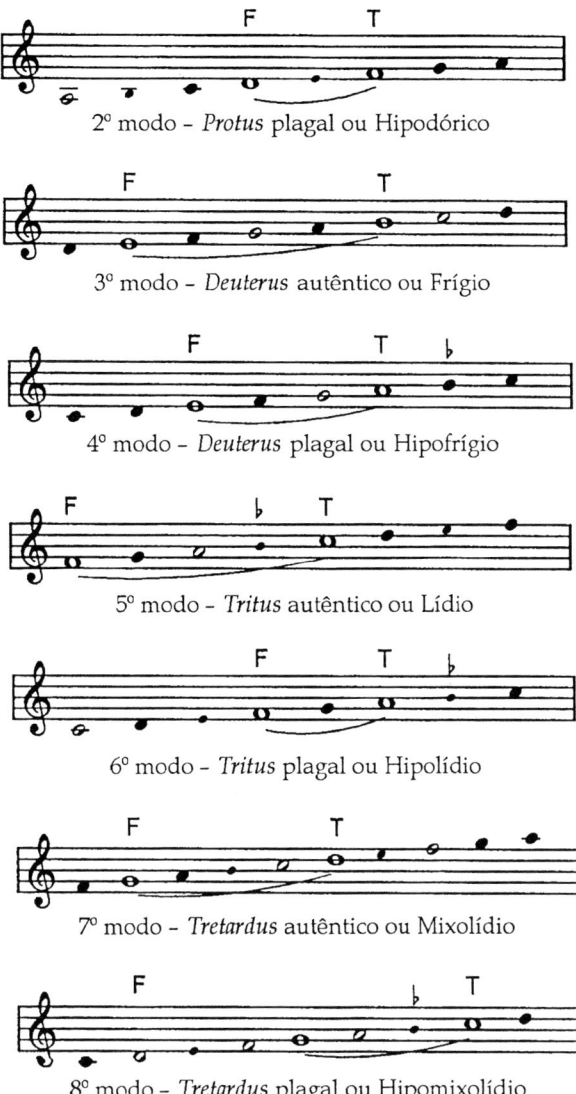

6º modo – *Tritus* plagal ou Hipolídio

7º modo – *Tretardus* autêntico ou Mixolídio

8º modo – *Tretardus* plagal ou Hipomixolídio

As formas de cantar são bastante diversas, em função da distribuição dos meios musicais e do tipo de texto a cantar. Encontram-se três tipos de peças:
a) para solista, do tipo de simples leitura *recto-tono*;
b) para solista com intervenções do coro, a **salmodia responsorial**, em que o solista canta um versículo e o coro responde-lhe com um refrão elaborado, uma **antífona** ou, mais simplesmente, um **responso**;
c) para coro (dividido ao meio), a **salmodia antifonal**, em que cada metade do coro executa à vez um grupo de versículos, reunindo-se para cantar em conjunto a antífona ou o responso;

As peças do ofício litúrgico dividem-se em dois grupos: as válidas para todos os dias, o **comum** ou *ordinário* e as utilizadas especialmente num determinado dia, o *próprio*. A maioria das peças diferentes de cantochão pertencem ao segundo grupo. O *comum* tornou-se bastante padronizado.

A partir do século IV, o canto litúrgico monódico latino conheceu um impulso extraordinário, de forma bastante espontânea e anárquica, na medida em que a influência de

Roma ainda permanecia algo lassa: as particularidades locais e regionais eram muito fortes e o estilo de Roma era bastante diferente do praticado na Gália, Inglaterra, Médio Oriente e mesmo em Milão (estilo ambrosiano). Contudo, Roma adquire, progressivamente, uma preponderância indiscutível e os diferentes papas vão tentar unificar todos os aspectos da liturgia, incluindo a música. É deste modo que se opera uma espécie de compilação gigantesca de textos e de melodias, especialmente sob orientação e responsabilidade de Gregório I, papa de 590-604, que irá registar todas as melodias e práticas existentes, por forma a realizar uma selecção, que será válida em todo o lado, em detrimento de qualquer outra. Podemos afirmar que esta unificação litúrgica se realiza, finalmente, no século IX, graças ao apoio da monarquia carolíngia. Em referência ao papa Gregório, o canto litúrgico monódico recebe o nome de **canto gregoriano** e recolhas "oficiais" de cantos aprovados e impostos por Roma, são distribuídas por toda a cristandade ocidental. Mas, se na sua grande maioria o clero secular e regular parece aceitar o canto romano oficial, não deixa de ser menos exacto que certas práticas musicais locais, a partir daí consideradas interditas, coabitaram e subsistiram paralelamente ao estilo gregoriano. Para fazer aplicar e ensinar os novos cantos, o papado criou em Roma uma escola-coro, com a missão de formar os próprios cantores: a *Schola cantorum* (escola de *chantres*) que rapidamente se estenderá para além de Roma.

2. O desenvolvimento: séculos IX a XII

a) a primeira vaga de inovações – séculos IX e X.

Pela primeira vez depois de muito tempo, em consequência da relativa estabilidade política e religiosa de que gozava a Europa na época carolíngia, os monges vão timidamente inovar, e não apenas conservar e reproduzir *ne varietur* (sem variação). Estando o repertório fixado – poderíamos dizer, imobilizado – as invenções que então aparecem são mais consideradas como melhoramentos do já existente do que verdadeiras novidades: o homem medieval inova com o antigo e não pratica o método da *tabula rasa*. As três principais invenções musicais do século IX são o *tropo*, a **polifonia** e a **notação musical**.

O tropo e a sequência
Sendo impostas, a única forma de alargar ou inovar as peças gregorianas, consiste em orná-las de amplos vocalizos sobre sílabas escolhidas. Os melhores vocalizos serão conservados e mutuamente ensinados. Sendo a notação musical ainda inexistente, a transmissão fazia-se oralmente, de um cantor para outro. Será importante sublinhar que a memorização de um repertório completo, compreendendo milhares de peças, necessitaria de vários anos de trabalho diário. A lenda conta que um monge da abadia suíça de St. Gall, com problemas de memória, Nokter le Bégue, adoptara uma técnica que lhe teria sido ensinada por um colega de Jumiéges, fugido aos Normandos. Tratava-se, como forma de facilitar a aprendizagem de um longo vocalizo, de inventar um texto, ligando cada sílaba a cada nota do melisma. Com a memória auxiliada pela presença do texto, os vocalizos são mais facilmente memorizados. Este processo genial, tem o nome de *tropo* e rapidamente se irá difundir, não apenas como uma astúcia mnemónica mas, também, como um verdadeiro processo composicional. Certas peças são conhecidas pelo tropo que inspiraram, como o Kyrie II, subintitulado *fons bonitatis* (fonte de bondade) em virtude do início do texto acrescentado:

Início do Kyrie II, em versão vocalizada

Ky - ri - e fons bo - ni - ta - tis Pa - ter in - ge - ni - te

Início do Kyrie II, com o seu tropo

Entre as peças mais ornamentadas encontram-se, habitualmente, aquelas que aclamam o Senhor, como os *alleluia*. A última sílaba desta palavra beneficia, muitas vezes, de um longo vocalizo com o nome de *jubilus*. O processo do tropo foi assim aplicado com sucesso ao *alleluia*, dando-se-lhe o nome de *sequência*. O texto da sequência é, muitas vezes, composto por grupos de dois versos cantados sobre as mesmas notas. Milhares de sequências foram assim inventadas mas, no século XVI, o Concílio de Trento irá autorizar apenas quatro, entre as quais o *Dies Irae* (*Dias de cólera*), atribuído a Tomás de Celano (morto em 1274) e que é utilizado na missa de finados, conseguindo grande sucesso entre os compositores que o abordaram.

Di - es i - rae di - es il - la

Início do *Dies Irae*

Um dos derivados do tropo foi o **drama litúrgico**. Trata-se de diálogos cantados e tem as suas raízes nos tropos de peças bem conhecidas e cantadas na Páscoa e no Natal. Progressivamente, estes diálogos irão integrar uma verdadeira acção dramática e saem da Igreja para se transformar em manifestações mais ou menos para-litúrgicas (os Mistérios). Paradoxalmente, o drama litúrgico, com a sua origem gregoriana, é uma das maiores fontes do teatro profano posterior.

A polifonia

O segundo factor que permitiu o enriquecimento musical sem alterar a substância essencial das peças do reportório, foi o da tomada de consciência do fenómeno polifónico. Isto não foi verdadeiramente uma novidade, porquanto no próprio seio dos coros masculinos, como os dos *chantres*, os tenores e os baixos cantavam frequentemente à oitava uns dos outros. Além disso, alguns cantores menos seguros, dobravam, mais ou menos conscientemente, uma parte preexistente à distância de 4ª ou de 5ª. Este facto foi bem entendido e compreendido pois, num tratado do séc. IX, esta prática polifónica sumária está perfeitamente descrita e designada com o nome de *organum* (*organum* = instrumento, órgão). Trata-se de fazer ouvir, paralelamente à parte existente, uma segunda voz improvisada. No *organum* de 4ª, reservada a *chantres* experientes, para evitar certos intervalos, então proscritos, como a 5ª diminuta – o *diabolus in musica* – são possíveis certos arranjos melódicos: as vozes não caminham perfeitamente paralelas e um outro intervalo que não a 4ª ou a 5ª pode ser cantado. Isto tem por consequência dar à nova voz, a **voz organal**, um princípio de independência melódica relativamente ao modelo, o **cantus** que permanece colocado na parte superior.

A notação musical

A terceira invenção deste tempo correspondeu à vontade de marcar alguns sinais de referência ligados à interpretação, facilitando assim a execução de memória de peças profusamente ornamentadas. Não se trata, em caso algum, de transcrição integral de melodias. A partir do séc. VIII, encontra-se nos manuscritos sinais que parecem acentos, os **neumas**, indicando inflexões da voz.

Estes neumas eram de dois tipos:
1. destinados à leitura com o objectivo de articular os textos – os neumas **fonéticos**;

2. destinados ao canto e orientando a voz para a região grave ou aguda – os neumas **melódicos** [ou **diastemáticos**]. Note-se que estes neumas não indicavam uma altura absoluta, apenas o sentido melódico (agudo ou grave).

A partir de dois neumas básicos, o *punctum* (ponto) que representa um intervalo descendente, e a *virga* (pequena barra) que indica um intervalo ascendente ou estático, os homens da Idade Média, inventaram uma série de combinações para notar os melismas mais complicados, compreendendo dois, três ou quatro sons. Um exemplo é dado pelo reagrupamento de um *punctum* e de uma *virga*, o *pes* ou *podatus*, que representa um movimento descendente e depois ascendente (veja-se o todo em notação quadrada moderna):

um *punctum*, uma *virga* e um *pes* ou *podatus*

Estes neumas representam um início na elaboração de uma notação do aspecto melódico da música, e seguindo as diferentes fontes, a sua grafia é bastante similar, mau-grado os inevitáveis hábitos regionais ou locais. Uma derradeira característica destes neumas é fundamental, considerando o seu grau de modernidade: trata-se de saber se o seu desenho sobre o papel corresponderá à tradução realista do movimento melódico, se traçarmos uma linha ligando os pontos ou, se os neumas são colocados lado a lado, não representando mais do que a si próprios. No primeiro caso, falamos da notação **diastemática** (a posição dos sinais está relacionada com a altura dos sons) e, no segundo caso, a notação em *campo aperto* (campo aberto)

b) a segunda vaga de invenções – séculos XI e XII

O séc.X foi, sobretudo, uma época de assimilação e difusão das três descobertas atrás referidas. O século XI trouxe de novo a chama da genialidade, particularmente através da forte personalidade musical de Guido d'Arezzo (*ca*.992-*ca*.1033) que não inventou tudo o que lhe é atribuído, mas que teve o mérito de escrever tratados que se tornariam pontos de referência. Nos seus tratados, Guido d'Arezzo aborda os seguintes pontos inovadores:

● a **solmização** – Até Guido d'Arezzo, todas as notas utilizáveis, numa extensão de mais ou menos três oitavas, estavam representadas por letras cuja correspondência era a seguinte:

Γ	A	B	C	D	E	F	G	a	b	...	dd	ee
sol_1	$lá_1$	si_1	$dó_2$	$ré_2$	mi_2	$fá_2$	sol_2	$lá_2$	si_2	...	$ré_4$	mi_4

Este sistema, sendo pouco prático, levou Arezzo a musicar um hino a S. João, de forma a que o início de cada verso começasse por uma nota mais alta que a do verso precedente. O resultado foi a sucessão bem conhecida: *dó (ut), ré, mi, fá, sol, lá*, que constituem as notas do hexacorde.

UT que-ant la - xis RE - so - na - re fi - bris

MI - ra ges-to - rum FA - mu - li tu - o - rum

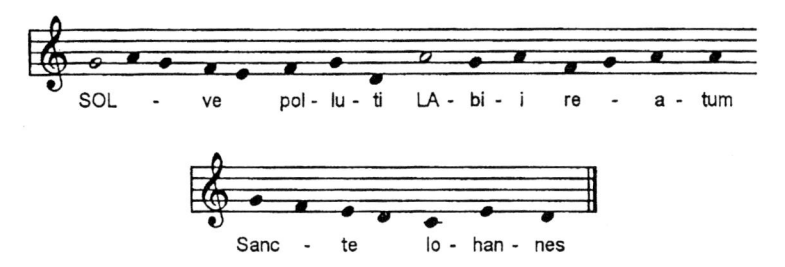

Quanto à nota *si*, será o acróstico de *Sancte Iohannes*, as últimas palavras do hino.

• **o sistema do hexacorde** – Trata-se de uma série de seis notas conjuntas, divididas em dois grupos de três notas separados por meio-tom. Há três notas possíveis de partida para a construção do hexacorde: *dó* para o hexacorde "natural", *fá* para o hexacorde "mole", incluindo um *si* bemol que corresponde ao meio-tom central e, *sol* para o hexacorde "duro".

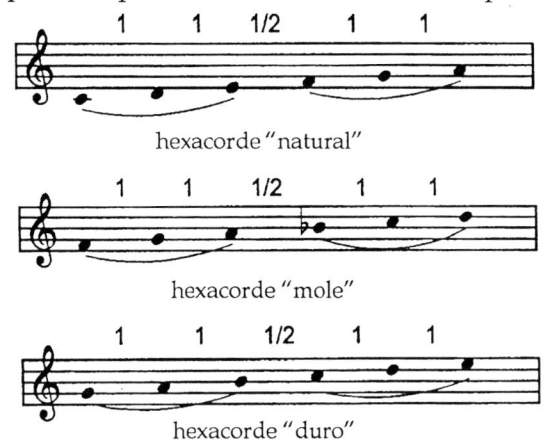

• **a pauta** – O terceiro elemento técnico atribuído a Guido d'Arezzo é a pauta, que constituiu um grande avanço relativamente à notação diastemática. Arezzo pensou atribuir uma nota fixa a linhas coloridas e indicar de forma exacta quais as notas, pela indicação das claves (*dó* e *fá*). Após algumas tentativas e, com o acréscimo de numerosas linhas, o sistema estabilizar-se-á em quatro linhas para o canto gregoriano e cinco linhas para os outros tipos de música.

c) a polifonia da época de São Marcial

Por volta de 1100, as técnicas de composição enriquecer-se-ão novamente com novas práticas, quer nos domínios da monodia quer da polifonia. O principal centro intelectual e musical era, na altura, a abadia de S. Marcial de Limoges, que deixou manuscritos preciosíssimos pelo rigor de notação das alturas, apesar de uma fraca precisão rítmica.

O **organum** transforma-se: a partir daí, composto e notado, ocupa a voz agora inventada (voz organal) na parte superior, enquanto que a parte gregoriana não é mais do que uma base harmónica. Em termos de polifonia, utiliza-se duas técnicas principais: o **bordão**, na qual a parte inferior se desenvolve por notas longas, enquanto que a outra realiza melismas sobre as mesmas sílabas; o **descante**, que faz evoluir as duas partes por um processo de "nota contra nota".

O **tropo** prossegue a sua carreira, sendo, por vezes, estrófico (como uma canção) a duas vozes novas ou mesmo cantado por cima da peça gregoriana de origem (tropos do

Benedicamus Domino cantados antes deste); no último caso, fala-se de **tropo** simultâneo, uma vez que, sob o ponto de vista literário, nos encontramos na presença de dois textos diferentes e cantados ao mesmo tempo.

d) o canto profano: trovadores, troveiros e *Minnesänger* [menestreis germânicos].

No final do séc. XI surgem os primeiros exemplos conservados de canções profanas, das quais a poesia e a música são integralmente inventados. Esta corrente artística, essencialmente praticada pela nobreza, de influência latina, árabe e romanesca, desenvolveu-se primeiro na Aquitânia, região musicalmente muito avançada, com os **trovadores** e, cerca de cem anos mais tarde, no norte de França, com os **troveiros**. Na Alemanha, uma corrente similar surge com os *Minnesänger*. Todos estes poetas músicos têm uma temática principal centrada no *amor cortês*, uma codificação nova das relações homem-mulher, refinada num conjunto de comportamentos que reuniam todas as virtudes colocadas ao serviço do amor idealizado que um cavaleiro sentia pela sua dama. Mas, o amor não será o único tema abordado nestas cantigas. Podem igualmente relatar os altos feitos dos senhores (*cantiga de gesta*) ou chorar a sua morte ou ser mesmo de índole mais ligeira (cantigas de dança) ou até política e satírica (*sirventês*). As estruturas literárias são inumeráveis e a organização interna dos textos é, por vezes, muito complexa, devido a um sistema elaborado de regras de versificação. Musicalmente, as melodias são bastante semelhantes aos seus equivalentes eclesiásticos (modos, âmbitos...) mas, mesmo se se encontram por vezes fragmentos notados, subsiste ainda uma grande imprecisão quanto ao ritmo destas melodias, que deviam, certamente, ser mais flexíveis e seguir o ritmo próprio dos textos.

• **os trovadores** estiveram em actividade durante cerca de dois séculos, apesar da guerra contra os albigenses (início do século XIII) ter abrandado bastante a sua produção. O primeiro de entre eles, terá sido Guilherme IX (1071-1127), duque da Aquitânia e, a seguir, podemos referir Jaufré Rudel, Marcabru, Bernard de Ventadour (1130-1195), Raimbaut de Vaqueiras (morto em 1207), e por último Guiraut Riquier (morto em 1298). Os trovadores deixaram textos e melodias, que serão retomadas e inspirarão fortemente os seus sucessores do norte.

• **os troveiros** são praticamente os descendentes directos de Guilherme IX, uma vez que a difusão da arte dos trovadores foi, em primeiro lugar, assegurada pela sua neta, Éléonore da Aquitânia, que se casou, em primeiras núpcias, com o rei de França Luís VII e depois, com o futuro rei de Inglaterra, Henrique Plantageneta (Henrique II). Além disso, uma das filhas de Élénore, casou com um conde de Champagne e soube formar uma corte aberta a poetas-músicos. Entre os troveiros activos desde meados do séc. XII até ao final do séc. XIII, encontram-se Chrétien de Troyes (1120-1180), Thibaut de Champagne (morto em 1258) e Adam de la Halle (1237-1287). Este último é célebre pelas suas cantigas para uma voz e por um drama falado que inclui passagens musicais: o *Jogo de Robin e Marion* (1285).

• **os *Minnesänger*** são os equivalentes germânicos dos troveiros, se bem que os limites da sua actividade sejam um pouco mais restritos (meados do séc. XII até meados do séc. XIII). O representante mais importante desta corrente é Walther von der Vogelweide (*ca.* 1170-1228).

Pouco a pouco, a componente aristocrática desta arte vai esfumar-se para dar lugar a associações burguesas de cantores – a maioria artífices que se reuniam para demonstrações ou desafios poético-musicais regulares, os quais se desenvolviam de acordo com regras muito precisas. Na Alemanha eram conhecidos por *Meistersinger* (mestres-cantores). O mais célebre de entre eles era um sapateiro de Nuremberga, Hans Sachs (1494-1576), autor de milhares de poemas.

Todas as composições destes poetas-músicos são reagrupadas em recolhas colectivas com o nome de cancioneiros, contendo essencialmente os textos e raramente as melodias, estando estas, muitas vezes, incompletas. É geralmente o autor das peças que assegura a sua execução, acompanhando-se a si próprio com um instrumento ou apoiado por alguém que, assegurando as passagens, improvisava paráfrases melódicas.

3. O apogeu: final do século XII - século XIV

a) a escola de Notre Dame (finais do século XII – meados do século XIII)

Agrupam-se sob esta designação os compositores activos em Paris durante a construção da catedral de Notre-Dame. Dois nomes a reter: **Léonin** e **Pérotin**. O primeiro foi classificado como *optimus organista* (o melhor no género *organum*) e praticou bastante a composição a duas vozes. Em Léonin, a parte gregoriana – na qual as notas são bastante longas – designa-se por *cantus* ou *tenor*, enquanto que a parte inventada, muito melismática, recebe o nome de *discantus* (descante) ou *duplum* (segunda voz). Uma peça gregoriana não se submete integralmente a um mesmo tratamento musical: é dividida em fragmentos que se encadeiam e que têm o nome de **cláusulas**.

Uma geração depois, **Pérotin** retomará os *organa* de Léonin, fazendo adaptações mais elaboradas. O seu conhecimento valeu-lhe o sobrenome de *optimus discantor* (o melhor compositor de descantes). É necessário dizer que as suas obras têm três ou quatro partes (*tenor, duplum, triplum* e *quadruplum*) e possuem já uma dimensão polifónica e harmónica que não se encontra anteriormente.

Por analogia com a métrica antiga, os teóricos da época definiam seis modos rítmicos que irão encontrar-se em praticamente todas as composições. Estes modos, sendo perfeitamente descritos e notados, ajudados pela escrita musical, permitem-nos ter uma ideia de como se tocavam essas músicas, todas construídas sobre ritmos rápidos a três tempos. Neste sistema, a duração de uma nota não se fixa apenas pelo aspecto da sua notação mas unicamente no seu contexto no seio de um grupo de notas reagrupadas por uma ligadura (traço que graficamente liga as notas entre si). Veja-se qual poderá ser a transcrição moderna desses modos:

1ºmodo – longo/breve – ritmo **trocaico**

2ºmodo – breve/longo – ritmo **jâmbico**

3ºmodo – longo/breve/mediano – ritmo **dactílico**

4ºmodo – breve/mediano/longo – ritmo **anapéstico** (pouco utilizado)

5ºmodo – sucessão de longos – ritmo **espondaico**

6ºmodo – sucessão de breves – ritmo **tribráquico**

Mesmo se, tecnicamente, uma peça devesse ser integralmente escrita num dado modo, encontram-se pequenas excepções, respondendo, por vezes, a necessidades expressivas e quebrando a monotonia que poderia instalar-se.

Dois géneros adquirem uma grande importância: o *conductus* e o *moteto*. O primeiro é uma peça de aparato, utilizada em procissões, não pertencendo directamente à liturgia. É construída sobre uma parte de tenor – colocada na base do edifício sonoro e que não provém de qualquer outra peça anterior – é integralmente inventada. O texto colocado no tenor é igualmente utilizado pela ou pelas vozes superiores e o seu ritmo silábico é comum a todas. Desta forma, as diferentes partes são homogéneas e se um melisma surge no tenor, surge de igual modo nas outras vozes. O texto pode ter uma música que é retomada periodicamente ou ser nova para cada estrofe que o compõe. O *conductus*, é assim, um dos primeiros géneros eclesiásticos medievais compostos *ex nihilo*.

O segundo género que surge e se desenvolve é o **moteto**. Consiste em atribuir um texto novo a uma cláusula de descante preexistente, fazendo com este tenha uma relação – de sentido, de rima ... – com o texto do *tenor*. O texto acrescentado designa-se por *motetus*, pequeno texto.

b) *ars antiqua* (meados do século XIII - início do século XIV)

Esta "técnica antiga" recebeu a sua designação por defeito, no século XIV, quando foi considerada como ultrapassada aos olhos da nova vaga que, então, se autoproclamava como pertencendo a uma *ars nova* (técnica nova). As contribuições deste período são muito importantes. Em primeiro lugar, a notação segue a evolução da linguagem musical e, desde meados do séc. XIII, os modos rítmicos desaparecem, por se terem tornado demasiado constrangedores para os músicos que necessitavam de maior liberdade. É desta maneira que surge a **notação mensurada**, que permite tratar ritmicamente notas isoladas, ao instaurar relações numéricas simples (múltiplos de 3, depois de 2) entre os diferentes valores. Um dos primeiros exemplos de uma longa série de tratados que a descreve é a *Ars cantus mensurabilis* (a arte do canto mensurado) de Franco de Colónia e que data dos anos 1250-80. Este teórico define que a base do sistema – que permanece fundamentalmente ternário – assenta na noção de tempo, de pulsação, que é representada por um quadrado negro com o nome de **breve**. Este valor de nota pode ser multiplicado por três, para obter a **longa**, ou dividido por três para obter a **semibreve**. O valor mais importante é a **dupla longa** que vale duas longas:

▌ ▌ ■ ♦

dupla longa, longa, breve e semibreve

No caso da combinação de várias notas, a sinalética complementar utilizada (ligaduras, pontos e pausas) determina ou orienta a duração destas, um pouco como na antiga notação modal. Esta notação mensurada, também chamada notação preta, vai subsistir praticamente até à época barroca, altura em que os músicos do Renascimento lhe modificam o aspecto ao escrever notas a branco em vez de a negro (notação branca). A partir do final do século, certos compositores, como Pierre de La Croix, sentir-se-ão espartilhados neste sistema e não hesitarão em alargá-lo empregando valores de notas ainda mais pequenos, figuras que receberão, na época seguinte, o nome de mínimas.

Ainda que os *organa* e os *conductus* sejam cantados, os compositores interessam-se sobretudo pelo desenvolvimento do **moteto**, que lhes permite, dentro de um certo quadro de normas, libertar a sua imaginação adaptadora e criadora. Este género irá, pouco a pouco, abandonar a esfera restrita da influência eclesiástica para se tornar laico e francamente profano. Em relação com a época precedente, o moteto é sempre construído sobre uma base de tenor que pertence ao património comum de origem gregoriana ou da sua adaptação, executada muitas vezes instrumentalmente. A novidade reside na composição de uma, duas ou três partes novas que irão sobrepôr-se a este tenor. Neste caso, os textos afectos às diferentes vozes, podem ser diferentes, mesmo escritas em línguas diferentes. A parte superior do moteto é sempre a mais melismática, a mais ornamentada. No caso em que todas as vozes superiores têm um mesmo texto e procedem de maneira homorrítmica, estamos perante um *moteto-conductus*. Um outro tipo de moteto consagra o uso da incorporação "forçada" de um fragmento de canção profana, muitas vezes um refrão, numa peça polifónica sobre o *tenor*. Este género é o moteto **tropizado** ou **tropado**.

O género de **rondó** é igualmente praticado (Adam de la Halle). Neste compositor, existem três vozes e a melodia principal encontra-se no meio do edifício sonoro. Faz ouvir "harmonias" (terceiras e sextas) que não são apenas encontros fortuitos de notas, mas pensadas como tal. O seu texto e a sua música, qualquer que seja o número de versos (8, 16 ou mais) procedem por alternância:

> refrão, ½ copla, ½ refrão, copla, refrão

Estrutura do rondó

Surge uma técnica muito particular: a do **hoqueto**, que consiste em colocar a melodia nas duas partes superiores de uma peça, cortando-a a espaços por forma a que cada uma delas só tenha de executar uma nota em cada duas. A diferença de sonoridade resulta num aspecto cortado, soluçante, que dá o nome a este processo de composição. O hoqueto intervém, pontualmente, ao longo de passagens importantes e demarca-se imediatamente. O exemplo que apresentamos é muito particular e pertence ao período seguinte: trata-se de um hoqueto instrumental, bastante longo (123 compassos) composto por Guillaume de Machaut sobre o tenor litúrgico isorrítmico *David*.

Machaut, hoqueto *"David"*, compassos 107-112

Se Paris é o grande centro da música polifónica, outros países têm uma produção musical que não é de negligenciar. A Inglaterra produz composições a duas e a três vozes que se caracterizam por uma grande simplicidade estrutural, melódica e inclinadas para a utilização de terceiras e de sextas. Globalmente, a música inglesa é menos erudita (apesar de um dos primeiros cânones conhecidos, *Summer is icumen in*, ter surgido neste país) e mais imediatamente acessível do que a do continente. O mais conhecido da música espanhola é a recolha das *Cantigas de Santa Maria*, do rei Afonso X de Castela, o *Sábio* (1221-1284), uma compilação de 423 cantos monódicos escritos no estilo dos trovadores.

c) ars nova (ca. 1320-1380)
É o tratado homónimo, escrito cerca de 1320 por **Philippe de Vitry** (1291-1361) que dará o nome a este período. Esta importante personagem – política e intelectualmente – foi secretário e conselheiro dos reis de França, Carlos IV, Filipe VI e João II, antes de ser bispo de

Meaux em 1351. O seu tratado retoma e refina os escritos do período precedente, com bastante cuidado no que se refere ao domínio do ritmo e da sua notação. Dois países estarão mais directamente ligados a esta corrente: França e Itália. A *ars nova* italiana tem igualmente o nome de *trecento* (música do século XIV) mas, apesar das designações diferentes e de quaisquer particularidades nacionais inevitáveis, as preocupações estéticas são idênticas. Com efeito, pode verificar-se:

1) no domínio dos **géneros** utilizados:

- o aparecimento de fragmentos do *Ordinário* da missa postos em polifonia, depois ofícios completos (*Missa de Tournai*, *Missa de Notre Dame* de Machaut);
- formas de cantigas muito próximas, tais como a balada, o *virelai*, a *caccia*.

2) no domínio **rítmico**:

- a supressão das sujeições aos modos rítmicos, o fim do monopólio do ritmo ternário (chamado "perfeito") e a utilização sem restrições do ritmo binário (dito "imperfeito"). O binário é assim empregue sózinho numa peça, em alternância com o ternário ou sobreposto a este. O novo sistema rítmico assenta na divisão por **três** ou por **dois** de cada valor das notas. A dupla longa tem agora o nome de máxima e a sua divisão é o modo **máximo**. O **modo** é a divisão da longa em duas ou três breves; o **tempo** (perfeito ou imperfeito) é o da breve; a **prolação**, o da semibreve. Para precisar as coisas, os sinais indicando qual a divisão rítmica, surgem, por vezes, no início da pauta. Eis as principais medidas utilizadas e os seus sinais:

⊙ : compasso a três tempos que se dividem cada um em três (compasso moderno em 9/8), tempo perfeito e prolação maior;

○ : compasso a três tempos que se dividem cada um em dois (compasso moderno em ¾), tempo perfeito e prolação menor (este sinal será utilizado ainda na época barroca);

𝄴 : compasso a dois tempos que se dividem cada um em três (compasso moderno em 6/8), tempo imperfeito e prolação maior;

𝄴 : compasso a dois tempos que se dividem cada um em dois (compasso moderno em 4/4), tempo imperfeito e prolação menor. Este símbolo ainda é utilizado nos nossos dias.

- uma rítmica que admite valores muito breves, tais como a **mínima** (equivalente da colcheia) e a **semínima** (equivalente à semicolcheia).

3) no domínio **melódico**:
- a predilecção por uma escrita a três vozes;
- a presença de cadências com dupla sensível;
- a utilização do cânone;
- a escrita de melismas nas extremidades das peças.

Por último, na França e na Itália, assiste-se a um importante desenvolvimento da música profana, destinada às pessoas mais abastadas (nobres, alta burguesia) e, ao aparecimento de peças puramente instrumentais, que não têm a indicação do instrumento nem do texto, como a célebre peça abaixo apresentada:

Lamento di Tristano

Contudo, existem especificidades ligadas aos hábitos culturais:

• **em França**: a *ars nova* é mais precoce e mais importante do que em Itália. A harmonia é menos suave, mais abrupta e comporta muito mais dissonâncias, sendo as consonâncias sempre asseguradas sobre os tempos fortes. O rondó é um género especificamente francês e não existe a sul dos Alpes. A organização rítmica de certas passagens é muito particular, pela presença da **isorritmia**, que consiste em atribuir a uma voz uma sequência precisa, a *talea*, e repeti-la sempre que possível, modificando a altura das notas (dita *color*). O exemplo seguinte é extraído do primeiro Kyrie da *Missa* de Machaut, que fragmenta uma célebre melodia gregoriana, o *Kyrie cunctiopotens genitor Deus*:

Início do *Kyrie* gregoriano *cunctipotens*

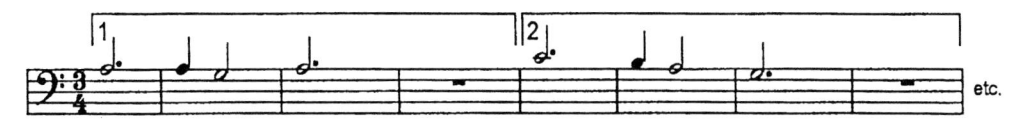

as duas primeiras *talea* do início da parte do tenor do primeiro Kyrie da *Missa* de Machaut.

Machaut: início do *Kyrie* com o tenor isorrítmico

• **em Itália**: verifica-se uma certa propensão dos compositores em escrever melodias muito suaves e fluidas, facto que reencontraremos posteriormente em toda a história da música deste país – que é por definição, o do *bel canto*. Os tenores são sempre originais e geralmente não são imitações de outras obras. O madrigal (forma poética diferente do género homónimo posterior) é tipicamente italiano. Praticamente não encontramos a isorritmia mas, num ponto de vista técnico, os Italianos terminam as suas obras com a cadência " à Landini" ou landiniana, que passa da sensível à tónica bifurcando à terceira inferior, o que vai adoçar a percepção da dupla sensível.

Final da balada *Donna'l tuo partimento* de Landini

Tendo desaparecido o *organum* e o *conductus*, a música de igreja torna-se um assunto para especialistas, porquanto a sua interpretação exige uma grande mestria, que só os músicos mais aguerridos possuem.

A multiplicação dos valores curtos, o abandono relativo do cantochão como reservatório composicional, o hoqueto, o cânone e o enfraquecimento das escalas modais, a presença de instrumentos, isto é, todos os elementos do que era então a modernidade musical, assustavam os paladinos de uma música religiosa mais funcional e mais "erudita". O próprio papa João XXII se opôs e na célebre decretal *Docta Sanctorum*, escrita apenas dois anos depois do tratado de Philippe de Vitry, critica firmemente a música nova, considerando-a imprópria para uma saudável utilização litúrgica: "certos discípulos da nova escola...embriagam as orelhas e não cuidam dos espíritos". Ao detalhar tudo o que constitui este estilo, deu perfeitamente a entender que a música erudita do seu tempo se tornava fortemente laica e não tardaria a escapar ao monopólio exclusivo do clero. Pondo de parte Philippe de Vitry, de quem se retém sobretudo a importância no que concerne à teoria, a França e a Itália puderam orgulhar-se, cada uma, de ter produzido, nesta época, um compositor de envergadura excepcional: Guillaume de Machault e Francesco Landini.

• **Guillaume de Machault** (*ca*.1300 –1377) – É um dos primeiros grandes compositores da história da música. Com efeito, a sua obra é importante, tanto quantitativa como qualitativamente. Após estudos sólidos, torna-se, em 1323, o secretário particular do rei da Boémia, João de Luxemburgo. Durante os anos que se seguiram, acompanha o rei nas suas campanhas militares. Ocupará depois diversos lugares de cónego e fixa-se finalmente em Reims. Com a idade de 60 anos apaixona-se por uma jovem quarenta anos mais nova – Péronne d'Armentières – e mantém com ela uma correspondência que ele próprio reunirá em volume. A sua produção compreende, para além do importante domínio puramente poético, a *Missa de Notre Dame* a quatro vozes – o primeiro *Ordinário* polifónico completo, escrito por uma única pessoa –, 23 motetos, 19 *lais*, uma centena de canções e uma peça instrumental a três vozes (o hoqueto *David*). A sua obra profana tem o amor como temática principal e, mau-grado a utilização do arsenal técnico próprio da *ars nova*, é sempre o lado expressivo que se impõe. Machaut não hesita nunca em transgredir, pontualmente, esta ou aquela "regra" de composição, com o fim de melhorar substancialmente uma passagem de uma obra. É por isso que, na sua *Missa*, aparecem no seio de passagens isorrítmicas notas puramente ornamentais, assim como uma curiosa "ponte" num compasso – talvez instrumental – no tenor e contratenor (3ª e 4ª vozes), separando as secções do *gloria*:

ponte que surge em quatro repetições

• **Francesco Landini** (*ca*.1325 – 1397) – É o principal representante da música do *trecento* (*ars nova* italiana). Era filho de um pintor e também estava destinado a esta actividade mas, por ter cegado na infância, vira-se para a música e torna-se célebre como organista, *chantre* e poeta. Passará os últimos trinta e dois anos da sua vida em Florença, onde participará na vida intelectual da cidade. A sua obra compreende uma *caccia*, 10 madrigais e, sobretudo, 90 baladas a duas vozes, 43 a três vozes e oito que existem nestas duas versões. A preocupação maior de Landini parece ter sido a expressão vocal dado que, divergindo do estilo francês que assentava no tenor, Landini constrói as suas obras a partir da voz superior – processo muito moderno – e foi ainda pouco sensível a um grande número de aspectos técnicos dos seus congéneres franceses, os quais, apesar de tudo, conhecia.

O desaparecimento de Machaut em 1377 deixou uma grande lacuna entre os seus compatriotas. Com efeito, nenhum se lhe comparou, nem pela inteligência nem pelo talento. É desta forma, que os compatriotas seguintes, menos dotados, levaram ao extremo todas as inovações da *ars nova*, na procura de alguma proeza técnica em detrimento de uma expressão verdadeira. A notação musical torna-se então um jogo intelectual reservado a uma elite (**notação rebuscada**) e o estilo musical torna excessivamente complexos todos os elementos musicais. A *ars nova* transforma-se em ***ars subtilior***. Em Itália, depois de Landini; vêem-se ainda os músicos locais praticar assiduamente a música profana mas a chegada de um homem do Norte, que dominava com mestria todas as técnicas e sabia fundir todos os estilos, vai influenciar de alguma maneira a produção local. Esse homem, Johannes Ciconia (1335 - 1441) vai estar na origem da instalação dos *franco-flamengos* em Itália, porque tendo nascido em Liége, tendo estudado música na corte dos papas de Avinhão e tendo circulado bastante entre o Norte e o Sul, para se fixar finalmente em Pádua, ele foi confrontado com todos os géneros musicais existentes nos dois lados dos Alpes. Compôs cânones, fragmentos de missas polifónicas, motetos, madrigais, baladas italianas e canções francesas. Conseguiu fazer a síntese das diferentes correntes da *ars nova*. Assim, nas suas obras a quatro vozes, as duas partes superiores – munidas de um texto – são muitas vezes escritas em cânone ou em imitação, ao passo que as duas partes graves (tenor e contratenor) são puramente instrumentais e têm apenas um papel de acompanhamento e de suporte harmónico.

Conclusão

No final de um bom milhar de anos de evolução, a música erudita ocidental passou de um estatuto exclusivamente religioso a um outro, que poderemos classificar de misto. Viu aparecer géneros de música profana, tanto vocal como instrumental, independente e de qualidade não inferior à sua congénere eclesiástica. No final do século XIV, a polifonia começa a ser concebida verticalmente com o aparecimento da noção de acorde e já não é considerada como sendo o encontro, mais ou menos feliz, de partes melódicas conjugadas horizontalmente. A notação musical evoluiu consideravelmente: dos simples sinais mnemónicos até à notação complexa do final da *ars nova*; os compositores tiveram à sua disposição, gradualmente, uma ferramenta útil e cómoda que lhes permitirá ir mais longe no seu percurso musical. Igualmente, a modalidade gregoriana, ainda presente, resistiu com dificuldade ao amadurecimento do que se chamará mais tarde os modos maiores e modos menores.

Capítulo 7: a música na Renascença (séculos XV a XVI)

• **generalidades**
Sabemos o que envolve esta noção: o Homem, pela "redescoberta" da Antiguidade e pelo seu fulgurante progresso no conhecimento do seu meio, considerou-se como tendo passado por um novo nascimento após o milénio medieval, que ele considerou, um pouco precipitadamente, como um período em que reinara o obscurantismo. Em todos os domínios, desprezou os preconceitos e os preceitos da Igreja, sempre poderosa, mas não mais a guardiã do conhecimento. Podemos afirmar que nessa época o Homem balançou entre a Revelação e a Experimentação, começando finalmente a pender para o lado desta última. Descobriu um Novo Mundo: a América (Cristovão Colombo, 1492), a redondez da Terra, o movimento dos astros e o heliocentrismo, acelerando a difusão do saber e das ideias através do processo eficaz da imprensa (Gutemberg ca.1440). O domínio religioso não escapou a este repensar e ainda que as dissenções entre cristãos sempre tenham ocorrido – bastaria o episódio de Avinhão, em que chegaram a existir três papas – as querelas atingiram, desta vez, enormes proporções: desde o cisma desencadeado em 1517 por Martinho Lutero, pai da Reforma, até à reacção dos católicos e ao surgimento da Contra-Reforma aquando do Concílio de Trento (1543-1563). Antes do Concílio, os católicos tinham já começado a preparar a sua resposta com a criação da Companhia de Jesus (ordem dos Jesuítas) em 1540 e com a Inquisição em 1542, dois organismos encarregados de zelar, à sua maneira, pelos interesses do papado. A ruptura com Roma faz-se, por vezes, de maneira brutal, como em Inglaterra com Henrique VIII que se proclama uniteralmente chefe da Igreja do seu país, em 1534, facto que não deixou de criar problemas: os seus diversos sucessores oscilarão entre o anglicanismo e o catolicismo, e todos perseguirão ou, pelo menos, não serão meigos com aqueles que afirmarem ostensivamente uma confissão contrária.

Politicamente, também este não foi um período calmo. Se a Guerra dos Cem Anos terminara, enfim, em meados do séc. XV (1453), os Turcos otomanos conquistam Constantinopla na mesma data e ameaçam a Europa. Em Inglaterra tem lugar a guerra civil das Duas Rosas (1455-1485); em França, Luís XI acaba por anexar a Borgonha e a Picardia; a Espanha culmina a sua reconquista tomando Granada, em 1492. O século XVI assiste ao degladiar das grandes potências e ao fracasso militar da França, irresistivelmente atraída para a Itália. O final do século será marcado pelas guerras de religião, as quais terminarão em França, de forma mais ou menos provisória, com a assinatura do édito de Nantes em 1598.

Para terminar com uma nota mais optimista, esta época difícil viu nascer personalidades como Botticeli, Leonardo da Vinci, Maquiavel, Erasmo, Dürer, Copérnico, Miguel-Ângelo, Montaigne...

Nem sempre é fácil saber em que momento exacto devemos deixar de falar da Idade Média para referir a Renascença. Com efeito, se sempre foi certo que o século XVI não era já medieval, existia ainda, por vezes, uma certa imprecisão quando se tratava de integrar no novo período a quase totalidade da produção do século precedente. Desta forma, o séc. XV, pelo menos musicalmente falando, caracteriza-se pelos mesmos elementos dos decénios que se lhe seguiram.

• **conclusão da laicização da música**. Um género muito importante é o da composição polifónica profana: o *tenorlied* (alemão), a *chanson* (francesa), o **madrigal** moderno (italiano ou inglês).

• apogeu do género do *Ordinário* da missa em polifonia, que assumirá carácter cíclico, isto é, percorrido em todas as suas partes e em todas as suas vozes por um mesmo tema que deixa de ser forçosamente religioso. O *cantus firmus* (melodia de base) poderá, desta

forma, ser originário de uma qualquer canção profana, como *l'homme armé* ou mesmo ser inteira-mente inventado pelo compositor.
• aparecimento da noção de **harmonia** no sentido moderno do termo, com a utilização na cadência final, do seu elemento mais característico: **o acorde perfeito de três sons**. As sonoridades dos acordes compreendendo terceiras e sextas foram, inicialmente, emanações da técnica do fabordão (harmonia *de facto*), e só mais tarde, verdadeiramente integrados no vocabulário musical. No entanto, o sistema de escrita faz-se sempre por partes separadas. Os compositores gostavam bastante de fazer ouvir as vozes, duas a duas, seguindo o princípio do *bicinium*.
• recuo claro da antiga modalidade eclesiástica em proveito do que irá transformar-se no sistema dual maior-menor. Em 1547, Glaéran acrescenta quatro modos teóricos aos oito pré-existentes: os dois primeiros com a fundamental em *lá* e os dois últimos com a funda-mental em *dó*:

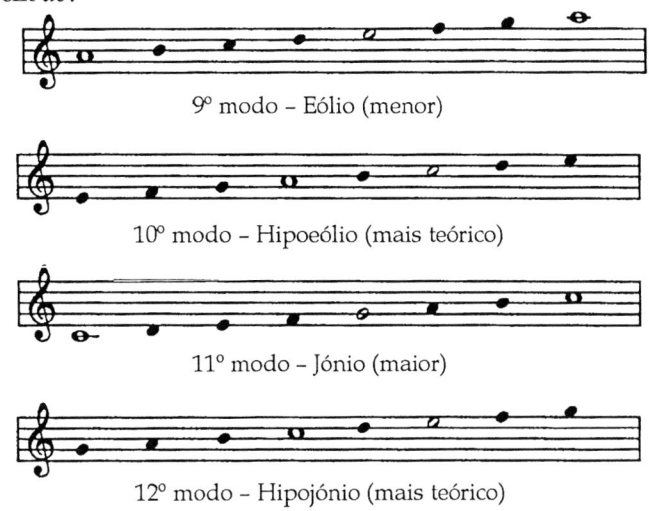

9º modo – Eólio (menor)

10º modo – Hipoeólio (mais teórico)

11º modo – Jónio (maior)

12º modo – Hipojónio (mais teórico)

• em 1558, o teórico e compositor veneziano Gioseffo Zarlino (*ca.*1517-1590) agrupa todos os acordes em duas categorias, maiores e menores, e preconiza a utilização do que, na época barroca, se chamará de contínuo.
• simplificação dos ritmos e aligeiramento das melodias. A composição melódica na época gótica dá lugar a uma escrita que tem em conta a respiração natural do homem. A notação musical transforma-se ligeiramente: as notas são, na sua maioria, a branco (notação branca) mas são ainda em forma de losango (à excepção das longas e das máximas, respectivamente quadradas e rectangulares). Realizam-se, frequentemente, mudanças de compasso, passando-se de um para outro através de um sistema de proporções (uma mesma batida de tempo decompõe-se diferentemente de cada lado da barra de compasso):

come, sweet love, O come
proporções em Tomkins na peça *Adieu, ye city-prisonning towers*

• desenvolvimento de um **reportório puramente instrumental**. No início é composto apenas de transcrições, tornando-se, mais tarde, verdadeiramente original;
• aparecimento da **imprensa musical** (1501). Em 1501, Ottaviano Petrucci publica em Veneza a primeira de todas as partituras impressas: uma recolha de canções polifónicas intitulada *Harmonice Musices Odhecaton*. À época, sobressaíam as considerações de ordem

prática pelo que não é raro ver recolhas ser impressas de cabeça para baixo e vice-versa (processo A) mas, ao longo do tempo e até ao século XIX, a música polifónica, no sentido lato, apenas será impressa em partes separadas, com um caderno distinto para cada voz (processo B).

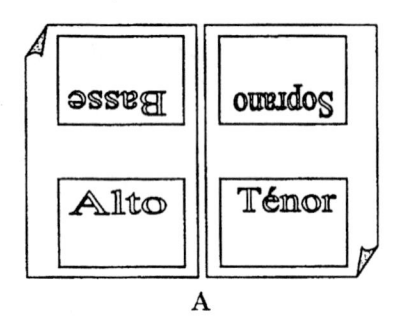

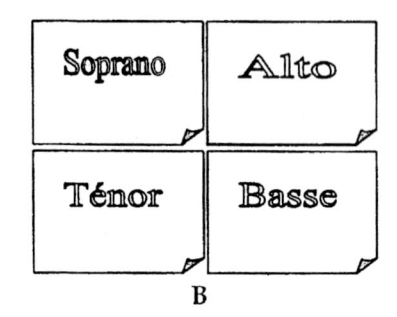

Os franco-flamengos

Conjunto de compositores franceses e, mais tarde, flamengos, que nos séculos XV-XVI estudaram e trabalharam na capela do poderoso ducado da Borgonha (Bélgica, Flandres, Lorena, Luxemburgo, Franco-Condado e Borgonha) e que era então muito importante em termos artísticos, especialmente sob a influência dos seus príncipes Filipe, o Bom e Carlos, o Temerário. Estes músicos tiveram depois ocasião de se confrontar com diferentes estilos, ao permanecer por períodos mais ou menos longos em França e em Itália, onde farão parte da corte de príncipes e ocuparão cargos de relevo. Por sua vez formarão as gerações seguintes de compositores e, geralmente, regressarão às suas terras natais no final das suas vidas.

O inglês **John Dunstable** (*ca.*1380-1453), apesar de não ser, verdadeiramente, um músico franco-flamengo, foi, à imagem de Ciconia, um dos compositores que, no início da Renascença, não hesitou em misturar estilos musicais ainda muito particularizados aos seus países. Estando os seus compatriotas presentes em grande número em França, devido à Guerra dos Cem Anos, o contacto com as práticas continentais foi facilmente estabelecido. Assim, as alianças inglesas com a Borgonha irão permitir a Dunstable encontrar, entre outros, Gilles Binchois (*ca.*1400-1460) e Dufay, ambos cerca de 20 anos mais novos. Deste encontro resultará uma troca profícua de géneros e técnicas, bastante proveitosa para os três. O compositor inglês deixou obras que reflectem bem esta síntese estilística, entre as quais encontramos motetos, canções e fragmentos de missas. O ponto técnico principal que exportou, parece ter sido a escrita em terceiras e sextas paralelas, resultantes da escrita em fabordão, muito utilizada então na Inglaterra.

Guillaume Dufay (*ca.*1400-1474) é um dos primeiros compositores realmente franco--flamengos. A sua longevidade e as suas numerosas viagens permitiram-lhe confrontar-se com todos os géneros e todas as técnicas. É assim que, partindo de Cambrai, exercerá funções ou habitará em Rimini, Roma, Chambéry, Florença, Ferrara, regressando de forma definitiva a Cambrai, em 1445, onde permanecerá até à sua morte. Deixou nove missas completas, utilizando tenores inventados, litúrgicos (*Ave Regina caelorum*) ou profanos (*l'homme armé*):

Dufay, extracto do *Agnus dei* da missa *l'homme armé* (melodia no centro)

Chegaram aos nossos dias 76 motetos, provavelmente ainda escritos segundo a técnica da *ars nova*, com tenores isorrítmicos e a presença de um texto diferente em cada voz (*Ecclesiae militantis* de 1431, que compreende cinco vozes e o mesmo número de textos), e 83 canções de todas as formas, em que domina o rondó que, à época, estava no seu apogeu.

Johannes Ockeghem (*ca*. **1410-1497**) irá adoptar uma estética orientada por uma maior complexidade musical, numa espécie de "regresso ao gótico", com melodias em que abundam as síncopas e os valores breves, delicadas sobreposições de compassos e uma arte de contraponto "matemático" que se afirma com o desenvolvimento da técnica do canône, a qual surge como uma espécie de enigma rebuscado, dado que as partes não são todas escritas e as vozes em falta são como que para "adivinhar". Originário da Flandres, Ockeghem passará a fase mais importante da sua carreira em França, culminando com a sua admissão na capela real, em 1452. Desde então, tornar-se-á internacionalmente célebre, sem se deslocar geograficamente, graças à reputação das suas obras que compreendem, entre outras, 13 missas baseadas em temas diversos, alguns motetos e canções e o primeiro exemplo que chegou até nós de um *Requiem* (*Missa pro defunctis*), escrito por volta de 1470. Também lhe atribuem um rondó a três vozes que servirá, posteriormente, de modelo de missas: *Fors seulement*. Para finalizar, podemos citar alguns exemplos de bravura composicional, tais como o *Deo gratias* a 36 vozes, repartidas num quádruplo canône a nove vozes e, a missa *prolationum* (prolações) na qual apenas duas das partes estão escritas, devendo as duas restantes ser "adivinhadas" [a partir de instruções dissimuladas nas outras vozes ou texto].

Josquin des Prés ou **Desprez** (*ca*.**1440-1521**) teve uma existência bastante "clássica" para um franco-flamengo: uma juventude na Picardia, uma actividade musical italiana e uma velhice flamenga. Primeiramente, foi contratado como *chantre* na Catedral de Milão (1459-1472), depois entra ao serviço do duque Galeazza Maria Sforza e, mais tarde, do cardeal Ascanio Sforza em Roma (a partir de 1474) e será um dos músicos da capela pontifícia entre 1486-1494. Estes cargos não o impediram de fazer longas viagens a Paris, Modena e Nancy. Por fim, entrará ao serviço do duque de Ferrara, de 1499 a 1505, data do falecimento deste último. Regressará então, à sua região natal e terminará a sua vida em Condé-sur--l'Escaut. Podemos considerá-lo como o compositor que elevou a um ponto máximo toda a tradição contrapontística polifónica medieval: apesar das tentativas de alguns colegas seus contemporâneos, não teve qualquer rival, a tal ponto que ao longo da sua vida e até ao início da época barroca as suas obras eram citadas como modelos inultrapassáveis. Depois dele, a única personagem de envergadura, com o mesmo tipo de preocupações musicais e que as soube elevar a um tal nível de perfeição, foi Johannes Sebastian Bach, nascido 250 anos depois. De Josquin conhecem-se uma vintena de missas, uma centena de motetos e cerca de cinquenta canções. As missas têm temas variados, provenientes de canções profanas (como "*l'homme armé*" que existe em duas versões), de textos musicados, ou mais tradicionalmente, de *incipit* gregorianos, como a missa *Pangue lingua*, uma obra-prima escrita sobre o hino gregoriano homónimo:

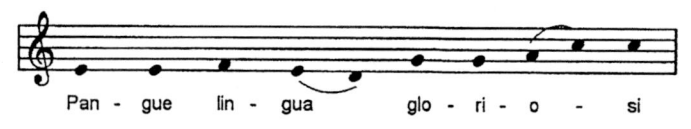

Motivo inicial do hino *Pangue lingua*

Josquin: início em *bicinium* do *Kyrie* da missa *Pangue lingua*

Esta missa, destinada à Festa do Santíssimo Sacramento, é a última obra do género escrita por Josquin em meados de 1515. É a prova da excelência da sua arte, que varia sem cessar as combinações sonoras das suas quatro vozes e desenvolve uma técnica contrapontística que não dá a ideia de qualquer esforço cerebral mas, pelo contrário, evidencia sempre um ar natural, tão grande é a suavidade das diferentes partes. Além do mais, podemos encontrar nela uma das características da escrita josquiniana, a saber, a proximidade do sentido do texto e da música que o valoriza, premissa do que se tornará, mais tarde, no figuralismo.

Roland de Lassus ou Orlando di Lasso (1532-1594) pode ser considerado como o último grande compositor da escola franco-flamenga. Iniciou a sua carreira em Mons como *chantre* e entra, seguidamente, ao serviço de Fernando de Gonzaga, vice-rei da Sicília, seguindo o seu patrono nas suas diversas viagens europeias. Em 1553, está em Roma onde se torna mestre de coro em S. João de Latrão. Encontramo-lo depois em Anvers, em 1555-56, onde fará editar algumas obras por um dos maiores editores da época, Tielman Susato. Será depois contratado como *cantor* na corte da Baviera (1556) de qual se tornará mestre de capela em 1564, lugar que conservou até à sua morte. Sempre lhe foi possível viajar e manter-se atento ao seu tempo. É assim que a sua produção monumental (700 motetos, 200 madrigais, 101 *magnificats*, 141 canções, 90 *lieder*, 70 missas e quatro *Paixões*...) cobre todos os géneros existentes na época, sabendo, em cada uma delas, captar o necessário requinte estilístico: as suas canções soam verdadeiramente de forma *francesa*, os seus madrigais são *italianos* e a estética pós-tridentina é bem respeitada nos seus **motetos** (nova maneira) e nos **salmos da penitência**. Também lhe ocorreu misturar géneros e línguas a fim de ser mais eficaz. O exemplo seguinte é o início de uma **villanella** (canção camponesa napolitana a três vozes) com um poema francês de Jean-Antoine de Baïf. O estilo musical italiano, muito saltitante, convém perfeitamente ao tema da peça: *Une Puce* [*Uma Pulga*]:

Lassus, início de *Une Puce*

•O século XVI

Se o séc. XV musical foi globalmente o da escola franco-flamenga, o séc. XVI assiste ao desenvolvimento de correntes nacionais que, apesar de ilustrarem géneros musicais bastante parecidos, como a canção ou a música instrumental, se distinguiram por sensibilidades particulares. A Reforma protestante irá, de facto, afectar musicalmente toda a Europa, já que se uma simplificação e uma mutação surgirão nos países que adoptaram uma das formas da religião reformista, os países que permaneceram católicos, vão também alterar totalmente as suas práticas musicais e dirigir-se no mesmo sentido dos seus adversários.

A **Inglaterra** vive, nessa época, uma situação bastante particular. Henrique VIII iniciara um período de alternância quanto ao estabelecimento da religião oficial e os compositores ingleses, pelo menos no domínio da música sacra, posicionar-se-ão de maneira estável (mantendo, custe o que custar, a sua fé) ou mutável (seguindo a alternância dos cultos). A música religiosa de então prosseguirá, por um lado, na corrente latina/católica já dominante e, por outro lado, aperfeiçoará novos géneros tipicamente anglicanos. Os textos destas novas peças são escritos em inglês, como o *anthem* cujo nome é derivado da antífona gregoriana e que não é mais do que um moteto. **Thomas Tallis** (*ca*.1505-1585) permaneceu católico toda a sua vida, o que não o impediu de ser mantido no seu posto de organista e de compositor da capela real, apesar da alternância religiosa. Soube compor obras magníficas nos dois estilos (missas, missas fúnebres, salmos) mas a partitura que o tornou mais conhecido hoje é um impressionante moteto a 40 vozes, *Spem in alium*, escrito por ocasião do quadragésimo aniversário da Rainha Isabel I em 1573. Este moteto é construído sobre oito coros a cinco vozes, os quais entram sucessivamente uns após os outros, com o mesmo motivo inicial. Tallis joga com efeitos espaciais (disposição, eco) e harmónicos (a 40 vozes, as consonâncias são obrigatórias). O seu aluno e seguidor **William Byrd** (**1543-1623**) trabalhou com ele na capela real, a partir de 1572 e ambos conseguiram o monopólio da edição musical na Inglaterra, em 1575. Esta aventura de grande futuro não parece ser então muito rentável, daí que a rainha os tenha ajudado financeiramente. Tal como Tallis, Byrd era católico e consegue permanecer na capela real, escrevendo música católica (três missas e 260 motetos) e música anglicana (*anthems*, salmos e missas de defuntos). Mas, a sua obra não se limita aos géneros sacros, dado que se encontram árias para voz solo com acompanhamento de violas (adaptado mais tarde para cantores), como esta magnífica canção de embalar (*Lullaby*) extraída de *Psalmes, Sonets, & songs of sadness and pietie [Salmos, Sonetos, & canções de tristeza e piedade]*, publicada em 1588:

Byrd, *Lullaby, my sweet little baby*, compassos 8-15

O terceiro domínio no qual Byrd se tornou ilustre foi o da música puramente instrumental para *ensemble* de violas e virginal, da qual encontramos alguns exemplos nas numerosas recolhas da época, tanto impressas como manuscritas, como o *Fitzwilliam Virginal Book* (compilação de peças de diversos autores recopiadas por um prisioneiro, Francis Treguian) ou o *My Ladye Nevell's Booke* (inteiramente consagrado a Byrd) e que nos apresenta um grande número de variações sobre temas originais, sacros e profanos, então presentes na memória colectiva. A terceira grande personalidade inglesa do século XVI foi **John Dowland (1563-1626)** que pelos géneros abordados e técnicas de composição não será ainda um compositor da época barroca. Em 1580 está em Paris ao serviço do embaixador da Inglaterra e será nesta cidade que se converterá ao catolicismo. De regresso ao seu país, a sua confissão religiosa impedi-lo-á de obter um cargo oficial, apesar dos títulos universitários obtidos em Oxford e em Cambridge. Decide então regressar ao continente, viajando para a Alemanha e, posteriormente, para a Itália. Em 1595, em Nuremberga, abandona o catolicismo com o objectivo de voltar para Inglaterra. Em 1598 torna-se alaúdista do rei Christian IV da Dinamarca. Em 1606 regressa finalmente a Londres e consegue, enfim, um cargo oficial em Inglaterra, sendo um dos *King's Musicians for the Lutes*. A sua reputação internacional de cantor e de alaúdista virtuoso chega tardiamente ao seu país, que apenas nos derradeiros anos da sua vida reconhecerá o grande talento do seu músico. Dowland deixou um conjunto de obras bem definido: três livros de *Ayres* (1597, 1600, 1603), uma quarta colectânea publicada em 1612 (*A Pilgrim's Solace*) além de uma grande quantidade de peças para alaúde. O tipo de ária consagrado por Dowland beneficia de um acompanhamento variável: alaúde, conjunto de violas ou de vozes que intervêm em função dos músicos disponíveis. Os textos utilizados são vulgarmente de atmosfera triste e lamentosa, evocando em geral as lágrimas, a tristeza e o desespero, a exemplo da sua composição mais parodiada (inclusive por ele), a ária intitulada *Flow, my tears* que será conhecida em toda a Europa sob o nome de *Pavane Lachrymae* (*Pavana das lágrimas*):

Início da ária *Flow my tears*, tema das pavanas L*achrymae*

Clément Janequin (*ca*.1485-1558) É, com toda a justiça, uma das figuras mais conhecidas da música francesa da Renascença. Este padre, que foi cónego em St. Émilion na região do Bordelais, ocupou diversos lugares nessa região, até 1533, data em que se instalou em Angers. Em 1549 ruma a Paris e será nomeado, seis anos mais tarde, *chantre* da capela real (com setenta anos de idade). O seu género preferido é a canção francesa para quatro vozes: escreverá cerca de 250. A sua publicação inicia-se por volta de 1520 e conhece imediatamente sucesso internacional. A temática é bem a do seu tempo: canções descritivas (*La Guerre*, subintitulada *La Bataille de Marignan*; *Le Chant des Oiseaux*) recheadas de onomatopeias, canções de amor (sobre poesias de Ronsard), canções eróticas (*Or vien ça, vien, m'amie*) que apresentam uma brejeirice assombrosa, para mais vinda de um eclesiástico:

Or vien ça, vien, m'amie compassos 13-16

A licenciosidade não é, claro, a única característica da sua obra: é necessário, igualmente, sublinhar uma mestria a par de uma clareza polifónica, conseguida através de uma escrita resolutamente silábica e do emprego de imitações muito curtas, passando sem interrupção de uma voz a outra, conferindo ao conjunto um forte dinamismo confirmativo. Janequin, do qual se perdeu quase toda a música religiosa (à excepção das missas *La Bataille* e a *Aveuglé Dieu*) escritas já no final da sua vida, foi considerado um modelo, com o seu contemporâneo Claudin de Sermisy (*ca*.1490-1562), para todos os continuadores do género da canção polifónica francesa: Pierre Certon (*ca*.1515-1572), Guillaume Costeley (*ca*.1530-1606).

A **música alemã** da Renascença parece ligeiramente atrasada relativamente às suas congéneres europeias. No entanto, desenvolve-se um género particular: o *lied*. Deriva da fusão das formas homónimas medievais e, partindo de composições monódicas, reforça progressivamente a sua polifonia até meados do séc. XVI, altura em que se estabiliza numa forma a quatro vozes. A sua particularidade é a de ter a melodia principal primeiramente atribuída ao tenor, depois passá-la progressivamente para o soprano, para produzir uma forma próxima da melodia acompanhada. Eis o resumo da sua evolução:

	XV	XV	XV-XVI	XVI	XVI	XVI-XVII
Soprano	ac. inst.	ac. inst.	ac. inst.	**me** – vocal	melodia (cânone)	**melodia**
Alto		ac. inst.	ac. inst.	vo-**lo**-cal	vocal	vocal
Tenor	**melodia**	**melodia**	**melodia**	voca-**di**-l	melodia (cânone)	vocal
Baixo			ac. inst.	vocal - **a**	vocal	vocal

Ac: inst.= acompanhamento instrumental

Também existiram outras formas mais elaboradas, no sentido em que as três vozes mais graves foram escritas de uma maneira mais complexa. Para servir a nova religião reformista alemã, Martinho Lutero utiliza o *lied* polifónico a quatro partes homófonas (o *coral*) do qual a assembleia podia cantar a melodia, bem como uma versão mais sofisticada deste último, tratado em **estilo moteto**, reservada ao coro da igreja. Os compositores percorreram o conjunto da música então disponível e inventaram novas melodias, não hesitando sequer em ir buscar timbres ao reportório católico, e mesmo gregoriano, e ao universo da canção profana contemporânea.

O **Concílio de Trento**, que se realizou de 1545 a 1563, indicou as grandes orientações da Contra-Reforma e, para além das questões estritamente doutrinais, tratou igualmente de assuntos musicais. O principal problema seria contrariar a tendência hedonista da música pré-tridentina e encontrar soluções para lhe restituir o seu papel de "acompanhamento" da liturgia, concentrando a atenção no texto cantado. Dito de outra forma, seria necessário suprimir na música tudo o que pudesse prejudicar a *boa inteligibilidade da mensagem* e de alguma maneira distrair o ouvinte (artifícios técnicos ou sonoridades particulares). No final dos trabalhos, o Concílio chegou a algumas conclusões, devendo estas servir para o melhoramento da música católica.

O que foi reprovado: melodias demasiado melismáticas; vocalizos demasiado longos; a utilização de *tenores* profanos como tema cíclico de uma missa; a escrita de imitações demasiado complexas, sobrepondo textos e tornando-os incompreensíveis; ritmos demasiado complicados; a presença de instrumentos. O exemplo da missa de Dufay (atrás exposto) apresenta alguns destes reprováveis "abusos", como se diria na altura. Nele podemos reparar que sobre o primeiro acorde é cantada em cada uma das quatro vozes, uma sílaba diferente: *bis, no, mi* e *qui*, o que não favorece uma boa compreensão do texto, geralmente, bastante cortado. Além disso, o *tenor* é retirado de uma canção profana, *Se la face ay pale*:

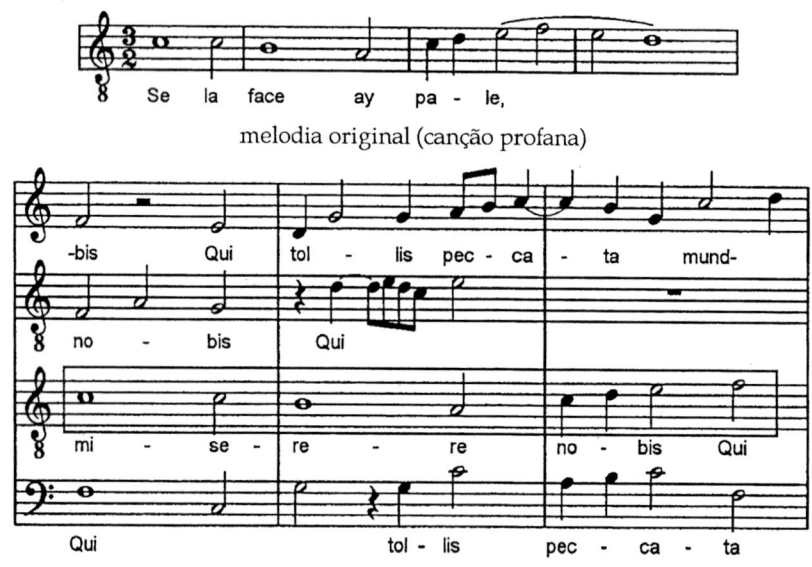

melodia original (canção profana)

Dufay, *gloria* da missa *Se la face ay pale*: alguns "abusos"

O aconselhável: melodias simples, harmoniosas e enquadradas; uma escrita que procure satisfazer ao máximo a regra "uma sílaba, uma nota"; uma polifonia leve e essencialmente vertical (harmónica), funcionando por blocos de vozes; uma rítmica clara, repousando num *tactus* lento; um estilo *a capella*. Para as peças mais pomposas, a utilização de um coro duplo seria permitido – utilizado sobretudo em forma de antífona – desde que a polifonia permanecesse clara e o texto inteligível.

Os músicos tiveram, então, de enquadrar o seu próprio estilo com as exigências tridentinas. Alguns recusaram-nas, outros modificaram-nas, mas os compositores do círculo da capela pontifícia, aceitaram-nas e souberam transformar as suas práticas para responder de maneira satisfatória. Fora de Roma, Vincenzo Ruffo (*ca*.1510-1587), mestre de capela na catedral de Milão, seguiu perfeitamente as considerações do Concílio, pois publica em 1574 e em 1580, recolhas de missas no estilo preconizado, a segunda apresentando a menção de *"composte seconda la forma del concilio tridentino"* [*organizada segundo as recomendações do Concílio de Trento*].

Vincenzo Ruffo, *Gloria* da *Missa quarti toni*

Giovanni Pierluigi da Palestrina (*ca*.1525-1594) foi o principal compositor da escola "romana", ligado às novas orientações musicais ditadas pelo Concílio. Nascido em Palestrina, perto de Roma, foi admitido na escola de música de uma das igrejas desta cidade (Stª Maria

Maior), onde estuda os grandes compositores das gerações precedentes (os franco-flamengos e os italianos). Em 1554, torna-se mestre de canto e organista na catedral de Palestrina, cujo cardeal se tornará papa em 1551 (Júlio III). Chamado a Roma, torna-se maestro da capella Giulia e cantor na capela pontifícia. A vaga reformista irá atingi-lo quando, em 1555, um novo papa despede todos os músicos casados ou autores de obras profanas: Palestrina retira-se e torna-se mestre de capela na catedral de S. João de Latrão, em 1560. Em 1561, regressa a Stª Maria Maior trabalhando no sentido de "purificar" a música religiosa, de acordo com os preceitos tridentinos. É nesta altura que compõe a célebre *Messe du Pape Marcel*, examinada pelos cardeais do Concílio em Abril de 1565 e que, juntamente com outras composições de diversos autores, "salvará" a escrita polifónica pela clareza das suas linhas e pela boa compreensão do texto: *nihil obstat* à sua divulgação, apesar da *tenor* "emprestado" de... *l'homme armé*. Em 1571, voltará a ocupar funções na basílica de S. Pedro onde terminará a sua carreira e será sepultado, em 1594. O estilo das suas obras, resolutamente estáticas, homófonas e finalmente, pouco variadas – se as compararmos com as dos últimos franco-flamengos – será designado como modelo para todos os compositores posteriores:

Início do *Stabat Mater* para dois coros (aqui, coro 1)

Em **Veneza**, as recomendações do Concílio foram recebidas mas muito pouco observadas. Com efeito, desde o início do século que os músicos da Sereníssima República, iam no sentido de um fausto musical cada vez maior, que não era muito compatível com o estilo palestriniano, daí em diante considerado como o modelo da escrita da música religiosa. Em S. Marcos, a presença de duas tribunas opostas, cada uma provida de um órgão – o segundo fora instalado cerca de 1530 – encoraja naturalmente a escrita para coros alternados ou *cori spezzati*, vocal e instrumentalmente característicos. Desde Adrian Willaert (*ca.*1480-1562) até Monteverdi, passando pela família **Gabrieli**, representada pelo tio **Andrea (1510-1586)**, autor das *Sacrae cantiones* (1565) e depois pelo sobrinho **Giovanni (1555-1612)**, autor das *Sacrae symphoniae* (1597) e das *Symphoniae sacrae* (1615), a escola veneziana realizara regularmente experiências musicais vanguardistas que integravam a policoralidade, os cromatismos, a ilustração sonora do texto, um instrumentário sofisticado, que deixa de dobrar as vozes de forma servil, a utilização de um princípio concertante e os primeiros baixo-contínuos. Estas experiências irão servir de reservatório de práticas para todos os compositores do período seguinte: a *Paixão segundo S. Mateus* (1727) de Bach é uma digna descendente das composições venezianas do final do séc. XVI.

- **A arte instrumental**
a) a música para instrumento solista
No século XVI, o teclado (órgão, cravo, virginal...) e o alaúde dividem entre si a preferência dos solistas que começam a exibir-se com um reportório especialmente adaptado a cada instrumento. Este reportório é formado por **adaptações** de peças pré-existentes como:
- **transcrições** completas de obras vocais, muitas vezes em tablaturas que diferem consoante os instrumentos e, sobretudo, o país;
- **reduções** de partes superiores, de que são versões ornamentadas, como a que fez Giovanni Bassano em 1591, ao apresentar a sua versão do soprano da canção de Roland de Lassus, *Susanne ung jour*. No exemplo seguinte, o original está em cima e a versão ornamentada, em baixo:

Lassus/Bassano, Susanne ung jour

O reportório de solista continha igualmente **composições originais** que podiam ser:
• marcadas sobre os movimentos da dança, como a *pavana* ou a *galharda* tendo, por vezes, uma temática comum, como neste par de danças de John Bull (*ca.*1562-1628):

Pavan de John Bull

Galliard to the Pavan de John Bull

• construídas sobre temas, então conhecidos, como *In Nomine*, que é uma especialidade inglesa e que provém de um tema de cantochão, utilizado por Taverner (*Gloria tibi Trinitas*), do qual este último mudou o texto para *In Nomine*:

In Nomine

Seguidamente, muitos compositores utilizaram este motivo como tema principal:

In Nomine de John Bull

• marcadas sobre baixos *ostinattos* como a *folia*, a *romanesca* ou o *passamezzo*;
• sendo puras pesquisas instrumentais como o prelúdio, o *ricercar*, a fantasia.

b) a música de *ensemble*

A exemplo da música solista, a música polifónica instrumental passará por fases de transcrição, depois desenvolverá géneros musicais idênticos mas distintos dos modelos vocais. A composição destes grupos é bastante variada: por um lado, temos os *ensembles* de instrumentos que pertencem a uma mesma família instrumental (violas da gamba, flautas de bisel,...) com o nome de *whole consorts*; por outro os *ensembles* que misturam diversos instrumentos e vozes, os *broken consorts*. As obras então publicadas são danças, reagrupadas tonal e tematicamente, e peças intituladas *canzon* ou *canzona*, título que demonstra a sua origem vocal. Em 1609, o inglês William Brade (1560-1630) publica uma colectânea escrita a cinco partes, sendo a instrumentação livre, apesar de ser notório que teve uma preferência evidente pelas cordas:

Paduana (pavana) a 5 de William Brade

Galliard (galharda) a 5 de William Brade

Se as *pavanas* e as *galhardas* constituem o essencial da publicação, verifica-se a presença de outras danças, como a *alemanda* ou a *corrente*, que serão integradas, na época seguinte, na *suite* instrumental.

Capítulo 8: a música barroca (1600-1750)

• **generalidades**

A música barroca baliza-se entre referências temporais bastante simbólicas. Os musicólogos situam o seu início com o aperfeiçoamento da ópera, por volta de 1600, e o seu final com o desaparecimento de Johann Sebastian Bach, em 1750. Estas duas fronteiras são teóricas dado que, em ambos os casos, correspondem a épocas em que coexistiram elementos musicais pertencentes a estéticas diferentes: renascença/barroco para a primeira, barroco/clássico para a segunda. Seja como for, estas fronteiras são cómodas e permitem organizar este período, dividindo-o em três grandes épocas, cada uma delas estendendo-se ao longo de cinquenta anos. Geograficamente, existe o hábito de fraccionar esta época em três grandes esferas de influência: a música francesa, a música italiana e, aquela que usualmente se designa por música alemã, mas que não é, de facto, limitada ao seu território, ouvindo-se noutros países como a Inglaterra ou os Países-Baixos. Se as duas primeiras são perfeitamente definidas pelas características musicais próprias de cada um dos dois países, a terceira é mais claramente cosmopolita e integrativa. Se efectivamente esta reúne elementos tipicamente franceses ou italianos, não lhe repugna utilizar outros mais "exóticos", vindos de países situados a Leste, caso da Polónia. Além disso, será necessário não esquecer todos os outros países como a Inglaterra, a Holanda ou a Espanha que não tendo grandes compositores nacionais, ao contrário dos outros três, souberam atrair grandes músicos, os quais integraram, por vezes, materiais musicais autóctones. Podem ser dados dois exemplos significativos na figura de dois emigrantes célebres: Georg Friedrich Haendel e Domenico Scarlatti, nascidos, respectivamente, na Alemanha e na Itália, e que passaram os últimos anos de suas vidas um em Inglaterra e o outro em Espanha.

Podemos destacar do barroco musical alguns pontos fortes. Em primeiro lugar, esta época considerou que a vida seria um palco, onde toda a gente teria o seu próprio papel, do mais humilde ao mais prestigioso: o cerimonial é uma ideia fundamental do barroco. Depois, é a época que viu generalizar-se a junção de um sentido extra musical a uma partitura: a música é uma linguagem e os seus sons, tanto pela sua disposição sonora como pela escrita, representam algo que irá completar o já sugerido, mais ou menos explicitamente pelo texto. A simbólica sonora, o figuralismo musical, são duas expressões que remetem para esta mesma ideia, que então era universalmente empregue. Seguidamente, a música está destinada a representar as paixões da alma e tudo é feito para o conseguir: escolha das tonalidades, dos tempos, dos instrumentos, dos ornamentos. Estas paixões podem ser variadas, mutáveis e, por vezes, contraditórias (cf. as estâncias do *Cid* de Corneille). Devendo segui-las, a música terá um comportamento móvel e dinâmico. Isto terá, por consequência, o aperfeiçoamento de uma forma que permite expressar todos estes elementos de uma só vez: a ópera. No domínio puramente instrumental, a sonata e o concerto vão aplicar estas regras explícitas ao fazer dialogar (*concertare* = opôr-se) os instrumentos. Num outro domínio, as disputas internas no seio do cristianismo ocidental tinham terminado numa espécie de *status quo*, e o concílio de Trento, que definira as novas orientações ao classificar o estilo estático de Palestrina como o *stilo ecclesiastico*, ver-se-á mais ou menos contornado pelo aparecimento de novas formas paralitúrgicas (como o oratório ou a cantata), nascidas da vontade dos compositores em integrar nas suas obras sacras as evoluções estéticas acima referidas. Tecnicamente, a música barroca pode definir-se como sendo a época do baixo-contínuo (bipolaridade entre o soprano e o baixo cifrado), do estilo concertante, da tomada de consciência da predominância da tonalidade (maior/menor) e das relações fortes que existem entre os diferentes graus de uma escala. É assim que todo um vocabulário comum, próximo de uma colecção de "clichés" musicais, vai ser utilizada pelos compositores.

A música barroca (1600-1750)

Algumas sequências de intervalos melódicos irão ter um significado bem preciso, como o "cliché" seguinte que se caracteriza por:
1) o modo menor;
2) o início sobre a dominante;
3) o meio-tom superior e a sétima diminuta descendente;
4) a terminação na tónica.

"cliché" melódico

Ao longo da época barroca, e mesmo até Mozart, estas quatro notas serão empregues frequentemente:
1) na música religiosa;
2) como tema de fuga.

Os quatro exemplos seguintes foram escritos na mesma tonalidade a fim de facilitar a sua comparação:

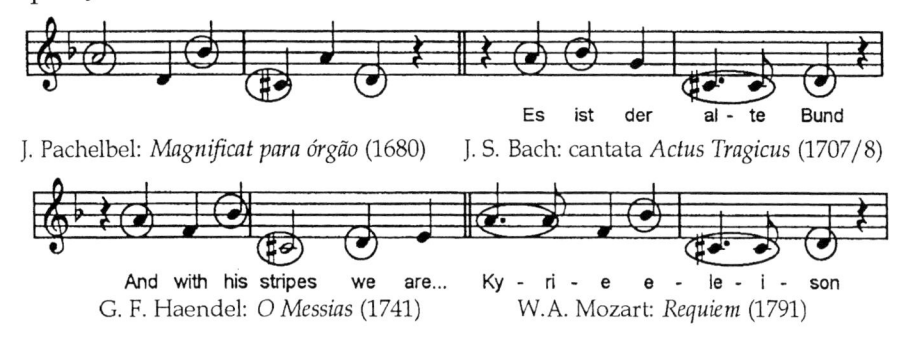

J. Pachelbel: *Magnificat para órgão* (1680)   J. S. Bach: cantata *Actus Tragicus* (1707/8)
Es ist der al - te Bund

G. F. Haendel: *O Messias* (1741)   W.A. Mozart: *Requiem* (1791)
And with his stripes we are... Ky - ri - e e - le - i - son

1. A música francesa barroca caracterizar-se-á por uma certa elegância melódica e harmónica, bem como pela arte muito subtil e indispensável da ornamentação. A sua música instrumental solista é dominada pelo alaúde e depois pelo cravo, e pouco encontramos de música orquestral, à excepção das *symphonies* das óperas. No domínio vocal, o início do século XVII é dominado pelo género da ária de corte (voz e contínuo), enquanto que no fim Lully irá impôr, por muito tempo, o género da *tragédie lyrique* [tragédia lírica]. No domínio religioso, o moteto em todas as suas formas preenche largamente o espaço ocupado, até então, pela missa, género que beneficiará de poucas realizações musicais verdadeiramente interessantes.

Jean-Baptiste Lully (1632-1687) teve uma carreira em tudo assombrosa. De origem florentina, muito modesta, é levado para França para ensinar italiano à duquesa de Montpensier, que o contrata em 1645 (Lully tem apenas treze anos). Sendo bastante dotado, torna-se rapidamente um dos pagens da música e depois, um dos melhores elementos da sua orquestra. Após a Fronda, deixa o seu cargo, devido, sem dúvida, à queda em desgraça da sua patrona. Consegue entrar ao serviço do jovem Luís XIV, em 1652, que o incorpora nos seus vinte e quatro violinos e para o qual Lully participa na composição de músicas de *ballet*. No ano seguinte, é nomeado compositor de música instrumental e a pouca música vocal que escreve é apenas em italiano e para os *ballets*. Tendo Mazarino feito deslocar a Paris óperas italianas, Lully comporá uma vez mais e de novo para os *ballets*, destinados a serem integrados no espectáculo dessas óperas. 1661 é um grande ano para Lully: primeiro, é nomeado superintendente da música do rei, é naturalizado francês e recebe, enfim, o título de mestre de música da família real. Em cada etapa da sua ascensão procedeu sempre da mesma forma: começou por eliminar hipotéticos rivais e, em seguida, arranjou maneira de se tornar indispensável. Continuando a escrever *ballets*, associa-se a Molière em 1664 e cria com este aquilo que se irá designar como *comédie-ballet* (parceria que produzirá o *Bourgeois gentilhomme*, em 1669). Em 1671, Lully, Corneille, Molière e Quinault produzem em conjunto *Psyché*, uma das primeiras *tragédies lyriques*. Lully cria uma Academia de ópera, com o privilégio exclusivo do género e com o objectivo de lançar uma obra nova, anualmente, com a colaboração do libretista Quinault: de *Cadmus et Hermione* (1673) a *Armide* (1686), passando por *Atys* (1676), que era uma das preferidas de Luís XIV, cria uma tradição que perdurará até à segunda metade do século XVIII. Esta tradição operática, à época uma das melhores realizações que utilizava a língua francesa, terá na base temas heróicos e consistirá em fazer-nos ouvir, uma espécie de recitativo contínuo, mais ou menos modulado segundo as passagens, entrecortado de momentos orquestrais, frequentemente, de carácter coreográfico, como a monumental *Passacaille* do segundo acto de *Armide*:

Lully: *Passacaille* de *Armide*

A sua biografia termina tragicamente em 1687, em consequência do que chamaríamos hoje, um acidente de trabalho, ocorrido na apresentação do seu *Te Deum*, que celebrava a cura de Luís XIV. Nessa época, o director de orquestra marcava o compasso (diremos antes, batia) dando grandes pancadas no solo com um bastão, por forma a ser ouvido pelos músicos. Lully, com um temperamento naturalmente arrebatado, deu uma violenta e malfadada pancada num pé, afectando seriamente as articulações. O ferimento infectou e a "ciência" médica de então – descrita e ironizada por Molière – não pôde fazer nada e Lully morre em consequência deste ferimento, três meses e meio depois. Será considerado, unanimemente, e por muito tempo, como um grande compositor.

A linguagem musical de Lully é clara, simples e eficaz. Nas suas *tragédies lyriques*, a instrumentação retoma uma espécie de padrão utilizado na época: trompetes/timbales para as atmosferas guerreiras, cordas e flautas de bisel para as cenas de sono (cf. *Atys*), oboés/fagotes para certas danças... O recitativo contínuo interrompe-se, por vezes, para dar lugar a um momento cantado no estilo das árias de corte do início do século, ou seja, ainda muito longe dos equivalentes italianos da época. A grande inovação lullista foi a sua abertura de ópera dita "à francesa", que irá ter uma longa carreira internacional e da qual encontraremos ecos nas introduções lentas dos sinfonistas clássicos.

Marc-Antoine Charpentier (1643?-1704) não é senão o compositor do célebre *Te Deum* (1690) cujo prelúdio serviu de genérico às emissões difundidas na Eurovisão, pela televisão francesa. Verdade é que o tema deste rondó instrumental se memoriza facilmente e que a sua instrumentação – tambores/trompetes – fazem sobressair o seu lado majestoso e solene:

prelúdio do *Te Deum*

Todavia, é de lamentar que se reduza este compositor a dois minutos de música, televisivamente mal interpretados segundo os nossos critérios musicológicos actuais. Não se sabe muito acerca das suas origens, nem do início da sua carreira e um pormenor biográfico importante como a data de nascimento ainda hoje é discutível. Sabe-se, no entanto, que viajou para Roma e lá permaneceu por três anos, estudando com Carissimi, então mestre de capela de um colégio jesuíta. Carissimi era um grande compositor de oratórios em latim e Charpentier seguirá o seu mestre na composição de obras deste tipo, destinadas principalmente a um público relacionado com o universo jesuíta. De regresso a França, fica próximo do meio italiano, e só consegue dar-se a conhecer por ocasião da desavença entre Lully e Molière. Este último recorre a Charpentier para a composição da música para as suas *comédies-ballets* (*La Comtesse d'Escarbagnas* (1671) e *Le Malade Imaginaire* (1673). Seguidamente, torna-se compositor da capela do Delfim e trabalha para a duquesa de Guise. Apresenta-se então ao famoso concurso organizado em 1683 por Luís XIV para o preenchimento de duas vagas de submestre da Capela Real. Tendo passado na primeira prova, adoece (real ou diplomaticamente?) e não pôde concorrer à final. O rei fica bastante desapontado e para lhe provar o quanto lhe agradara, decide atribuir-lhe uma pensão. Em 1684, fará música para os jesuítas, para os quais realizará uma grande parte da sua obra e no colégio Louis-le-Grand, fará representar as tragédias latinas: *Celse Martyr* (1687) cuja música se perdeu, depois *David e Jonathas* (1688), muito próximas daquilo que Lully pudera apresentar alguns anos antes. Em 1693, consegue levar à cena, na Académie Royale, uma verdadeira *tragédie lyrique*: *Médée* (com libreto de Thomas Corneille). Infelizmente, nesses tempos em que a memória do florentino ainda estava bastante presente, uma obra que igualasse ou ultrapassasse tudo o que Lully pudesse ter escrito não poderia alcançar uma grande carreira, neste local votado ao culto lullista: não teve mais de dez representações. À data de *Médée*, Charpentier era o professor de composição do duque de Chartres (o futuro regente de 1715 a 1723) e escreveu para o seu aluno um pequeno tratado de composição, do qual chegou até nós uma cópia e que nos esclarece sobre alguns pontos teóricos e práticos essenciais na época. Em 1698, é nomeado (com o apoio do seu aluno) mestre da música da Sainte-Chapelle, cargo que ocupará até à sua morte, em 1704.

Praticamente todas as obras de Charpentier estão reunidas em 28 volumes manuscritos com o nome de *Meslanges*, conservados na Biblioteca Nacional [de França]. Neles se encontram cerca de 550 peças, quase todas vocais e a maior parte pertencendo a géneros religiosos: missas (*de defuntos*, a oito vozes, *da meia-noite*,...), *Leçons de Ténèbres* [Lições da Semana Santa] (para as Quartas, Quintas e Sextas-feiras Santas) *Te Deum*, oratórios (*Mors saulis e Jonathae*, *Le Reniement de Saint Pierre*,...) e inúmeros grandes e pequenos motetos que fazem de Charpentier um dos mais importantes compositores franceses de música católica da época barroca. O domínio profano também está representado com algumas cantatas (óperas miniatura) entre as quais podemos referir *Les Arts florissants*.

Contrariamente ao seu rival Lully, Charpentier era um mestre do contraponto, escrevendo complexas sobreposições de linhas melódicas, sempre compostas de forma bastante ágil, sem qualquer rigidez, comparativamente ao que podemos encontrar em Bach. A linha melódica sobrepõe-se a tudo, conduzindo, muitas vezes, a dissonâncias duras mas expressivas. Isto deve-se, talvez, ao facto de Charpentier se envolver nas próprias partituras: ele mesmo cantava a parte de contralto, ao passo que Lully, violinista, pensava de forma mais instrumental. Os ciumentos e os invejosos reprovavam-lhe esta mestria, rotulando-o de músico "erudito", o que segundo eles não era um elogio.

François Couperin (1668–1733) é o mais ilustre representante de uma dinastia de músicos, cujos membros perpassaram do século XVI ao XIX, à semelhança do clã Bach. Fez a sua aprendizagem musical com o organista da igreja parisiense de Saint-Jacques-la-Boucherie e rapidamente se tornou, em 1685, titular do órgão de Saint Gervais, instrumento já tocado por membros da sua família. Casa-se, tem filhos e compõe música. Em 1690, escreve um *Livre d'orgue* que contém duas missas: uma segundo o uso comum das paróquias e outra própria para os conventos de religiosos e religiosas. Esta obra consegue um privilégio real, após a sua leitura e louvor de Michel-Richard Delalande. Dois anos depois, tem no seu activo sonatas trio (que chama de "*sonades*"), facto que alcança um grande sucesso, até porque as difundiu sob um pseudónimo italiano. Em 1693, torna-se um dos organistas da capela real e compõe alguns pequenos motetos. Nomeado professor de cravo do Delfim, terá, de facto, numerosos alunos pertencentes à família real e comporá peças que são publicadas em recolhas colectivas por volta de 1707. A sua primeira colectânea de peças (agrupadas em *ordres*), surge em 1713 e, dirigindo-se a um público o mais amplo possível, Couperin escreve no prefácio "*que se encontrarão peças mais ou menos difíceis, ao alcance de mãos excelentes, medíocres ou fracas*". Em 1714-15, publica uma série de três *Leçons de Ténèbres* (para a Quarta-feira) a uma e duas vozes e contínuo. A terceira inicia-se com um encadeamento de duas linhas vocais, fazendo ouvir belas dissonâncias escritas com muita elegância:

Início da *Troisième Leçon à deux voix*

Em 1716, publica um tratado hoje considerado como essencial para a compreensão da música francesa: *L'art de toucher le clavecin* [A arte de tocar cravo]. No ano seguinte, apresenta o seu *Deuxième Livre de pièces por le clavecin* que inclui as famosas *Barricades mistérieuses*, cujo estilo muito arpejado lembra o dos alaúdistas do século anterior e abrange harmonias construídas com elegância:

Les Barricades mistérieuses

1772 é um importante ano editorial: com efeito, além do *Troisième Livre de pièces pour le clavecin*, publica os quatro *Concerts Royaux*, peças de música de câmara que toca para recreação de Luís XIV. Dois anos mais tarde, produz a *suite* intitulada *Les Goûts réunis ou Nouveaux Concerts*, à qual junta uma grande sonata trio: *Parnasse ou l'Apothéose de Corelli*. Se Corelli é louvado, desta forma, outra grande referência musical de Couperin recebe, por sua vez, uma homenagem semelhante, no ano seguinte: 1725 é o ano de *l'Apothéose de Lully*, uma verdadeira música programática, bastante humorística apesar da sua aparência laudatória. Em 1726, compila algumas sonatas trio compostas anteriormente e reúne-as sob o título: *Les Nations (La Française, L'Espagnole, L'Impériale e La Piémontaise)*. Em 1728 surgem *Les Piéces de violes avec la basse chiffrée* [Peças para viola com baixo cifrado] e, em 1730, o último volume das *Piéces pour le clavecin*. Os quatro livros de peças incluem 27 *ordres* que são, de facto, conjuntos de trechos na mesma tonalidade e não *suites* de danças tradicionais, que se encadeiam após um prelúdio. Se a origem coreográfica é ainda perceptível (forma binária, harmonias cadenciais) bem depressa Couperin caracteriza as suas partituras com títulos que evocam personagens contemporâneas reais (de todas as condições), pequenos quadros sonoros ou pássaros. Por vezes, deparamos com verdadeira música programática, como o conjunto *Les Fastes de la Grande et Ancienne Mxnxstrxndxsx* (*Ménestrandise* = corporação dos saltimbancos e tocadores de rua). A escrita de Couperin explora todos os estilos então conhecidos, como o estilo alaúdico, a tocatta italiana ou a escrita contrapontística. A sua harmonia está directamente ligada à escrita melódica, para a qual faz tocar, imperativamente, os ornamentos indicados, como define no prefácio do seu terceiro livro: "*Declaro que as minhas peças devem ser executadas tal como as marquei e não causarão qualquer choque sobre as pessoas de bom gosto, desde que sejam observadas à letra as minhas indicações, sem aumentação ou diminuição.*" Os recursos dos instrumentos também são tidos em conta por Couperin: uma parte das peças necessita de um cravo com dois teclados. Couperin nunca foi sectário nos seus gostos: toda a sua obra presta homenagem ao que tanto a música francesa como a italiana têm de melhor, e podemos acrescentar que Couperin foi verdadeiramente o promotor daquilo que ele chamou de "*Les Goûts réunis*", fusão que só será completamente realizada no final do século. Para os amantes de paralelismos, podemos concluir, comparando-o com Schumann, um século mais tarde: encontramos nos dois compositores o mesmo cuidado, numa escrita harmonicamente muito rica e adaptada ao teclado, bem como o gosto por uma música mais evocativa de estados de alma do que puramente descritiva. Mas, daí a classificar Couperin de compositor romântico, vai uma grande distância, que seria arriscado percorrer.

Jean-Philippe Rameau (1683-1764) contradiz um pouco Corneille, pois para este músico, a glória demorou bastantes anos! Com efeito, Rameau tornou-se célebre aos cinquenta anos, depois de ter sido conhecido pelos técnicos, aos quarenta, através de uma publicação teórica. Este natural de Dijon passou a primeira metade da sua vida em deslocações: Dijon, Itália, Avinhão, Clermont (seis anos), Paris, Lyon, Montpellier, Clermont, depois Paris em 1723 até à sua morte. Em 1706, publica o seu *Premier livre de pièces de clavecin*. Em 1722, surge o seu *Traité de l'harmonie réduite à ses principes naturels*, obra teórica e prática essencial que tenta apresentar uma explicação dos fenómenos harmónicos tomando como ponto de apoio o "baixo fundamental" dos acordes. Quando chega a Paris no ano seguinte, a sua notoriedade como teórico é inquestionável mas o compositor é pouco conhecido! Em 1724, surge o seu *Deuxième livre de pièces de clavecin*, que contém uma peça muito célebre:

O "*Tambourin*"

No *Troisième livre*, impresso em 1728, é de destacar uma peça espantosa que será retomada e orquestrada de maneira poderosa na ópera *Les Indes galantes*: *Les Sauvages* (dança do cachimbo da paz).

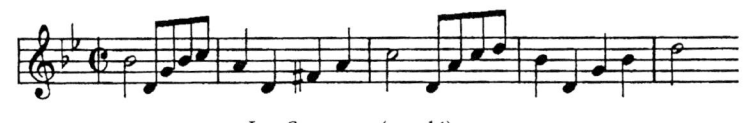

Les Sauvages (rondó)

Querendo escrever uma ópera, familiarizou-se com o género dramático escrevendo cantatas profanas durante uma dezena de anos (1720-1730). Tem algumas dificuldades para encontrar um libreto (um projecto com Voltaire não resultara por causa da censura) mas, o abade Pellegrin fornece-lhe *Hyppolite et Aricie*, a partir de *Phédre*, o que fará desta *tragédie lyrique* um imenso sucesso e do seu compositor um homem célebre. Irá então encadear as óperas, mudando por vezes de género: *tragédie lyrique, ópera-ballet, pastorale*. Podemos citar *Les Indes Galantes* (1735), *Castor et Polux* (1737), *Dardanus* (1739). Em 1741, regressa à música instrumental com *Les pièces de clavecin en concert*, para cravo com um acompanhamento mais ou menos facultativo – segundo o autor, de violino (ou flauta) e de viola (ou segundo violino). Estas peças são reagrupadas em concertos e têm nomes evocativos, como *La Lapoplinière* (o mecenas de Rameau), *La Rameau, L'Agaçante* ou *Le Vézinet*. Mesmo sem saber, Rameau compôs verdadeiros quartetos para os três instrumentos (violino, viola, cravo – mão direita e mão esquerda):

La Marais

Compõe ainda, óperas como *Platée* (1745), *Zoroastro* (1749). Em 1752, eclode a *Querelle des buffons* [*A Querela dos "cómicos"* ou *"burlescos"*. O nome desta polémica tanto pode estar relacionado com um género de ópera cómica (*opéra buffe* ou *buffon*) como derivar do facto de um grande enciclopedista da época ser Leclerc de Buffon, autor da conhecida máxima "*o estilo é o próprio homem*". (N. do R.)] quando certos enciclopedistas louvam em uníssono o estilo italiano, representado por *La Serva Padrona* de Pergolesi e rejeita explicitamente tudo o que se pareça, de perto ou de longe, com a música francesa "tradicional". Rameau, apesar da sua amizade com alguns dos críticos, é então colocado, infelizmente, no campo dos conservadores e não poderá modificar a sua imagem: é considerado, injustamente, como um zeloso lullista. Continuará a compôr óperas como *Les Paladins* (1760) e *Les Boréades* (1764), a qual só será representada postumamente, duzentos anos mais tarde, em 1964.

Se Rameau escreveu óperas na mais pura tradição francesa, é bom precisar que o fez cerca de 50 anos depois do desaparecimento de Lully, que iniciou o género. É certo que o recitativo contínuo está presente mas é muito mais ligeiro e aproxima-se do arioso e mesmo, por vezes, da ária. Também continuam presentes a dança e as sinfonias mas ocupam um lugar menos importante e estão muito mais relacionadas com a acção dramática. Além disso, Rameau utiliza a sua orquestra rica (do flautim ao contrabaixo) de uma forma bastante surpreendente para a época: pela primeira vez um compositor faz orquestração e não apenas instrumentação como acontecia no passado. Além disso, Rameau exige muito aos seus músicos: certas passagens novas ou não habituais, tecnicamente difíceis, não foram possíveis de executar na época, como a cena do tremor de terra em *Les Indes galantes*. A tragédia é um género importante mas Rameau soube dar às suas personagens uma tal profundidade psicológica que poucos músicos podem comparar-se-lhe, com excepção de Monteverdi, Mozart ou Wagner. Um facto é certo: para Rameau, a música não é certamente a escrava do texto, e não há limites para o seu desenvolvimento e importância, se esta se inscrever logicamente num processo dramático coerente. Isto será reprovado alguns anos depois da sua morte, pelos compositores do movimento "gluckista", preconizadores de uma certa simplicidade (pobreza?) musical, como elemento constitutivo das novas óperas. Para terminar, podemos referir a breve incursão que Rameau fez no domínio da música sacra, com quatro motetos compostos entre 1715 e 1722, um dos quais, *Laboravi*, se encontra impresso no *Traité de l'harmonie*, prova de que o seu autor lhe atribuía grande importância. Entre os outros, uma menção especial deverá ser feita para o grande *In convertendo*.

Rameau passou por um esquecimento de cerca de 150 anos, até que alguém como Claude Debussy, que não possuía nada do que se designa, por vezes, sob o adjectivo de "barroco", lhe restitui o seu verdadeiro lugar, fazendo-o redescobrir pelos seus contemporâneos.

2. A música italiana influenciará fortemente a Europa musical barroca, pelas suas criações formais que são a sonata (solo ou trio com contínuo), o concerto (de solista ou *grosso*) e a ópera (séria e, mais tarde, cómica - *buffa*). Estas, irão espalhar-se por todo o lado, de início pelos próprios italianos e, depois, pelos compositores "locais" que, pelo contacto com os italianos e sob a sua influência, utilizarão estes novos géneros, por vezes adaptando-os face aos seus próprios hábitos ou sensibilidades nacionais.

Claudio Monteverdi (1567-1643) era um dos cinco filhos de um médico de Cremona que bem cedo o pôs em contacto com a música. Posteriormente recebeu uma excelente formação musical, dispensada por um grande pedagogo de então, Ingegneri. A inteligência musical do seu professor, a par da sua própria, permitiram-lhe progredir rapidamente e publicar, com a idade de 15 anos, o seu primeiro *opus*, uma série de motetos a três vozes e que ainda deixam transparecer a influência do seu professor (o título menciona o autor como *discepolo di Sr Marc'Antonio Ingegneri*). O sucesso bem como a audácia permitem-lhe publicar, em 1583, motetos a quatro vozes e, em 1584, um conjunto de *Canzonette d'amore* a três vozes. Em 1587 e depois em 1590, publica os seus dois primeiros livros de madrigais que lhe permitem obter um posto de violetista e cantor na corte do duque de Mântua, Vincenzo Gonzaga. Em 1592, compõe o seu terceiro livro de madrigais e, em 1595, casa com a cantora Claudia Cattaneo que lhe dará dois filhos mas morrerá em Setembro de 1607. Em 1600, assiste à apresentação da primeira ópera cujo texto e música chegaram até nós: *Euridice* de Peri. Na mesma época, o cónego Artusi critica as inovações que Monteverdi introduzira na sua música: será o ponto de partida de uma polémica que irá opô-los durante vários anos, e que terá como tema principal a validade da aplicação ou não da *seconda prattica*, que utilizava nomeadamente o procedimento do baixo-contínuo, bem como a escrita concertante das vozes. Por fim, em 1601, é nomeado mestre de capela do duque de Mântua, após a morte de Pallavicino, o antigo titular do posto. Em 1603 e depois em 1605, surgem os seus IV e V livros de madrigais que indicam claramente a presença de um contínuo e que respondem definitivamente aos ataques de Artusi (prefácio do livro V). Em 1607, o duque Vincenzo pede-lhe que escreva uma ópera para o aniversário do seu filho Francesco; Monteverdi associa-se ao poeta Striggio e produzem em conjunto *Orfeo (favola in musica)*. Esta ópera alcança um enorme sucesso não só pela beleza da sua música e profunda concordância com o texto, como pela rica instrumentação preconizada por Monteverdi, que caracterizava as personagens de forma sonora: assim, os trombones erguem o cenário sonoro dos infernos e a voz de baixo do "barqueiro Caronte", é acompanhada por um regal [pequeno e antigo orgão portátil de um só registo com tubos de palheta]. Em 1608, para o casamento do mesmo Francesco Gonzaga, compõe *Arianna*, da qual resta apenas o célebre *Lamento* bem como um arranjo a cinco vozes realizado pelo próprio Monteverdi. Pela grande expressividade (silêncios, grandes intervalos) em que se desenvolve, esta ária quebra com o aspecto recitativo geralmente encontrado na época:

Início do Lamento de Arianna

Apesar dos grandes sucessos alcançados por Monteverdi, o duque de Mântua nunca foi generoso para com o seu músico. Este decide então compor obras que ele mesmo irá dedicar ao papa Paulo V, na esperança de obter um qualquer cargo pontifício que melhorasse a sua condição económica. Trata-se, utilizando os títulos correntes, da *Missa da capella "In illo tempore"*, e *Vespro della beata Vergine*. Na primeira, Monteverdi faz uma demonstração da sua perfeita mestria no estilo polifónico antigo, na segunda apresenta-nos um conjunto de peças que provam a sua habilidade no novo estilo. O conjunto (*Missa* e *Vespro*) deveria provar ao papa o grande valor do compositor, quer na estética da *prima prattica* quer na da *seconda prattica*. As *Vespro* são uma das obras-primas de toda a música católica do início do período barroco. O espírito de *Orfeo* está continuamente presente, não apenas na riqueza orquestral prevista (sete partes mais as flautas de bisel e charamelas) mas também na temática que retoma, por exemplo, quase nota por nota, a fanfarra dos Gonzaga que inicia, igualmente, a ópera:

Fanfarra dos Gonzaga (Orfeo e Vésperas)

Infelizmente, o envio e a dedicatória de Monteverdi ao papa não surtem efeito e ele permanecerá no seu posto em Mântua. Em 1612, o duque Vincenzo morre e as relações dos membros da capela com o seu filho Francesco, não são as mais cordiais. Este acabará por dispensar toda a gente e Monteverdi encontra-se desempregado até à sua nomeação, em 1613, para um dos mais prestigiados lugares de toda a Europa: mestre de capela na Basílica de S. Marcos de Veneza. Aqui, Monteverdi obtém condições materiais muito favoráveis e que irão contribuir para continuar a sua produção musical: 1614, VI livro de madrigais (a uma, duas, três, quatro e seis vozes). Em 1624, para uma diversão de véspera de Carnaval, compõe *Il Combattimento di Tancredi e Clorinda*, uma espécie de cantata a três personagens com acompanhamento de cordas e baixo-contínuo: o narrador (*il Testo*), *Tancredo* (cavaleiro cristão) e *Clorinda* (sarracena amada por *Tancredo* mas protegida por uma armadura que dissimula as suas feições). Em 1638, surge o seu VII livro de madrigais, *Madrigali guerrieri et amorosi* que inclui não só *Il Combattimento* mas também *Il ballo delle ingrate*. Monteverdi regressa ao domínio da ópera, em 1640, com *Il ritorno d'Ulisse in patria*, segundo Homero, e depois, *L'incoronazione di Poppea*, em 1642. Entre estas duas obras, é necessário referir a publicação de uma importante recolha de peças religiosas: as *Selva morale e spirituale* que inclui quarenta e uma partes em todos os géneros (madrigais, motetos, salmos, missas,...) e uma nova versão do *Lamento* de *Arianna*. Sete anos depois da morte do compositor, em 1650, um editor veneziano publicará uma colectânea póstuma de peças sacras, que inclui uma missa e quatorze salmos para diferentes combinações vocais e instrumentais.

Monteverdi pode ser definido como tendo sido um compositor que sempre manifestou uma grande preocupação em todas as suas obras: a de integrar elementos musicais modernos a fim de expressar da maneira mais eficaz possível a emoção que queria transmitir aos seus ouvintes. Para ele, a técnica está ao serviço da expressão e da humanidade do texto. A sua utilização pessoal da novíssima tonalidade (ainda não completamente formalizada nos seus tratados) e do baixo-contínuo, tudo isto aplicado à monodia acompanhada, fizeram dele um compositor considerável do início da época barroca e mais genericamente, qualquer que seja a época considerada, pouquíssimos compositores conseguiram aliar, de maneira tão satisfatória, os aspectos técnicos e expressivos da música, tal como ele o fez de forma tão magistral.

Arcangelo Corelli (1653–1713) foi um compositor cuja influência sobre a música do seu tempo terá sido enorme. Este compositor violinista iniciou os seus principais estudos musicais em Bolonha e continuou a sua formação no decurso de viagens efectuadas à Alemanha (Heidelberga e Munique). No regresso, decide instalar-se em Roma (cerca de 1680) e não mais deixará esta cidade, onde conhecerá o sucesso, como compositor, como violinista e como chefe de orquestra. É autor de um número bastante reduzido de composições, todas instrumentais: seis colectâneas de doze peças cada. As quatro primeiras (1681, 1685, 1689, 1694) são livros de sonatas trio para dois violinos e contínuo; a quinta (publicada em 1700) é um conjunto de sonatas para violino solo e contínuo, entre as quais, a décima segunda é constituída pela célebre série de variações sobre o tema, já antigo na época, da *Folia* (as *Folias* de Espanha):

Início de *A Folia*

Este *opus* V irá conhecer um sucesso fenomenal: não terá menos de quarenta e duas edições até 1815, e todos os violinistas compositores, posteriores a Corelli, pelo menos uma vez, farão referência nas suas obras a estas sonatas que se tornaram nos arquétipos do género. A última colectânea de Corelli, *opus* VI, é uma série de doze *Concerti Grossi* (género do qual podemos dizer que foi o criador) compostos por volta de 1700 mas publicados em 1714, já depois da sua morte. Estes concertos exigem um pequeno grupo de solistas, o *concertino* (dois violinos e um baixo) bem como um acompanhamento de cordas e contínuo, sobretudo úteis para efeitos de dinâmica. O oitavo número desta recolha é justamente célebre, não só pelo seu título: *Fatto per la notte di natale* (Feito para a noite de Natal) como pela *Pastorale ad libitum* que encerra esta sexta recolha e que veio a ser também um modelo:

Início da *Pastorale* (dois violinos e baixo)

A escrita de Corelli procura, frequentemente, privilegiar a expressão e recusa-se a toda e qualquer demonstração de virtuosismo gratuito: ritmo bastante discreto, poucas cordas duplas, extensão que não ultrapassa o ré5. O seu estilo de execução, tal como o de escrita, foi assimilado pelos seus alunos que o propagaram em toda a Europa: Geminiani, Locatelli, Somis... Foi mesmo, com Lully, uma das referências musicais para os compositores do final do século XVII: François Couperin, em França, coloca-os sobre um mesmo pedestal nas suas *Apothéoses*. Para terminar, deve ao seu protector, o cardeal Ottoboni, o privilégio extraordinário de estar sepultado no Panteão de Roma, ao lado do pintor Raphael: é a prova do reconhecimento do seu talento pelos seus contemporâneos.

O veneziano **Antonio Vivaldi** (1678-1741) é, por todas as razões, um dos símbolos mais fortes da música barroca e um dos compositores cujo nome é perfeitamente conhecido do grande público, graças a quatro concertos que foram alvo – feliz ou infelizmente? – de um grande número de gravações, não só destinadas a servir de música ambiente nas salas de espera, mas também como música de fundo de certos sistemas de atendimento telefónico das administrações das empresas! Mais seriamente, este músico genial era filho de um violinista ligado à basílica de S. Marcos de Veneza e abraçou a carreira paterna, além de seguir estudos que lhe permitiram ordenar-se padre aos vinte e cinco anos. A partir daí será conhecido em Veneza sob o cognome de *"padre vermelho"* [devido à cor ruiva do seu cabelo]. Musicalmente, foi aluno de seu pai e do mestre de capela de S. Marcos, Giovanni Legrenzi. Contrariamente a muitos compositores da época, não foi um nómada musical: permaneceu no seu posto de 1703 a 1740, no mesmo estabelecimento, sendo professor de música (violino, composição, direcção de orquestra e de coro,...) na escola de música do Ospedale della Pietà, um asilo para jovens orfãs, abandonadas ou ilegítimas. Ali encontrará intérpretes excepcionais, com as quais poderá realizar diversas experiências, nomeadamente no domínio instrumental. Estas meninas foram as primeiras destinatárias de uma grande parte dos seus quase 500 concertos para diversos solistas ou grupos de instrumentos, explorando tanto as sonoridades dos instrumentos "vedetas" do tempo (violino, flautas de bisel, flauta transversa, violoncelo, fagote) como as de instrumentos mais raros (chalumeau, viola d'amor, bandolim,...). Organizando a Pietà um concerto todos os Domingos e estando Vivaldi bastante ocupado noutros lados, não será raro encontrar algumas repetições ou fraquezas neste ou naquele concerto, sem que isso signifique que Vivaldi passara parte do seu tempo a copiar--se, como alguns abusivamente afirmaram. Vivaldi não se consagrou exclusivamente à Pietà; foi também um compositor de óperas muito fecundo (participação total ou parcial numa centena de obras) e um empresário bastante prudente, factos que não o impediram de compor excelente música sacra. Durante todos esses anos, realizou algumas viagens mais ou menos prolongadas (Mântua, Roma, Florença, Amsterdão, Praga, etc.) para fazer executar ou editar as suas obras. Nestes anos memoráveis, vinham de toda a Europa para encontrá-lo e escutá--lo; é por isso que possuímos inúmeros relatos do seu virtuosismo enquanto violinista, da forte impressão deixada pelos seus concertos e também do seu génio tumultuoso e excessivo (sem falar da concubinagem notória, real ou caluniosa, com as suas divas). Em 1740, a sua aura veneziana empalideceu e ele decide começar uma nova vida, trocando definitivamente

Veneza por Viena, onde morrerá solitário e pobre, no ano seguinte, sem conseguir reconquistar a celebridade que tivera outrora. Apesar de só uma ínfima parte das suas obras ter tido a sorte de ser publicada (treze *opus* foram editados em Amsterdão), muitas e numerosas cópias manuscritas circularam, bem cedo em toda a Europa e contribuíram eficazmente para a propagação do seu estilo. Se não podemos dizer que Vivaldi inventou o género do concerto de solista, será indiscutível que a sua visão deste género se impôs com bastante força: obra curta de oito a dez minutos no máximo, temática muito clara e a utilização de um *ritornello* executado nos tons próximos, maiores ou menores, passagens solísticas amplificando o virtuosismo em cada solo, movimento central frequentemente minimalista, composto expressamente para permitir ao solista improvisar à sua vontade e um dinamismo musical de conjunto bastante vigoroso. Quando Vivaldi publica em 1724, os doze concertos do seu *opus* 8, intitulado *Il Cimento dell'armonia e dell'invenzione*, quatro de entre eles são já célebres e foram copiados, arranjados e plagiados há muito. É certo que as suas *Quattro Stagioni* (Quatro Estações) são extraordinárias pela exuberância que transmitem, pelo figuralismo *naïf* mas eficaz que as percorre e pelo inquestionável virtuosismo que exigem: é a demonstração perfeita da fusão entre a harmonia e a invenção, tal como é definida no título. A muito rica e, por vezes, curiosa harmonia vivaldiana, está presente na alternância de passagens tonalmente muito estáveis com outras construídas sobre cromatismos, enquadrados em acordes de trítono, ou encadeamentos de sétimas diminutas, a tal ponto, que os românticos (um século mais tarde) as utilizarão:

Extracto do andamento lento do *Outono*

Em França, Joseph Bodin de Boismortier (1689-1755) adopta o modelo do concerto vivaldiano e comporá obras fortemente derivadas do seu modelo italiano; na Alemanha, Bach copiará alguns, integralmente, fazendo arranjos para órgão. Isto, prova que teria a mais alta estima pelas composições do *padre vermelho*. Um outro aspecto da obra de Vivaldi, é bastante moderno: o cuidado que dá à instrumentação (o termo "orquestração" ainda não é apropriado) das suas partituras, tirando sempre o melhor proveito do instrumentário previsto, fazendo soar os instrumentos no seu melhor (registo ideal, favorecendo a sonoridade, sucessões de notas impressionantes mas deslizando bem sob os dedos).

Depois da Segunda Guerra Mundial, o disco foi o melhor vector para a redescoberta de Vivaldi. E se, por vezes, ficamos legitimamente irritados pelo número colossal de versões discográficas dos quatro célebres concertos já mencionados, é preciso tomar consciência do facto de que eles proporcionaram que, de seguida, por um fenómeno de arrastamento, a gravação e audição de outras obras menos repisadas, como será o caso das suas partituras sacras (entre elas, o *Gloria* em *ré*). Mas, se existe um domínio ainda por desbravar, será o da ópera, pouco abordado, permanecendo como o menos conhecido do grande público, por falta de realizações.

Contrariamente ao seu compatriota, **Domenico Scarlatti** (1685-1757) foi praticamente um homem de um só género, o da sonata (num andamento) para cravo. Este filho do grande Alessandro (1660-1725) nasceu em Nápoles, onde recebeu formação de seu pai, tornando-

-se muito cedo (1701) um dos músicos da capela real. Escreve três óperas mas troca Nápoles por Veneza, em 1705, onde se aperfeiçoará junto de Gasparini, e por Roma onde encontrará Haendel, e com o qual estabelecerá amizade (após uma luta amigável ao teclado, no órgão vence o Saxão, no cravo impõe-se o Italiano). Entre 1709 e 1714, ocupará diversos cargos junto de personalidades e em diferentes locais. Depois, a partir de 1714, torna-se bastante ligado à corte de Portugal, aceitando o cargo de mestre de capela do embaixador deste país em Roma. Desta época datam as obras de música religiosa, cantatas e óperas que não tiveram a sorte de passar à posteridade, contrariamente às de teclado. A sua carreira toma um curso particular em 1719, quando se torna mestre de capela do rei de Portugal, em Lisboa, onde será encarregue de ensinar música ao irmão e à sobrinha do rei, a princesa Maria Bárbara. É para ela que Scarlatti escreve as suas primeiras sonatas para cravo e, considerando o nível técnico necessário para as tocar, podemos concluir que esta fosse uma aluna bastante dotada. Entre 1724 e 1729, regressa ocasionalmente a Itália mas, após o casamento da sua princesa com o infante de Espanha, fará de Madrid a sua residência exclusiva e não deixará mais a capital espanhola. A sua biografia factual parece terminar aí; podemos, todavia, acrescentar que editou, em 1738, uma recolha de *Essercizi per gravicembalo* [Exercícios para cravo] que inclui 30 sonatas de entre as 555 que lhe atribuem, e que constituem o essencial da sua obra. Encontramo-las em diversas recolhas, mais ou menos classificadas em pares, pela mão de alguém que não o compositor. Pudemos encontrar uma explicação para este facto: sabe-se, de fonte segura, por intermédio de um outro italiano colocado em Madrid, o *castratto* Farinelli, que Scarlatti era jogador e perdia regularmente. Em contrapartida da liquidação das dívidas do músico, a rainha Maria Bárbara exigia-lhe que ditasse com exactidão a um copista as improvisações para cravo que executava. É desta forma, que peças pequenas (dois a sete minutos), todas de forma binária, foram agrupadas tal como chegaram aos nossos dias. É o que explica, igualmente, o seu aspecto pouco trabalhado no domínio composicional. Scarlatti não perde tempo a desenvolver os seus temas, prefere apresentá-los de novo, sem cessar. O que mais impressiona quando se escutam as suas sonatas, é a extraordinária liberdade – fruto da sua origem improvisada – que delas emana. Scarlatti não recua perante nada se o objectivo é deslumbrar o seu auditório. Para começar, o virtuosismo que as suas peças exigem é muito importante: toda a extensão do cravo é frequentemente percorrida em grande velocidade, em numerosas escalas e arpejos rápidos, passagens de terceiras e sextas e os cruzamentos de mãos, por vezes, são escritos, única e exclusivamente para ampliar o lado espectacular (no sentido visual) da execução. A ornamentação caracteriza-se pelo uso da *acciaccatura*, que pode definir-se como sendo uma apogiatura inferior, executada ao mesmo tempo que a nota por si ornamentada; o efeito produzido é próximo do *cluster* na música contemporânea. É assim que encontramos "cachos" de cinco e mesmo seis notas, distribuídos nas duas mãos:

Extracto da *sonata em RÉ* K119 (L 415)

No ponto de vista tonal, os encadeamentos amiúde, são em justaposição de tons e modos, em lugar das sucessões tradicionais. Não será raro encontrar, após uma cadência num dado tom, uma mudança de armação de clave, seguida de um motivo abrupto numa nova tonalidade. Scarlatti privilegia os compassos que evoquem a dança (compassos a três tempos) e faz-nos ouvir, por vezes, alguns ecos de danças espanholas, com o cravo imitando o estilo da guitarra. Noutras peças, começa por um toque de metais a duas vozes (trompetes ou trompas) de grande dinamismo:

Início da *sonata em* DÓ K159 (L104)

3. A música alemã (e afim) irá assegurar a fusão de elementos musicais provenientes da França e da Itália, produzindo uma terceira linha, que constituirá, na época seguinte, a base do estilo clássico.

Henry Purcell (1659-1695) é um dos mais importantes compositores da segunda metade do século XVII e um dos raros músicos ingleses a beneficiar de uma popularidade que ultrapassa largamente o âmbito das Ilhas Britânicas (partilha-a com Haendel, que é um emigrante naturalizado). É o filho de um outro Henry Purcell (sénior) que fora mestre do coro em Westminster, o que bem cedo permitiu ao "júnior" fazer parte da capela do rei. O seu último período de formação estendeu-se de 1670 a 1677, data em que foi nomeado compositor para os violinos, sob a direcção de John Blow, a quem não tardará a substituir no órgão de Westminster (em 1679). Nesta época, já compusera várias obras, entre as quais alguns *Anthems,* mas as que produzirá a partir de 1680, são de um nível bem mais elevado, começando pela música instrumental como as *Fantaisies* para violas (1680) ou as *Sonates en trio* (1683) de inspiração corelliana. Purcell apenas escreveu uma ópera, *Dido e Eneias* (1689) segundo a *Eneida* de Virgílio, se considerarmos a rigorosa definição do género. Mas, esta peça única é uma autêntica obra-prima, tanto pela beleza da música, como pela assombrosa relação entre esta e o texto. A morte de Dido é justamente célebre, com o canto bastante pungente que se desenrola sobre um baixo *ostinatto* do tipo *lamento* (descendente cromaticamente), como se este último não existisse:

Acto III, morte de Dido

Mas, à época, a moda em Londres é de um género híbrido, que não é cantado do princípio ao fim, mas que inclui passagens faladas acompanhadas de música: a *masque* ou semiópera. A este género pertencem nomeadamente *King Arthur* (1691), *The Fairy Queen* (1692) segundo Shakespeare e *The Indian Queen* (1695). Estas obras não foram as únicas compostas por Purcell: será preciso mencionar a música sacra com os *full anthems* (coro e instrumentos) e os *verse anthems* (que incluem também solistas). Neste conjunto musical, podemos citar a *Music for the Funeral of Queen Mary,* de 1695, que é a reunião de três *anthems*. Num género muito mais profano, surgem três odes, sequências de peças, que incluem árias, coros e passagens instrumentais. Existem três tipos de odes: as escritas para as boas-vindas dos reis

(Carlos II e Jaime II) entre as quais *Sound the trumpet, beat the drum* de 1687, as destinadas aos festejos de aniversário da rainha Mary (*Come ye sons of art away* de 1694) e as compostas para diferentes ocasiões, como a celebração de St^a Cecília, a padroeira dos músicos, com *Hail, bright Cecilia* em 1692. A maioria destas odes assenta num acompanhamento de cordas, às quais se juntam alguns instrumentos de sopro, como a flauta de bisel ou os oboés. Estas partituras, embora obras de circunstância, não deixam de ser obras de grande qualidade. Henry Purcell foi um técnico sem par, que soube incluir nas suas obras passagens de alto nível composicional, tais como cânones de vários tipos e variações sobre baixos *ostinattos*. Esta grande tecnicidade não criou partituras meramente académicas, inimigas dos músicos mais expressivos, ao utilizar todo o arsenal harmónico, então disponível, a fim de ilustrar o melhor possível, os propósitos do compositor. Como Charpentier na mesma época, em França, Purcell utiliza com mestria a ambiguidade modal maior/menor, o que provoca encontros de notas, por vezes, dissonantes.

Johann Sebastian Bach (1685-1750) é, sem qualquer contestação, um dos pilares de toda a música erudita ocidental, pela monumentalidade e solidez da sua obra, surgindo como um ponto de referência incontornável para praticamente todos os compositores que se lhe seguiram. O seu catálogo inclui um bom milhar de obras em todos os géneros vocais e instrumentais, excepto paradoxalmente naquele que melhor caracterizou a sua época: a ópera. A sua vida não foi muito movimentada, consistindo as suas deslocações sobretudo em visitas de formação junto de mestres e de colegas. Vindo de uma vasta família de músicos alemães luteranos originários da Turíngia, perde sucessivamente a sua mãe, em 1694, e o seu pai, no ano seguinte: é orfão aos dez anos e é então acolhido pelo seu irmão mais velho, Johann Christoph, em Ohrdruf, que lhe assegura a instrução musical e lhe permite descobrir, nomeadamente, o essencial da música para tecla do seu tempo (nos estilos italiano, francês e alemão). Johann Sebastian é trabalhador e bastante dotado: aprende depressa e é musicalmente insaciável, "lido, logo assimilado"! Aos quinze anos, sabendo que era um peso económico para o seu irmão e sentindo que era capaz de se desembaraçar sozinho, entra na Michaelisschule em Lüneburg, num coro reservado a crianças de condições modestas, que possuíssem boa voz e aptidão para a música. O seu nível e a sua bela voz de soprano fazem-no, imediatamente, aceder à falange da elite, capaz de cantar as composições mais difíceis técnica e musicalmente. Participa em missas bem como em todas as cerimónias que necessitassem de um cenário musical de alto nível. Beneficia, igualmente, de todas as facilidades quanto ao acesso a partituras, não apenas porque a escola usufruía de uma biblioteca de manuscritos musicais importantíssima, mas ainda pela sua ligação à corte francófona de Celle. Johann Sebastian teve a possibilidade de estar em contacto directo com a música francesa e descobrir assim as suas melhores obras e as mais recentes (Couperin). Pouco tempo depois da sua chegada a Lüneburg, muda a sua voz e, como a sua nova voz de baixo não tem o valor da sua antiga voz de soprano, entrega-se aos estudos instrumentais (cordas friccionadas e teclas). O pertencer a este coro abria-lhe igualmente acesso a um curso de ensino clássico centrado no francês: irá, por conseguinte, estudar humanidades. Irá também escutar os melhores organistas do seu tempo – Böhm, Reiken e Lübeck – assim como observar o fabricante de órgãos, Held, no seu trabalho, o que lhe valerá mais tarde reconhecidos talentos de perito neste domínio. Em 1703, em Arnstadt, começa verdadeiramente a sua carreira de organista e compositor nómada. Com efeito, deixará frequentemente os seus diferentes cargos para obter melhores, a maior parte das vezes, na sequência de desavenças com os seus patrões, devido ao seu carácter pouco conciliador no que se refere a assuntos estritamente musicais. Em 1707, está em Mülhausen onde escreve uma das suas obras-primas, a cantata fúnebre BWV 106, *Actus Tragicus*. Casa-se, no mesmo ano, com a sua prima Maria Bárbara que lhe dará sete filhos (entre eles os seus dois primeiros filhos compositores). Em 1708, integra a corte de Weimar onde escreve bastante música para órgão bem como uma cantata mensal para o ofício luterano. A sua célebre *Toccata e fuga em ré menor*, de aspecto exuberante, data desta altura:

início da *Toccata e fuga em ré menor* BWV 565

Com a morte do mestre de capela titular, em 1716, Bach fica bastante desiludido porque pensara obter o lugar, o que não acontece: decide então procurar um outro. Em 1717, chega à corte de Köthen, onde irá diminuir bastante a sua produção de música sacra (a corte é calvinista) para escrever principalmente música instrumental: os *Seis Concertos Brandeburgueses*, o *Cravo bem temperado* (24 prelúdios e fugas em todas as tonalidades maiores e menores) e uma grande quantidade de peças para teclado, *suites*, *partitas*, sonatas e concertos para diversos instrumentos. Tendo a sua primeira mulher falecido em 1720, Bach casa-se de novo, no ano seguinte, com Anna Magdalena Wülcken que lhe dará treze filhos. Em 1722, o seu príncipe casa-se com uma mulher que não gostava das artes em geral, inclusive da música. A actividade artística é fortemente reduzida na corte e Bach, procurando outro emprego, obtém (após a recusa de Telemann e de Graupner) em 1723, o posto de *kantor* (chefe de coro) na Igreja de S. Tomás em Leipzig. Este lugar era prestigiante mas bastante menos remunerado que os precedentes e mais difícil de assumir, em virtude das condições materiais e musicais bastante fracas (cantores e músicos medíocres), além de ter de assegurar tarefas escolares bastantes secundárias (lições de latim para alunos pouco atentos). Para executar a sua música, Bach contava, apesar de tudo, com os estudantes da Universidade os quais reforçavam ocasionalmente as fileiras do seu pelotão musical. Os anos passam e os seus filhos começam a fazer vida própria. É desta forma que, em 1747, vai a Berlim para visitar o seu filho Carl Philip Emanuel, cravista do rei da Prússia, Frederico II, flautista notável. No decurso de uma entrevista lendária, o rei propõe-lhe improvisar sobre um tema seu e que se tornará o da *Offrande Musicale*, para o qual Bach irá compor uma monumental fuga a seis vozes:

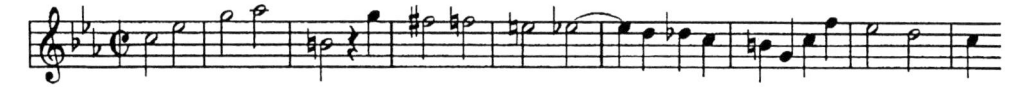

Tema real da *Offrande Musicale*

Bach permanecerá neste posto até à sua morte, em 1750. Durante o seu período de *kantor* em Leipzig, escreverá cantatas, paixões (*S. João*, em 1723 e *S. Mateus*, em 1727), as *Variações Goldberg* para cravo, a segunda parte do *Cravo bem temperado* e peças que completarão o conjunto gigantesco chamado de *Missa em si*, uma partitura nunca tocada *in extenso* durante a vida do compositor, mas que é, em virtude das suas proporções gigantescas, uma visão musical do espírito ideal do género da missa. A sua última grande obra, que constitui uma espécie de resumo da sua mestria contrapontística, a *Arte da Fuga*, ficará inacabada: serão terminados apenas dezanove números, construídos a partir do tema seguinte:

Tema principal da *Arte da Fuga*.

O vigésimo número, interrompido de maneira abrupta devido à morte do autor, apresenta a combinação do tema com o apelido do compositor (BACH em notação musical alemã representa *sib, lá, dó, si*) como indicou seu filho C.Ph.Emanuel no manuscrito. Na sua morte, alguns raros comentadores sublinharam a grande perda para a arte musical, enquanto que outros apenas referiram a sua extraordinária mestria em tudo o que diz respeito ao órgão.

Bach, uma realização. Podemos dizer que J.S.Bach realizou a síntese da arte polifónica musical produzida no Ocidente depois da Idade Média: é o herdeiro directo de todos os compositores que compuseram as suas obras principalmente tendo em conta objectivos contrapontísticos e que consideraram a harmonia como resultado da sobreposição de linhas melódicas. Isto é tão certo que mesmo, numa passagem puramente harmónica – como se pode ver nos seus manuscritos para tecla – Bach escreve as notas dos acordes com uma haste independente para cada uma delas, como se viessem de linhas musicais distintas.

um acorde escrito de forma "normal" e depois, segundo Bach

Bach sentiu bem que seria o último representante de uma linha de compositores que trabalhavam segundo este princípio: na metade do século XVIII, aparece uma nova estética, fruto da generalização da prática da melodia acompanhada, trabalhando sobretudo sobre o aspecto melódico e harmónico imediato. Nos seus últimos anos, a sua música não correspondia de forma alguma aos cânones da moda musical, representada então pelo estilo *galante* e era considerada como demasiado erudita, demasiado complicada, logo, desactualizada. Nunca foi um inovador, porque não inventou nada: nem géneros (concerto, sonata, *suite*) nem formas (*da capo* A-B-A e frequentemente um pouco longa em virtude da repetição textual de A) nem sequer no domínio da escrita musical (contraponto, harmonia). Ele, simplesmente, recolheu e levou à perfeição os elementos que existiam antes e que se lhe tornaram fundamentais, como o coral – em todas as formas – a música vocal sacra (cantatas, paixões), a escrita contrapontística e a arte perfeita da variação. Praticamente, as suas obras foram sempre o resultado de encomendas ou de obrigações de serviço: o seu trabalho parece mais ligado ao labor artesanal do que ao do artista "inspirado", cuja imagem o século seguinte popularizou. Já referimos os seus domínios preferidos, intimamente ligados às suas funções profissionais: o do órgão e o da música sacra. Todavia, Bach deixou também numerosas páginas instrumentais sem conteúdo expressamente litúrgico, que são tanto pequenos cursos de composição, como partituras cuja execução é ainda apaixonante: indica, frequentemente, no prefácio que são destinadas tanto à recreação quanto à instrução. Qualquer que seja a música escrita, esta nunca foi fútil e terá sempre respondido a uma exigência inicial, a um projecto composicional sólido.

Bach, uma referência. Se ninguém reivindicou, verdadeiramente, o título de continuador ou sucessor do mestre de Leipzig, é certo que a sua relativa "redescoberta" pela geração de Mozart suscitou interrogações da parte dos compositores que escolheram integrar ou não, na própria linguagem musical, elementos pertencentes claramente à sua linguagem barroca. Numa época em que este estilo fora já completamente ultrapassado e considerado, durante bastante tempo, como "velharia", Mozart estudou a fuga em Bach (nomeadamente no *Cravo bem temperado*) e acabou por incluir alguns processos nas suas obras (cf. o final da sua sinfonia *Júpiter* em que sobrepõe quatro temas num *stretto* impressionante). Depois de Mozart, Beethoven e todos os músicos românticos, modernos e contemporâneos, tiveram, forçosamente, num momento ou noutro, a tentação da referência ou da citação do mundo musical de Bach. Um outro aspecto de Bach também fascinou bastante: a integração do mundo numérico nas suas composições através da utilização dissimulada de um figuralismo cifrado, inaudível, mas reservado à elite de conhecedores, não somente capazes de ler música, mas também aptos a descobrir um sentido complementar ou suplementar escondido entre as notas.

Georg Friedrich Haendel (o seu nome era "Händel" na Alemanha, "Hendel" na Inglaterra e entre nós têm-se o hábito de escrever "Haendel" ...), nasceu no mesmo ano (1685) e no mesmo país que Bach (em Halle, na Alemanha) e formou com ele um binómio musical dos mais apaixonantes. O final das suas vidas foi igualmente semelhante: ambos perderam a visão e ambos foram operados, sem sucesso, por Sir Taylor de Londres, o qual contribuiu, desta forma, para a aceleração do desaparecimento dos dois grandes compositores e cuja fama assenta, apenas, nesta infelicidade. Regressando a Haendel, o seu pai quis fazer dele um jurista e limitou-lhe bastante o tempo consagrado à música para a qual o jovem parecia extremamente dotado. Todavia, aceitou que o seu filho fizesse alguns cursos (escrita, composição, prática instrumental) com o organista da cidade de Zachow, enquanto seguia sólidos estudos gerais. Em 1702, Georg Friedrich torna-se organista da catedral e decide ir para Hamburgo, no ano seguinte, para fazer carreira (não como homem de leis mas como músico). Consegue fazer executar uma Paixão em 1704 e a sua primeira grande ópera, *Almira*, em 1705. Dificuldades conjugadas levam-no para Itália (Florença, Roma, Nápoles e Veneza) onde permanecerá de 1706 a 1710. A sua estadia italiana irá pô-lo em contacto com a elite intelectual do momento e irá permitir-lhe iniciar-se num género que, verdadeiramente, o apaixona: a ópera. Para isso, compõe um grande número de cantatas profanas, apurando as suas linhas melódicas ainda um pouco rígidas, e pratica a ária *da capo*, na época, a estrutura fundamental da ópera. Apesar de alguns sucessos, Haendel prefere jogar pelo seguro, tornando-se mestre de capela do príncipe-eleitor de Hanôver, em 1710. Realizará uma viagem a Londres, onde permanecerá entre 1710-11, e onde estreará a ópera *Rinaldo* (uma das suas obras-primas) que obterá um sucesso fenomenal e que lhe assegurará uma glória imensa. Sendo Hanôver menos favorável do que Londres à realização dos seus projectos musicais, Haendel decide deixar definitivamente a Alemanha pela Inglaterra, em 1712, e torna-se compositor da coroa em 1713 (*Te Deum* para a paz de Utreque). Em 1714, pelo jogo das sucessões, a coroa da Inglaterra é atribuída precisamente a George de Hanôver, que parece não guardar rancor da partida abrupta (e sem autorização) do seu músico. Até 1720, Haendel ensaia diferentes géneros: ópera com *Amadigi*, música sacra com a *Paixão* sobre um texto de Brockes, música para orquestra com a *Water Music* e música especificamente anglicana com os *Chandos Anthems* (salmos ingleses). Em 1720, decide lançar-se a fundo na ópera séria e cria uma companhia privada (tendo o rei como patrono) especializada na produção deste tipo de espectáculos. Durante uma vintena de anos, ora faustosos ora desastrosos, Haendel irá afadigar-se para fazer executar as suas óperas enquanto se bate contra todos: contra os seus sócios, nem sempre honestos, contra a desarmonia entre as suas divas caprichosas, contra um clã adverso que lhe faz concorrência (*Nobility Opera*) e enfim, contra um público que nem sempre lhe fora fiel. Neste período escreveu muitas partituras como, por exemplo, *Radamisto* (1720), *Giulio Cesare, Tamerlano* e *Rodelinda* em 1724--25, *Partenope* (1730), *Orlando* (1733), *Arianna* (1734), *Ariodante* (1735), *Serse* (1738) e para finalizar, *Deidamia* em 1741. Entretanto, Haendel pôde submeter à apreciação do público inglês obras escritas em inglês: *Esther* (1732), *Deborah* e *Athalia* (1733), *Alexander's Feast* (1736) que conhecerão sucessos crescentes, a par da edição de algumas sonatas trio e concertos para órgão. Em 1740, abandona, definitivamente, a ópera para se lançar no domínio do oratório e escreve *The Messiah* (em vinte e quatro dias), e que será triunfalmente apresentado em Dublin, dois anos mais tarde. Mais de duzentos e cinquenta anos após a sua criação, um arrepio ainda percorre o público, quando escuta as notas tiradas do *Halleluia*:

as primeiras notas do célebre coro

Neste justamente célebre *Messias*, praticamente não há passagens mais fracas do que outras: todos os números (recitativos, árias, duos e coros) são admiravelmente escritos para conduzir o ouvinte ao mundo de certezas do compositor, através de uma retórica musical sem falhas e com uma expressão que faz justiça total ao texto. Cada palavra é importante e bem sublinhada e cada ideia é perfeitamente traduzida e comentada. Haendel continua nesta linha e produz *Samsão* (1743), *Semele* e *José e seus irmãos* (1744), *Hércules* e *Belshazzar* (1745), *Judas Macabeu* (1747), *Joshua* (1748) e *Salomão* (1749). No mesmo ano, o aspecto grandioso que reveste, por vezes, a sua música, exprime-se numa partitura de orquestra de efeito espectacular: a *Music for the Royal Fireworks*, escrita para celebrar a paz em Aix-la--Chapelle. Continuará ainda algum tempo na linha do oratório com *Jefté* (1752) mas, abranda fortemente a sua actividade por causa da incompreensão do público face às suas últimas obras e, sobretudo, em virtude da sua perda de visão em 1753. Morre em 1759 e este saxão de origem, naturalizado inglês em 1726, será sepultado na abadia de Westminster, como outro dos grandes homens aos quais a Inglaterra quis homenagear desta forma.

O estilo musical de Haendel é muito sólido mas, diversamente de Bach, não é tão virado para o contraponto e a sua lógica combinatória. As suas fugas corais, como as podemos encontrar nos oratórios, fazem ouvir entradas sucessivas e bastante rápidas de um mesmo tema, o conjunto torna-se praticamente homorrítmico e é a harmonia que domina, de maneira simples e eficaz, manuseando habilmente os encadeamentos dissonantes [enquadrados] e consonantes [circulados] como no extracto seguinte:

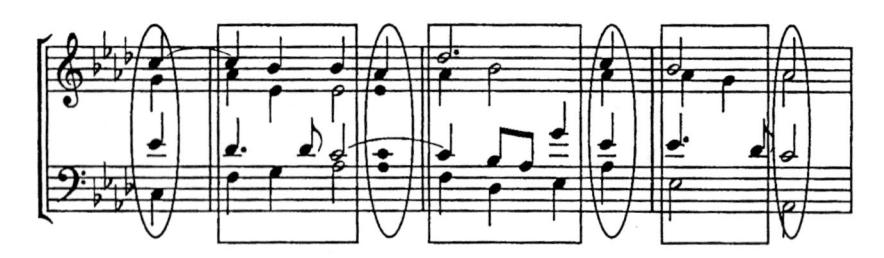

Surely, He hath borne our griefs, do *Messias*

Um outro traço característico da sua escrita reside no emprego de partes de baixo bastante móveis – à imagem daqueles que podemos encontrar no *boogie-woogie* – em movimento perpétuo de colcheias, frequentemente observado nas passagens rápidas, como nesta sonata para flauta de bisel e contínuo do *opus* 1:

Allegro da *sonata* opus 1, nº 11

No domínio vocal, tanto é capaz de escrever grandes árias de bravura, excessivamente perigosas e eficazes, como admiráveis árias lentas (frequentemente sobre ritmos de sarabanda) que transmitem a tristeza das personagens:

Ária de *Almirena* na ópera *Rinaldo*

Se a ciência da escrita e da composição foi um dos elementos da música de Bach que mais fascinou as gerações seguintes é, pelo contrário e o lado mais claro, mais imediato da sua música – afastado de toda a facilidade – que valem a Haendel elogios inumeráveis. A sua música tem um aspecto "evidente", próximo de nós sendo por vezes, monumental, que seduziu os seus contemporâneos e compositores como Beethoven, e continua a seduzir-nos ainda hoje: as paixões que tão bem descreveu continuam a ser as nossas.

Georg Philipp Telemann (1681-1767) foi considerado, ainda em vida, pelos seus contemporâneos, como o primeiro compositor do país, muito à frente de Bach a quem consideravam ultrapassado e musicalmente muito inferior (este tinha sido contratado para Leipzig porque Telemann recusara o posto). Esta personagem fora do comum – praticamente autodidacta – detém o recorde absoluto do número de composições: terá escrito mais de 1400 cantatas, 44 paixões, 600 suites orquestrais, 40 óperas, 145 sonatas trio, bem como inúmeras sonatas e concertos para diversos instrumentos (para um total de cerca de 6000 partituras). Ele próprio confessou que nunca fora capaz de catalogar de forma completa e precisa as suas obras. Desde muito novo Telemann era dotado para tudo o que empreendia, até porque com a idade de 12 anos fez representar uma ópera de grande sucesso (*Sigismundus*, segundo Calderón), além de se dedicar igualmente a outras disciplinas intelectuais literárias e científicas. Encontra Haendel em 1701 e, no mesmo período, instala-se em Leipzig para iniciar estudos de Direito. Era necessário que escolhesse depressa a sua carreira, até porque era distinguido pelas autoridades da cidade que lhe encomendavam uma cantata sacra todos os quinze dias. Decide, então, fazer carreira na música e torna-se director da ópera da cidade e funda o Collegium Musicum, espécie de associação musical que executava música contemporânea e produzia concertos públicos. Não permanecerá muito tempo em Leipzig: em 1705 está na Polónia, no ano seguinte em Eisenach onde aceita ser padrinho do segundo filho – Carl Philipp Emanuel – de um colega, J. S. Bach. Em 1712 está em Frankfurt no Meno e termina, finalmente, o seu nomadismo em 1721, em Hamburgo, cidade que não deixará até à sua morte, exceptuando-se algumas deslocações pontuais. Nesta última, é o director musical de cinco igrejas principais e *kantor* no Gymnasium Joanneum. Compõe para estes diferentes postos uma enorme quantidade de música de câmara e para orquestra, da qual se encontram alguns fragmentos numa revista musical que fundou em 1728: *Der Getreue Music=Meister (O fiel Mestre de Música)*, na qual encontramos toda a espécie de peças, destinadas quer ao estudo quer ao divertimento, escritas para os instrumentos mais correntes tais como a flauta de bisel, a flauta transversa, o violino, o oboé, etc. Em 1733, faz editar, por subscrição internacional, uma colecção de sonatas, trios, quartetos e *suites*, e a célebre *Tafelmusik (Música de Mesa)* cujas três partes (Telemann chama-lhes "produções") incluem partituras que atingiram os píncaros dos géneros citados. A música de Telemann é então conhecida e apreciada em toda a Europa. Em 1737, durante uma estadia em Paris, edita os notáveis *Quatours Parisienses*. Cerca de 1740, publica doze sonatas solo e doze sonatas trio sob o modesto nome de "exercícios musicais" (*Essercizi Musici*). Entre a sua imensa produção vocal, podemos citar, dado que as suas obras são muito acessíveis, uma das primeiras realizações no género da ópera b*uffa*, com *Pimpione* de 1725, musicalmente superior à obra que é, todavia, o protótipo do género, *La Serva Padrona* de Pergolesi (1733). Esta partitura tem como assunto principal, a disputa senhora/criada de quarto, que encontraremos ainda em Mozart 70 anos mais tarde. Neste contexto, a personagem masculina (*Pimpione*) canta uma ária profundamente cómica, na qual faz troça da sua criada *Vespetta*, imitando-a quando esta discute com uma amiga. Telemann escreveu a sua música em três pautas diferentes e a personagem (voz de baixo) deve cantar os três papéis, colocando a sua voz no registo de falsete sempre que imite a conversação feminina e mudando rapidamente de tessitura sempre que faça os seus próprios comentários. Além disto, o estilo musical é muito vivo e o texto é articulado de forma bastante rápida: o *Figaro* de Rossini encontrou aqui alguns dos seus antepassados. Mais seriamente e quarenta anos mais tarde, podemos referir o oratório *Der Tag des Gerichts (O Dia do Juízo Final)* de 1762 e a cantata profana *Ino* que data de 1765, já muito próxima do estilo dos primeiros compositores da época clássica.

O estilo de Telemann foi bastante menosprezado pelo século XIX, que quis fazer justiça ao seu mais infeliz amigo, no que concerne à estima dos seus contemporâneos, o *kantor* de S. Tomás. O nosso século parece ter modificado seriamente este juízo visto que, se a música de Bach permanece superior pela ciência que contém, pela monumentalidade da sua mensagem e pela paradoxal intemporalidade da sua expressão, a música de Telemann, bastante mais acessível, prosaica, por vezes, merece muito mais do que a simples estima dos musicólogos. A sua música é escrita para procurar o prazer e ele nunca o escondeu. Em primeiro lugar, procura o prazer dos músicos, eles próprios, porquanto é admiravelmente escrita para os instrumentos e para as vozes. Telemann, sabendo tocar quase tudo o que existia na época, escolhe as tessituras dos excertos para fazer soar os instrumentos nos seus melhores registos e numerosas passagens de bravura que encontramos nas suas obras correm naturalmente sob os dedos. Um das suas especialidades consiste nos trios, os quais, segundo as suas palavras, "arranjava de tal forma, que uma parte podia tocar a outra, fazendo de tal sorte que a 2ª voz parecia a 1ª e o baixo se apresentava como uma melodia natural, em estreita harmonia com as vozes superiores, e de modo que cada nota se encontrava no único sítio mais apropriado e justo". Este processo encontra-se no excerto seguinte, em que se vêem as três partes tocar sucessivamente o mesmo motivo:

Sonata trio (dois violinos e contínuo)

Em segundo lugar, o ouvinte não é esquecido, porquanto a música respondia, frequentemente, às necessidades de distracção musical ligadas aos diferentes *collegia musica* que Telemann dirigia, não apenas em Leipzig mas também em Frankfurt e Hamburgo: uma música pouco acessível auditivamente, não poderia alcançar grande sucesso. Telemann foi, deste modo, um dos raros compositores a ser capaz de escrever música de acesso fácil, sem nunca se rebaixar. Estilisticamente, ultrapassou Lully no género da abertura e Corelli no da sonata, além de ter sabido integrar elementos musicais bastante diversos e, por vezes, contraditórios (eruditos/populares, contrapontísticos/homofónicos, intelectuais/imediatos) provenientes de toda a Europa: encontramos assim, sob a sua mão, sucessões de peças que nos fazem viajar, como as duas danças extraídas da *Suite* em *lá* menor para flauta de bisel, cordas e contínuo, que devem ser executadas consecutivamente e que evocam, passo a passo, a França e a Polónia:

Passepied (flauta) e ...

Polonaise (cordas) da *Suite* em *lá* menor para flauta de bisel e cordas

Para terminar, é de referir um facto bastante curioso: Telemann é um compositor muito mais tocado do que gravado, e se a sua música instrumental é de ora avante muito conhecida, é porque é editada e tocada desde há muito nas escolas de música que têm departamentos de música antiga. A sua música vocal, tanto a profana como a sacra, apesar de algumas realizações interessantes, não representa ainda grande volume nas prateleiras discográficas; Telemann é um compositor que ainda tem futuro.

Capítulo 9: a música clássica (1750-1830)

● **Disse "clássica"?**
Se existe, na música, uma expressão por demais ambígua, será a de música "clássica", designação que pode assumir três significados diferentes. O primeiro significado é puramente comercial e diz respeito, sobretudo, à distribuição dos discos nos expositores das discotecas: considera-se como música "clássica" a que não é nem de *jazz*, nem música pertencente a culturas que não a nacional (música classificada, muitas vezes, como "música do mundo", como se Mozart não fizesse, também ele, parte da "música do mundo"). Isto corresponde a um panorama musical bastante vasto e que vai desde as tentativas de reconstituição dos cânticos da Bíblia, até à última obra de Arvo Pärt. Esta música, por vezes denominada de "grande música" ou "música erudita", tem sido sempre um ponto de referência e, deste modo, tem servido de modelo, tornando-se "clássica", isto é, apropriada para ser ensinada nas escolas. O segundo significado é regional e tipicamente francês: é possível encontrarmo-lo escrito e descrito por alturas da Segunda Guerra Mundial. Para os musicólogos franceses, activos durante esta época, a música clássica francesa designava, de facto, o que os anglo-saxões chamavam, havia muito, a música barroca (ver atrás). Os Franceses consideram, com alguma lógica, que as artes em geral bem como a literatura dos reinados de Luís XIII e Luís XIV eram as da época clássica, classificando a música deste período com o mesmo adjectivo, o que acabou por não dar resposta àqueles que tentavam compreender o porquê de Couperin ser considerado um representante da música "clássica" enquanto que Vivaldi, seu contemporâneo, era designado, entre tantos outros, como um dos paladinos do barroco. Esta situação confusa durante algum tempo foi clarificada, felizmente, pois para os anglo-saxões como para os franceses: a música clássica (terceiro significado) não representa mais do que a música escrita num período de cerca de oitenta anos e cujos limites se estabelecem entre a morte de Johann Sebastian Bach (1750) e a primeira execução da *Symphonie Fantastique* de Hector Berlioz, em 1830. Esta classificação, acordada no século XIX, resulta de terem sido consideradas como modelos de uma "idade de ouro" da escrita musical as obras-primas daquele período: as de Joseph Haydn, as de Wolfgang Amadeus Mozart e as de Ludwig van Beethoven. Os estudiosos do período romântico sentiram nestas obras uma espécie de estabilidade e de equilíbrio que já não existia na música escrita pelos seus contemporâneos. A denominação permaneceu e a música "clássica" corresponde à que foi produzida no intervalo de oitenta anos, no meio do qual se situa a Revolução Francesa.

● **generalidades**
1. **as ideias.** O estilo clássico comportará igualmente elementos de continuidade com o período precedente e também elementos novos ou que, pelo menos, até aí só existissem em germinação. Este estilo abandonará as marcas distintivas nacionais (música barroca alemã, francesa ou italiana) para se transformar na linguagem musical comum a toda a Europa. Ao escutar uma obra instrumental, torna-se difícil adivinhar a nacionalidade do compositor. Além disso, em reacção à complexidade contrapontística barroca, considerada daí em diante como pouco "natural", suceder-se-ão diferentes correntes musicais, precedidas, frequentemente pelos seus equivalentes literários. A primeira destas correntes será o ***style galant*** (estilo galante), orientado para uma maior simplicidade da melodia, da escrita musical e das formas. O exemplo-tipo do compositor "galante" é Telemann, que ao escrever essencialmente para (bons) amadores, nem tudo sacrificou em nome da simplicidade: a sua música é simples mas nunca insípida. A segunda corrente será a do ***Empfindsamkeit*** (sensibilidade), atribuindo-se máxima importância à expressão dos sentimentos pessoais,

oferecendo-nos composições atormentadas, fantásticas e imprevisíveis (tal como uma boa parte da música para cravo de C.P.E.Bach). Quanto à terceira corrente, que recebe igualmente um nome alemão – *Sturm und Drang* (tempestades e paixões) – privilegia a força e a violência dos sentimentos claramente observadas nas sinfonias compostas por Haydn, entre outros compositores, durante a década de 1770.

2. a ópera. Para começar, a grande invenção da época barroca, a ópera, continua a sua frutuosa carreira na direcção da *opera buffa*, isto é, na direcção de obras escritas nas línguas vernáculas: a língua italiana perde assim o seu imperialismo operático. O conteúdo dos libretos irá também modificar-se: a *opera seria* extinguir-se-á, a pouco e pouco, uma vez que já não corresponde ao gosto em voga, propenso, essencialmente, para as intrigas das comédias contemporâneas, em detrimento de histórias inverosímeis de deuses e deusas atormentando heróis dominados por um destino contrário (o *fatum*).

3. a sinfonia. Relativamente à música, o que constituía na origem a abertura das óperas, a *sinfonia*, separar-se-á progressivamente desta e após o acréscimo de dois (mais tarde, três) andamentos, assumirá uma existência própria, sob o nome de **Sinfonia**. Além disso, o incremento de muito boas orquestras, de grande reputação em toda a Europa, irá incitar os compositores a produzir, para estas belas máquinas musicais, partituras cada vez mais elaboradas e de execução técnica cada vez mais difícil. Este facto terá, como consequência directa, a necessidade de confiar a um músico especializado (o qual se destacará entre os seus pares) a regência do conjunto. Esta nova personagem, que não será forçosamente o compositor da obra, trocará o seu teclado ou o seu violino pela batuta do que daí em diante será o chefe de orquestra.

4. a edição musical e a prática amadora. Se a música orquestral ganha em complexidade, o desenvolvimento conjunto da prática amadora e da edição musical obrigará os compositores a simplificar tecnicamente as suas partituras destinadas aos efectivos da música de câmara (que se refere às obras tocadas por um único instrumentista por parte). Estas peças já não eram tocadas apenas nos palácios, por profissionais ou para um príncipe, mas cada vez mais executadas por amadores, nas suas casas, para eles e seus familiares e amigos. Se um compositor espera ganhar algum dinheiro com a venda das suas obras, apesar da pirataria editorial internacional, será necessário que o editor que aceitou publicá-las possa vendê-las facilmente, sem assustar a clientela com partituras muito difíceis, reservadas a virtuosos. Certos editores das composições, pouco escrupulosos, não hesitaram em tornar mais fácil a execução, alterando as harmonias ou motivos melódicos que lhes parecessem "falíveis" (é o termo geralmente utilizado na época).

5. o estatuto do compositor. O estatuto social dos compositores começará a modificar-se. Ainda que seja necessário esperar pela geração de Beethoven para que um músico possa viver inteiramente da sua arte, sem ser o servo musical de um patrão, é possível verificar, um pouco por todo o lado, veleidades de independência dos compositores, as quais se farão sentir ou até terminar, por vezes, com uma certa brutalidade: Mozart foi despedido pelo Arcebispo de Salzburgo (Colloredo) com o pontapé no traseiro mais célebre da História da música.

6. alguns elementos técnicos. O estilo clássico privilegia a clareza e a pureza, por vezes à custa de uma grande simplicidade, mesmo facilidade, nos seus diferentes aspectos. Estruturalmente, uma forma ganhará tal importância que irá impôr-se, praticamente, em todos os géneros existentes: a forma sonata. A linguagem harmónica evoluirá no sentido do alongamento dos patamares harmónicos: na época barroca, os acordes podiam mudar várias vezes num só compasso; o estilo clássico retarda fortemente o ritmo harmónico, o que permite aumentar a duração dos fragmentos musicais sem grande esforço. Uma das técnicas mais astuciosas da época consistia numa figura de acompanhamento em arpejos quebrados, o célebre baixo de Domenico Alberti (1710-1740), presente nas suas *Sonatas para Cravo opus 1*, editadas em 1748, que permitia prolongar uma harmonia sem causar tédio ao ouvinte. Mozart não terá sido o último a utilizá-lo, tanto na sua música para piano como na para orquestra.

Mozart, *Andante* da *Sonata* KV545, para piano com os acordes sugeridos pelo baixo de Alberti.

A escrita musical sofrerá um aligeiramento notório, pois verifica-se um relativo abandono do contraponto barroco, que será utilizado apenas ocasionalmente, em circunstâncias precisas (como em determinadas passagens da música religiosa). A Áustria será uma excepção, dado que neste país o contraponto não será tão abandonado como noutras paragens. A escrita harmónica estabiliza-se a quatro partes, tentando escapar à bipolaridade melódica agudo-
-grave, em uso na época precedente, em benefício de uma escrita mais equilibrada, não negligenciando tanto as partes intermédias.

7. os instrumentos. O baixo contínuo desaparece quase totalmente (encontramo-lo ainda nos recitativos "secos" da ópera) assim como o cravo (instrumento de cordas beliscadas) que cede lugar, progressivamente, ao piano-forte (de cordas percutidas e que se tornará o instrumento-rei na época seguinte), capaz de uma maior expressividade. Surgem novos géneros instrumentais, derivados da antiga sonata trio. O mais importante entre eles será o *quatour* [quarteto] de cordas (dois violinos, uma viola e um violoncelo).

● **A primeira geração**
É formada pelos compositores nascidos na primeira metade do século XVIII, os quais asseguraram a transição entre o barroco tardio de Bach, de Haendel e de Telemann e o classicismo da primeira escola de Viena (Haydn, Mozart e Beethoven). Entre estes compositores, quatro dos filhos do gigante musical do final da época precedente desempenharam um papel inegável na formação do novo estilo. Em consequência da evolução estética, não foram seguidores directos da obra de seu pai mas souberam, todavia, estimar o seu legado, por forma a que dele pudessem aproveitar os compositores do fim do século.

a) os filhos Bach
Wilhelm Friedemann Bach (1710-1784) conheceu a sorte e o infortúnio de ter sido o filho mais velho do grande Johann Sebastian. Sorte, porquanto pôde aproveitar plenamente as lições de seu pai, bem como de numerosas obras "pedagógicas" escritas especialmente em sua intenção. Infortúnio, porquanto a proximidade de seu pai o impediu de ser realmente original, a tal ponto que, já no fim da sua vida, o seu único título de glória consistia em ter sido o digno sucessor de seu pai, no que diz respeito ao domínio do órgão. Começou a sua carreira como organista em Dresde, em 1733, onde compôs muita da sua música instrumental. Nomeado director musical em Halle, em 1746, ocupar-se-á sobretudo com música religiosa.

Tendo deixado Dresde, após uma disputa definitiva com as autoridades da cidade, encontrar-se-á sem qualquer posto fixo a partir de 1764. Em 1774, chega a Berlim onde, para subsistir, dará aulas e concertos de órgão. A sua música, sempre dividida entre as inevitáveis e fortes referências paternais e a evolução do gosto musical, foi considerada, pelos seus contemporâneos que não a compreenderam, como demasiado complicada e abrupta. Historicamente, terá sido um dos primeiros compositores a utilizar a forma sonata.

O segundo filho de Johann Sebastian, **Carl Philip Emanuel Bach** (1714-1788) teve uma carreira mais feliz. Em 1738 é cravista na orquestra do príncipe herdeiro da Prússia, que se tornará mais tarde o rei Frederico II. Escreve então bastante música instrumental, especialmente para cravo (*Sonatas Prussianas* e *Wurtemberguesas*). Em 1753, publica uma obra fundamental para a compreensão da música do século XVIII, *Versuch über die wahre Art, das Clavier zu spielen* (*Ensaio sobre a verdadeira forma de tocar Instrumentos de Teclas*). Em 1767, em Hamburgo, sucede ao seu célebre padrinho Georg Philipp Telemann, então falecido, onde compõe muita da sua música religiosa (oratórios) e não hesita em fazer ouvir extractos da obra de seu pai (*Missa em si*) e de Haendel (*O Messias*). Escreve também sonatas, música de câmara e sinfonias, das quais quatro ficarão famosas devido ao seu número de partes efectivas, ainda pouco corrente na época (*mit zwölf obligaten Stimmen* – com doze partes obligato). Comporá igualmente ao longo da sua vida, cerca de cinquenta concertos para instrumentos de teclas, os quais contribuirão para estabilizar este género ainda jovem. Em 1788, o ano da sua morte, escreve um concerto duplo em *Mi* bemol, misturando o passado e o futuro, dado que os dois solistas, pertencendo a estéticas diferentes, são um cravo e um piano-forte.

Johann Cristoph Friedrich Bach (1732-1795), o terceiro filho músico do *kantor*, foi um compositor cuja carreira se desenrolou sem grande brilho, durante 45 anos, no mesmo local, em Bückeburg, na Vestefália. Contratado em 1750 pela família Schaumburg-Lippe, ficou ao serviço desta até ao final da sua vida, viajando pouco e compondo música de estilo italiano, e em seguida obras instrumentais tipicamente alemãs e menos convencionais.

Johann Christian Bach (1735-1782), o último dos quatro filhos músicos, foi um membro da família que se comportou de forma pouco habitual. Foi o primeiro, com a idade de 20 anos, a realizar uma viagem a Itália a fim de receber lições de aperfeiçoamento com o Padre Martini. Seguidamente, dedicou-se à composição de óperas, género que nenhum Bach praticara até então. Depois, sendo bom organista, decidiu candidatar-se ao lugar vago na catedral de Milão. Mas, para o conseguir, foi-lhe necessário converter-se ao catolicismo, facto sem precedentes na sua família. Em 1762, chega a Londres onde passará os últimos vinte anos da sua vida, tendo grande influência sobre a vida musical inglesa, organizando concertos com Carl Friedrich Abel (a partir de 1775), compondo numerosas óperas e, introduzindo um novo instrumento importado do continente, o piano-forte, para além dos conselhos que deu a Mozart, que encontrará em 1764 e em 1778 em Paris. Mais do que os seus irmãos, participará na estabilização do estilo clássico, não sofrendo grandemente a influência paterna, e viajando bastante por toda a Europa. Escreveu muito em todos os géneros e as suas obras testemunham a evolução do estilo *galante* para uma música que irá tornar-se bastante menos superficial.

b) os outros compositores

Cristoph Willibard Gluck (1714-1787) ficou célebre tanto pelas suas partituras como pelos seus escritos teóricos que definiram uma nova estética aplicada ao mundo da ópera. Perante a inútil complexidade dos libretos e da primazia absoluta do *bel canto*, levou a efeito, no início de 1760, uma reforma que não só influenciou o seu tempo, especialmente

Mozart, mas também um compositor ainda mais afastado, Richard Wagner. Para resumir as suas ideias contidas no Prefácio de *Alceste* (1767), podemos dizer que, em Gluck, a música está inteiramente sujeita ao libreto, servindo-o. A clareza da expressão musical deverá ser constante e nenhum ornamento supérfluo deverá "interromper ou refrear a acção". A abertura deverá "prevenir os espectadores sobre o carácter da acção que irá ser mostrada perante os seus olhos e indicar-lhes o tema". Tecnicamente falando, Gluck não utilizou apenas as *arie da capo* mas também árias sem repetições (*durchkomponiert*) [com melodia diferente para cada estrofe]. Os recitativos são acompanhados pela orquestra, o coro funciona como uma personagem com parte completa e a dança readquire importância no espectáculo. Finalmente, pouco mais de um século depois de Lully e de Quinault, Gluck reinventa, ou melhor, reapropria-se da *tragédie lyrique* francesa, obtendo grande sucesso com este género. As principais obras dramáticas de Gluck são as seguintes: *Orfeo ed Euridice* (1762), *Alceste* (1765), *Iphigénie en Aulide* e *Orfeu e Eurídice* (1774). Esta última obra é uma adaptação francesa da sua ópera italiana *Orfeo*. No exemplo seguinte, o original italiano (para voz de contralto) lê-se na pauta de cima; a adaptação francesa (transposta uma quinta abaixo para tenor) lê-se na pauta de baixo. Se a música é a mesma, verifica-se que é construída sobre um ritmo prosódico (uma sílaba/ uma nota) bastante mais simples do que na versão original italiana.

Comparação entre *Orfeo* e *Orfeu*.

Os críticos da época, além de apreciar a nobreza desta ária, também estiveram de acordo ao fazer notar que, sem grande dificuldade, é possível inverter o sentido das palavras em: "J'ai trouvé mon Eurydice, rien n'égale mon bonheur..." ("Encontrei a minha Eurídice, nada iguala a minha alegria..."). Com efeito, musicalmente, esta ária tem uma melodia principal de carácter neutro, mais alegre do que triste; no seu objectivo de simplicidade, a vontade de submeter a música à poesia parece ter tido aqui uma pequena fraqueza, apesar de não restarem dúvidas de que a música de Gluck é sempre marcada por uma certa nobreza. O sucesso reencontrado por este compositor em Paris suscitou-lhe invejas e incompreensões, sendo acusado de trair a ópera francesa quando, pelo contrário procurava recuperar a *tragédie lyrique*. Os seus adversários opuseram-no, contra a sua vontade, ao seu campeão de opera «francesa», o italiano Nicola Piccini, autor reputado quer no domínio da *opera buffa*, quer no da *ópera séria*. Uma espécie de disputa musical, por demais estéril, instalou-se entre os dois compositores: a partir de temas idênticos, deveriam produzir obras no seu estilo próprio. Ao fim de alguns anos e tendo sido a produção bastante irregular, esta querela entre *gluckistas* e *piccinistas*, extinguiu-se por si própria. De Gluck, no entanto, subsistiram *Armida* (1777) e *Iphigénie en Tauride* (1779).

Ainda no domínio da ópera, é preciso referir **Niccolo Jommeli** (1714-1774) na *opera seria* e **Giovanni Paisiello** (1740-1816) na *opera buffa*. No que concerne à música instrumental, a meio do século, será necessário virarmo-nos mais para Leste, para observar notáveis avanços na escrita orquestral, com **Johann Stamitz** (1717-1757). Este violinista compositor, iniciador do que se chamou mais tarde de Escola de Manheim, teve a sorte de ter ao seu dispôr, a partir de 1741, uma orquestra numericamente importante e em que todos os membros eram virtuosos instrumentistas. Em consequência, as exigências orquestrais puderam elevar-se consideravelmente e uma grande precisão no que diz respeito ao tempo, dinâmicas e fraseado, tornou rapidamente célebre esta falange de músicos notáveis, este exército "armado de generais", para citar o musicógrafo da época, Charles Burney. Até 1778, esta orquestra pôde testar as novas formas que iam sendo elaboradas (sinfonia, sinfonia concertante) e que correspondiam à evolução da estética em voga, o *Empfidsamkeit* (a sensibilidade). Os compositores desta Escola não inventaram nada – o *crescendo* já existia havia muito – mas souberam sistematizar o processo de escrita para orquestra, diferenciando bem os instrumentos, realizando alianças de timbres bastante mais subtis do que as justaposições ou dobragens instrumentais usadas até então. Uma grande precisão nos ataques e um respeito estrito pelas dinâmicas, fizeram desta orquestra uma referência, que frequentemente foi copiada depois.

• **a segunda geração (a primeira Escola de Viena)**

Este segundo grupo de músicos, composto por gigantes da música como Joseph Haydn, Wolfgang Amadeus Mozart e Ludwig van Beethoven, irá, entre outros compositores de obras similares mas menos interessantes, concluir a elaboração do estilo clássico, que terá o seu apogeu nos anos de 1780. É de registar que estes três compositores se apreciaram e reencontraram dois a dois: Haydn – Mozart (grande estima mútua), Mozart – Beethoven (uma visita fugaz sem continuidade) e Haydn – Beethoven (algumas lições de composição do primeiro para o segundo) e, por vezes, se influenciaram mutuamente. É, igualmente, necessário mencionar o facto de que Viena adquirirá então uma enorme importância musical que se prolongará, mal ou bem, até à Segunda Guerra Mundial.

a) Joseph Haydn (1732-1809)

O mais idoso deste famoso trio teve a sorte de viver até muito tarde para a época, e a grande flexibilidade de espírito de ter, com frequência, sido capaz de evoluir estilisticamente. É por isso que as suas primeiras composições pertencem ao estilo galante (no fim do barroco) e que algumas das suas obras derradeiras estão na mesma linha dos contemporâneos de Beethoven (no despontar do romantismo). Foi, além disso, o protótipo destes compositores, exercendo duas carreiras antípodas: a primeira desenvolveu-se ao serviço exclusivo da família Esterházy, de 1761 a 1790, e a segunda permitiu-lhe tornar-se no músico livre e independente mais célebre da Europa. Este compositor austríaco sofreu, todavia, a comparação com os seus dois colegas mais novos: considera-se a música de Mozart mais "fácil" ou "bonita" e a de Beethoven mais "poderosa" ou "revolucionária", ao passo que se deprecia o mais velho com o cognome de "bom papá Haydn". A imagem bonacheirona e até um pouco senil do compositor, herdada da visão do século XIX, começa felizmente a desvanecer-se no grande público, uma vez que, se sempre fora admirado pelos músicos (os que tocam), os apreciadores, nem sempre bem esclarecidos (os que escutam), contentaram-se, durante muito tempo, em elogiar alguns extractos de sinfonias, com títulos evocativos: *A Galinha, O Relógio, Surpresa...*, negligenciando todos os outros aspectos da sua obra. A importância de Haydn na formação do estilo clássico foi considerável porquanto, se não inventou nada (nem o quarteto de cordas, nem a sinfonia, nem a forma sonata), soube conferir uma força e uma intensidade dramática que estas formas ainda não possuíam até então. Em casa dos Esterhazy, teve à sua disposição uma orquestra que lhe permitiu inventar e testar em "directo", as suas descobertas. Como ele próprio afirmou mais tarde, estando praticamente encerrado, sem contacto com o mundo exterior, foi obrigado a ser original. Podemos dividir a sua vida em vários períodos criadores. A primeira parte da sua juventude e o seu trabalho com Porpora, estende-se até 1766. Haydn exercita-se nos géneros da missa, do quarteto de cordas, da sonata para cravo e da sinfonia, da qual fixa a estrutura, a pouco e pouco e magistralmente, em quatro andamentos, depois de lhe ter acrescentado, progressivamente, um minueto (sinfonias nº6, 7 e 8 – *A Manhã, O Meio-dia* e *A Tarde*). Na segunda parte sofre a forte influência do *Sturm und Drang* e alarga o seu campo de acção. Mais do que nunca, Haydn continua a compor sinfonias muito dramáticas e frequentemente em tonalidades menores (*A Paixão, Fúnebre*), além de aprofundar o quarteto de cordas, de uma forma mais intimista e intelectual, à semelhança do que fizera com as sonatas para piano--forte. Porque o seu patrono, o príncipe Nicolas, se apaixonou pelo *baryton* (espécie de viola da gamba munida de cordas simpáticas), Haydn dedicou a este curioso instrumento nada menos que 126 trios! Em 1775, inicia um período em que a ópera ocupa um espaço amplo nas suas preocupações. Haydn comporá sete obras, das quais a última, *Armide* (1783) antecederá em três anos *As Bodas de Fígaro* de Mozart. Mas, esta época também verá os seis *quatours opus* 33 (1781) definir uma nova estética na escrita musical. Em 1785 e durante uma quinzena de anos, Haydn comporá obras-primas em grande quantidade: as sinfonias *"Parisienses"*, depois as *"Londrinas"*, quartetos de cordas e oratórios excepcionais como *A Criação* (1798) e *As Estações* (1801). Será com estas partituras, que constituem o apogeu da sua música, que o estilo clássico encontrou um dos seus melhores representantes.

b) Wolfgang Amadeus Mozart (1756-1791)

Conhecemos todo o aspecto exterior do mistério Mozart: a primeira aprendizagem musical com seu pai Leopold, a sua infância passada em viagem em companhia da sua irmã mais velha, percorrendo sem cessar as cortes europeias, para se mostrar enquanto criança prodígio, as suas viagens de formação a Itália, o seu serviço atribulado junto do Arcebispo de Salzburgo e a libertação deste em 1780. Para terminar, podemos referir o persistente *cliché* romântico, lendário e erróneo, do cortejo fúnebre do compositor, dirigindo-se solitariamente para o cemitério de Viena, onde será sepultado numa vala comum, sob uma tempestade de neve. Infelizmente para a lenda, sabemos de facto: 1º) que seguiam acompanhantes atrás do féretro; 2º) onde foi sepultado porque se encontrou o seu crânio; 3º) que um testemunho da época afirma, categoricamente, que estava bom tempo nesse dia. Este Mozart lendário agrada aos amantes de histórias melodramáticas, que até acusaram Salieri (1750-1825), o compositor oficial da Corte, de o ter envenenado por inveja. Se algum destes homens tivesse inveja do outro, seria provavelmente o que se encontrava numa situação de extrema miséria, ou seja Mozart, e não Salieri, então coberto de honrarias. O aspecto interior da personagem permanece muito mais hermético. Como é que ele fez para se tornar o Mozart, o único compositor de música "clássica" cujo nome é unanimemente conhecido dos estudantes, os quais; à menção do nome de Beethoven, perguntam por vezes em que banda é que ele toca? Uma parte da resposta pode ser encontrada no processo da sua aprendizagem musical: se a realizou progressivamente, o que mais impressiona, é a facilidade desconcertante com a qual soube compreender, assimilar, dominar e ultrapassar de imediato todos os estilos musicais com os quais foi progressivamente confrontado. Da galantaria confirmada das suas primeiras peças para cravo, escritas com a idade de cinco anos e três meses (a primeiríssima KV1a, é um curioso *Andante* que compreende quatro compassos a três tempos, seguido de seis compassos a quatro tempos) até à perfeita mestria orquestral das últimas sinfonias e concertos para piano e vocal da *Flauta Mágica* ou do *Requiem* inacabado. Em Mozart podemos encontrar igualmente ecos do *Sturm und Drang* na sua sinfonia nº 29 e, cerca de quarenta anos antes de estarem novamente na moda, uma assimilação perfeita dos estilos de Bach e Haendel, os quais não hesitará em utilizar na *Missa em dó menor*, na qual em simultâneo mistura os componentes do *Messias*, da *Missa em si* e do seu próprio estilo. Este homem fora do comum teve certamente uma grande inteligência propensa a uma reflexão profunda (a imagem do garoto brincalhão do filme *Amadeus* fica ainda por provar), e uma sensibilidade musical excepcional.

Entre outras, uma das características da escrita mozartiana, reside na primazia dada ao tema, geralmente de aspecto muito vocal, e que se encontra ao longo da sua obra: um tema em Mozart compreende-se, memoriza-se e reproduz-se mais imediatamente e mais facilmente do que em Haydn, por exemplo. O ouvinte tem sempre a impressão de ter compreendido tudo perfeitamente, que esta música corre sem esforço, que ela é "natural", que é evidente e que as escolhas feitas pelo compositor eram as únicas possíveis. Mas, esta aparente facilidade, esta "beleza", como frequentemente se escreveu a seu respeito, não dissimula apenas um profissionalismo muito seguro, mas igualmente uma grande sensibilidade, uma expressão intensa que paira e que os intérpretes devem absolutamente fazer sua. Tocar bem uma sonata para piano de Haydn, não é fácil, pois ela comporta, por vezes, dificuldades de ordem técnica, devido ao virtuosismo pianístico que exige, ou formal devido à inteligência necessária à compreensão da estrutura dos andamentos. Interpretar bem uma sonata de Mozart, ainda mais com um instrumento moderno, afastado das sensações do piano-forte, é bastante mais arriscado, não por causa das dificuldade de dedilhação, que são poucas, nem da percepção do conjunto que é sempre muito clara, mas porque o número de notas é tão reduzido que tudo reside não no modo como as devemos encadear, mas simplesmente, e isto é muito mais titânico, no modo como devem ser tocadas:

Início da *Sonata* KV 545 (1788)

Se, após a execução de uma obra de Mozart, o silêncio que se segue é ainda Mozart, também o são os que se verificaram entre o início e o fim. Mozart deixou obras-primas em todos os géneros: sonatas para piano, quartetos e quintetos (com duas violas) de cordas, concertos para piano, sinfonias, óperas (*As Bodas de Fígaro*, *Don Giovanni*, *Cosi fan tutti*, *A Flauta Mágica*), música religiosa (*Missa em dó menor* e *Requiem*). Ainda que o conjunto das cerca de 630 partituras não tenham alcançado sempre o topo musical, a proporção de música bastante acima do comum é mais do que suficiente e permanece, mais de 200 anos depois do desaparecimento do compositor, sempre cheia de uma graça e de uma melancólica leveza fascinantes. Os musicólogos gostam de contar o que têm à sua disposição: as notas de música como os anos de vida. Após alguns cálculos, podemos questionar em que direcção Wolfgang teria podido evoluir musicalmente se tivesse vivido pelo menos tantos os anos quanto Beethoven (nesse caso, morreria em 1812) ou mesmo Joseph Haydn (morreria em 1833). Esta questão coloca-se, evidentemente, para todos os outros compositores falecidos demasiado cedo : Purcell, Pergolesi, Schubert, Chopin... mas, é sem dúvida sobre Mozart que ela adquire maior sentido.

c) Ludwig van Beethoven (1770–1827)

O último membro deste famoso triunvirato musical, também beneficiou, talvez mais do que Mozart, de uma imponente lenda "romântica" que não tardou a espalhar-se após o seu desaparecimento. Tudo começara um pouco como para o seu predecessor: fora uma criança superdotada, um pianista exímio que aos dez anos tocava o *Cravo bem temperado* de memória. Ludwig tinha um pai, músico e conhecido alcoólico, que o quis transformar numa atracção de feira, à semelhança do que conseguira Leopold com Wolfgang. Só que, se as digressões europeias de demonstração, efectuadas pelo Mozart filho, funcionaram durante algum tempo as organizadas pelo pai Ludwig foram fiascos, porquanto a criança já era bastante crescida. De facto, se é possível extasiarmo-nos diante das proezas de um rapazinho de cinco anos, ouvir um excelente pianista com o dobro desta idade nada tem de excepcional. Em Bona, onde já era organista titular da sua cidade, o jovem Beethoven teve a sorte de ter merecido a atenção e o apoio de um aristocrata, o conde Waldstein, cuja acção junto do Príncipe Eleitor de Colónia, do qual era secretário, permitiu que Beethoven fosse estudar para Viena para se aperfeiçoar. Assim que chegou à capital, em 1787, Beethoven encaminha-se para junto de Mozart, com a esperança de que este reconhecesse os seus talentos de intérprete e de compositor. Infelizmente, nesse momento, Mozart não estava predisposto a acolher as pretensões de Beethoven: não apenas estava muito ocupado com a sua ópera *Don Giovanni*, como também se encontrava muito doente, além de que desconfiava de jovens prodígios, tal como Beethoven também desconfiará alguns anos mais tarde. Este encontro, mítico para os musicólogos, entre dois gigantes da História da Música, entre um compositor completo de 31 anos e um mais novo, com metade da idade deste, não deu em nada. Beethoven, chamado a Bona devido ao falecimento da sua mãe, só voltará a Viena cinco mais tarde, em 1792, tendo sido convidado pela outra sumidade musical da época, Joseph Haydn, que durante algum tempo o acompanhou, mais ou menos, na sua aprendizagem. Por vezes, verificando que Haydn seguia o seu trabalho de forma pouco consistente não hesitará em fazer, paralelamente, estudos com outros compositores (como Salieri), junto dos quais irá apropriar-se de elementos técnicos não ensinados por Haydn, e dos quais necessita. Torna-se, entretanto, e durante alguns anos, o pianista da aristocracia vienense, que é então literalmente subjugada pelos seus talentos de intérprete e de improvisador. Em 1795, começa a ressentir-se dos primeiros sintomas de uma surdez que irá progressivamente aumentar. Escreve, nessa altura, partituras destinadas a si próprio: sonatas e concertos para piano. Em 1802, em repouso (por causa dos seus ouvidos), em Heiligenstadt, minado pela doença e pelos seus amores infelizes tenta suicidar-se mas renuncia por fim ao seu gesto desesperado, decidindo consagrar-se inteiramente à sua arte. Durante os dez anos que se seguirão, comporá uma série de obras que se afastam progressivamente das convenções: a Sinfonia nº 3, *Heróica* (1804), a sua única ópera, *Fidelio* (1806), as Sinfonias nº 5 e nº 6, *Pastoral*, apresentadas num único espectáculo em 1808, o concerto para piano nº 5, *O Imperador* em 1809, bem como sonatas para piano e quartetos de cordas. De 1813 a 1817, a sua produção é muito restrita devido à sua doença, ao desespero e a problemas domésticos, com a chegada (desejada, mas problemática) do seu sobrinho Karl que apenas contribuiu para piorar o estado de saúde do seu tio. É bom notar, apesar de tudo, em 1814, que reconquista os favores do público, com uma versão revista de *Fidelio* que obtém um enorme sucesso. Em 1818 recupera as suas forças, quer físicas quer criadoras, e decide compor para as "gerações vindouras", para utilizar as suas próprias palavras. É por isso que escreve as suas últimas sonatas para piano (*opus* 109, 110 e 111) entre 1820 e 1822, a *Missa Solemnis* termina-a no mesmo ano, e trabalha na sua *9ª Sinfonia com coro* (sobre a *Ode à Alegria* de Schiller), que terminará em 1824. Os seus últimos esforços serão consagrados aos quartetos de cordas que permanecerão difíceis de compreender durante todo o século XIX, e ao esboço de uma 10ª Sinfonia. Morre em Março de 1827 e os seus contemporâneos sentiram bem que tinham perdido um gigante da História da música. A influência de Beethoven far-se-á sentir, pelo menos, até Schönberg. Se nada inventou, pelo menos substituiu o pomposo minueto da sinfonia por um *scherzo* muito vivo, alargou e estabilizou os quadros estruturais, de forma quase definitiva, para praticamente todas as formas criadas antes de si, como a sonata para piano, o quarteto de cordas ou a sinfonia, a tal ponto que os seus continuadores nestes domínios se viram forçados a classificar-se em comparação com a sua imensa estatura. Foi-lhes bastante difícil ultrapassá-lo e podemos dizer, por exemplo, que a descendência da *9ª Sinfonia*, só apareceu na alvorada do século XX, no final extremo da época romântica, com os monumentos do mesmo género compostos por Gustav Mahler, que também fez intervir solistas vocais e coros. Beethoven impulsionou também a linguagem tonal até aos seus limites: a *grande fuga* em *si* bemol *opus* 133 foi tão desorientadora que o compositor, que a tinha inicialmente concebido como uma conclusão para um quarteto de cordas, preferiu publicá-la em separado para não desorientar os músicos. No que concerne ao homem, Beethoven era um feroz partidário das ideias da revolução e dos valores de fraternidade humana acima das barreiras das classes sociais. É preciso referir também que foi um dos primeiros compositores a poder consagrar-se inteiramente à sua arte, partindo do facto de, praticamente, ter sido sempre sustentado pela aristocracia vienense que lhe atribuiu uma pensão, mais ou menos regular, à qual se acrescentavam os direitos de autor das obras editadas. Foi igualmente o protótipo do artista livre, homem superior aos outros pela sua arte, daí ter escrito aquando do episódio (verdadeiro) da sua recusa em tocar para o príncipe Lichnowsky – que o subvencionava então – o seguinte manifesto: "Príncipe, o que sois, sois pelo acaso do nascimento. O que sou, devo-o a mim mesmo. Príncipes, há e haverá ainda milhares. Beethoven há apenas um". Todos estes factos fizeram de Beethoven uma das referências maiores da época seguinte: o período romântico.

Capítulo 10: a música romântica (1830-1914)

Por uma vez, parecerá que todo o Parnaso se terá posto de acordo quanto às datas limites deste período. Com efeito, as Artes parecem formar um todo coerente, quer no início (1830), quer no final (1914) desta época. O período romântico foi o dos extremos e o dos paradoxos: tanto encontramos minúsculas obras para piano como partituras gigantescas que exigem efectivos vocais e instrumentais de dimensões imponentes. Os músicos procurarão obter efeitos opostos aos dos seus instrumentos: um pianista exigirá ao seu teclado efeitos orquestrais, ao passo que uma música destinada a um conjunto sinfónico pretenderá que ele produza efeitos em *pizzicato*. Os dois protagonistas incontestados deste período são tanto o piano que, graças aos últimos aperfeiçoamentos técnicos, atingira grandes capacidades sonoras e expressivas, como a orquestra que se tornou numa máquina musical bastante perfeita, dobrando-se às ordens dos novos generais – os chefes de orquestra. Um tema de ordem estética percorre o século: deverá a música representar algo ou deverá bastar-se a si própria (música programática *versus* música absoluta)? Estas duas alternativas serão praticadas por um número equilibrado de músicos e no final do período, a questão ainda não estará resolvida.

● **as características do período**

O músico romântico é, por definição, um eterno insatisfeito. Sente-se mal onde vive, sofre quase continuamente do "mal de existir", do *spleen*. Para tentar escapar-lhe, procura por todos os meios evadir-se das suas pobres condições materiais, geográficas ou temporais. Onde ele não está é que se encontra a felicidade. E quanto mais inacessível for o seu objectivo, mais o homem romântico redobrará energias para dele se aproximar. Isto conduzi-lo-á a uma viagem contínua, quer física quer intelectual, para explorar novos horizontes, de qualquer espécie. Em consequência, o tema do eterno viajante, o *Wanderer* germânico, será o ponto central na psicologia romântica, mas não o único. Genericamente, o romântico poderá definir-se pelos seguintes elementos:

a) o "eu". O escritor romântico adora falar de si ou procede de maneira a que falem dele – o "eu" ultrapassa qualquer outra coisa. E quando Berlioz afirma que a sua vida é um romance que o interessa bastante, não hesita em juntar os actos às palavras, dado que tanto a sua primeira sinfonia (dita *Fantástica*) como a suite *Lélio ou le retour à la vie* [*Lélio ou o regresso à vida*] são largamente autobiográficas. Para não sobrecarregar o compositor romântico francês e não o acusar de um grande narcisismo, é necessário reconhecer que o século XIX tem a sua quota parte de responsabilidade neste estado de espírito, pois é também a época que viu surgir o *star-system* com a organização de fabulosos concertos que congregavam multidões em torno de cantoras aduladas (a Malibran, Pauline Viardot) ou de pianistas famosos (Mendelssohn, Liszt,...). Esta moda fora lançada por um violinista prodigioso, inventor de numerosos efeitos virtuosísticos de alto nível, Niccolo Paganini (1872-1840), que desencadeava paixões verdadeiramente avassaladoras aquando dos seus concertos internacionais. Impressionava tanto os seus diferentes auditórios que lhe criaram uma lenda "sulfurosa", acusando-o de ter feito um pacto com o Diabo, que lhe teria dado imensos dons, permitindo-lhe a capacidade de tocar assim tão bem. Este homem foi o protótipo da grande vedeta, a tal ponto que Chopin, que já era, por sua vez, bastante célebre, sentiu como uma grande honra, o facto de ele o ter visitado em 1838.

b) a Natureza. É, frequentemente, um local que escapa completamente ao controlo dos homens. Estamos bastante longe da visão do século XVIII, que privilegiava o lado benéfico, domesticado, da Natureza. Para os românticos, esta é selvagem, grandiosa, poderosa, mas neutra: nem boa, nem má. Os compositores farão tudo para nos fazer entrar nesse universo, da maneira mais realista possível, e o ouvinte terá direito a tudo: tempestades, temporais, relâmpagos, cascatas, quedas de água, rios, animais. E, quando o desconhecido tiver sido conquistado, alguns, como Gustav Holst, irão escapar-se da Terra para se interessarem pelos planetas. Estas múltiplas e por vezes ruidosas representações nem sempre foram sóbrias ou de bom-gosto, e os seus excessos contribuiram, muitas vezes, para as críticas feitas à música unicamente descritiva, a música dita "programática". Contudo, este facto não impedirá que o poder evocativo de certas peças plenamente conseguidas permaneça intacto, mesmo para os nossos ouvidos contemporâneos e desde então habituados a tudo.

c) o fantástico. Podemos arrumar sob o mesmo rótulo tudo o que provém do sonho e do irracional. O grande dramaturgo inglês William Shakespeare (1564-1616) é reencenado segundo a moda da época e as suas peças, que por vezes fazem surgir personagens fantásticas, são traduzidas em todas as línguas e representadas com o acompanhamento pontual de esplêndida música de cena (*O Sonho de uma noite de Verão*, de Mendelssohn). Não poderemos esquecer os elfos, faunos, dragões, gigantes, deuses nórdicos, assim como aparições demoníacas (o próprio Diabo, sob diferentes nomes, é frequentemente posto em cena) que povoam as óperas românticas de Weber a Wagner. A própria Morte, numa passagem de um qualquer *lied*, apresenta-se por vezes à pessoa que decidiu levar consigo. Estabelecendo uma ligação com o ponto anterior, é bom referir que estas aparições ocorrem, frequentemente, em locais de difícil acesso, como florestas densas ou cavernas sombrias.

d) o nacionalismo. Se o período clássico foi uma época que viu a música internacionalizar-se, o romantismo reformula novas diferenças do aspecto sonoro, por integração de elementos musicais estritamente nacionais. A maioria dos compositores não hesitará em fazer ouvir, no seio das suas obras, traços típicos pertencentes à música popular do seu país, traços reais, adaptados ou mesmo inventados. Podemos, rapidamente, citar a Polónia com Chopin, a Hungria com Lizst e Brahms, o grupo dos Cinco na Rússia. Estes elementos "exóticos" foram, muitas vezes, utilizados para escrever postais sonoros (os vindos de Espanha serão numerosos até ao século XX), mas também como as implicações políticas dos compositores que participaram, à sua maneira, no que se chamará, posteriormente, de "o despertar das nacionalidades", nesse tempo turbulento e agitado em que se desenrolaram numerosas revoluções, mais ou menos coroadas de sucesso.

e) a referência à História. A História apaixona verdadeiramente o homem romântico que lhe presta um culto sem limites. O período favorito é a Idade Média, que acumula as vantagens de não ser assim tão afastada temporalmente e de ser ainda bastante mal conhecida. Quasimodo é uma invenção desse tempo e Viollet le Duc, restaurando de forma por vezes pessoal a morada da personagem de Victor Hugo, a Catedral de Notre-Dame de Paris, não fez mais que o seu contemporâneo: ambos recriaram um mundo a partir da sua própria visão da época medieval. O crescente e vivo interesse pelas lendas dessa época manifestar-se-á também durante todo o século e em todos os países. Os românticos também se interessam musicalmente pelo passado, quer dizer que o recuperam, estudam, publicam e tocam obras antigas, e tudo isto, pela primeira vez, de forma sistemática. Podemos dizer que o pontapé de saída foi dado em 1829, quando Félix Mendelssohn dirigiu a *Paixão segundo S. Mateus* de Johann Sebastian Bach, cerca de cem anos depois da sua criacção. A meio do século, a musicografia dá lugar à musicologia que lança edições monumentais das obras dos mestres do passado, Bach em primeiro plano. Aperceberam-se finalmente, que uma música escrita há bastante tempo, e de modo algum em voga, poderia ter um enorme valor artístico e influenciar as partituras contemporâneas. Pela primeira vez, os compositores tiveram a possibilidade de olhar para o passado, colocando questões sobre a sua própria criação. Para resumir, podemos afirmar que o mestre de Leipzig, tal como o de Bona, que acabara de desaparecer, assombraram em diversos graus todos os músicos desta época, que tiveram de se reclassificar em relação a eles.

f) a literatura. O compositor romântico é em geral muito culto porque teve frequentemente a oportunidade de poder ter estudado. É um bulímico de literatura (obviamente romântica, mas não só) onde vai, muitas vezes, buscar a sua inspiração. É desta forma que na Alemanha o género do *lied* artístico, ao longo de todo o século e de forma numericamente bastante importante, de Beethoven a Mahler, utilizará poesias de autores do final do século precedente, como Goethe (1749-1832), Tieck (1773-1853), Novalis (1772-1801), os irmãos Auguste (1767- -1845) e Friedrich (1772-1832) Schlegel na Alemanha, Walter Scott (1771-1832) na Inglaterra e Victor Hugo (1802-1885) e Alexandre Dumas (1802-1870) em França. A literatura assume tal importância que os artistas, por vezes, hesitam entre ela e a música, como será o caso de E.T.A. Hoffman (que foi o primeiro a utilizar o termo *romântico* atribuindo-o à música, num artigo sobre a 5ª Sinfonia de Beethoven, em 1810). Certos músicos – Berlioz, Schumann, Wagner – tiveram uma produção literária tão importante (em qualidade e/ou em quantidade) quanto as suas composições musicais, abrangendo tanto ensaios técnicos como textos críticos de obras contemporâneas.

- **os primeiros românticos (1800-1830)**

Cronologicamente falando, podemos censurar esta classificação por falta de coerência: se o período anterior termina "oficialmente" em 1830, os compositores em actividade antes desta data não farão, logicamente, parte dos românticos. Assim, que dizer de Beethoven, que será excluído, e onde posicionar Schubert (falecido um ano depois daquele)? Para acalmar os críticos, para melhor esclarecimento dos neófitos e sair, apesar de tudo, de forma airosa, podemos afirmar que os períodos (longínquos e recentes) da História da música, não são assim tão hermeticamente estanques, tendo sempre existido precursores e retardatários que, por vezes, estiveram a par uns dos outros, mas devendo o historiador ter o cuidado de os separar. Seja como for, os compositores presentes na charneira dos dois séculos lançaram o movimento. Um dos primeiros terá sido o compositor-escritor ou o escritor-compositor, **E.T.A. Hoffmann** (1776-1822), grande autor de contos, reputado pela sua imaginação "excêntrica", que devido à sua paixão por Mozart, acrescentou ao seu um dos nomes próprios deste último: o *A. significa* Amadeus. Compôs a primeira ópera romântica em 1816: *Undine*. Bastante menos fantástico, **Carl Maria von Weber** (1786-1826), primo direito da mulher de Mozart, Constança, seguiu o seu predecessor, levando à cena *Freischütz* (*O Franco-Atirador*), em 1821, *Euryanthe*, em 1823 e *Oberon*, em 1826. Escreveu igualmente numerosas páginas musicais, dando o papel de solista ao clarinete, como o *Concertino* ou o *Grande Duo concertante* para clarinete e piano. **Gioacchino Rossini** (1792-1868) foi durante uma vintena de anos o mestre incontestado da ópera *buffa* italiana. De 1810 a 1829, compôs quarenta obras, das quais a mais tocada é ainda *O Barbeiro de Sevilha*, composta em 1816, a partir do texto de Beaumarchais. O estilo da ópera *buffa* foi aqui verdadeiramente levado à perfeição: assunto contemporâneo, acção rápida, escrita virtuosa generalizada, tanto para as vozes como para a orquestra, humor, repetição de motivos executados cada vez mais forte a cada ocorrência (o célebre crescendo rossiniano). Rossini tinha dois grandes princípios de escrita que sempre utilizou e que sempre funcionaram muito bem: melodia simples e ritmo claro. Vincenzo Bellini (1801-1835) e Gaetano Donizetti (1797-1848) também fazem parte deste grupo.

Franz Schubert (1797-1828) merece um lugar de destaque no meio dos outros compositores. Podemos dizer, sem hesitar, que ele ultrapassa em classe todos os seus contemporâneos, à excepção de Beethoven, nomeadamente pela intensidade e profundidade da sua expressão. Faz parte dos compositores para os quais a designação de "génio" não parece excessiva, apesar da legítima reticência que possamos fazer ao utilizar esta palavra. Schubert viveu 31 anos e deixou um número de obras que atinge quase um milhar (o seu catálogo conta 998 entradas). A sua breve existência, sem notabilidade, enriqueceu o reportório das biografias românticas, tal como o século XIX as preferia. Era o filho de um professor primário vienense e os seus dotes precoces foram rapidamente notados por quem o rodeava, tendo a possibilidade de ser admitido, em 1808, como menino de coro na capela imperial e daí no Kaiserlich-Königlich Stadtkonvikt (o colégio Imperial e Real da cidade). Schubert fez-se notar musicalmente (no violino e na direcção de orquestra do colégio), assim como academicamente (era um bom aluno), recebendo lições dos directores musicais da corte, entre os quais se deve nomear o célebre Antonio Salieri. Os anos passados no colégio foram decisivos no que concerne à sua formação musical, intelectual e na constituição de um círculo de amigos que lhe será sempre fiel. As composições escritas por Schubert, nesses anos, são destinadas prioritariamente a profissionais que tinha à disposição no seu meio familiar e escolar. Em 1813, deixa o colégio para se preparar para o diploma de professor primário, que obtém, e começa a ensinar na escola de seu pai a partir do ano seguinte. Em Outubro de 1814, compõe um *lied* extraordinário, *Gretchen am Spinnrade* [*Gretchen a fiar*] a partir de um texto do *Fausto* de Goethe. Este *lied*, sem dúvida a sua primeira obra-prima, marca um ponto de viragem no género, ultrapassando a simples melodia acompanhada e confiando ao piano um papel narrativo e dramático que não possuía até então:

Gretchen am Spinnrade e a roda de fiar que se ouve no piano

Nesta época, Schubert encontra tempo para compor diariamente apesar das tarefas inerentes à sua profissão de professor, que não o apaixonam. Se encontramos obras de todos os géneros, o *lied* é o mais importante em termos numéricos (145 em 1815) com uma outra obra-prima *Erlkönig* (*O Rei dos Amieiros*), sempre sobre um texto de Goethe. Apesar das encomendas começarem a surgir, não ousa abandonar definitivamente o ensino para se entregar à composição e viver, exclusivamente, do que poderia ganhar com a sua música. É preciso esperar até 1818 para que Schubert dê o passo em frente e abandone o posto de professor. Começa aqui um período em que Schubert muda frequentemente de casa, andando para trás e para diante, entre a casa paterna e um quarto emprestado por algum amigo. Inicia um grande número de obras (*Quartettsatz*, sinfonia "incompleta",...) que não termina, e dá-se conta da grande dificuldade que existe em conciliar as expectativas musicais do público, que só moderadamente está pronto a aceitar as novidades, e as suas próprias aspirações no domínio da composição, independentes do gosto do grande público. É por isso que encontramos em Schubert duas categorias de obras: por um lado, as partituras facilmente "acessíveis", destinadas a responder às encomendas; por outro, as composições mais originais, sem destino imediato preciso, escritas apenas para si. O quinteto com piano D667 de 1820, dito *A Truta*, pertence à primeira categoria, o que não altera em nada as suas qualidades, até porque esta partitura bem conhecida não é para desdenhar. Em 1823, a sífilis começa a fazer os seus efeitos e Schubert é hospitalizado em Viena. Apesar de um estado de espírito algo negativo, compõe *Die Schöne Müllerin* (*A Bela Moleira*), que é uma série de *lieder*. Em 1824, escreve *Der Tod und das Mädchen* (*A Morte e a Donzela*), um dos seus mais belos quartetos de cordas, em *ré* menor e que inclui variações sobre um *lied* (à semelhança do quinteto *A Truta*).

Andante do quarteto em *ré* menor, *A Morte e a Donzela*

Nos últimos anos da sua vida, Schubert será um compositor relativamente conhecido e cujas obras são tocadas. Primeiro, pelo círculo cada vez maior dos seus amigos, no decurso das famosas *schubertíadas*; depois, no seio de associações musicais e mesmo no Conservatório de Viena: daí que a imagem do artista totalmente incompreendido não lhe assente. Não foi um homem de negócios prudente: foi enganado pelos editores que subvalorizavam as suas obras e que se "esqueciam" de o pôr ao corrente das vendas realizadas. Em 1827, escreve um ciclo de *lieder*, *Winterreise* (*Viagem de Inverno*) sobre poemas de Müller, que imediatamente obtém um grande sucesso devido em parte ao talento do intérprete principal: o cantor Vogl. No final do mesmo ano, escreve os *trios para piano* em *mi* bemol, seguidos, no início do ano seguinte, pelo em *si* bemol. O último ano (1828) é extraordinário: termina a Sinfonia nº 9 (a "grande"), alguns *lieder* (*Schwanengesang*, *O Canto do Cisne*), bem como sonatas para piano, e a sua última obra instrumental, o impressionante *quinteto de cordas em dó*, em que utiliza um segundo violoncelo, conferindo assim à obra maior profundidade, em todo o sentido da palavra. No decurso dos últimos dias da sua existência, teve uma curiosa vontade: a de aprofundar o seu conhecimento do contraponto académico. É por isso que nós sabemos que teve tempo de ter apenas uma lição, e de realizar uma série de exercícios destinados à segunda, que nunca teve lugar. Foi enterrado, segundo a sua vontade, à distância de três sepulturas da de Beethoven, pelo qual tinha enorme admiração.

Apesar de um catálogo imponente, os grandes sucessos de Schubert existem num número restrito de géneros. O mais importante, em termos numéricos, é o do *lied* artístico, cujo total de composições se aproxima das 600 e que se dividem em duas categorias: os *lieder* isolados e os que pertencem a ciclos. O segundo domínio será o da música de câmara (trios, quartetos, quintetos) e o da música para piano, da qual deixou seis sonatas e uma grande quantidade de pequenas peças. O terceiro será o da música sinfónica, face à qual, a estatura do Mestre de Bona parece ter sido muito inibidora: conta-se que Schubert terá gritado "Que fazer depois de Beethoven?", referindo-se à sinfonia. É certo que, apesar de alguns êxitos pontuais, nenhuma sinfonia de Schubert atinge o nível do seu predecessor. Isto deve-se, sem dúvida, à sua preferência pelo lado intimista da música e à sua inadequação ao estilo "massivo", indispensável na escrita de uma partitura de orquestra.

O estilo musical de Schubert compreende algumas características que o tornam bastante fácil de reconhecer. Antes do mais, deve-se referir um carácter melódico que se impõe imediatamente. Mesmo nas suas obras instrumentais podemos descobrir uma reminiscência da arte vocal, isto quando o tema não é mesmo retirado de um *lied* já existente (no final do século, Gustav Mahler adoptará um processo bastante similar). As suas melodias possuem, frequentemente, a característica de poder mudar de modo:

A música romântica (1830-1914)	239

Winterreise, Der Lindenbaum: melodia em **maior**

Winterreise, Der Lindenbaum: melodia em **menor**

Outro traço schubertiano: a presença de acordes rebatidos e que podem percorrer uma passagem inteira:

Erlkönig (O Rei dos Amieiros), introdução

Se parece exagerado atribuir êxitos a Schubert apenas nos géneros de dimensões restritas, será bom reconhecer que, ao contrário de Beethoven, a sinfonia, pela sua amplitude, lhe colocou problemas formais que não soube inteiramente resolver. Ao tema da sua última sinfonia – em DÓ maior, dita a "grande" – Robert Schumann, tomando todas as precauções retóricas, louva a sua beleza, mas compara-a a um romance que se prolonga sem jamais encontrar o fim. Refere a este propósito, uma "duração celestial" (*himmlische Länge*) e que aplica à partitura do compositor.

● **a geração intermédia (1830-1850)**

Abrange um conjunto de compositores que foram também pianistas virtuosos e que nasceram por volta de 1810, tendo sido bastante activos a meio do século. A sua contribuição para o desenvolvimento da música para piano foi muito importante.

Hector Berlioz (1803-1869) foi o protótipo francês do músico romântico, forçado a batalhar continuamente para obter algum reconhecimento. No decurso da sua vida, pugnou primeiro contra seu pai, muito céptico relativamente à carreira artística de seu filho, tentando provar--lhe que era bem mais dotado para a música do que para a medicina; depois, contra os censores do Instituto, reticentes em premiar um tal revolucionário, para lhes fazer admitir que a sua música era tudo menos académica e que poderia merecer o Grande Prémio de Roma, indispensável "diploma de final de curso"; enfim, contra o público, frequentemente confundido, para o fazer aceitar a modernidade e o valor da sua música. É muito difícil estar sempre contra a corrente e fazer face a uma adversidade contínua; Berlioz fê-lo e até ao fim. Numa época que viu o piano adquirir a supremacia instrumental absoluta, Berlioz foi uma excepção notável: não tocava e nem fez grandes esforços para se interessar por este instrumento – os acompanhamentos destinados ao piano são igualmente desajeitados e não soam lá muito bem. Também não era violinista – o outro instrumento "nobre" – e os únicos instrumentos por si praticados eram o *flajolé*, a flauta transversa e a guitarra, instrumentos que não favorecem a aprendizagem da polifonia. Paradoxalmente, não sabendo tocar nenhum dos instrumentos "sérios" pertencentes à orquestra – à excepção da flauta – Berlioz vai, apesar de tudo, conseguir fazer soar a sua orquestra como ninguém, escrevendo as combinações instrumentais que irão, *a priori*, soar muito mal "no papel" mas que se revelarão muito eficazes na prática, quando tocados. Seis anos apenas separam a *9ª Sinfonia* de Beethoven da *Sinfonia Fantástica* de Berlioz (1830), mas a concepção instrumental ligada ao timbre e à sonoridade das duas obras é radicalmente diferente: lá, onde o Alemão permanece muito "clássico", o Francês inova, experimenta e não hesita em propôr aos seus ouvintes passagens verdadeiramente inauditas, quer no que concerne à cor sonora quer à sobreposição (contraponto, polimelodia) de motivos distintos. Berlioz também foi desmesurado, organizando obras que exigiam orquestras colossais. Contudo, será injusto reter apenas o aspecto numérico das suas grandes partituras: estas, são muitas vezes percorridas por passagens intimistas, sonhadoras, das quais se evola uma poesia muito sensível. Em 1832, faz tocar *Lélio*, melodrama que é o segundo episódio da *Fantástica* e que apresenta passagens faladas, cantadas e corais. Em 1834, dedica *Harold em Itália*, sinfonia para viola solista, a Paganini, que não a executou por a considerar demasiado fácil para si. Esta partitura retoma a ideia de um tema cíclico (à imagem da *idée fixe* da *Fantástica*) que se repete ao longo dos quatro andamentos.

o tema de *Harold*

Podemos citar igualmente entre o conjunto da sua produção, um *Requiem* (1834), *Romeu e Julieta* (1839), a *Grande Sinfonia fúnebre e triunfal* (1840), as cenas da *Danação de Fausto* (1846), a *Infância de Cristo* (1856) e *As Troianas* (1862). Entre a imensa actividade literária de Berlioz, além das suas *Memórias*, encontra-se o *Grande Tratado de Instrumentação* (1843) que serviu de livro de cabeceira a um bom número de compositores da segunda metade do século. Se Berlioz conheceu alguns pequenos e grandes sucessos em França, será no estrangeiro que irá colher os maiores elogios, da parte de músicos como Schumann, Liszt ou Wagner. Este último, não hesitou em utilizar nas suas obras alguns processos característicos do compositor francês: a *idée fixe* tornou-se no *leitmotiv* e, como em Berlioz, a orquestra constitui uma verdadeira personagem que comenta ininterruptamente a acção. Com Berlioz, Wagner aprendeu a economizar os seus efeitos instrumentais para só libertar o poder total em raras ocasiões, justificadas apenas pela acção dramática. Para terminar, este músico que só obteve reconhecimento oficial no ocaso da sua vida, confirmando o velho ditado "ninguém é profeta no seu país", os Franceses estiveram entre os últimos, bem depois dos Ingleses, a reconhecer o imenso valor de Berlioz, a tocar a sua música em concerto e a realizar gravações da totalidade da sua produção.

Félix Mendelssohn (1809-1847) poderá ser considerado como a perfeita antítese de Berlioz: assim como o Francês foi um artista anticonformista perpetuamente revoltado, do mesmo modo o Alemão ambicionou e gostou de fazer parte do *establishment* musical, sem oposições e sem acções esplendorosas. Félix Mendelssohn contraria a lenda do "pobre artista romântico", lutando por fazer tocar as suas obras e ainda executando trabalhos musicais menores para suprir as suas necessidades económicas. Na verdade, nunca conheceu a "boémia musical" porque teve a sorte de nascer numa família (judia mas convertida ao luteranismo por tranquilidade social) não apenas rica, mas também intelectual e culturalmente muito aberta. Na família, a música nunca fora uma actividade menor e considerada levianamente. Com efeito, além de Félix, as outras três crianças eram no mínimo bons músicos, e não só, como a sua irmã mais velha Fanny cujas qualidades de compositora foram abafadas pelas do irmão, bem mais dotado sem dúvida e bastante mais encorajado (a época não apreciava as mulheres artistas que pretendiam colocar-se ao nível dos homens). A cultura geral e os estudos não foram negligenciados e Mendelssohn frequentou a universidade, sendo bastante bem sucedido em tudo o que fosse do domínio das letras (filosofia, línguas,...) mas não das disciplinas científicas. Musicalmente, depois de lições bem compreendidas junto de excelentes mestres, Félix começa a compor com a idade de onze anos e atinge progressivamente a sua maturidade neste domínio por volta dos dezassete anos, com o *octuor opus* 20 e, sobretudo com a abertura *Sonho de uma noite de Verão* (1826), música de cena para a peça de William Shakespeare. Se a estrutura formal desta partitura é muito convencional – é em forma sonata – a temática, a harmonia e sobretudo a orquestração fazem desta peça orquestral muito virtuosística a primeira obra-prima deste jovem. Dezasseis anos mais tarde, Mendelssohn completará esta partitura tornando-a mais rica ao integrar vozes solistas, coros e outros fragmentos orquestrais, como a relativamente pomposa *Marcha Nupcial*, preparada para as bodas de Titania e de Bottom, e que é utilizada desde então (para o melhor e para o pior) pelos noivos do mundo inteiro:

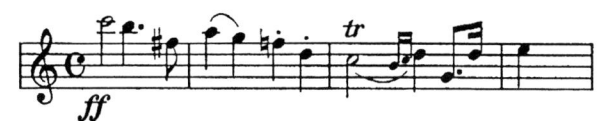

tema da *Marcha Nupcial*

Este tema já estaria amplamente presente na *abertura* de 1826, uma vez que o reconhecemos facilmente ao longo desta:

tema original da *abertura*

Será injusto limitar a criação de Mendelssohn a esta partitura, ainda que evoque perfeitamente a magia da peça de Shakespeare, seja bastante acessível e resista bem ao passar do tempo. É preciso mencionar, além das sinfonias da juventude (para cordas), cinco "grandes" sinfonias, das quais algumas têm títulos: n° 3 *Escocesa*, n° 4 *Italiana* (inspirada em viagens realizadas), n° 5 *Reformation* (destinada a celebrar o tricentenário da Confissão de Ausburgo), aberturas orquestrais e o concerto para violino n° 2 em *MI* e que é um dos melhores do género. A composição não foi a sua única actividade: além das grandes qualidades de pianista, Mendelssohn foi um chefe de orquestra reputado, dando numerosos concertos um pouco por toda a Europa, com uma certa predilecção pela Inglaterra vitoriana. Foi igualmente um director musical conceituado e um dos pioneiros da "redescoberta" dos compositores do passado, como Haendel ou Johann Sebastian Bach, do qual organizou a execução de inúmeras obras (o exemplo mais célebre é o da *Paixão segundo S.Mateus*, em

1829, e que não havia sido tocada desde a morte do seu compositor). O facto de mergulhar nos grandes oratórios do passado levou-o a conceber, naturalmente, imponentes frescos corais: *Paulus* (1836) e *Elias* (1846) foram concluídos e executados com sucesso. Durante muito tempo, a música de Mendelssohn foi bastante maltratada pelos críticos, que o acusaram de ser medíocre, demasiado "bem-comportado" e insuficientemente revolucionário. É certo que toda a sua produção não atingiu os pontos mais altos da música – e ele tinha consciência disso. Este facto não o impediu de conferir à orquestra uma grande expressividade, imediatamente reconhecível pela grande técnica exigida bem como pela clareza e nitidez da sua orquestração muito fluente.

Frédéric Chopin (1810-1849) não chegou a viver quarenta anos mas a sua progressão artística foi simplesmente fulgurante. A vida deste filho de um emigrado francês, nascido na Polónia, pode dividir-se em duas partes: o período polaco e o período francês, a partir de 1831. No primeiro, Frédéric revela-se um sobredotado da música, quer no piano, quer como compositor, dado que os seus primeiros ensaios (uma *Polonaise* e uma *Marcha militar*) foram escritos quando tinha apenas sete anos. Como Mozart, actua muito jovem perante a aristocracia e, à semelhança de Mendelssohn, segue estudos gerais e, após o seu bacharelato, entra no Conservatório de Varsóvia para se aperfeiçoar. Desta época (1827) datam as *Variações sobre D. Juan* (*La ci darem la mano*) para piano e orquestra que serão, mais tarde, alvo da atenção de Schumann, que escreverá a propósito: "Senhores, tiremos o chapéu. Um génio!" Durante os três anos que se seguiram, Chopin deslocar-se-á bastante para actuar, indo até Berlim e Viena, reencontrando então colegas com os quais aprenderá muito. Em 1830, decide deixar a Polónia por causa da agitação política: passa por Viena, Munique, mas ficará em Paris, que não deveria ser mais do que uma etapa para Londres; permanecerá em França até à sua morte. Desde a sua chegada à capital francesa, Chopin obtém imediatamente um grande sucesso, não apenas junto do público que o verá somente uma vintena de vezes em dezoito anos, mas também junto dos outros compositores que o louvam de forma unânime (Liszt, Berlioz, Schumann, Mendelssohn, Rossini, Cherubini, etc.) pelas suas execuções e composições. Não fica, porém, confinado a Paris e desloca-se na Europa para dar concertos. Em 1838 inicia a sua ligação com George Sand que terminará em 1847. Ao longo destes anos a actividade de Chopin foi muito intensa: concertos, lições e composições. Durante os dois anos que se seguirão, Chopin esgotado, abranda o ritmo da sua vida e morre em 17 de Outubro de 1849.

Na sua juventude, encontrou uma fórmula eficaz para se definir: "Conquistei os sábios e os sensíveis. Haverá tema para conversa". E se desde há cento e cinquenta anos conversam ainda sobre as suas obras, todos os grandes pianistas, desde aqueles em início de carreira até aqueles já bem instalados na sua profissão, consideram a música de piano de Chopin como sendo uma passagem obrigatória no seu percurso artístico. Um bom pianista deve tocar Chopin, e bem! As dificuldades são de vária ordem: técnicas antes de mais, porquanto o trabalho de dedos deve ser impecável, tal como o encadeamento rápido das notas, na independência das mãos e na execução de dinâmicas exigidas pelo compositor. Depois, dificuldades musicais, uma vez que uma execução puramente mecânica tornará qualquer peça aborrecida e sem interesse. Definir a especificidade da escrita pianística de Chopin não é fácil. Podemos, todavia, sublinhar o facto constante de a temática ser frequentemente vocal: a mão direita do piano "canta" enquanto que a mão esquerda, com grande mobilidade, a acompanha inexoravelmente. Chopin afirmava que esta última deveria ser "um mestre de capela que mantém sempre o compasso". Quanto à mão direita, ela é a especializada no jogo de variações ornamentais escritas em valores muito curtos, parecendo contrariar o compasso pelo seu agrupamento em números "irregulares", como no exemplo seguinte:

início do primeiro Nocturno, variação ornamental

Fala-se muito do *bel canto* aplicado ao piano: esta designação é bastante adequada e uma das chaves da interpretação da sua música reside, como para o canto, numa apreciação rigorosa do *tempo rubato*, que consiste em modificar de maneira subtil e temporária a velocidade de base das pulsações. Este elemento essencial já existia no âmago da forma interpretativa do autor, permanecendo fundamental para a restituição da poesia que se encontra subjacente às notas.

A música de Chopin era essencialmente destinada a pequenos auditórios, compreendendo um número restrito de pessoas colocadas não muito longe do piano, e poderá ser classificada, por isto mesmo, de música de "salão", sem qualquer preconceito pejorativo dado que a maioria das suas obras escapa à mediocridade geralmente subentendida por esta designação e largamente verificada na época. Ao longo da sua vida, Chopin escreveu para o piano peças de género relativamente curto. Uma boa parte delas é marcada pelo estigma da dança e por um virtuosismo brilhante: 16 polacas, 19 valsas, 57 mazurcas assim como algumas peças isoladas, a *Barcarolle*, o *Boléro*, a *Contredanse*, as três *Écossaises* e a *Tarantelle*. Outras peças, sem conteúdo definido no título, evocam momentos particulares, como os *Impromptus* (na sua origem, tocados de improviso) ou os *Nocturnos*, introduzidos pelo pianista inglês John Field (1782-1837), enquanto que um carácter literário parece aflorar nas quatro baladas, inspiradas na obra de um poeta polaco. Chopin, que tinha dois compositores fetiches em Bach e Mozart, também deixou obras um pouco mais pedagógicas, como os *Estudos* e menos "pitorescas" como os *Prelúdios* (que não preludiam nada) e as *Sonatas*. A orquestra nunca o seduziu, a não ser para o acompanhar enquanto solista, como nos seus dois *concertos* e em *Krakowiak*, o *Grande rondó de concerto*, compostos antes da sua chegada a Paris.

Robert Schumann (1810-1856) foi também um brilhante pianista, pelo menos durante a sua juventude. Começou a estudar música, seriamente, tarde demais (nove anos) para ser considerado criança prodígio, mas progrediu de forma bastante rápida. Aos dezasseis anos, descobre os romances de Jean-Paul (Richter) que exercerão sobre ele uma forte influência: a literatura será sempre muito importante para a construção do seu mundo interior e para a elaboração da sua criação pessoal. É um adolescente que se sente mal na sua pele, naturalmente taciturno, que suporta mal o suicídio da sua irmã e a morte de seu pai. Devendo estudar Direito em Leipzig, começa a ter aulas de piano com Frédéric Wieck, então professor bastante reputado, que o leva a descobrir a possibilidade de fazer uma brilhante carreira de pianista e que tenta canalizar as energias, algo dispersas, do jovem aluno, que bem merece então o qualificativo de "romântico". Wieck, no decorrer das suas lições estritas e rigorosas, não esquece a escrita musical, revelando a Schumann o universo de Bach, que se tornará uma das referências maiores do aprendiz compositor. Nesta época, Schumann já escrevera para piano as *Variações Abegg* e os seus *Papillons*. Todavia, querendo fazer mais, Schumann cria uma ginástica digital em que atava o dedo médio da mão direita, para assegurar uma maior independência do anelar. No início de 1832, a ginástica transformou-se em tortura e a mão direita ficou paralisada: para seu grande desespero, jamais será pianista. O seu moral afunda-se com a morte do seu irmão e cunhada: no final de 1833, cai numa profunda depressão da qual sairá rapidamente para lançar uma revista musical, combatendo pela música verdadeira contra aqueles que a adulteravam. Chefiará os "companheiros de David", escrevendo através de uma personagem bicéfala, *Eusebius* (o sonhador) e *Florestan* (o apaixonado) que personificam apenas dois aspectos da sua personalidade múltipla. A partir de 1835 e durante cinco anos, Schumann bater-se-á para conseguir a mão daquela que ama, Clara Wieck, a filha do seu professor que, apesar da sua recusa, não poderá impedir o casamento. Durante este lapso de tempo, continuará a compor para piano: *Blumenstucke, Carnaval de Viena,...* Os anos que se seguem são temáticos: 1840 é o grande ano dos *lieder*, 1841 é sinfónico e 1842 é consagrado à música de câmara. Em 1844, efectua com Clara uma digressão de concertos na Rússia que lhe provocarão um esgotamento. Tendo-se mudado para Dresde no final de 1844, aprofundará o seu estudo de Bach, trabalhando o contraponto e escrevendo fugas. Durante todos estes anos, passará por fases serenas e fases de angústia, caracterizadas por importantes perturbações físicas e nervosas. Em 1850, muda-se para Düsseldorf e parece passar por uma trégua (*concerto para violoncelo*, Sinfonia *"renana"*) mas tem consciência de que a sua doença lhe deixa pouco tempo de vida. Continuará a compôr até 1854, muitas vezes entregue ao delírio. Em Fevereiro tenta suicidar-se lançando-se ao Reno. Sempre consciente do seu estado, deseja proteger-se e à sua família, internando-se num asilo para loucos, perto de Bona, onde morrerá dois anos mais tarde, em 1856.

O catálogo das obras de Schumann é imenso, porquanto compunha de maneira extremamente rápida e diversificada, experimentando tudo com sucesso variado (no entanto, a música de cena foi um domínio que lhe resistiu). Todavia, o essencial da sua obra encontra-se na música para piano solo e no *lied*, dois géneros numericamente (pela quantidade) e musicalmente (pela qualidade) importantes no conjunto da sua produção. A música para piano inclui poucas grandes partituras elaboradas em formas já definidas: à semelhança dos seus contemporâneos, Schumann tentou, evidentemente, a escrita de sonatas (três ao todo) para contactar com este género mítico, mas não lhes consagrou muita energia. Ao contrário, a sua obra pianística é percorrida por um conjunto numeroso de recolhas de peças curtas com nomes evocativos, das quais cada uma é, em si mesmo, uma história, como o *Carnaval*, as *Danças dos Companheiros de David*, as *Cenas de Crianças*, a *Kreisleriana*, as *Novellettes*, o *Álbum para a Juventude* e as *Cenas da Floresta*. É preciso citar as partituras menos "literárias" como os *Estudos segundo Paganini*, os *Intermezzi*, a *Toccata*, os *Estudos sinfónicos*... O domínio do *lied* foi igualmente muito produtivo e frequentemente organizado em ciclos: *Liederkreis, O Amor e a Vida de uma Mulher, Os Amores do Poeta*, são conjuntos muito conhecidos. O *lied* permite a Schumann escrever músicas breves, adaptadas perfeitamente ao seu carácter de poeta, sem redundância relativamente ao texto, mas complementar.

O primeiro *lied* de *Os Amores do Poeta*, conclui-se de uma forma suspensiva e "inacabada", sobre o acorde de 7ª da dominante tocado no piano, parecendo causar uma enorme interrogação sobre o devir da declaração de amor expressa no texto:

Im Wunderschönen Monat Mai

Para orquestra, Schumann deixou principalmente quatro sinfonias (entre as quais a célebre nº 3 "*Renana*", que foi muito plagiada pelos autores de bandas sonoras para cinema) e dois concertos: um para piano (obra-prima do género, apesar de a sua forma não ser habitual) e um para violoncelo. Se Chopin privilegiava a melodia acompanhada, Schumann tem uma escrita musical muito mais densa e muito polifónica. Mesmo nas suas peças curtas – como no exemplo apresentado – é possível, muitas vezes, distinguir uma rica textura contrapontística que se desenvolve, pelo menos, em três planos sonoros: a melodia, o baixo e uma parte mediana tocada com os polegares e os indicadores. Frequentemente, o resultado obtido é muito denso e está na origem de críticas injustas dirigidas à sua música, por vezes classificada como cerrada. A sua harmonia não é inovadora – o seu catálogo de acordes é o de Mozart, o seu contraponto é o de Bach – mas a maneira como os aplica faz dela um modelo de equilíbrio na escrita musical.

Franz Liszt (1811-1886) atravessou todo o século: nasceu pouco depois da morte de Haydn (1809) e quando Beethoven e Schubert estavam em plena actividade. Quando desaparece, Igor Stravinsky tem quatro anos e atravessará o século XX. Nasceu na Hungria e partiu para Viena com dez anos, para trabalhar com Czerny e Salieri. Aproveita para se apresentar a Beethoven que na ocasião de diversos encontros em privado e em público o encoraja vivamente pela sua forma de tocar (execução e improvisações) e pelas suas primeiras composições. De seguida, vai para Paris, mas Cherubini veda-lhe o acesso ao Conservatório, basean-do-se estupidamente num regulamento que não permite a inscrição de estrangeiros. Todavia, permanecerá em Paris, entre 1823 e 1835, tornando-se o melhor agente publicitário da firma de pianos Erard, que acabara de aperfeiçoar o mecanismo, então revolucionário, do "duplo escape". Em 1834, inicia uma ligação amorosa com Marie d'Agoult, facto que não agradava à sociedade parisiense, pela razão de a condessa já ser casada. Os amantes deixam Paris e percorrem a Europa, em todas as direcções, da Suíça à Rússia. Durante estes anos, Liszt desdobra-se em concertos, ensina ocasionalmente e compõe obras destinadas, a maioria das vezes, ao seu uso pessoal (*Rapsódias Húngaras*, *Estudos segundo Paganini*, …). Em 1842, instalam-se em Weimar, onde ele ficará até 1861, tendo obtido um cargo criado especialmente para si. Nestes anos, Liszt escreve grandes partituras (sonatas, sinfonias, poemas sinfónicos) e dirige uma orquestra para executar e mesmo, por vezes, para estrear obras contemporâneas, como a ópera de Wagner, *Lohengrin*, em 1850. Entretanto, deixa a condessa pela princesa Caroline Sayn-Wittgenstein e, em Roma, espera a anulação do casamento desta última (era também uma mulher casada). Por fim, tendo o papa recusado acordar o divórcio, Liszt per-manece em Roma e, o que é natural pois sempre fora muito crente, recebe as ordens menores em 1865. Entrega-se à redescoberta de obras vocais antigas, escreve as variações sobre a can- tata 12 de Bach (*Weinen, Klagen, Sorgen, Zagen*), assim como um oratório, *Christus*. A partir de 1869, a sua vida torna-se "trifurcada", para usar a sua própria expressão, entre Roma (para a calma e a serenidade), Weimar (composição e direcção de orquestra) e Budapeste (tentativa vã para se tornar no compositor nacional húngaro). Morrerá em Baireute, depois do seu genro Wagner, deixando as suas últimas composições algo incompreendidas por quem o rodeava.

Liszt foi, sem contestação possível, um dos maiores pianistas do século XIX, eclipsando todos os outros, pelas qualidades físicas naturais, pela sua técnica, muitas vezes renovada ao longo dos anos e pela sua musicalidade sem falhas. Se Chopin foi um pianista-cantor, Schumann um pianista-polifonista, Liszt foi um pianista-orquestra. Nas suas obras, a referência orquestral está continuamente presente, sem que haja necessidade de efectuar uma verdadeira transcrição, o que diminuiria grandemente o efeito pianístico em vez de o ampliar. No exemplo seguinte, extraído do *Primeiro ano de Peregrinação* (Suíça), Liszt lembra-

-nos infalivelmente um poderoso chamamento duplo de metais, seguido de um *tutti* orquestral tocado em *fortissimo*:

Início da *Capela de Guilherme Tell*

Liszt efectuou, no entanto, uma marcha inversa ao longo da sua vida: praticamente tudo adaptou ao piano, do melhor ao pior, do simples ao impensável, à custa de dificuldades por vezes inauditas: as nove sinfonias de Beethoven, a *Sinfonia Fantástica* de Berlioz, a abertura de *Tannhaüser* de Wagner... Estas diferentes transcrições, tal como "paráfrases" sobre árias de ópera, contribuiram bastante para a sua fama extraordinária de intérprete.

A escrita de Liszt possui, por vezes, um carácter exagerado e excessivo, tanto nas passagens calmas e muito calmas, como nas agitadas e muito agitadas. A sua música transborda de furacões, tempestades e tormentas, em número tão grande quanto as suas meditações, fantasias e pausas. A sua harmonia foi uma das mais dissonantes do seu tempo, integrando por vezes acordes bastante ambíguos e de difícil análise tonal, e que deveriam ser considerados mais como objectos sonoros em si mesmos, não se encadeando, mas sucedendo-se, como na passagem surpreendente da décima segunda estação da *Via Crucis* de 1879 (Jesus morto na cruz), harmonicamente gracioso, ainda que a tonalidade principal pareça ser a de *sol* menor:

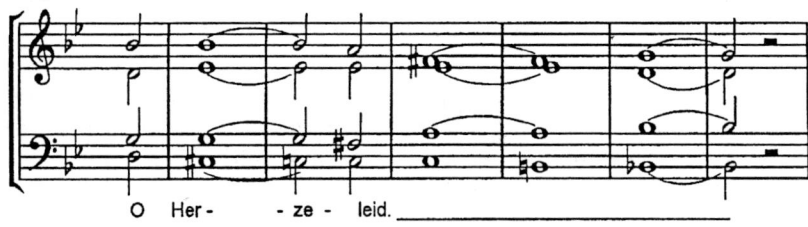

extracto de *Via Crucis*, em *sol* menor

Neste sentido, podemos dizer que Liszt foi um dos precursores da música atonal, ao deixar de escrever segundo as regras tradicionais: o seu genro Wagner não fará melhor, e será até mais ajuizado, neste domínio.

• o romantismo tardio (1850-1890)

Esta terceira geração de músicos esteve activa na segunda metade do século. Se os seus anteriores foram célebres muito jovens, estes tiveram de esperar a maturidade para ver o seu talento reconhecido e a glória não mais os deixar. Entre os numerosos compositores pertencentes a este período, podemos mencionar Verdi e Wagner, no domínio exclusivo da ópera, e Brahms em todos os outros.

Giuseppe Verdi (1813-1901) nasceu numa família de condição muito modesta, o que tornou caótica e atrasou a boa marcha da sua formação musical. Aos dezasseis anos, é a glória musical da sua aldeia, porquanto ensina, toca orgão e dirige pequenos *ensembles*.

Graças a um mecenas, vai para Milão, em 1832, para entrar no Conservatório mas não é admitido em virtude das suas enormes lacunas pianísticas. Reconhecem-lhe, todavia, aptidões para a composição e ele começa a receber aulas particulares de Vincenzo Lavigna e assiste a todos os espectáculos líricos que são realizados na altura, nomeadamente obras de Bellini, Donizetti e Rossini. Em 1839, consegue obter uma encomenda do Teatro Scala, a ópera *Oberto*, que obtém grande sucesso, o que vale ao seu autor uma segunda encomenda para o ano seguinte: *Un giorno di regno*. Infelizmente, tendo perdido um a seguir ao outro os seus dois filhos e depois a mulher, durante a escrita desta ópera, a composição parece ter sido afectada e esta partitura foi um fiasco. Em 1842, renova o sucesso ao apresentar, sempre no Scala, *Nabucodonosor*, em que utiliza uma linguagem musical acessível ao grande público, grandes coros e valores políticos subentendidos e que foram imediatamente compreendidos pelos Italianos (então ocupados militarmente pelos Austríacos). Em 1844, sucede-se *Ernani*, obra que lhe assegura uma popularidade estável. Agora célebre, Verdi deverá produzir várias obras líricas por ano, para os diferentes teatros líricos que os reclamam. Estas obras serão diversamente apreciadas, mas, a partir de 1851 (*Rigoletto*), Verdi produzirá uma série de obras bastante populares como *Il Trovatore* e *La Traviata* em 1853. A sua situação material largamente assegurada, permite-lhe abrandar a composição, para melhor escolher os seus libretos, refinar a dimensão psicológica das personagens e cuidar das orquestrações das suas obras. Podemos citar *As Vésperas Sicilianas* (1855), *Simão Boccanegra* (1857), *Um Baile de Máscaras* (1859), *A Força do Destino* (1862), *Macbeth* (1865), *Don Carlos* (1867), assim como *Aïda*, estreada no Cairo em 1871. Em 1874, escreve um *Requiem* muito operático em memória do poeta Mantovani e voltará duas vezes a Shakespeare com *Othelo* (1887) e *Falstaff* (1893). Para terminar, comporá as suas *Peças Sacras* (1898) e morrerá em 1901, com a idade de 87 anos.

Verdi, que foi um dos dois titãs da ópera do século XIX, teve uma carreira artística surpreendentemente longa: durou cerca de 60 anos, ao longo dos quais o seu estilo evoluiu, a pouco e pouco, no sentido de uma concisão e eficácia dramática. Concisão, no que diz respeito ao libreto, cuja acção se reduz enquanto a psicologia das personagens se refina; concisão vocal, uma vez que o *bel canto*, usurpador e pouco verosímil na sua génese torna-se aos poucos, menos brilhante e mais próximo da declamação; finalmente, concisão orquestral, porque a orquestra se faz, progressivamente, mais discreta, mas mais indispensável. O outro ponto forte de Verdi foi a sua escrita musical que permaneceu sempre muito acessível, fora dos combates que serviam de tema à evolução da harmonia: não existe um acorde de *Tristão* em Verdi. Desta forma, podemos dizer que Verdi transformou o género da grande ópera dramática, tornando-a muito menos artificial do que era antes de ele se interessar por ela e de lhe atribuir uma densidade dramática que lhe faltava.

Richard Wagner (1813-1883) foi o segundo titã da ópera do século XIX. É oriundo de uma família de pequenos funcionários de Leipzig, para os quais a arte dramática era bastante importante, que integrava inúmeros actores e alguns cantores. Richard não escapa ao vírus artístico e decide tornar-se músico. Forma-se, primeiro lendo sozinho obras teóricas e as partituras dos mestres, depois decide ter lições com o *kantor* da Thomasschule (um dos sucessores de Bach, na célebre escola onde este ensinara), mas parece ter ido depressa demais na assimilação dos seus estudos. Em 1833, inicia a sua carreira como ensaiador em Wurtzburgo e depois como director musical em Magdebourg (1834-36), onde a representação catastrófica da sua ópera *La défense d'aimer* o obriga a demitir-se e partir para Riga, onde será *Kapellmeister* durante três anos. Aí comporá *Rienzi* mas será de novo forçado a partir para fugir aos credores que o perseguiam. Chega a Paris onde espera em vão executar *Rienzi* e onde compõe o *Navio Fantasma* (1841). A sua actividade (entre 1839 e 1842) constará principalmente de trabalhos menores entrecortados por três semanas de prisão por dívidas. Tendo *Rienzi* sido aceite e representado com sucesso em Dresde, Wagner deixa a França para regressar à Alemanha, onde será nomeado chefe de orquestra na corte real de Saxe. Não se impõe sempre como compositor, mas sim como chefe de orquestra, com notáveis interpretações das sinfonias de Beethoven. Compõe, ainda na cidade de Dresde, *Tannhaüser* (1845), *Lohengrin* (1845-48) e inicia *Os Mestres Cantores*. Começa, nesta época, a reflectir e a trabalhar sobre a realização em música da lenda germânica dos Nibelungos. Estabelece laços de amizade com Liszt e com o revolucionário Bacunine, tanto e a tal ponto, que fugirá de Dresde com o segundo, para se refugiar na casa do primeiro em Weimar, aquando da insurreição da cidade contra as tropas prussianas. Depois, fará de Zurique a sua base de apoio às constantes viagens que faz, frequentemente em digressões de concertos. Termina os poemas do *Anel do Nibelungo*, em 1885. Então, abandona a sua mulher Minna para se interessar por Mathilda Wesendonck e trabalha simultaneamente o *Anel*, *Tristão* (que termina em 1860) e *Parsifal*. Passa três anos em Paris, para preparar e levar à cena *Tannhaüser* em 1861, mas terá de enfrentar uma forte cabala dirigida contra si. Em 1864, chega a Estugarda e vê-se sustentado pelo jovem rei da Baviera, Luís II, que decide ajudá-lo, pagando as suas grandes dívidas e propondo-lhe construir um teatro especialmente para a representação das suas obras. Entretanto, Wagner, que colecciona aventuras femininas, liga-se à filha de Liszt, Cosima, mulher do maestro Hans von Bülow, e que lhe dará três crianças. *Tristão* foi estreado em 1865, em Munique, mas a corte, que não gosta da influência que Wagner exerce sobre o rei, obriga-o a exilar-se na Suíça. Wagner termina *Os Mestres Cantores*, em 1868, e lamenta à distância as estreias do prólogo e a primeira parte do *Anel*, que tiveram lugar em 1869 e 1870, sem o seu consentimento, em Munique. No mesmo ano, Wagner casa com Cosima, que obtivera o divórcio de von Bülow, o que porá de mau-humor o seu sogro Liszt e o seu mecenas régio. Termina *Siegfried* em 1871. Em 1872, decide que o seu teatro se construirá em Baireute e lança a primeira pedra. Conclui o *O Anel* em 1874, e recebe do rei, no mesmo ano, uma casa bastante luxuosa: Wahufried. Em 1876, está preparado para a primeira representação integral da *Tetralogia*, aquando do primeiro festival que ali terá lugar. As dívidas são enormes pelo que não haverá qualquer festival durante vários anos; no entanto, o rei estará lá para o proteger financeiramente. Os últimos anos assistem a Wagner dividindo o seu tempo entre a Alemanha e a Itália. Morrerá em Veneza, em 1883, depois de ter assistido à estreia de *Parsifal* em Baireute, no ano anterior.

    Do mesmo modo que a sua música é apaixonante, subjugante e o estudo da sua escrita fundamental para quem deseja compreender a evolução da linguagem musical do ocidente, igualmente a sua personalidade é contestável: podemos fácil e justamente classificá-lo de monstro de egoísmo, de completo egocêntrico e perfeito "obsceno" (este termo injurioso não é demasiado forte), na medida em que as suas ideias políticas apontavam no sentido de um pró-germanismo "puro", segundo o qual o mundo deveria ser absolutamente desembaraçado de todas as escórias (nomeadamente dos judeus), que impedissem a cultura alemã de dominar o mundo. Esta cultura alemã deveria proclamar uma espécie de arte-religião, centrada à volta da tragédia e dos seus derivados, a ópera, que não é mais um "drama musical", mas uma "acção sagrada", capaz de colocar o homem perante a representação da sua própria existência, a fim de que possa melhorá-la, seguindo um chefe que transforme a sua vida pelas suas acções benéficas. Se a ideologia nazi escolheu Wagner como músico "oficial", não o fez por acaso, mas porque as suas ideias são correspondentes. Este facto não deverá impedir que desta personagem conservemos a sua música e só ela, inteiramente livre da mixórdia "místico-filosófica" mais do que duvidosa, que o seu autor digerira.

    Diz-se, frequentemente, que Wagner participou na decomposição da linguagem tonal pela utilização generalizada do cromatismo melódico e harmónico; isto não é contestável, mas é necessário acrescentar que esta observação apenas é válida, maioritariamente, para curtos fragmentos: à escala de uma cena inteira, podemos ser surpreendidos ao verificar uma unidade tonal muito forte, sempre presente apesar de perturbada por estes famosos cromatismos. Se, entretanto, considerarmos a sua bagagem harmónica podemos ser bastante surpreendidos pelo seu "extremo" classicismo: à excepção do famoso acorde de *Tristão*, a sua harmonia é mais avançada do que a do seu sogro compositor (Liszt). A outra característica do drama wagneriano será a utilização de motivos condutores, os célebres *leitmotiv*, afectos, ao longo da obra, a uma personagem, um objecto, uma ideia. De uma forma ligeira e a este propósito, falou-se de "bordão musical" e a crítica seria receptiva a esta designação, se os motivos surgissem de maneira servil ou *naïve*, o que nunca foi o caso: servem, muitas vezes, de pontos de referência ao espectador para que compreenda tudo o que não é claramente expresso, ou mesmo conhecido pelas personagens, e é a orquestra que disso se encarrega. Esta orquestra que não se limita aos metais, por vezes um pouco grosseiros, da cavalgada do início do III acto de *As Valquírias*, mas ao contrário, funciona, a maioria do tempo, como um cenário envolvente para as vozes, comentando perpetuamente o que se passa em cena. Um último ponto para terminar: Wagner foi igualmente inovador na forma de apresentar a tradicional mudança de cena, indicada pela entrada ou saída de personagens. Musicalmente, a acção é contínua e só termina no final dos actos, que é o único ponto em que poderemos encontrar verdadeiras cadências conclusivas.

Johannes Brahms (1833-1897) nasceu em Hamburgo, no norte da Alemanha. Sendo o seu pai um músico modesto (contrabaixista) e sem fortuna, Johannes passou uma boa parte da sua infância a trabalhar para ajudar à subsistência da família. As suas duas paixões eram a composição e o piano, instrumento de "rico" que não possuía na sua casa. Todavia, conseguiu ter lições com uma celebridade local, Marxsen, que lhe ensinou os rudimentos do ofício, ensinando-lhe piano e fazendo-o descobrir Bach, Mozart e Beethoven. Para conseguir dinheiro, Brahms tocou em todos os locais possíveis: orgão na igreja nos serviços religiosos, piano nos bares de rufias, acompanhamento de cantores e de espectáculos de marionetas. Além destas actividades, ensinava e ainda encontrava tempo para compor, se bem que nada tenha guardado das suas obras de juventude. Em 1853, associa-se com um violinista húngaro numa digressão de concertos, que decorre, nomeadamente, em Hanover, onde o grande violinista Joseph Joachim notará o seu talento e lhe escreverá algumas cartas de recomendação, as quais lhe permitirão encontrar Liszt, em Weimar (entrevista sem seguimento) e depois Schumann, em Düsseldorf. O encontro com os Schumann (Robert e Clara) teve consequências benéficas: não apenas o apreciaram grandemente – Clara conservou a sua amizade até ao fim – mas também, porque Schumann lhe fez bastante publicidade, escrevendo um artigo lendário na sua revista musical e ajudando-o a publicar algumas composições. Brahms, que começara a obter grande sucesso, mantém-se contudo, ao lado de Clara, para a apoiar durante os dois anos difíceis que restariam de vida a Robert. Em 1857, torna-se chefe dos coros em Detmold e depois regressará a Hamburgo, em 1859. Brahms encontrar-se-á, mais ou menos contra a sua vontade, como chefe de fila dos compositores opostos a Liszt e a Wagner, no clã dos "clássicos" contra o dos "modernos". Chega a Viena em 1862 para realizar alguns concertos das suas obras neste grande centro de actividades musicais (como as *variações sobre um tema de Haendel*), e dali partirá, ocasionalmente, para efectuar digressões em toda a Europa. Nesta época, comporá duas obras-primas: o *Requiem alemão*, em 1868, e a *Rapsódia para contralto, coro masculino e orquestra*, em 1869. Em 1872, a sua vida errante cessa e é nomeado director da Sociedade dos Amigos da Música, o que lhe permite organizar grandes concertos. Em 1875, decide consagrar-se inteiramente à composição, dado que os direitos de autor lhe asseguravam confortáveis proveitos. Durante a boa vintena de anos que se segue, irá compor (Sinfonias nº 1 e nº 2, em 1876 e 1877, *concerto para violino*, em 1879, Sinfonias nº 3 e nº 4, em 1883 e 1885). O *concerto para violino* será dedicado ao seu amigo Joachim, que aceitará estreá-lo, apesar da extraordinária dificuldade da obra, que já não assusta ninguém nos nossos dias:

Brahms: início do *finale* do *concerto para violino*

Brahms entrega-se, igualmente, à direcção de orquestra com o seu amigo Hans von Bülow, mas será progressivamente afectado pelas doenças e desaparecimento de seres próximos, como Clara, em Maio de 1896. Com o moral completamente em baixo, perderá, a pouco e pouco, as suas forças e morre de cancro no fígado em Abril de 1897.

Brahms não foi propriamente um inovador, no verdadeiro sentido do termo, mas poderemos dizer que se integrou na grande tradição musical vienense, a qual teve Joseph Haydn como precursor no século XVIII, para continuar até Schönberg e Webern, no início do século XX, e continuar nos alunos destes. A força da sua música provém da sua arte de escrita, devida ao grande conhecimento de um longo passado musical e à assimilação das técnicas dos compositores "antigos": para lhes render homenagem, não hesitou em pedir temas "emprestados" a Bach, a Haendel ou a Haydn. Fê-lo sem servilismo, trabalhando-os de forma a integrá-los perfeitamente nas suas composições. Desse facto provêm as críticas que alguns lhe dirigiram, classificando-o de compositor saudosista, não virado para o futuro mas para o passado; estas críticas foram constantes e muito injustas, porquanto a escrita de Brahms foi uma etapa tão indispensável, quanto a de Wagner, na evolução da linguagem musical, sendo as suas marchas harmónicas, por vezes, bastante mais surpreendentes do que as deste último. O seu catálogo de obras não é muito elevado. Compreende música para piano (três sonatas, valsas, *intermezzi*, variações, danças húngaras,...), música de câmara (sonatas para violino, para violoncelo, para clarinete, trios, três quartetos de cordas, três quartetos com piano, quatro quintetos e dois sextetos de cordas), um pouco de música orquestral (quatro concertos, quatro sinfonias, duas *sérénades* e uma série de variações). A música vocal ocupou um lugar importante na actividade de Brahms: *lieder*, canções populares, quartetos vocais, coros *a capella*, partituras para coro e orquestra.

• o pós-romantismo (1890-1914)

Esta geração de compositores irá ter a pesada tarefa de preparar o encerramento do sistema tonal, sem servilmente seguir os traços de Wagner ou de Liszt, os quais esgotaram as formas de encadeamento dos acordes tradicionais. Esta época vai tomar consciência da vital importância do timbre instrumental na percepção da harmonia, e dedicar à orquestração um cuidado muito particular, que irá conduzir, naturalmente, às turbulências que se produzirão no início do século XX.

Piotr Ilitch Tchaïkovski (1840-1893) decidiu dedicar-se à música com a idade de 22 anos, tendo já iniciado uma carreira como jurista. Depois de sólidos estudos musicais no Conservatório de S. Petersburgo, oferecem-lhe um lugar de professor de harmonia no Conservatório de Moscovo e durante alguns anos irá encontrar a elite internacional da música da época. Em 1876, aceita que a senhora Von Meck se torne sua mecenas, libertando-o de todas as actividades pedagógicas, graças à pensão que lhe concede, o que lhe permitiu compor ao abrigo de preocupações materiais. Em 1886, inicia a direcção de orquestra, o que o levará nomeadamente a efectuar uma digressão nos Estados Unidos da América, onde participou na inauguração do Carnegie Hall, em Nova Iorque, em 1891. Suicida-se com veneno, em 1893, levado a este gesto por um juízo de "honra", não desejando que um assunto de costumes se tornasse público.[Oficialmente, todavia, a sua morte é provocada pela cólera. N. do R.]

Antonín Dvorák (1841-1904) começou por aprender a profissão de seu pai (talhante) antes de ir para Praga, em 1857, seguir cursos de aperfeiçoamento musical. Cinco anos mais tarde, é violetista na orquestra da Ópera e começa a interessar-se seriamente pela música checa. Em 1873, deixa a orquestra por um lugar de organista. Depois, casa-se e obtém uma bolsa para estudar em Viena, onde encontra Brahms e Hans von Bülow, que o ajudam a estabelecer a sua reputação de compositor. Dvorák já tem no seu activo algumas sinfonias e as *Danças Eslavas*. É convidado para ensinar no recentíssimo Conservatório de Nova Iorque, permanecendo nos Estados Unidos de 1892 a 1895. É lá que escreverá uma parte das suas obras mais célebres, como a magnífica e rutilante Sinfonia nº 9, dita do *Novo Mundo*, cuja temática tem sido, frequentemente, comparada à de melodias populares originárias da Europa Central e da América do Norte.

comparação entre *Swing low, sweet chariot* (a) e Dvorák, *Sinfonia nº 9*, I (b)

No seu regresso à Europa, em Praga, Viena e Berlim, é festejado como um grande compositor, e torna-se no representante da música checa, até à sua morte em 1904. Dvorák deixou nove sinfonias, cinco poemas sinfónicos, música de câmara, na qual se contam 14 quartetos de cordas, trios, quartetos e quintetos com piano e um oratório (*St^a Ludmilla*).

Gabriel Fauré (1845-1924) foi um compositor cuja formação se desenrolou totalmente na escola de música clássica e religiosa de Niedermeyer, estabelecimento que tinha como objectivo a preparação profissional de organistas, assegurando, nomeadamente, o ensino de piano, órgão e escrita musical, quer tonal quer modal (para a harmonização do canto gregoriano). Foi afortunado por ter Camille Saint-Saëns como professor de piano, o qual lhe fez descobrir músicas formadoras (de Bach a Wagner), criando nele o desejo de compor e com o qual alimentará uma profunda amizade que lhe permitiu avançar na sua carreira. Foi organista durante quatro anos em Rennes, depois chega a Paris (1870) onde, após a guerra e a Comuna, é nomeado para Saint-Honoré-d'Eylau e depois para organista no coro de Saint-Sulpice. Começa a frequentar os salões parisienses e substitui, por vezes, Saint--Saëns em Saint-Sulpice (1874). Mais tarde, torna-se mestre de capela na Madeleine (1877). No mesmo ano, Fauré inicia uma série de viagens pela Alemanha para ouvir música moderna (Liszt, Wagner) e ensina, por sua vez, na escola onde se tinha formado. Fauré vive então, um período rico em composição. Em 1892, é nomeado inspector dos conservatórios; em 1896 é titular do grande órgão da Madeleine e professor de composição, contraponto e fuga no Conservatório (que não frequentara como aluno). Formará nas suas aulas uma boa parte dos músicos da geração seguinte – como Ravel – guiando-os, sobretudo, mais do que submetendo-os forçadamente às regras. Começa a sofrer de problemas de audição, a partir de 1903, mas continua a sua actividade: é nomeado director do Conservatório em 1905, que irá fortemente dinamizar e rejuvenescer. É eleito para o Instituto, em 1909, e reforma-se em 1920, falecendo em 1924.

A obra de Fauré é variada mas muito tradicional nos seus géneros. A música para piano engloba, nomeadamente, *Nocturnos*, *Barcarolas*, *Prelúdios*, *Impromptus*, *Valsas*, peças de denominação romântica, tal como as peças para piano a quatro mãos (*Souvenir de Bayreuth* e *Dolly*). Fauré contribuiu, igualmente, para o género francês da *mélodie*, sobre versos de poetas como Baudelaire, T. Gauthier, Victor Hugo, Leconte de Lisle, Maeterlinck, Molière, S. Prudhomme, Verlaine e Villiers de l'Isle Adam. A sua música de câmara inclui duas sonatas para violino e piano e duas para violoncelo e piano, um trio de cordas, um quarteto de cordas, dois quartetos com piano e dois quintetos com piano. Na sua música para conjuntos de maiores dimensões, podemos citar uma *Ballade* e uma *Fantaisie*, ambas para piano e orquestra, assim como três *suites* (*Shylock*, *Pélleas et Mélisande* e *Masques et bergamasques*) e uma *Pavana*. Entre as suas obras líricas, será necessário referir *Prométhée* e *Pénelope*. Apesar de Fauré ter sido organista durante muito tempo, parece não ter deixado quaisquer partituras só para órgão, o que não deixa de ser curioso. No domínio da música religiosa, é necessário destacar o *Requiem*, uma obra-prima que é um dos pontos máximos do género, e que não se inscreve na tradição romântica, por vezes, vociferante, sendo, isso sim, uma espécie de meditação sobre a morte, admiravelmente servida por uma magnífica escrita de vozes (rapazes e homens) e por uma orquestração ligeira, mesmo na versão revista pelo autor:

Início do *Pie Jesu* do *Requiem*, com os seus encadeamentos característicos

A linguagem melódica e harmónica de Fauré é muito subtil e não se deixa apreciar à primeira audição: é necessário haver uma certa perseverança para tentar entrar neste universo musical tão particular. Com efeito, pelo seu grande conhecimento da escrita modal e tonal, pelas suas modulações suaves e pelo hábil uso de enarmonias e notas estranhas soube forjar um estilo próprio que não terá continuadores directos. Se Fauré teve a reputação de ter escrito música de "salão" no mau sentido do termo – o que é um facto, porquanto certas melodias (voz e piano) são verdadeiramente pouco interessantes – é preciso procurar noutro lado, na sua música de câmara, lírica, de orquestra ou religiosa, verdadeiros tesouros musicais.

Gustav Mahler (1860-1911) segundo filho de uma família judia de catorze crianças, fez os seus estudos em Viena, no Conservatório, ao mesmo tempo que Hugo Wolf, e depois na universidade, onde teve Bruckner como professor. Tendo a sua primeira grande obra *Das Klagende Lied* (*O Canto do Lamento*) sido um fiasco, tão pouco apreciado pelos conser-vadores como pelos compositores mais "avançados", como Brahms, decide fazer carreira como chefe de orquestra. De 1880 a 1891, Mahler exerce em diferentes cidades como Praga, Leipzig e Budapeste. Durante estes anos, adquire uma sólida reputação, tanto no domínio instrumental como no da ópera. Também compõe os *Lieder eines fahrenden Gesellen* (*Canções de um viandante*) em 1884, e conclui a sua Sinfonia nº 1, *Titã*, em 1888. A partir de 1891 e durante seis anos, Mahler será director musical da ópera de Hamburgo e aí realizará um trabalho de primeiro plano no domínio da interpretação, o que lhe valerá rasgados elogios por parte de importantes personalidades do mundo da música. Sobrecarregado de trabalho, Mahler não abandona a composição, mas só se lhe pode consagrar durante as suas férias, no Verão. É assim que as suas Sinfonias nº 2 e nº 3 serão terminadas em 1894 e 1896, tal como alguns números do conjunto extraído de *Des Knaben Wunderhorn* (*O rapaz da trompa maravilhosa*). Em 1897, converte-se ao catolicismo e é nomeado director da ópera de Viena, que animará durante dez anos – período hoje considerado como a idade de ouro deste estabelecimento – não se contentando apenas com o aspecto musical das representações, mas ocupando-se também com a encenação, os cenários, garantindo a colaboração eficaz de artistas dispostos a segui-lo nas suas opções estéticas. Casa com Alma Schindler em 1902. Esta pô-lo-á em contacto com a elite artística do tempo (pintores, escritores, músicos) e deixará, por algum tempo (como Fanny Mendelssohn ou Clara Schumann), a prática da composição em atenção ao seu marido, que quis ser o único artista do casal. No decurso dos anos vienenses, Mahler continua a compor durante as férias (sinfonias, *lieder*) e conhecerá enfim a consagração, como compositor e não apenas como chefe de orquestra, nomeadamente, em Janeiro de 1905, aquando da estreia triunfal dos *Des Kindertotenlieder*. O seu trabalho em Viena não lhe arranja só amigos: sem falarmos do anti-semitismo dissimulado nesta cidade, as suas posições artísticas, muitas vezes radicais, suscitam-lhe algumas reacções contrárias. Em 1907, deixa quase definitivamente Viena por Nova Iorque, onde dirigirá o Metropolitan Theatre durante dois anos, antes de o deixar para se ocupar da Orquestra Filarmónica. Regressa sempre à Europa no Verão para compor (*Das Lied von der Erde* – *A Canção da Terra* – a Sinfonia n° 9 e fragmentos da n° 10, que ficará inacabada). Em 1910, cheio de remorsos perante a qualidade dos *lieder* da sua esposa, permite-lhe e encoraja-a a retomar a composição e ajuda-a a fazê-los editar. No início de 1911 contrai uma grave angina de peito e na falta de um remédio eficaz, ainda desconhecido na época, morre alguns dias depois de regressar a Viena.

O mundo das obras de Mahler está centrado exclusivamente em torno de dois pólos: o *lied* e a sinfonia. Todavia, em Mahler, estes dois géneros *a priori* tão diferentes, estão estreitamente relacionados: muitos *lieder* beneficiam de um sumptuoso acompanhamento de orquestra, enquanto que um grande número de sinfonias inclui partes vocais solistas – mesmo corais – no seio dos andamentos. A própria temática é ambivalente: o tema de um *lied* pode reconhecer-se numa sinfonia, como o que se encontra no início do 1° andamento da primeira Sinfonia, que provém do segundo dos *Lieder eines fahrenden Gesellen*:

tema comum 1ª Sinfonia – *Lieder eines fahrenden Gesellen* (mesma tonalidade)

Quanto ao 4° e último *lied* desta colectânea fornecerá motivos ao terceiro andamento desta mesma sinfonia, que contém já todos os elementos constitutivos do mundo sonoro mahleriano: mistura díspar e contraditória de grandeza e de mau-gosto, de música popular e de escrita elaborada, de tristeza e de bom-humor, de seriedade e de ironia, etc. Esta mistura, em forma de aglomerado estilístico, durante muito tempo serviu de censura ao compositor, apesar de ser justamente a definição mais adequada e a análise mais eficaz. Nesta primeira sinfonia, o segundo andamento é um *Ländler* (dança rápida popular austríaca) dos mais vigorosos, se bem que pouco refinado e que faz lembrar o espírito de Haydn:

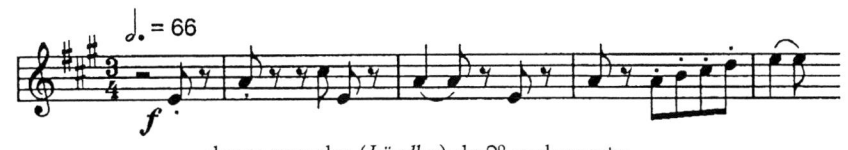

dança popular (*Ländler*) do 2° andamento

Quanto ao terceiro andamento, faz-nos ouvir *Bruder Jacob* (*Frère Jacques*) em cânone como deve ser, mas tocado em tom menor, com alguns *fá* bequadro e alguns *si* bemol:

Bruder Jacob - Frère Jacques menorizado, em forma de marcha triste

A escrita de Mahler é extremamente tonal, mas as suas obras são bastante e regularmente fornecidas de "irregularidades" que perturbam o seu desenvolvimento. Estas irregularidades são de ordem melódica, rítmica, por vezes harmónica e são, na maior parte dos casos, o resultado da sobreposição de linhas musicais autóctones, cada uma delas com o seu próprio percurso, um pouco à maneira do contraponto primitivo medieval, o que provoca dissonâncias e confere à música de Malher o seu aspecto sonoro tão característico.

Claude Debussy (1862-1918) entra no Conservatório com a idade de dez anos e aí se forma durante doze anos, frequentemente em conflito com quase todos os seus mestres, que lá estavam para transmitir um saber relativamente estagnado. Isto não o impedirá de misturar-se na corrente o suficiente para obter o prémio de Roma em 1884, com a sua cantata *Enfant prodigue* (*O filho pródigo*), que não é a sua obra mais conhecida. Entretanto, viajara para junto da senhora von Meck, uma rica aristocrata russa que necessitava de um pianista que soubesse ler bem à primeira vista: além da Rússia, Debussy conheceu a Áustria e a Itália. Em Itália, passa uma estadia obrigatória mas curta na Villa Médicis, que não lhe serviu para nada. Em 1888, faz a sua viagem a Baireute que o impressiona musicalmente e, no ano seguinte, descobre a música do Extremo-Oriente na Exposição Universal que decorre em Paris. Durante estes anos, compõe sobretudo melodias sobre versos de Baudelaire e Verlaine e conclui o seu *Quatuor de cordas*, em 1893. A sua primeira obra "pública", o *Prélude à l'après-midi d'un faune*, consegue um sucesso tal na sua estreia, em 1894, que é imediatamente bisada, o que era bastante raro relativamente ao que se considerava então de música contemporânea. Durante os anos seguintes, Debussy escreverá as *Trois Chansons de Bilitis*, os *Nocturnes* (para orquestra) e a sua suite *Pour le piano*. Em 1902, estreia com alguma dificuldade a sua ópera *Pélleas et Mélisande*, a partir do texto de Maeterlinck, que tudo fez para contrariar este projecto, querendo impôr a sua mulher para o papel de *Mélisande*, apesar do compositor já ter encontrado a voz ideal. As partituras sucedem-se: 1904, *La Mer*; 1908, termina duas colectâneas para piano: *Les Images* e *Children's Corner*. Em 1913, estreia o ballet *Jeux*, que passará quase despercebido devido à sua extrema modernidade e ao facto de preceder em quinze dias a estreia de um outro ballet mais tumultuoso: *Le Sacré du Printemps* [*A Sagração da Primavera*] de Igor Stravinsky. Entre 1914 e 1917, escreve três sonatas (violoncelo e piano, flauta, viola e harpa e violino e piano) assim como obras para piano solo (*Douze Études*) e para dois pianos (*En blanc et noir*).

Debussy faz, sem dúvida, parte dos compositores que estabeleceram a relação entre a música tonal – então tranquila – e a música atonal que constituía um verdadeiro salto para o desconhecido. A sua música, que utiliza *a priori* objectos sonoros facilmente identificáveis, como as escalas diatónicas (modos antigos) e acordes classificados, é por vezes tão difícil de escutar quanto a do jovem Schönberg, que a ela renunciou para se lançar no equivalente sonoro da abstracção. Desde os dez minutos do *Prélude à l'après-midi d'un faune,* que o ouvinte se perdeu harmonicamente, dado que as sucessões de acordes escutados deixam de corresponder aos encadeamentos habituais ensinados à época no Conservatório: deixa de ser uma questão de graus harmónicos ou de modulações no sentido habitual do termo. Debussy ilumina a sua escrita com um procedimento harmónico diferente, ao escrever múltiplos acompanhamentos para um único e mesmo tema, já ambíguo – devido à 4ª aumentada – na exposição da flauta solo:

A música romântica (1830-1914)

Tema principal do Prélude

Seguidamente, Debussy harmonizá-lo-á pelo menos de quatro maneiras diferentes, enriquecendo os seus acordes a cada repetição do tema:

quatro harmonizações diferentes

O ouvinte ficou melodicamente desconcertado: nas suas obras, Debussy utiliza os modos "antigos" de maneira muito subtil, utilizando-os apenas por curtos períodos e fazendo-os suceder-se rapidamente. Isto destrói o teorema que afirma de forma peremptória e falsa que: "Debussy = uma escala por tom", o que na verdade, é bastante raro; não é por o intervalo de 4ª aumentada (como *dó#* - *sol* descendente) se encontrar frequentemente nas suas linhas melódicas que o intervalo pertencerá obrigatoriamente a essa escala; ele é também característico do modo de *fá*. Acrescente-se a tudo isto, uma orquestração rica e matizada, assim como uma dosagem sábia de dinâmicas, e ter-se-á algumas chaves para se aceder ao que produz o feitiço desta música.

Richard Strauss (1864-1949) foi um dos últimos compositores românticos mesmo se a sua longevidade o levou a desaparecer no momento em que alguém, pertencente a uma estética radicalmente diferente, como Pierre Boulez, começava a sua carreira. Richard Strauss adquiriu os rudimentos da música no seio do círculo familiar: o pai era trompista profissional, a mãe pianista e o tio violinista. Aos dezasseis anos, como muitos jovens da sua época, é bastante impressionado pela música de Wagner, sendo nela iniciado pelo maestro Hans von Bülow, que notando as suas qualidades o ajudará, no início, dirigindo as suas primeiras obras (entre as quais se encontra um concerto para trompa dedicado ao pai). Começou a sua carreira de maestro em 1885, mas continua a compor e escreve, então, sobretudo poemas sinfónicos, entre os quais se pode citar *Tod und Verkläreng* (*Morte e Transfiguração*) e *D. Juan*, em 1888. Em 1894, tem o cargo de maestro em Munique; dirige Wagner em Baireute e termina a sua primeira ópera, *Guntram*, que é um fiasco. Nos anos seguintes, dedica-se com sucesso ao poema sinfónico com *Till Eulenspiegel*, em 1895, assim como *Also sprach Zarathoustra* (*Assim falava Zaratustra*), em 1896, e as variações para violoncelo *Don Quichotte*, em 1897. O prelúdio de *Zaratustra*, que Stanley Kubrik utilizou, contra a vontade de Strauss, e se tornou uma das mais célebres músicas de cinema, parece resumir bem a alternativa subjacente no texto de Niezsche, "maior ou menor?"

Zarathoustra, menor ou maior?

Em 1898, é nomeado chefe de orquestra em Berlim, e termina *Ein Heldenleben* [*A Vida de um Herói*]. A cena fascina-o cada vez mais e a sua segunda ópera, *Feuersnot*, estreada em 1901, traz-lhe mais sucesso do que a anterior. Nesse princípio de século, é reconhecido em simultâneo como chefe de orquestra e como compositor. É assim que em 1904, dirige a estreia da sua *Sinfonia doméstica* do outro lado do Atlântico, em Nova Iorque.

Se a primeira metade da existência de Strauss fora, maioritariamente, consagrada à orquestra, a segunda verá essa tendência inverter-se totalmente. A partir de 1905, data da estreia de *Salomé* (libreto a partir de Oscar Wilde) consagrar-se-á quase exclusivamente à música de cena, para a qual irá deixar uma série de obras que fazem dele o principal compositor do género da primeira metade do século XX. Em 1911, adapta uma peça de Hugo von Hofmannsthal (1874-1929), *Elektra*, e compõe para esta peça uma música expressionista que permanece sempre bastante tonal. A adequação entre a música e o texto é tal que o poeta passará a escrever apenas libretos de ópera para o músico. Em 1911, o binómio texto/música *Der Rosenkavalier* (*O Cavaleiro da Rosa*) marca uma ruptura total quer com o mundo de Wagner quer com o vanguardismo vienense. Com esta obra, Strauss apropria-se de certas particularidades de escrita presentes em Mozart, nas *Bodas de Fígaro* ou em *Cosi fan tutte* e realiza uma espécie contínua de "conversação em música". Depois em 1912 (mais tarde 1916 na sua versão revista), será *Ariadne auf Naxos* (*Ariadne em Naxos*) que é apresentada ao público. Na origem, trata-se de um *intermezzo* para a peça de Molière, *Le Bourgeois Gentilhomme*, visando substituir a cerimónia turca. Em seguida, a comédia foi suprimida e substituída por um prólogo. Nesta obra, Strauss parece fazer um curso sobre a ópera do século XVIII, dado que oscila constantemente entre o estilo da ópera barroca tradicional e o da ópera *buffa*. Em 1919, Strauss é nomeado director artístico da Ópera de Viena, onde permanecerá seis anos e estreará *Die Frau ohne Schatten* (*A Mulher sem sombra*). A última colaboração importante Hofmannsthal-Strauss, é *Arabella*, executada pela primeira vez em 1933. O músico não consegue substituir o seu libretista ideal e as obras líricas que se seguirão padecerão desta falta, com excepção de *Capriccio Konversationsstück* (*Peça em forma de conversa*), sobre um libreto do compositor e do seu amigo, o chefe de orquestra Clemens Krauss. O assunto desta ópera estreada em 1942, cuja acção se desenrola na segunda metade do século XVIII, é o de saber o que é que deve sobressair na elaboração de uma ópera: a música ou o texto. Com cerca de oitenta anos, Strauss dá-nos a sua resposta: deve ser respeitado um equilíbrio correcto entre estes dois elementos. Do final da sua vida, é importante citar duas partituras: primeiro, *Metamorphosen, estudo para 23 instrumentos de cordas*, escrito em 1945, e os *Vier Lieder* (*Quatro últimos Lieder*) para soprano e orquestra (1948).

A figura de Strauss pode parecer bastante problemática para quem tente apreciar as suas obras em função de uma evolução comprovada da linguagem musical. Com efeito, o que se pode pensar, de um ponto de vista estritamente estético, de partituras como os célebres *Vier Lieder* que, para além da sua beleza intrínseca, foram escritos num estilo então em uso há cerca de cinquenta anos, um pouco à imagem de Gustav Mahler? A questão é saber se, com mais de oitenta anos, se pode legitimamente reencontrar o estilo que era então o seu aos trinta e utilizá-lo serena e conscientemente, apesar dos inevitáveis escárnios da vanguarda. Com a sua vontade constante de misturar elementos dos estilos clássicos e românticos, Strauss embora não fazendo parte, esteticamente falando, dos destruidores--reconstrutores do século XX, não deixou de nos legar uma obra moderna pela síntese da tradição que efectuou. Por este aspecto, Strauss soube bem integrar e depois finalizar o período romântico.

Capítulo 11: a música moderna (1914-1945)

Os limites temporais deste período são nada menos que sinistros: marcam o início do primeiro conflito mundial (1914) e o final do segundo (1945). No espaço de uma trintena de anos, o planeta inteiro caiu, por duas vezes, no horror generalizado, provocando a maior destruição e o mais elevado número de perdas humanas jamais atingido. Marcam, também, o desaparecimento definitivo do mundo musical romântico, que não conseguiu sair incólume da dissolução do universo tonal, iniciada por Liszt e Wagner. Os caminhos escolhidos pelos compositores deste período são bastante diversos, conservando como linha comum, a não utilização da tonalidade na sua forma tradicional, naquela que utiliza encadeamentos delimitados por acordes já definidos. O acorde perfeito (tónica-mediante-dominante) não é rejeitado, mas a gramática musical dá-lhe valor em si mesmo, sem estipular, forçosamente, um contexto tonal demasiado estrito.

• a **segunda Escola de Viena** agrupa três compositores bastante ligados entre si: Schönberg e dois dos seus principais alunos, Alban Berg e Anton (von) Webern. O seu ponto comum é o de terem sido os pioneiros na exploração atonal e na utilização do novo processo de escrita: a série dodecafónica.

a) **Arnold Schönberg (1874-1951)** nunca se considerou como estando em ruptura com a tradição clássica e depois romântica da música alemã. Pelo contrário, sempre expressou a ideia de que seria um continuador, que as suas inovações se inscreviam numa realização evolutiva e lógica: seria o último elo de uma cadeia de músicos que incluía, nomeadamente, Bach, Mozart, Beethoven, Wagner e Brahms. Aprendeu a tocar violino com a idade de doze anos e logo que lhe foi possível começou a praticar música de câmara, compondo excertos para estas reuniões. Uma das suas características é a de ter sido essencialmente autodidacta, aprendendo dos grandes mestres o que se encontra dissimulado nas suas partituras. A única pessoa capaz de se orgulhar de ter sido seu professor de composição, foi o compositor Alexandre von Zemlinsky que, impressionado pelos dotes extraordinários do jovem Schönberg, lhe terá dado gratuitamente – em troca de alguns trabalhos de escrita – aulas de contraponto durante alguns meses, no ano de 1897. O *Quatuor para cordas* em RÉ maior, escrito nesse período, beneficiou por isso das observações de alguém entendido neste domínio. Nos anos que se seguiram, Schönberg compõe alguns *lieder* e conclui, em 1899, um sexteto para cordas, *Verklärte Nacht* (*A Noite Transfigurada*) que, se bem que tonal, começa já a deslizar para outros campos harmónicos, ao esfumar as referências ao acorde perfeito. Em 1900-1901, compõe uma partitura gigantesca, da qual só terminará a orquestração em 1911, os *Gurre-Lieder*, uma espécie de oratório sinfónico para solistas, coro e orquestra cujo início apresenta um estatismo próximo do prelúdio de *O Ouro do Reno* de Wagner, com a repetição de uma mesma célula melódica:

célula inicial dos *Gurre-Lieder*

O poema sinfónico *Pélleas et Mélisande* (1903) pertence ainda a esse mundo pós-romântico, tal como o *Primeiro Quatuor para cordas* opus 7 (1905) em *ré* menor, que, apesar de uma temática bastante clara, utiliza, apesar disso, uma tonalidade muito "alargada":

Início do *quatuor* (1º violino)

Em 1906, apresenta ao público a *Sinfonia de câmara* opus 9, que rejeita as harmonias construídas sobre terceiras para, de futuro, empilhar quartas, o que produz "acordes" bem mais rudes. O primeiro tema, tocado pelas trompas e marcado "muito rápido", é o motor de toda esta obra monobloco, escrita para quinze instrumentos solistas:

A primeira sucessão de 4.ªˢ perfeitas da *Sinfonia de câmara*

A partir de 1907/1908 e do *Segundo Quarteto de cordas* opus 10, Schönberg entra naquele que é designado como o seu período atonal livre. Esta obra, ainda tonal (*fá* sustenido menor), tem a particularidade de comportar uma parte vocal nos seus dois últimos andamentos. No domínio da música absoluta, o que Beethoven tinha iniciado e Mahler continuado no género da sinfonia, Schönberg fez o mesmo num quarteto de cordas, ao realizar em música dois poemas de Stefan George. Em 1909, compõe os *Klavierstüke* (três peças para piano) opus 11, que são verdadeiros "concentrados" de música, não expressando mais do que o estritamente necessário e afastando todo o supérfluo romântico:

Primeira peça (*Moderada*) do opus 11

No mesmo ano, termina o monodrama para soprano e orquestra, *Erwartung* (*Esperança*), a representação musical de um pesadelo de meia-hora: uma mulher procura o seu amante numa floresta e encontra o seu cadáver. No que concerne à orquestra, aplica nas suas *Cinco peças para orquestra* opus 16, o que teria teoricamente definido como sendo a *Klangfarbenmelodie*, a melodia evoluindo pela cor dos timbres instrumentais que a partilham ou a dividem. Em 1910, dedica-se à pintura exclusivamente, enquanto que em 1911, termina o seu *Tratado de Harmonia*. Em 1912, responde favoravelmente ao pedido da actriz de *cabaret* Albertina Zehme, que necessitava de pequenos melodramas, destinados a serem apresentados em espectáculos berlinenses. O resultado é o *Pierrot Lunaire* opus 21, composto por 21 poemas de Albert Giraud traduzidos em alemão. O acompanhamento instrumental, variável para cada poema, é o seguinte: um piano, uma flauta transversa (e piccolo), um clarinete (e um clarinete baixo), um violino (e uma viola) e um violoncelo. A voz feminina não deverá ser cantada mas "falada" (*Sprechstimme*). Esta formação de câmara, envolvendo um total de seis pessoas, está no oposto das grandes partituras anteriores do compositor. Ainda neste caso, a economia de meios é máxima: o conjunto de 21 peças tem uma duração que vai pouco além de meia-hora. O *Pierrot* obteve rapidamente uma boa reputação, por ser uma partitura bastante acessível para qualquer um que não tenha grande contacto com a música "moderna". Os compositores também são, igualmente, fascinados: Stravinsky, Ravel e Boulez irão escrever algumas obras para voz e pequeno conjunto instrumental, que serão as descendentes, mais ou menos confessas do *Pierrot*. No ano seguinte, Schönberg produz um outro drama com música, *Die glückliche Hand* (*A Mão feliz*) e começa uma série de *lieder* com orquestra (concluídos em 1916). Os anos que se seguem marcam um abrandamento da sua actividade exterior "visível", mas assistem à realização final do seu *Método de composição com doze sons* que define o dodecafonismo serial, em oposição à atonalidade livre. Schönberg orgulha-se da sua descoberta, ainda que a reclame de forma pouco peremptória: "Fiz uma descoberta que assegurará a predominância da música alemã nos próximos cem anos". É certo que os doze meios-tons da escala cromática serão organizados de forma bastante controlada, com aparecimentos calculados que não dependem unicamente de necessidades musicais, mas ainda de contingências numéricas. As primeiras partituras a usufruir deste novo tratamento musical foram, principalmente, as obras para piano como as *Cinco Peças* opus 23 (1920-23) ou a *Suite* opus 25 (1921-23). Seguidamente, decidirá alargar a sua utilização a outros géneros como o *Quinteto de sopros* opus 26, em que utiliza uma série "binária" de duas vezes seis sons:

Série de 12 (2x6) notas do *Quinteto de sopros*

A escrita serial encontra-se também nas *Variações para orquestra* opus 31 (1928) e na ópera *Von heute auf morgen* (*De hoje até amanhã*, 1928-29). A Alemanha, perseguindo todos os que tivessem origem judia, mesmo os convertidos ao protestantismo como Schönberg, obriga o compositor a abandonar o seu país em 1933 e a estabelecer-se primeiro em Paris, onde reassumirá a sua antiga religião, depois nos Estados-Unidos, país que nunca mais deixará. Desenvolve então uma carreira dupla como professor na universidade e como compositor: *Concerto para violino* (1934-36), *Quarteto de cordas nº 4* (1936). Nesta época, reintroduz alguns aspectos emprestados da escrita tonal, nomeadamente numa partitura "funcional" como *Kol Nidre* (1938), destinada à celebração da festa do *Yom Kippur*, escrita para recitador, coro misto e orquestra. Em 1946, no sequência do seu restabelecimento de um grave acidente cardíaco, escreve, num mês, o *Trio de cordas* opus 45, elaborado sobre três séries de seis notas que, como resultado de um trabalho serial clássico, permitem deduzir, de maneira bastante fácil, séries de doze sons. Uma das suas últimas grandes partituras é *Um sobrevivente de Varsóvia* opus 46 (1947), escrita para recitador, coro de homens e orquestra e que, em cerca de oito minutos, descreve o horror da deportação dos Judeus do Ghetto de Varsóvia e demonstra a grande mestria composicional de um homem com mais de oitenta anos.

Schönberg poderá gabar-se de ter sido um dos compositores cuja música foi a mais combatida, a menos compreendida e, como ele próprio disse, "a mais mal tocada". Se a sua apreciação da posteridade do serialismo era muito exagerada, podemos, apesar de tudo, atribuir-lhe o mérito de ter sido o primeiro a ousar romper com a escritura tonal e as suas regras, para as substituir pela série e pelas suas contingências. Quando desaparece em 1951, os músicos perderam, incontestavelmente, aquele que lhes permitira passar para a música do século XX.

b) Anton Webern (1883-1945) efectua primeiro estudos em filosofia e musicologia na universidade de Viena. Então, manifesta um vivo interesse pelas construções polifónicas complexas, como podemos encontrar na música do Renascimento (a sua tese de doutoramento é dedicada a Henrich Isaac). Em 1904, encontra Schönberg e torna-se o seu primeiro aluno. Trabalha sob a sua orientação até 1910. E como nem só de composição vive um homem, inicia a actividade de chefe de orquestra e de regente de coros, dirigindo, nomeadamente, a orquestra de uma associação sinfónica operária vienense. O valor das suas obras é finalmente reconhecido com a atribuição de vários prémios e com a direcção dos programas da rádio de Viena. Mas, durante o período nazi, a sua actividade pública é completamente reduzida, sendo a sua música considerada como uma manifestação de "arte degenerada". Para ganhar a vida, aceita corrigir provas junto do seu editor de música (Universal), que publica as suas composições desde 1925. No final da guerra, refugia-se perto de Salzburgo e é abatido por um soldado americano, quando saíu de casa para fumar um cigarro, ignorando o recolher obrigatório então em vigor.

Uma das características principais de Webern é a concisão: a sua obra integral, que compreende trinta e um números de opus e mais algumas partituras isoladas, cabe em três discos compactos! A sua obra mais longa dura seis minutos e a mais breve apenas alguns segundos. A sua divisa era: «*Non multa, sed multum*» (pouco em volume, mas muito em qualidade). Webern afastou deliberadamente todos os aspectos subjectivos da música para se concentrar no essencial: a forma e os meios de consegui-la. O primeiro *opus*, ainda tonal, é a célebre *Passacaille* para orquestra, de 1908, o primeiro exemplo de duas preocupações altamente webernianas: o trabalho da variação e o da orquestração subtil. O tema da obra tem já o aspecto de uma série, apesar da última nota ser repetida por contingências da tonalidade.

Tema da *Passacaille* opus 1

1913 foi um ano musical: Webern compõe duas sequências de peças, as *Seis Bagatelas* para quarteto de cordas opus 9 e as *Cinco Peças* para orquestra opus 10. Se os conjuntos instrumentais destas partituras são radicalmente opostos, os seus pontos em comum são bastantes:

a) uma extrema brevidade: três minutos e meio para as *Bagatelas* e quatro minutos e meio para as *Peças*;

b) uma utilização muito refinada do timbre instrumental: todos os modos de execução e todas as dinâmicas são solicitadas. Além do mais, as múltiplas combinações de timbres escritas nas *Peças* – que incluem pouquíssimos *tutti* – conseguem o primeiro sucesso no domínio da *Klangfarbenmelodie*, ultrapassando mesmo Schönberg;

c) os doze sons cromáticos estão na base de tudo. Se o princípio serial da não repetição não é ainda estritamente observado, Webern aproxima-se bastante. «Penso o seguinte: assim que os doze sons são enunciados, a peça deve ser considerada como terminada»;

d) o silêncio adquire uma importância fundamental: não é mais considerado antítese do som, é antes um som inteiro.

Quinze anos e muitas peças vocais – sobretudo *lieder* – mais tarde, Webern deixa-nos a sua *Sinfonia* opus 21, em dois andamentos (forma sonata e variações), construída sobre uma única série cujos seis últimos elementos correspondem à recorrência transposta dos seis primeiros:

A série da *Sinfonia* opus 21

Em 1934, depois de um silêncio devido a dificuldades de ordem política, termina o *Concerto para nove instrumentos* opus 24, o qual, sob o aspecto exterior de concerto grosso barroco, utiliza uma série derivada de um pequeno conjunto de três sons:

Série do *Concerto* opus 24

a é o fragmento de base; **b** é a recorrência invertida transposta meio-tom acima; **c** é a recorrência transposta uma quinta diminuta acima; **d** é a inversão transposta meio-tom acima.

Em 1935, termina a sua transcrição para orquestra da *Fuga Ricercata* da *Oferenda musical* de Bach. Webern trata o contraponto bachiano como se ele próprio o tivesse escrito, aplicando-lhe o princípio da *Klangfarbenmelodie* para tentar «expôr as relações entre os motivos». Veja-se quais os instrumentos que tocam o tema:

1: trombone; 2: trompa; 3: trompete; 4: trompa + harpa; 5: trombone; 6: trompa; 7: trompete + harpa.

Bach/Webern: *Klangfarbenmelodie* aplicada à *Oferenda musical*

Em 1936, destaquemos as *Variações para piano* opus 27, que é a única partitura para piano solo que figura no catálogo das suas obras. Em 1938, compõe o *Quarteto de cordas* opus 28, cuja série de base tem Bach como ponto de partida (as quatro primeiras notas), seguindo-se a sua recorrência transposta (as 4 seguintes) e depois a transposição dos sons iniciais (os 4 últimos). No final, temos a série "ternária" seguinte:

a série do opus 28

A última partitura instrumental é constituída pelas *Variações para orquestra* opus 30, cuja segunda metade da série fundamental é a transposição da recorrência inversa da primeira.

a série do opus 30

Para terminar, é preciso referir as duas *Cantatas* opus 29 (1939) e opus 31 (1943), escritas sobre textos da sua amiga poetisa, Hildegard Jone.

Após a Segunda Guerra Mundial e o desaparecimento de Schönberg, Webern escapou a uma crítica generalizada por parte dos jovens compositores que formavam a vanguarda. Com efeito, no seio da produção dos três vienenses, apenas a sua obra foi considerada como sendo verdadeiramente moderna e de futuro. Considerava-se, na época, que ela teria cortado os laços com o passado devido ao seu lado "objectivo" e correspondia perfeitamente aos critérios estéticos da música contemporânea de então, que praticamente estava no estado de "tudo é serial". A Schönberg censurava-se o facto de ter sido demasiado expressionista e a Berg de ter sido demasiado romântico. Além disso, a falta de investimento de ambos no domínio da série, também não abonou em favor deles.

c) Alban Berg (1885-1935) é o terceiro membro do triunvirato vienense moderno. É oriundo de uma família burguesa de Viena que pratica bastante a música vienense. De carácter apaixonado, Alban não consegue interessar-se a não ser por essa música. A sua escolaridade secundária é concluída com bastante empenho e, paralelamente aos seus estudos universitários (direito e musicologia) trabalha como funcionário público. O seu encontro com Schönberg dá-se por acaso: o seu irmão, sabendo pelos jornais que este último dava lições, correu a mostrar-lhe alguns *lieder* que Alban tinha escrito. Assim, de 1904 a 1911, Berg estuda junto de um professor inteligente que não impõe o seu estilo, mas que leva os alunos a descobrir o deles. O primeiro trabalho a surgir foi a *Sonata para piano* opus 1 (1907-1908) que, mau-grado o plano "imposto" da forma sonata, se afasta fortemente do habitual percurso tonal balizado. Na mesma época, encontra a sua futura mulher, Hélène Nahowsky, mas apenas conseguirá casar em 1911, devido às reservas do pai da jovem, que não considerava Alban um bom partido. Em 1908-1909, Berg escreve o seu opus 2: *4 Melodias para canto e piano*. Em 1910, Berg que está prestes a cumprir os seus estudos com Schönberg, à época o seu *factotum* musical, escreve a sua primeira obra de compositor "adulto", o *Quarteto de cordas* opus 3. As partituras que se seguirão serão pouco numerosas, mas de grande valor. Podemos referir: *5 Lieder com orquestra* opus 4 (*Altenberg-Lieder*) 1912, obras muito curtas escritas a partir de textos de postais e que se aproximam de ensaios equivalentes de Schönberg e Webern neste domínio. No ano seguinte, conclui as *4 Peças para clarinete e piano* opus 5 e o trabalho sobre as *3 Peças para orquestra* opus 6 (1913-1914). Um pouco antes da declaração de guerra, Berg vê a peça de teatro de Georg Büchner (1813-1837), *Woyzeck*, que conta a história de um soldado ciumento que mata a sua amante com uma facada. Esta representação não o deixa indiferente, mas a guerra obriga-o a fazer uma pausa nas suas actividades musicais. Deseja combater e é soldado durante alguns meses, mas devido às suas crises de asma é dispensado do serviço activo e colocado num gabinete no ministério da Guerra. De Fevereiro de 1917 a Agosto de 1920, Berg transformará num libreto de ópera bastante coerente os 27 fragmentos da peça de Büchner. Levará um pouco mais de um ano para terminar a música do que é hoje *Wozzeck*, opus 7.

Estrutura	Acção	Partitura
Acto I	**Exposição**	**5 peças de carácter**
Cena 1	Wozzeck – o Capitão	Suite de orquestra
Cena 2	Wozzeck – Andrès	Rapsódia
Cena 3	Wozzeck – Marie	Marcha militar e *berceuse*
Cena 4	Wozzeck – o Doutor	*Passacaille*
Cena 5	Marie – o Tambor-Major	Quasi-rondó
Acto II	**Peripécia**	**Sinfonia em 5 partes**
Cena 1	Suspeitas de Wozzeck	*Allegro* em forma-sonata
Cena 2	Confirmação das suspeitas	Fantasia e fuga
Cena 3	Ruptura Wozzeck – Marie	*Largo*
Cena 4	Solidão	*Scherzo*
Cena 5	Humilhação de W. pelo T.-M.	Rondó
Acto III	**Catástrofe**	**5 invenções**
Cena 1	Marie lê a Bíblia	Invenção sobre um tema
Cena 2	Wozzeck mata Marie	Invenção sobre a nota *si*
Cena 3	Wozzeck desmascarado	Invenção sobre um ritmo
Cena 4	Morte de Wozzeck	Inv. sobre um acorde/uma tonalidade
Cena 5	Jogo das crianças	Movimento perpétuo

o plano de *Wozzeck*

Esta ópera foi programada como um computador: apesar do encadeamento contínuo de motivos que percorrem a obra, o desenrolar de cada um dos três actos desta ópera "atonal" segue um plano preciso que escapa frequentemente ao ouvinte, já subjugado pela simples beleza exterior da partitura. Mas Berg, como os outros membros da Escola de Viena, procura sempre demonstrar que a sua linguagem musical, apesar das suas novidades, faz parte da grande tradição. É assim que utiliza nesta obra todos os processos de escrita então conhecidos, incluindo a tonalidade, que aí adquire uma singular força expressiva pela sua presença contrária ao uso: numa obra atonal, uma passagem tonal soa curiosamente como dissonante. Se Berg elaborou *Wozzeck* em relativamente pouco tempo, passaram, no entanto, mais de dez anos desde o momento em que vira a peça de Büchner (1914) até à estreia da ópera (1925). A guerra terá sido um grande impedimento, mas é bom notar que Berg teve de realizar trabalhos menores para poder sobreviver, tais como transcrições para piano de obras orquestrais. No início dos anos 20, começa a ser reconhecido pelo valor das suas composições. A grande obra que se segue é o *Concerto de câmara* para piano, violino e 13 instrumentos de sopro, escrito entre 1923 e 1925, e dedicado a Schönberg pelos seus cinquenta anos. A alusão ao mestre e aos seus dois principais alunos é clara desde o início:

a = Arnold Schönberg; b = Anton Webern; c = Alban Berg

Esta obra é construída em torno do valor do número três: três andamentos, três famílias (teclas, cordas, sopros), três *tempi* para o primeiro andamento, três ritmos para o último. Pouco tempo depois, 1925-1926, será a *Suite lírica* para quarteto de cordas, que é uma manifestação musical, em seis andamentos, do amor de Berg por Hanna Fuchs. Começa igualmente a trabalhar na sua segunda ópera, *Lulu* 1928-1935, cujo libreto resulta da amálgama de duas peças de Wedekind (*O Espírito da terra* e *A Caixa de Pandora*) e que conta o destino trágico de uma sedutora esmagada pelo mundo masculino. Berg conseguiu realizar uma proeza ao compor uma ópera em que todas as personagens são caracterizadas de forma serial, a partir da série original destinada à protagonista que dá título à obra:

Série fundamental de *Lulu*

A parte da ópera que o compositor deixou inacabada, o terceiro acto, do qual restava algo mais do que simples rascunhos foi concluída por Friedrich Cerha, que viu a sua tarefa ser possível e facilitada pela estrutura circular da ópera: o final da obra retoma, como num espelho, os elementos do início. A sua última partitura (acabada) surge mais ou menos a meio do trabalho da obra *Lulu*. No início de 1935, um violinista encomenda-lhe um concerto, mas Berg é bastante céptico: saberá escrevê-la? Em Abril do mesmo ano, a morte, devido à poliomiélite, da jovem Manon Gropius, a filha de Alma Mahler, afecta-o profundamente. Berg decide, então, escrever uma obra em memória da menina; será o *Concerto para violino e orquestra* "À memória de um anjo" que pode ser considerado como um *requiem* instrumental profano. A série do concerto é extraordinária: trata-se de uma sucessão de arpejos menores e maiores imbricados, seguidos de um princípio de escala por tons, que será utilizado no final da obra para citar e parafrasear o coral da cantata BWV 60 de Bach, *O Ewigkeit Du Donnerwort* (*Ó eternidade, palavra do trovão*):

Série do *Concerto para violino*

1: *sol* menor; 2: RÉ maior; 3: *lá* menor; 4: *MI* maior; 5: escala por tons.

da escala por tons ao coral de Bach

a: fragmento original; b: transposição ao meio-tom inferior; c: coral de Bach

Este concerto é uma das partituras dodecafónicas mais apreciadas do grande público devido à relativa facilidade de apreensão que a caracteriza: o compositor conseguiu, assim, a forma de nos implicar na sua tristeza e finalmente, como em todas as suas obras, encontramos aqui ligados, intimamente, os dois centros nevrálgicos e complementares da sua estética: **a emoção** e a **construção**. O *Concerto* é a sua última obra acabada, dado que ao retomar *Lulu*, será picado por um insecto em Agosto e morre no dia 24 de Dezembro do mesmo ano, devido à infecção generalizada que se seguiu à insuficiência de meios necessários para tratar essa lesão. Dos três vienenses, será o primeiro a desaparecer, mas o mais rapidamente apreciado, quer pelos músicos quer pelo grande público.

• O Húngaro **Béla Bartók (1881-1945)** começa por estudar conjuntamente piano e composição. Em 1900 encontra Zoltán Kodály, com o qual partilha um nacionalismo activo e o gosto pela música popular. Mais ou menos na mesma época, os poemas sinfónicos de Richard Strauss impressionam e influenciam um pouco a sua escrita. Todavia, desejando consagrar-se inteiramente ao piano, e por forma a alimentar a sua carreira de instrumentista, escreve obras destinadas a este instrumento, como uma *Sonata* para violino e piano ou *Burlesco* para piano e orquestra. Apresenta-se, à semelhança dos seus colegas, em concursos internacionais, mas é mal sucedido, nomeadamente, em 1905 em Paris, no concurso Rubinstein. Regressado à Hungria, dedica-se à recolha no terreno, com Kodály, de canções populares do seu país. Inicia assim, uma actividade que não cessará de exercer, quer no seu próprio país quer no estrangeiro, da Europa central e oriental ao Norte de África. O que o fascina nestas músicas é a sua grande liberdade melódica (improvisação e utilização de escalas modais) e rítmica (agrupamentos em compassos de cinco ou sete tempos, impossíveis de encontrar na música "clássica"). Em 1907, torna-se professor na Academia Real de Música de Budapeste e começa a escrever peças pedagógicas para piano, destinadas a melhorar o sentido musical dos alunos. As suas composições são o ponto de partida para o grande conjunto que será o *Mikrokosmos*, terminado trinta anos mais tarde. A obra marcante do ano 1911 é o *Allegro barbaro* para piano, que utiliza o piano como um verdadeiro instrumento de percussão:

Allegro barbaro

Contemporânea desta peça é a ópera em um acto *O Castelo do Barba-Azul*, que mistura perfeitamente a rítmica natural da língua húngara e a música. Nos anos seguintes prossegue a recolha de melodias populares e escreve peças pedagógicas para piano. Após uma *Suite de danças* para orquestra (1923), que inclui duas danças árabes, uma dança húngara e uma dança romena, escreve a música para a pantomima *O Mandarim Maravilhoso* (1924), o seu 1º *Concerto para piano e orquestra* (1927), que data do mesmo ano do seu 3º *Quarteto de cordas*, peça que recebe um prémio nos Estados Unidos. O marco importante que se segue é formado por duas obras compostas em 1936 e 1937: a *Música para cordas, percussão e celesta* e a *Sonata para dois pianos e percussões*. O motor da primeira consiste em jogos de construção musical efectuados a partir do número de ouro e o primeiro andamento, *Andante tranquillo*, inicia-se com uma fuga cujo motivo principal, tocado pelas violas, é de uma enorme beleza:

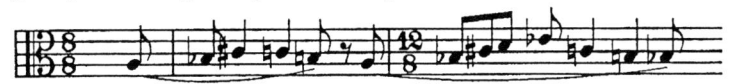

Motivo da fuga do primeiro andamento

A segunda obra é também construída a partir do número de ouro (5/8), mas o seu interesse reside, igualmente, na forma como o timbre é organizado, com maior importância para a escrita dos instrumentos de percussão. Não se sentindo em segurança numa Europa cada vez mais submetida à opressão nazi, decide emigrar para os Estados Unidos, no final de 1940. Chega a este país, já enfraquecido pela leucemia que o vitimará em 1945. A sua situação económica, que não é grande coisa no início, melhora a partir de 1943, graças a encomendas de obras que começam a surgir. Primeiro, Bartók compõe o *Concerto para orquestra* para a orquestra de Boston, a *Sonata para violino solo* para Yehudi Menuhin, a quase totalidade do *concerto para alto* e uma partitura para a sua esposa: o *3º Concerto para piano*. Bartók é um fora de série, o seu percurso artístico foi único: a sua actividade de etnomusicólogo (um dos primeiros) a alimentar a sua inspiração de compositor, sem cair na pieguice do *pastiche* ou da falsa música popular de "bilhete postal". Soube, desta forma, apropriar-se de elementos melódicos, rítmicos, harmónicos e modais pertencentes a diversas tradições e delas fazer uma síntese original. A importância dada ao ritmo em geral e o uso não banalizado das percussões ligam-no bem ao nosso século.

• O francês **Edgar Varèse (1883-1965)** teve uma juventude movimentada e nómada. Nascido em Paris, passa a sua infância na Borgonha em casa dos seus avós, antes de se reunir a seus pais em Turim, em 1892. Aí começa os seus estudos de música às escondidas do pai. Regressado a Paris, em 1903, depois de ter cessado o contacto com seu pai, frequenta sucessivamente a Schola Cantorum, onde teve como mestres Vincent d'Indy (1851-1931) e Albert Roussel (1869-1937), e o Conservatório de Paris com Charles Marie Widor (1845-1937). Escreve obras para orquestra e dirige um coro de operários. De seguida, instala-se em Berlim em 1907 e torna-se aluno de Ferrucio Busoni (1866-1924) até 1914. Bastante ligado à música contemporânea, não hesita em difundir as obras de Schönberg. Em 1910, o seu poema sinfónico *Bourgogne* estreia em Berlim. Com a declaração da guerra, é mobilizado mas passa à disponibilidade devido à sua saúde precária. Ainda em 1914, a quase totalidade das suas partituras é destruída em Berlim, num incêndio do entreposto onde se encontravam guardadas. Apenas *Bourgogne* escapou às chamas mas será destruída pelo seu autor em 1962. Varèse parte para os Estados Unidos no final de 1915. Instala-se em Nova Iorque e desenvolve numerosas actividades musicais. Sente-se travado pela utilização apenas do instrumentário tradicional e deseja manipular não importa que som, ruídos inclusivé. No início dos anos vinte, funda a International Composer's Guild (1921-27) destinada a promover a música contemporânea e organiza numerosos concertos executando, nomeadamente, obras dos três Vienenses, de Debussy e de Stravinsky. De 1918 a 1921, escreve a sua primeira obra não-europeia, *Amériques*, para grande orquestra. Não se trata apenas de um poema sinfónico descrevendo ingenuamente a agitação e os ruídos da vida moderna – apesar da presença de uma sirene manual com botão de paragem, análoga às utilizadas pelos bombeiros nova-iorquinos – mas antes, e conforme afirmou o próprio Varèse, uma meditação "sobre a descoberta de novos mundos, na Terra, no espaço, ou ainda, no espírito dos homens". Esta partitura, inovadora entre outras pela utilização de uma percussão numerosa (nove músicos) espantou e conquistou os seus primeiros ouvintes, que imediatamente descobriram uma obra que iria servir de ponto de referência. A obra seguinte é *Offrandes*, duas melodias para soprano solo e pequena orquestra, seguida em 1923 de *Hyperprism* para 10 instrumentos de sopro e 16 percussões entre as quais se reconhece a sirene, o tambor de corda, o *lion's roar* (rugido do leão). Esta partitura, a mais curta de Varèse, tem como objectivo propor o equivalente musical da decomposição da luz por um prisma. A sua estreia, que suscitou violentas discussões, fez-se numa balbúrdia terrível. No mesmo ano, Varèse termina *Octandre* para sete instrumentistas de sopro e um contrabaixista, obra em três andamentos e cujo título emprestado da botânica, significa: que tem oito estames. Em 1924, é *Intégrales*, para pequena orquestra, variações em dois andamentos sobre dois temas, um primeiro construído sobre uma nota fixa repetida, e o segundo mais móvel e de comportamento modal. *Arcana*, para grande orquestra – 119 músicos – data de 1927. Formalmente, é uma espécie de *passacaille* bastante livre, construída sobre um motivo de onze notas presentes desde o início. Durante cinco anos, de 1928 a 1933, Varèse permanece em Paris, para onde voltara e escreve nomeadamente *Ionisation* (1931) para conjunto de 37 percussões tocadas por 13 instrumentistas. Trata-se da primeiríssima obra destinada a este tipo de instrumentos em toda a música erudita ocidental. Em 1932, *Ecuatorial* é destinada a uma voz masculina amplificada (muitas vezes substituída por um coro de homens), quatro trompetes, quatro trombones, piano, órgão, duas ondas Martenot e percussões. O texto é uma oração extraída do livro sagrado dos Maias. Regressa a Nova Iorque em 1933 e irá atravessar um período de quinze anos, bastante vazio e deprimente, durante o qual parece ter sido esquecido pelo universo musical. Apenas *Density 21.5* para flauta transversa solo (1936), escrita para a primeira flauta em platina (cujo número do título constitui a densidade da platina) até então construída, escapa a este deserto. A peça é elaborada como uma extensão progressiva da primeira frase, que soa como um chamamento:

Frase inicial de *Density 21.5*

Sem dúvida para meditar calmamente, Varèse instala-se durante dois anos na proximidade do deserto real, no Novo México e depois regressará à sua antítese, a grande cidade, passando três anos em Los Angeles, após o que regressará a Nova Iorque em 1940. Durante esses "magros" anos, a sua actividade consiste principalmente em ensinar e dirigir coros. Em 1947, termina um *Étude pour "Espace"*. O ano seguinte parece marcar o seu regresso ao primeiro plano: ensina na Colombia University de Nova Iorque e nos cursos de Verão em Darmstadt, a partir de 1950. Aí, começa uma parte do trabalho de *Déserts*, que só será concluído em finais de 1954, no estúdio experimental da Radiodifusão francesa.

Esta obra necessita, com efeito, da força de uma orquestra e de bandas magnéticas de som organizado difundido por dois altifalantes. Estes dois componentes não se misturam mas são utilizados em alternância. Trinta anos depois de *Hyperprism*, a estreia de *Déserts* decorreu num ambiente equivalente, no meio de grande agitação. Varèse a partir daí é conhecido e reconhecido: as suas obras são editadas e Corbusier pede-lhe que componha uma música com função arquitectural para o pavilhão Philips de Bruxelas (1958): o *Poème électronique*, envolve os visitantes do pavilhão com 400 altifalantes produzindo um sólido efeito espacial.

Raramente um compositor terá estado tão à frente do seu tempo e tão frustrado por não poder aplicar as suas ideias. Varèse esperou cerca de 30 anos até que a técnica lhe permitisse misturar sons reais com sons gravados e amplificados. Além disso, nenhum outro trabalhou melhor no sentido de uma verdadeira emancipação da família das percussões, consagrando--lhe tantas partituras importantes. Com menos de uma vintena de obras, este homem é um dos pilares da música do século XX.

• **Neoclassicismo** é o termo utilizado para designar uma estética que prevalece na música, a partir dos anos vinte, em reacção a praticamente todas as outras correntes existentes (romantismo tardio, impressionismo, expressionismo e atonalidade). Os compositores procuram num passado mais ou menos longínquo referências formais e reactualizam aqui e ali algumas atitudes musicais tiradas do séc. XVIII – o que é fácil – assim como uma pseudo-atmosfera de simplicidade, proveniente de uma Antiguidade mítica. Não se trata de copiar servilmente as músicas antigas, mas de as evocar, adoptando uma certa distância. Praticamente, todos os grandes compositores são, num momento ou noutro, tentados por esta estética, que integra na sua linguagem "séria", elementos musicais exógenos como o *music-hall*, o circo, *o jazz* ou a música extra-europeia. É Diaghilev, o director dos Ballets Russes, que lança o movimento encomendando aos compositores arranjos de peças antigas para a música dos seus ballets. Desta forma, nascem *As Mulheres de bom-humor* de Tommasini--Scarlatti (1917), *La Boutique fantasque* de Respighi-Rossini (1919) e *Pulcinella* de Stravinsky--Pergolesi (1920). Por conseguinte, as partituras originais são escritas segundo esta estética do "regresso a" e vê-se a proliferação de títulos semelhantes aos utilizados no século XVIII. O aspecto coreográfico e concertante está muito presente. Nesta época, escrevem-se numerosas *suites* para piano solo ou para orquestra, assim como concertos necessitando, por vezes, de cravo – o modelo construído por Pleyel e celebrizado por Wanda Landowska – como em Manuel de Falla (1876-1946) e o seu *Concerto para cravo e cinco instrumentos* de 1926 ou Francis Poulenc (1899-1963) e o seu *Concert champêtre* de 1928.

• **os grupos**
a) **Erik Satie (1866-1925) e a Escola d'Arcueil**. Esta personagem ocupa um lugar à parte na História da música: se, por um lado, foi verdadeiramente apreciado por músicos tão importantes como Debussy ou Ravel e se reagrupou sob a designação de "Escola d'Arcueil" compositores que o tomaram como referência, por outro, a sua música parece não ter tido descendência directa, por ser bastante marcada pela personalidade do seu autor. Com efeito, em Satie, a música geralmente não existe isolada, mas sim acrescentada de uma quantidade

de elementos exteriores tal como títulos bizarros, anotações ou desenhos e poemas escritos sobre as partituras. Estes elementos contribuem com um certo valor acrescentado às notas, apesar do facto de constituirem meramente uma embalagem: o essencial permanece na música. Para a fazer aceitar, Satie entendeu que seria necessário vesti-la com uma ponta de humor e de ridículo e mesmo de autodestruição. Assim, o observador mediano liga-se sobretudo à forma, que capta o grosso da sua atenção, e da qual, no fundo, não beneficia nada. Parece que Satie se amargurou com este estado de coisas, admitindo que teria sido menos conhecido e menos apreciado se não tivesse usado aquele folclore, que ele próprio contribuíra para organizar. Criança prodígio, entra no Conservatório mas a rigidez intelectual do mesmo não lhe convém e, depois de uma tentativa pouco concludente no exército, torna-se pianista de *cabaret*. As suas primeiras obras são destinadas ao seu instrumento de predilecção: as *Ogives* (1886), as *Sarabandes* (1887), as três *Gymnopédies* (1888) e as seis *Gnossiennes* (1890-91), testemunham este primeiro período em que domina uma certa sobriedade de expressão. A primeira *Gnossienne*, sem indicação nem barra de compasso, desenrola uma melodia de comportamento modal (modo de *fá*) por cima de um ostinato harmónico-rítmico:

Gnossienne nº 1

A primeira *Gymnopédie*, com o seu tempo lento e o seu célebre balanço hipnótico, de acordes de sétimas maiores não preparadas, está em todas as memórias e sob os dedos de numerosos pianistas, mesmo pouco aguerridos:

Início da primeira *Gymnopédie*

Seguidamente, Satie conhece Josephin Péladan, espécie de guru místico – faz-se nomear por "Sâr" – que tenta renovar o movimento Rosa-Cruz e escreve em sua homenagem, entre 1891 e 1892, algumas partituras como a música de cena do *Fils des étoiles*, e ainda as *Trois Sonneries de la Rose-Croix* para piano. Satie afasta-se do seu guru para fundar o seu próprio movimento religioso, a *Igreja metropolitana da arte de Jesus condutor* de que será o único aderente. Compõe em 1895 a *Messe des pauvres* para coro misto e órgão com uma escrita voluntariamente despojada. Entregue à dúvida sobre o valor da sua inspiração, decide em 1898 ir habitar Arcueil e organiza a sua produção pianística, enfeitando as suas obras com títulos curiosos: *Piéces froides* [*Peças frias*] (1897), *Trois morceaux en forme de poire* [*Três fragmentos em forma de pêra*] (1903), *Aperçus désagréables* [*Apreciações desagradáveis*] (1908-1912), *Véritables préludes flasques pour un chien* [*Verdadeiros prelúdios frouxos para um cão*] (1912), *Descriptions automatiques* [*Descrições automáticas*], *Embryons desséchés* [*Embriões dissecados*] e *Vieux sequins et vieilles cuirasses* [*Velhos cequins e velhas couraças*] (1913), ... Sem dúvida, cansado de se ver classificado de amador, decide, em 1905, iniciar estudos de contraponto na Schola Cantorum. É assim que encontramos duas verdadeiras fugas nas suas quatro peças para piano a quatro mãos *En habit de cheval* [*Em traje de montar*]. Em 1914, 21 pequenas peças misturando música e desenho são editadas com o título *Sports et Divertissements*. O prefácio de Satie não deixa qualquer dúvida quanto ao propósito humorístico da obra: «A parte desenhada está representada por traços – traços de espírito; a parte musical está representada por pontos – pontos negros.» A partir de 1917, conhece a fama, em grande parte devido à sua música (feita com estribilhos de canções e ruídos diversos) para o ballet *Parada dos Russos* de Diaghilev (coreografia de Massine, argumento de Jean Cocteau, cenários e guarda-roupa de Picasso). O ballet gerou um escândalo e Satie torna-se conhecido, apesar de a sua música ter sido entendida como um objecto do cenário, tal como os outros, e não como um objecto artístico, com parte própria. No ano seguinte, com *Socrate*, musica alguns fragmentos dos diálogos de Platão, para três *mezzo*-sopranos, soprano e orquestra de câmara, estabelecendo uma estética anti-expressiva, procurando o mínimo vital da música. Em 1920, aperfeiçoa com Darius Milhaud o conceito de música funcional (*musique d'ameublement*) que tem a função de um papel-pintado sonoro, pela repetição incansável dos mesmos motivos musicais. Em 1923, deixa que se crie a Escola d'Arcueil que agrupa Henri Cliquet-Pleyel, Roger Désormières, Maxime Jacob, Charles Koechlin e Henri Sauguet. Uma das suas últimas obras é a música para o ballet "instantaneísta" de 1924, *Relâche*, e que compreende igualmente uma partitura para o filme mudo de René Clair, *Entr'acte*. Satie submete-se facilmente ao mau-gosto imposto pelo autor, Francis Picabia, e escreve uma música "que toca o fundo da miséria estética", como afirmou na época Roland-Manuel. Morre em 1925, classificado como génio por alguns e como mistificador por outros. Actualmente, a opinião sobre a sua obra parece ter estabilizado no plano positivo: são-lhe reconhecidas muitas atitudes estéticas, entre as quais uma grande liberdade, que serão retomadas na segunda metade do século.

b) o Grupo dos Seis é uma entidade nascida da amizade que existia entre os seus membros, mas cuja reunião enquanto grupo estético foi realizada de uma forma que hoje parece algo artificial. O termo "Grupo dos Seis" foi inventado em 1920 por um jornalista que desejava criar o equivalente francês do "Grupo dos Cinco" russo. Era composto por **Germaine Tailleferre (1892-1983), Georges Auric (1899-1983), Louis Durey (1888-1979), Arthur Honegger (1892-1955), Darius Milhaud (1892-1974) e Francis Poulenc (1899-1963)**. As suas referências musicais eram, nomeadamente, Satie e Stravinsky, e o seu manifesto era *Le Coq et l'Arlequin* de Cocteau, que confusamente rejeitava o romantismo, a música alemã, o lirismo e ... Debussy. Paradoxalmente, se em concertos organizados foi por vezes executada música destes compositores, a única partitura verdadeiramente comum (apenas a cinco, sem Louis Durey) foi para *Les Mariés de la Tour Eiffel* de Cocteau em 1921. A colaboração não teve continuidade dado que os membros deste grupo efémero, irão separar-se para trabalhar cada um por si. Entre os Seis, três compositores irão impôr-se como personalidades originais: Honegger, Milhaud e Poulenc. **Arthur Honegger**, nascido em França de pais suíços, não poderia rejeitar inteiramente o seu lado germânico: compôs cinco sinfonias, o célebre andamento sinfónico *Pacific 231* (1923) ilustrando uma locomotiva a vapor, e os oratórios *Le Roi David* (1921), *Jeanne au bûcher* (1938, com Claudel) e obras dramáticas como *Antigone* (1927, com Cocteau). O seu objectivo era escrever uma música que fosse apreciada, tanto pelo homem da rua como pelo músico. O segundo, **Darius Milhaud**, reivindicou sempre a sua dupla origem: "Francês da Provença, de religião judaica". Começa a sua actividade de compositor escrevendo melodias sobre poemas de Jammes e de Claudel. A aliança com este último era a tal ponto estreita, que tendo este sido nomeado Embaixador de França no Rio de Janeiro, propõe ao primeiro que o acompanhe na qualidade de secretário. Durante dois anos, Milhaud irá impregnar-se da atmosfera latina do Brasil, a qual estará na origem, nomeadamente, do *Boeuf sur le toit* [*Boi no telhado*] (1919), rondó orquestral que faz ouvir danças latino-americanas (samba, tango, rumba, ...) organizando-se em torno de um tema central, já de si bastante agitado:

Rondó (animado) do *Boeuf sur le toit*

A cor local sul-americana não será o único ponto de interesse desta partitura: Milhaud desencolve nela o seu grande talento de harmonizador especialista na politonalidade, sustentada por uma orquestração muito eficaz. No seu regresso da América em 1919 – tendo passado por Nova Iorque – torna-se membro do Grupo dos Seis, mas continua a escrever segundo os seus valores, não deixando que lhe imponham qualquer outro estilo. É desta forma que surgem *Les Euménides*, a partir do texto de Ésquilo traduzido por Claudel (ópera, 1922), *A criação do Mundo* (ballet, 1923), *Cristovão Colombo* (ópera, 1930), a *Suite provençale* (orquestra, 1936). Durante estes anos, Milhaud fará bastante pela divulgação das obras dos três vienenses, que encontrara em Viena, em 1922. Em 1940, a sua ópera *Médée* é executada na Ópera de Paris e Milhaud deixa a França e vai para os Estados Unidos, onde compõe e ensina, regressando apenas em 1947. Até ao final da sua vida, irá continuar a compor em todos os géneros e a ensinar, quer em França quer além do Atlântico. O terceiro, **Francis Poulenc**, foi de início conhecido como pianista, tendo sido aluno de Ricardo Viñes. O seu primeiro sucesso foi uma série de melodias sobre poemas de Guillaume Apollinaire, o *Bestiaire*, terminado em 1919. Os Ballets russos estreiam, seguidamente, a obra *Les Biches* em 1924 e Wanda Landowska o *Concert champêtre* para cravo e orquestra, em 1928. No ano seguinte surge *Aubade, concerto choréografique* para piano e 18 instrumentos. O seu catolicismo sincero irá conduzi-lo à escrita de obras mais profundas, a partir de 1936, ano das *Litanies de la Vierge Noire*. Em 1944, compõe *Les Mamelles de Tirésias* (ópera *buffa*) que choca pelo seu assunto: a heroína torna-se um homem e o seu marido tem filhos sozinho! Em 1950, será o *Stabat mater*, seguido em 1959 por um *Gloria* para soprano solo, coro misto e orquestra. Entre estas duas partituras religiosas, termina em 1956 a ópera *Dialogues des carmélites*, a partir do texto de Bernanos, que pode bem ser classificada entre as suas obras "espirituais", pela gravidade do seu assunto. Denise Duval, a primeira intérprete da heroína de *Mamelles* (Thérèse) e dos *Dialogues* (Blanche), ainda inspirou a Poulenc o monodrama *La Voix humaine* segundo Cocteau. Esta peça conta a separação pungente, pelo telefone, de uma mulher e do homem que ela ama. A música de Poulenc sofreu bastante com o descrédito de que foi alvo na época que se seguiu à Segunda Guerra Mundial, uma época intransigente em que tudo o que não fosse atonal ou serial era desprezado: o seu estilo, que é fundamentalmente tonal, não era do gosto de uma certa vanguarda que rejeitava o acorde perfeito para admitir apenas notas estranhas. A vanguarda dos anos cinquenta envelheceu, foi substituída, e começa-se a ouvir Poulenc com outros ouvidos, sem aquele curioso sentimento de culpa que surge assim que sentimos prazer ao escutar belas melodias.

• **Maurice Ravel (1875-1937)** frequentou o Conservatório de Paris de 1889 a 1900, sendo aluno de Fauré, nomeadamente, no domínio da composição. Entre as suas primeiras obras, devem ser referidas partituras para piano tais como o *Menuet antique* (1895) e a *Pavane pour une Infante défunte* (1899) que Ravel orquestrará em 1910 e que contêm já muitos elementos tipicamente ravelianos (dança, Espanha, modo, acordes, ...). Apesar do julgamento severo do autor quanto ao seu valor, esta peça conhecerá um grande sucesso. Na época, o êxito passava pelo sucesso no Concurso de Roma, para o qual era necessário escrever uma cantata.

Ravel conquistará o segundo lugar em 1901, e nada mais nas suas tentativas posteriores (1902,1903). Em 1905, recusam-lhe a participação no Concurso sob o pretexto do limite de idade. Rebenta um escândalo que provoca a substituição do director do Conservatório, Théodore Dubois, por Gabriel Fauré, com um espírito musical nitidamente mais aberto. Este último obstáculo não desanima Ravel porquanto já era reconhecido como compositor, com os seus *Jeux d'eau* para piano (1901) e o seu *Quarteto de cordas* (1903) que apresenta um processo que voltaremos a encontrar mais tarde: a justaposição de compassos (3/4 - 6/8):

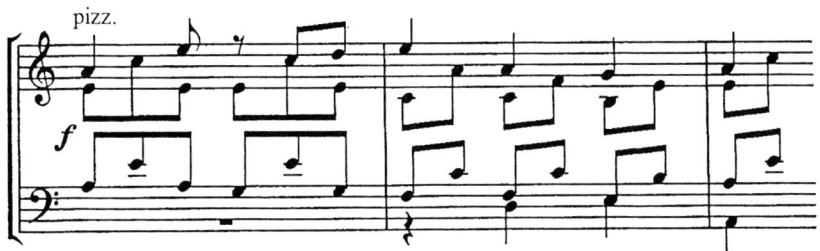

2º andamento do *Quarteto*, Bastante vivo-Muito ritmado, 6/8 – 3/4

Os géneros celebrizados por Ravel são pouco numerosos e utilizam bastante os mesmos elementos: a voz, o piano, a orquestra ou o seu conjunto. Vejam-se as principais etapas:

- 1905 *Sonatine* (para piano) e *Miroirs* (cinco peças para piano);
- 1906 *Histoires naturelles* (cinco melodias para canto e piano sobre poemas de Jules Renard);
- 1907 *Rhapsodie espagnole* (para orquestra) e *l'Heure espagnole* (ópera);
- 1908 *Gaspard de la nuit* (três peças para piano);
- 1910 *Ma Mére l'Oye* (cinco peças para piano a quatro mãos);
- 1911 *Valses nobles et sentimentales* (para piano, alusão a Schubert);
- 1912 *Daphnis et Chloé* (música de ballet para orquestra);
- 1913 *Trois poèmes de Mallarmé* (para canto, piano, quarteto de cordas, piccolo, flauta e clarinete baixo);
- 1914 *Trio para piano, violino e violoncelo*.

Durante a guerra, o exército recusa de início admitir Ravel devido à sua saúde frágil. Todavia, em 1916, consegue obter um posto no serviço de transportes (como condutor de camiões) e é enviado para Verdun. Cai doente e é disponibilizado no ano seguinte.

- 1917 *Le Tombeau de Couperin* (*suite* para piano solo em que cada peça é dedicada a um camarada morto na guerra: Prelúdio, Fuga, *Forlane*, *Rigaudon*, Minueto e *Toccata*);
- 1920 *La Valse*, poema coreográfico para orquestra. No mesmo ano, Ravel recusa a Legião de Honra;
- 1925 *L'enfant et les sortiléges* (ópera sobre um texto de Colette);
- 1928 *Boléro* (para orquestra, destinada à dançarina Ida Rubinstein). Para esta obra, Ravel utiliza um ostinato rítmico incansavelmente repetido pela caixa, um ostinato melódico que é repetido e ampliado pela orquestra a cada ocorrência e um ostinato harmónico de acompanhamento.

Ostinato triplo (melódico, harmónico e rítmico) do Boléro

-1931 *Concerto em sol* (para Marguerite Long) e *Concerto para a mão esquerda* (para o pianista Paul Wittgenstein que perdera a mão direita na guerra). No primeiro *Concerto*, encontramos a ambiguidade rítmica já existente: se o acompanhamento da mão esquerda é escrito e acentuado em compasso ternário (6/8), o tema tocado pela mão direita é em compasso binário (3/4):

Concerto em sol, 2º andamento: 6/8 (mão esquerda) e 3/4 (mão direita)

-1933 *Don Quichotte à Dulcinée* (três melodias para canto e piano). Ravel é então acometido de um acidente cerebral que lhe paralisa os movimentos e o impedirá, entre outras coisas, de compor. É submetido a uma intervenção cirúrgica em 19 de Dezembro 1937 mas falece no dia 28 do mesmo mês.

De Ravel, são de registar alguns pontos importantes que percorrem toda a sua obra:
– o seu gosto pela dança e o seu interesse pela Espanha (por vezes misturados);
– a sua capacidade extraordinária de "recriar" para orquestra obras originalmente pianísticas: não se trata de simples orquestrações, mas de segundas versões tão interessantes quanto as primeiras. Este tipo de realização foi uma constante:

Obras	versão para piano	orquestração
Menuet antique	1895	1930
Habanera	1897	1907
Pavane pour une Infante...	1899	1910
Miroirs	1905	nº 3: 1906, nº4: 1918
Ma mére l'Oye	1908	1911
Valses nobles et sentiment.	1911	1912
Deux mélodies hebraïques	1914	1920
Le Tombeau de Couperin	1917	1919
La Valse	1920	1920
Don Quichotte à Dulcinée	1933	1933

Do piano à orquestra

– por fim, o seu sentido harmónico muito subtil e muito seguro, utilizando uma tonalidade muito alargada, recusando as cadências perfeitas, os modos eclesiásticos, a bitonalidade, o equívoco harmónico assim como uma paleta de acordes que os puristas explicam pelo adição de notas agregadas a acordes estabelecidos, mas que surgem frequente-mente como entidades independentes com valor próprio.

• **Igor Stravinsky (1882-1971)** é incontestavelmente um dos gigantes da história musical do século XX. Este filho de cantores de ópera nasceu perto de S. Petersburgo e concluiu estudos de Direito enquanto estudava composição com Nicolaï Rimski-Korsakov (nascido em 1844) até à morte deste último, em 1908. É habitual dividir a sua longa produção em três grandes períodos: russo, neoclássico e serial. Ao executar algumas das suas primeiras composições (*Scherzo fantastique* e *Feux d'artifice*), encontra Serge Diaghilev, que lhe encomenda música para um ballet para a temporada seguinte dos Ballets Russos, em Paris.

a) o período russo (1908-1920). A primeira obra que Stravinsky escreveu para Diaghilev foi o *Pássaro de fogo* que se destaca pelo seu esplendor orquestral. A segunda, no ano seguinte, é a história de uma marioneta, *Pétrouchka, Cenas burlescas em quatro quadros*. A terceira, esteve na origem de um enorme escândalo: trata-se de *A Sagração da Primavera, quadros da Rússia camponesa*. Com esta obra, estreada em Maio de 1913 no teatro dos Campos-Elíseos em Paris, Stravinsky refina a sua técnica de composição, utilizando de forma simultânea todos os elementos básicos da música. Encontramos sobrepostos: ritmos diferentes, melodias diferentes, harmonias diferentes e junções de timbres tão violentas que o ouvinte se sentirá perante um verdadeiro magma sonoro, difícil de aprender e compreender. A temática assenta, indiscutivelmente, numa parte de música popular russa, construída sobre compassos "irregulares" a cinco ou sete tempos. Na totalidade, tudo é excessivo e brutal nesta partitura. A introdução, com o célebre solo de fagote, é todavia muito calma e anuncia as tempestades que se avizinham:

Início-de *A Sagração*

Entre elas, uma das primeiras a manifestar-se é a passagem dos *Augúrios primaveris*, elaborada sobre um conjunto martelado de colcheias, construído com a sobreposição de um acorde de MI maior (escrito *fá* bemol) e um acorde da dominante de LÁ bemol maior:

Augúrios primaveris

A partir daqui, Stravinsky passa a ser um compositor conhecido e apreciado. Na Suíça, onde residia, conheceu o poeta Ramuz, que lhe fornecerá textos ou argumentos (*Renard* em 1916, *Les Noces*, em 1914/23 e sobretudo, *L'histoire du soldat*, em 1918, que é uma autêntica colagem de estilos musicais).

b) o período neoclássico (1920-1950). Stravinsky instala-se em França, em 1920 e depois nos Estados Unidos, a partir de 1939. Durante os trinta anos deste período, comporá obras fortemente ligadas ao passado, pelo jogo das transcrições, de evocações ou pela utilização de traços estilísticos característicos de compositores dos séculos XVIII e XIX. Esta estética que não exclui, mas também não se restringe à imitação, tornar-se-á a sua a partir de *Pulcinella* (1920), peça que adopta o aspecto de uma *suite* de danças confiada a uma pequena orquestra, no seio da qual se opõem os instrumentos dos *tutti* e do *concertino*, à maneira do *concerto grosso* barroco. Nos anos que se seguem, escreve em todos os géneros: ópera *buffa* com *Mavra* (1922); oratório com *Oedipus Rex* (1927) e a *Sinfonia dos salmos* (1930), obras instrumentais com o *Dumbarton Oaks Concerto* (1938), a *Sinfonia em dó* (1940) e o concerto para clarinete e orquestra de *jazz Ebony Concerto* (1945). O final deste período é marcado pela *Missa* (1948) e pela ópera *The Rake's Progress* (1951).

c) o período serial (1951-1971). Este período cuja designação evoca o seu "rival" Arnold Schönberg, inicia-se precisamente com o desaparecimento deste último. As relações entre ambos eram inexistentes: habitando à distância de uma quinzena de quilómetros um do outro, nunca se encontraram, devido certamente à violência das afirmações proferidas pelos seus apologistas respectivos, antes da guerra. Stravinsky sente então o direito de utilizar a técnica serial e a primeira obra verdadeiramente escrita segundo este processo será a *Cantata* (1952), utilizando textos ingleses anónimos dos séculos XV e XVI. Para ser mais preciso, a técnica serial mistura-se profundamente com o tradicional contraponto "clássico". A sua última grande partitura será o *Requiem Canticles* (1966) para contralto, baixo, coro e orquestra.

Cada uma das fases estéticas pela qual passou não anulou a precedente. Neste sentido, Stravinsky procedeu por acumulação de traços estilísticos que contribuiram, regularmente, para enriquecer a sua linguagem. Noutros termos, quando utilizou a série, nunca o fez renunciando ao seu estilo anterior, para produzir "sob Schönberg". Para terminar, será necessário referir que nunca existiu uma "escola" Stravinsky, na medida em que as suas partituras não tiveram descendência: uma obra como *A Sagração* permaneceu única.

Capítulo 12: a música contemporânea (1945 - ...)

Há mais de cinquenta anos que se fala de música "contemporânea" relativamente a obras escritas depois da Segunda Guerra Mundial, sendo hoje necessário fazer face a um sério problema de vocabulário para designar os últimos anos.Com efeito, qual o adjectivo que poderemos atribuir à música mais recente e a que compositores? Mesmo quando se encontram aqui e ali algumas designações mais ou menos sóbrias como "pós-moderno" (mais moderno que moderno?) ou música "viva" (por oposição a "morta"?), nenhuma é verdadeiramente satisfatória. E se as vanguardas sempre existiram, terá sido necessário atribuir-lhes nomes, temporariamente, até que elas próprias fossem ultrapassadas por uma nova vaga de vanguardismo. No seu tempo, Rameau, Berlioz e Ravel foram compositores de música contemporânea e hoje Boulez e Xenakis também o são. É por isso, que a expressão pouco concreta de "música contemporânea" continua, apesar da sua relativa imprecisão, a ser de utilização muito prática.Um último aspecto: os compositores deste período tiveram a sorte extraordinária de usufruir da gravação das suas obras e por isso mais difundidas do que antes acontecia. O disco de vinil, ontem, e o disco compacto, hoje, são poderosos e benéficos vectores de transmissão de que não puderam disfrutar os músicos dos períodos anteriores.

• **Olivier Messiaen (1908-1992)** segue uma escolaridade muito clássica no Conservatório, onde estuda escrita musical, piano e órgão. Será para este último instrumento a sua primeira peça publicada, *Le Banquet céleste*, em 1928, seguida, em 1929, por *Préludes* para piano e, em 1930, as *3 Mélodies* para soprano e piano. No mesmo ano, é nomeado titular dos grandes órgãos da igreja da Trindade em Paris, função que assumirá durante mais de trinta anos. Nesta época, sofre já de uma doença que lhe faz ver cores quando ouve sons, a sinopsia ou audição colorida, e desenvolve um grande interesse pelo ritmo. É por isso que estuda seriamente as métricas grega, hindu e gregoriana e aperfeiçoa o domínio dos seus modos de transposição, ainda limitados. Em 1933, adapta ao órgão *La Ascension*, *suite* sinfónica e, em 1935, a *Nativité du Seigneur*, que reúne num importante ciclo para órgão (nove "meditações") o resultado dos seus diferentes trabalhos. Encontramos, nomeadamente, os célebres ritmos de valores acrescentados, aumentados ou diminuídos e não retrográdáveis (idênticos quando tocados da esquerda para a direita e da direita para a esquerda):

o valor acrescentado (*)

ritmo modelo seguido da sua diminuição (para metade)

ritmo não retrográdável com o seu eixo central em *

Em 1936, faz parte do grupo Jovem França (com Yves Baudrier, André Jolivet e Daniel--Lesur), cujo objectivo é o de propôr uma alternativa válida ao neoclassicismo, ao serialismo estrito e à música fácil. Compõe os *Poemas para Mi* (nome da sua primeira mulher) e em

1937, a *Fête des belles eaux*, obra encomendada para a Exposição Universal, na qual se destacam as seis ondas Martenot. Em 1939, termina *Le Corps glorieux*, o seu terceiro ciclo para órgão que compreende "Sete visões breves da vida dos Ressuscitados". Na altura da guerra é mobilizado, capturado e enviado para um campo de prisioneiros. Tendo a possibilidade de fazer um pouco de música, escreverá em 1941 o *Quatuor pour la fin du temps*, para violino, clarinete em *sib*, violoncelo e piano. No prefácio, Messiaen define que "a sua linguagem é essencialmente imaterial, espiritual e católica". Além dos processos rítmicos já citados, Messiaen retoma, sob o vocábulo moderno de "pedal rítmico", o sistema medieval da isorritmia, ao escrever autênticas *taleae*:

Pedal rítmico do primeiro andamento (*Litúrgia de cristal*) tocado pelo piano

Nesta obra aparecem também personagens que se tornarão preponderantes: os pássaros. Com efeito, desde o início, as primeiras intervenções do clarinete e do violino estão indicadas "como um pássaro". Messiaen foi libertado em 1942 e é nomeado, à sua chegada a Paris, professor de harmonia no Conservatório. Em 1944, reune as suas ideias e publica *Técnica da minha linguagem musical*, em que descreve a sua forma de compor, explicando todos os processos que utiliza. Termina, ao mesmo tempo, duas obras que se tornarão "clássicos": *Trois Petites Liturgies de la présence divine* para coro feminino, piano, ondas Martenot e orquestra, e *Vingt Regards sur l'Enfant Jésus* para piano solo. Em 1947, as autoridades musicais criam, especialmente para ele, uma classe de análise e de estética que contará, entre os muitos alunos, com uma boa parte da elite musical da segunda metade do século: Pierre Boulez, Pierre Henry, Karlheinz Stockausen, Iannis Xenakis... Estes aprendizes compositores vão encontrar em Messiaen alguém que lhes explicará o valor dos mestres do passado, ao mesmo tempo que lhes permite serem eles próprios, sem se transformarem em simples *clones* do seu professor. Em 1949, faz executar a *Sinfonia Turangalîla*, partitura gigantesca em dez andamentos (quase uma hora e meia), para piano solo, ondas Martenot e grande orquestra, que constitui um monumento – em todo o sentido da palavra – no conjunto da sua produção. Esta partitura é bastante acessível devido ao contínuo bom-humor que se faz sentir. Messian utilizou quatro temas principais que reaparecem ao longo de toda a obra: o tema-estátua, o tema-flor, o tema de amor e o tema de acordes. Por vezes, é possível ouvir passagens francamente tonais e algumas cadências perfeitas, que surgem para concluir uma parte (é o caso do final do alegre 5º andamento e do final da obra, em *SOL* maior).

O "tema-estátua" tocado pelos trombones

Os anos 50 serão aqueles em que Messiaen continuará a explorar os parâmetros da duração, publicando *4 Estudos de ritmo* para piano, em que no último, *Modo de valores e intensidades*, organiza as alturas, durações, intensidades e ataques, de forma praticamente serial. Regressa, temporariamente, ao órgão e escreve a *Messe de la Pentecôte* (1950), especificamente destinada ao culto e não ao concerto, assim como as sete peças do seu *Livre d'orgue* (1951), cujos números um e sete são puras pesquisas musicais; o quatro (a meio da obra) é consagrado ao canto dos pássaros, enquanto que os restantes são de atmosfera mais religiosa. Os pássaros apaixonam-no e nesta época estuda seriamente ornitologia e entrega-se à missão de reproduzir musicalmente, o mais próximo possível (alturas e ritmos), o canto das aves. Os títulos das obras deste período mostram-no claramente: *Le Merle noir* para flauta e piano (1951), *Le Réveil des oiseaux* para piano e orquestra (1953), *Les Oiseaux exotiques* para piano, sopros e percussões (1956), *Catalogue d'oiseaux* para piano solo (1958). *Chronochromie* (cor do tempo) para grande orquestra (1960) contém ainda cantos de aves, apesar de o título não os mencionar expressamente. Podemos encontrá-los ao longo dos sete andamentos, com uma concentração na sexta parte, *Épôde*, onde se podem ouvir 18 através de 12 violinos, quatro violas e dois violoncelos! Esta obra de encomenda tinha um imperativo: "nada de piano e de ondas Martenot!" Tendo morrido a sua primeira mulher, Messiaen casa-se em 1962 com a sua mais fiel intérprete, a pianista Yvonne Loriod. Uma visita ao Japão inspira-lhe os *Sept Haïkaï*, esboços japoneses para piano e orquestra, que compõe em 1962. No ano seguinte, encomendam-lhe uma peça em que fossem utilizados, obrigatoriamente, três trombones e três xilofones. Assim, nasce *Couleurs de la Cité céleste*, para piano e conjunto instrumental, cuja atmosfera religiosa evoca o Apocalipse e contém *cantochão*, ritmos gregos e hindus e ... cantos de aves. Agora reconhecido, Messiaen recebe, para além de diversas distinções, um grande número de encomendas. Em 1966, obtém um grande sucesso público com *Et expecto resurrectionem mortuorum* (Esperando a ressurreição dos mortos), composta em 1964, para orquestra de madeiras, de metais e de percussões metálicas. O título de cada uma das cinco partes corresponde a uma citação da Bíblia (Salmo, Cântico, Evangelho, Epístola, Apocalipse). A obra seguinte tem proporções e uma orquestra gigantescas: com a duração de uma hora e meia, utiliza um coro misto, sete solistas instrumentais (flauta, clarinete, vibrafone, xilorimba, marimba, piano e violoncelo) e uma grande orquestra. Trata-se de *La Transfiguration de Notre-Seigneur Jésus-Christ* (1969), espécie de oratório latino dividido em duas grandes partes, compostas de sete fragmentos cada uma. Regressa, seguidamente, ao instrumento da sua juventude, o órgão, para o qual escreve as *Méditations sur le mystére de la Sainte Trinité* (1969), por ocasião do fim dos trabalhos de reparação no seu instrumento, o orgão Cavaillé-Coll da igreja da Trindade. Nesta obra, constituída por nove partes, tenta construir uma linguagem que traduza em notas as ideias, os temas e as personagens divinas. Em 1974 é estreada uma peça encomendada para celebrar o bicentenário da independência dos Estados-Unidos, *Des Canyons aux Étoiles*, para piano, trompa, xilorimba, *glockenspiel* e orquestra. Esta grande sinfonia compreende três partes divididas em cinco, dois e cinco fragmentos e evoca Deus, a Natureza e os pássaros. Numa idade já avançada, Messiaen é tentado pelo género da ópera, *a priori* pouco susceptível de o inspirar, pelo que a única contribuição de Messiaen para este género irá custar-lhe oito anos de trabalho. O motivo ideal para evocar os temas habituais e preferidos do compositor – o gigantesco *Saint François d'Assise*, cenas franciscanas em três actos, estreada em 1983 – respondeu bem às expectativas do público neste domínio. A última grande obra de Messiaen foi o *Livre du Saint Sacrament*, para órgão, que evoca em dezoito peças o mistério da comunhão. Do *Banquet céleste* de 1928 ao *Livre du Saint Sacrament* de 1984, Olivier Messiaen – tendo-se tornado um "clássico" do século XX – não cessou de refinar a sua reflexão teológica-musical.

● **Pierre Boulez (nascido em 1925)** entra no Conservatório em 1942 para seguir, nomeadamente, as lições de Olivier Messiaen (em harmonia) e de René Leibowitz (técnica serial). Em 1946, a Companhia Renault-Barrault nomeia-o director de música de cena. Paralelamente a esta actividade de direcção de orquestra, que conservará nesta companhia até 1956, Boulez já é um compositor bastante activo: *Sonatine* para flauta e piano; *Première Sonate* para piano (1946). A datação das obras posteriores não é uma tarefa fácil, dado que

Boulez gostava de retomar as suas partituras para as trabalhar de novo e produzir novas versões, segundo o princípio do *"Work in progress"*. Boulez considerava que não seriam mais do que a expressão de facetas ainda não apercebidas das mesmas obras, o equivalente a uma perspectiva de um ângulo diferente. Seguem-se *Le Visage nuptial* para solistas, coro feminino e orquestra (1ª versão: 1947; 2ª versão: 1952) sobre um poema de René Char; a *Deuxiéme Sonate* para piano (1948) e o *Livre pour quatuor* (1949, reformulado em *Livre pour cordes*, em 1968). A generalização serial de todos os parâmetros intervém na *Polyphonie X* para 18 instrumentos (1951), mas nas *Structures I* para dois pianos (1952) o compositor tenta fazer "tábua rasa" da herança do passado, reconstruindo uma linguagem serial original, a partir de material tirado de Messian (*Modes de valeurs et d'intensités*). Em 1954, funda os concertos do Domínio Musical, que farão bastante pela difusão da música contemporânea em França. *Le Marteau sans maître* [*O Martelo sem mestre*], para contralto e seis instrumentos (1955) é a partitura que tornou célebre o seu autor. Escrita na linha do *Pierrot Lunaire* de Schönberg, este conjunto de nove peças para efectivos variáveis, tem como textos de referência três poemas de René Char e constitui uma realização indiscutível no domínio da música de câmara. A *Troisiéme Sonate* para piano (1957) é constituída por cinco partes (Boulez designa-as por "formativas") cuja ordem de execução externa pode variar, da mesma forma que o andamento interno; é o princípio da **"obra aberta"** cujo resultado final depende, em parte, das escolhas iniciais do intérprete. A partir de 1958, Boulez deixa a França e responde aos vários convites que lhe são feitos no estrangeiro (Alemanha, Inglaterra, Estados Unidos, Suíça) para ensinar e dirigir. No que concerne às composições, a etapa seguinte será *Pli selon pli*, retrato de Mallarmé, cantata para orquestra e soprano (1962 e depois 1984) que compreende cinco episódios; depois *Éclat*, para quinze instrumentos (1965) que será retomado em 1970 e 1974, com o acrescento de *Multiples*, que exige mais um *cor de basset* e nove violas. É de referir que, entretanto, dirige a estreia francesa de *Wozzeck* de Berg, na Ópera de Paris (1963), e que, três anos mais tarde, dirigirá *Parsifal* de Wagner, em Baireute. *Explosante-fixe* (1972) é uma obra de música de câmara que não impõe percursos obrigatórios nem instrumentação rígida: é para (re)construir a cada vez que se executa, a partir de um "reservatório" de partida. Uma segunda versão foi elaborada em 1989. *Rituel "in memoriam Maderna"*, para orquestra dividida em oito grupos – um oboé, dois clarinetes, três flautas, quatro violinos, quinteto de sopros, sexteto de cordas, septeto de madeiras e 14 metais – data de 1975 e é uma música fúnebre escrita em memória do compositor italiano Bruno Maderna. Nesta obra, assiste-se primeiro a uma amplificação instrumental, seguida de uma diminuição progressiva do número de instrumentos. Por fim, Boulez é oficialmente reconhecido nos anos setenta, e é nomeado para a direcção do Instituto de Pesquisa e Coordenação Acústica-Música (I.R.C.A.M.) com "gabinetes" no Centro Georges Pompidou. Um *ensemble* especializado foi criado nesta ocasião: o Ensemble InterContemporain. Ainda no capítulo das nomeações, integrará o Collège de France em 1976. No mesmo ano, por ocasião do centésimo aniversário de Baireute, Wieland Wagner pede-lhe para assegurar a direcção do *Ring* (*O Anel do Nibelungo*) o que ele fará até 1980, com enorme sucesso. Ainda em 1976, responde a um pedido de Mstislav Rostropovitch e escreve-lhe *Messagesquisse* para violoncelo solo e seis violoncelos. Os anos 1980 são marcados pelos diferentes estados de *Repons*, para conjunto instrumental, solistas e dispositivo electroacústico (iniciado em 1980-1988), em que utiliza, nomeadamente, a célebre máquina 4X, rapidamente ultrapassada e que podemos contemplar no museu da música, recentemente instalado no Parc de la Villette em Paris.

Para esboçar um balanço provisório da sua actividade, podemos dizer que ela foi orientada em três direcções que se influenciaram mutuamente. Em primeiro lugar, e seja qual for o julgamento que possamos fazer sobre as suas obras, Boulez é definitivamente um dos grandes compositores franceses da segunda metade do século XX. Seguidamente, reflectiu bastante e escreveu sobre a sua actividade, deixando muitos textos –muitas vezes polémicos – entre os quais encontramos *Penser la musique aujourd'hui* (1964), *Relevés d'apprentis* (1966) ou *Points de repère* (1981). Enfim, se as duas primeiras facetas da sua personalidade são, por vezes, um pouco difíceis de apreender por quem não frequente amiúde o meio da criacção contemporânea, a unanimidade faz-se quanto à sua mestria reconhecida no domínio da direcção de orquestra. Com efeito, este chefe sem batuta soube, magnificamente, fazer justiça à música dos finais do século XIX e XX, de Debussy aos mais recentes dos nossos contemporâneos. De cada vez, soube fazer realçar o essencial da música e deu por isso ao ouvinte a impressão de compreender o que era tocado e de seguir o compositor na sua iniciativa.

- **a música concreta e electro-acústica.** Estes termos designam correntes musicais bastantes próximas, que trabalham a partir de objectos (no sentido mais geral) sonoros, com a ajuda de utensílios modernos como o magnetofone, o sintetizador, o computador ou outro qualquer aparelho que permita modelar ou transformar o som. As obras assim produzidas poderão existir apenas no plano da gravação, misturar-se ou mesmo interagir com os músicos que tocam em directo.

Pierre Schaeffer (1910-1995) pode ser considerado como o principal fundador desta corrente. À sua saída do Politécnico em 1934, interessou-se por um *media* que começava a ter cada vez maior importância: a rádio. Após a libertação de Paris, criou um Estúdio de Ensaio na Radiodifusão Francesa, destinado principalmente à pesquisa radiofónica. Apaixonado pela música, inventará nos finais dos anos quarenta a música concreta, assim como a sua designação. O nome significa uma música "outra", a que não é construída segundo regras de escrita ou com instrumentários tradicionais, utilizando o mundo sonoro na sua totalidade e diversidade: os ruídos adquirem um verdadeiro direito de cidadania no universo musical. Esta nova "música concreta" irá seguir bastante de perto todos os desenvolvimentos da tecnologia aplicada ao som: o gravador e os seus acessórios (tesoura e fita adesiva) tornar-se-ão utensílios privilegiados dos músicos, enquanto estúdios gigantescos serão o local onde os sons, em estado bruto, irão sofrer, nos seus parâmetros, um grande número de transformações. Em 1950, compõe com Pierre Henry *Bidule en ut* e a *Symphonie pour un homme seul*. No ano seguinte, funda o Grupo de Música Concreta que se tornará o Grupo de Pesquisas Musicais em 1958, e participa (sempre com Henry) na escrita da ópera *Orphée 51*, que será reformulada para *Orphée 53*. Seguem-se algumas obras com o nome de "estudos": *Étude aux allures* e *Études aux sons animés*, em 1958, e *Études aux objects*, em 1959. Durante os quinze anos que se seguem, Shaeffer deixa de compor, preferindo consagrar-se exclusivamente ao Serviço de Pesquisa da O. R. T. F., dirigindo-o até 1975. Neste intervalo, a sua reflexão não esmorece e publica, em 1966, uma obra teórica, o *Traité des Objects Musicaux* em que propõe reflectir, nomeadamente, sobre o fenómeno da escuta. Retomando a composição em 1975, após o seu despedimento da Rádio, abandona o imperialismo concreto para utilizar a electrónica e um sintetizador em *Trièdre fertile*.

Pierre Henry (nascido em 1927) parece ser a figura mais constante e a mais importante no domínio da música electro-acústica. Estudou percussão, piano e harmonia no Conservatório de Paris e é já um interessado em música concreta, quando Pierre Schaeffer o chama para o pé de si, em 1949, ao sentir necessidade de um verdadeiro "batedor" para tocar as suas obras. A colaboração entre estes dois homens já foi referida anteriormente, mas é necessário sublinhar que Pierre Henry realizou sozinho uma parte do *Orphée 53*: *Le Voile d'Orphée*. De 1950 a 1958, ele é "chefe de equipa" do Grupo de Musica Concreta e compõe numerosas obras: *Musique sans titre* (1950), o *Microphone bien temperé* (1951) e colabora nos espectáculos do coreógrafo Maurice Béjart com *Haut Voltage* (1956). Em 1958, deixa Pierre Schaeffer e funda o seu próprio estúdio, o Apsome (Aplicação de processos sonoros de música electro-acústica). Os anos sessenta vão ser muito produtivos: *La Noire à soixante* (1961), *Le Voyage* (a partir do *Livre des morts tibétain*, 1962) e as célebres *Variations pour une porte et un soupir* (1963) em que aplica à letra a ideia que muitos tinham sobre a música concreta: "música de porta que range". Em 1967, obtém um enorme sucesso popular com uma peça escrita num estilo então em voga, *Jerks électroniques*, que surgem no ballet de Béjart *Messe pour le temps présent*. O aspecto, por vezes, "espiritual" e "cerimonial" da sua produção é celebrizado pela *Messe de Liverpool* e pelo *Apocalypse de Jean* (1958). Ao lado de obras austeras como *Mouvement-Rythme-Étude* (1970), privilegia grandes frescos sonoros como *Parcours-Cosmogonie* (1976), que corresponde a um vasto resumo da sua produção de 1950 a 1975, ou então a *Dixiéme Symphonie, hommage à Beethoven* (1979) que se constrói a partir da colagem de fragmentos das outras nove sinfonias de Beethoven. Podemos citar ainda o espectáculo tipo ópera-cómica *Noces Chymiques* (1980) e a *Hugo-Symphonie* (1985).

Sem querer julgar a produção dos compositores que se entregaram ao género electro-acústico, podemos afirmar que músicos como Pierre Henry foram os inventores das manipulações sonoras a que nos habituámos. Com a diferença de que hoje, com o avanço da tecnologia, aquilo que antes necessitaria de várias semanas de trabalho, com várias toneladas de material, é conseguido em poucos minutos com um simples computador multimédia, disponível nos hipermercados e a preços reduzidos. Podemos então perguntar se uma produção artística tão fortemente ligada ao progresso da técnica não estará destinada a passar de moda, rapidamente, ou a perder o seu lado inovador, com os seus utensílios relegados para o museu. Para terminar, é preciso reconhecer que esta aventura não foi inútil dado que, praticamente, todos os compositores actuais passaram um ou outro dia num estúdio de música concreta ou electro-acústica, mesmo que tenha sido numa experiência sem continuidade, como foi o caso de Messiaen, Boulez ou Xenakis.

• **a música "estocástica": Iannis Xenakis (nascido em 1922)** teve uma juventude bastante agitada: de origem grega mas nascido na Roménia, bateu-se contra as forças do Eixo durante a Segunda Guerra Mundial (será ferido na parte esquerda do rosto) e contra a ditadura que se instalou, posteriormente, no seu país. É forçado a deixar a Grécia em 1947 e instala-se, então, em França. Tendo estudos de engenharia, é contratado pelo arquitecto Le Corbusier (1887-1965) e trabalha a seu lado até 1959, tendo uma parte cada vez mais activa nos trabalhos deste. A música não é esquecida, desejando agora completar os estudos musicais que começara antes da guerra. Em busca do seu estilo, irá frequentar cursos com várias personalidades tão diferentes quanto Arthur Honegger ou Darius Milhaud. No entanto, a partir de 1951, no seio da célebre classe de análise de Olivier Messiaen, conseguirá consolidar o seu próprio sistema musical, dito "estocástico", a partir da palavra inventada pelo matemático Jacques Bernouilli (1654-1705). Esta técnica consiste em prever, por cálculo, a partir de funções matemáticas precisas, os contornos gerais de linhas melódicas. Estas são, inicialmente, estabelecidas sob a forma de gráficos e depois, colocadas em partituras: o compositor não fará mais do que passar de uma representação simbólica para outra. Todavia, é permitida uma certa margem de manobra no que diz respeito à disposição final dos pontos sonoros: o seu determinismo não é absoluto, antes bem orientado, uma vez que é o aspecto musical que predomina. O termo "estocástico" (objectivo; alvo) pertencente ao vocabulário matemático das probabilidades e foi assim retomado por Xenakis, para designar o seu método de composição musical. A primeira partitura importante elaborada desta forma é *Metastasis* (transformações) para orquestra (1954), escrita para 61 partes diferentes. Segundo o próprio Xenakis, esta obra é a realização em música de elementos gráficos que serviriam, mais tarde, para a arquitectura do Pavilhão Philips da Exposição de Bruxelas, em 1958. O seu início, muito característico, compreende três partes dispostas em arco: uma fase de dispersão a partir da nota *sol* (a), uma fase pseudo-serial (b) e uma fase de reagrupamento (c).

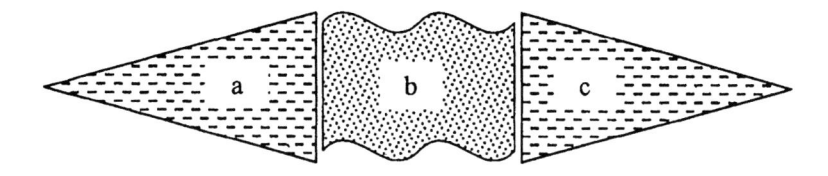

Esquema geral do início de *Metastasis*

No contexto dos anos cinquenta, Xenakis constitui uma alternativa séria à tendência geral da música contemporânea de então que evolui geralmente dentro do "tudo-serial". A etapa seguinte é *Pithoprakta* (acções por probabilidades) para 46 instrumentos de cordas, dois trombones, um xilofone e um *wood-block* (1956). Nesta partitura, as noções matemáticas de *continuidade* e de *descontinuidade* são evocadas pela própria técnica instrumental: do *glissando* ao *pizzicato*, todas as formas de tocar as cordas são utilizadas. Nesta época, rebenta uma polémica com Le Corbusier: este, numa primeira fase, pretende ser o único autor do Pavilhão Philips, já construído, quando na realidade e como o reconhecerá mais tarde, a contribuição de Xenakis na obra fora bastante significativa. No início dos anos sessenta, Xenakis consagra-se inteiramente à composição, para conjuntos orquestrais e vocais sempre bastante variados. É assim que, desde há quarenta anos, ele apresenta regularmente ao público, cada vez mais numeroso, obras cuja característica imediata será a grande força expressiva: *Terretekkorh* (1966) para 88 músicos dispostos no meio do público, *Nuits* (1968) para 12 cantores mistos, *Persephassa* (1969) para seis percussionistas, *Cendrés* (1973) para coro misto e orquestra... Paralelamente à composição, dirige um centro de pesquisas, o CEMAMU (Centro de Estudos de Matemática e Automática Musicais) tendo por objectivo reencontrar a antiga aliança ciência/música, permitindo a quem quer que seja compor música rapidamente sem utilizar o código complexo da notação musical histórica. É desta forma que no início dos anos oitenta surge uma plataforma informática que transforma os grafismos em sons – a UPIC (Unidade Poliagógica de Informática e de Composição) – cujo funcionamento é acessível às crianças. Xenakis, ao contrário de Schönberg, teve desde o início o apoio de excelentes músicos, abertos a todas as exigências da música contemporânea. Entre estes, para além dos maestros-compositores como Pierre Boulez, instrumentistas como a cravista Elisabeth Chojnacka destinatária de *Naama* (1984), o pianista Claude Helffer ou os membros do Quatuor Arditti, que suscitam continuamente a criacção de obras de compositores actuais, têm alguma importância no sucesso legítimo encontrado pelo compositor.

• **a música repetitiva**: o americano **Steve Reich** (nascido em **1936**) é o principal representante desta corrente que conheceu o apogeu nos anos setenta. O seu princípio composicional é simples: a partir de uma pulsação firmemente marcada, o ouvinte assiste ao aparecimento e depois à transformação progressiva e quase inaudível de padrões rítmicos ou harmónicos, incessantemente repetidos, mas contendo sempre uma diferença em relação ao anterior e ao seguinte. Um efeito quase hipnótico faz-se sentir produzindo duas possíveis reacções: a primeira vê o ouvinte aceitar e entrar no jogo e ficar atentamente à espera da transformação que se produzirá; a segunda, vê-o recusar este insulto e ficar bastante nervoso. Neste estado, ao fim de dez minutos, o rádio é desligado ou o disco é parado. A música repetitiva não gera indiferença: adoram-na ou detestam-na, não existe posição intermédia. Musicalmente, Steve Reich não fez mais do que retomar processos de escrita, conhecidos desde há muito: o cânone (repetição de sequências) e a transformação aritmética (em aumentação ou diminuição) das durações. A sua primeira obra é *It's gonna rain* (1965) que funciona com um fragmento de voz gravada e que é sobreposto a si mesmo, através de repetições deslocadas da frase. Posteriormente, com os seus músicos, Reich forma um grupo de pianistas e de percussionistas (*Steve Reich and Musicians*) com os quais tocará obras em directo, sem recorrer à fita magnética. Interessando-se por músicas extra-europeias próximas da sua estética, parte para África em 1970, para estudar no local as técnicas de tocar tambor, com o objectivo de as explorar nas suas composições. No ano seguinte, regressa aos Estados Unidos e escreve *Drumming*, com uma duração de cerca de 90 minutos, fazendo ouvir transformações rítmicas graduais, que afectam de igual forma o timbre e a altura dos sons. As quatro partes – que se encadeiam sem interrupção – desta peça, compreendem instrumentos diferentes (membranas para a primeira, marimbas e duas vozes de mulher para a segunda, *glockenspiels*, apito e flautim para a terceira) que se reunem num todo, na última parte. A base desta composição consiste num padrão rítmico de 12 colcheias:

Padrão base de *Drumming*

Mais tarde, porá de lado o desfasamento gradual e efectuará a substituição dos silêncios pelos batimentos e pela construção rítmica de motivos, como em *Six Pianos* ou em *Music for Mallet Instruments, Voices and Organ* (1973). Estuda o gamelão do Bali durante dois anos (1973-74) e termina em 1976 *Music for 18 Musicians*, obra em que propõe um tema de 11 acordes. A partir da cantilação hebraica (já na origem do canto gregoriano), compõe em 1981 a música para textos de salmos em *Tehillem*, para quatro vozes femininas e 17 instrumentos.

• **o poliestilismo** é uma tendência que visa evocar, nas obras, uma linha de encadeamento através da história da música. É assim que géneros, títulos, processos de escrita, acordes e melodias podem ser "emprestados", arranjados e mesmo escritos "à maneira de ...". Não se trata de compor imitações, mas de integrar elementos históricos numa partitura original, através de um método de colagem. Parece que o período temporal privilegiado vai do final da época barroca até ao início do romantismo (de Bach a Beethoven).

Alfred Schnittke (nascido em **1934**) é um dos compositores pertencentes a esta corrente. Após uma fase de escrita inspirada por Prokofiev, depois pela Escola de Viena, parece dirigir a sua atenção para este estilo "recapitulativo". Em *(K)ein Sommernachstraum* que poderemos traduzir por *(Nenh)um Sonho de uma Noite de Verão* para grande orquestra (1985), propõe-nos uma série de variações sobre um tema original, à maneira de "Mozart-Schubert" que é, inicialmente, tocado pelo duo violino-piano, pelo duo flauta-cravo e depois pelo conjunto dos dois. Segue-se um desenrolamento sonoro que procede por alusões históricas, evocando numerosos estilos (do barroco à marcha de desfile americano) sucedendo-se, interrompendo-se e encadeando-se. O sonho transforma-se em pesadelo antes de reencontrar a atmosfera calma do início.

Primeira frase em estilo Mozart/Schubert de *(K)ein Sommernachstraum*

Capítulo 13: o jazz

• nascimento do *jazz*. A origem da palavra é algo incerta ainda que a sua localização seja bastante precisa: com efeito, tudo o que poderemos afirmar, sem qualquer margem de erro, é que ela evoluiu da deformação de uma palavra utilizada na comunidade de Nova Orleães. A sua primeira grafia conhecida é *jass* e o seu primeiro significado seria, entre um conjunto de hipóteses possíveis, o de uma dança da Luisiana, de uma prostituta, uma palavra de calão designando "relações sexuais", e tantos outros, tendo como ponto comum, a atmosfera que reinava em certas casas bem conhecidas desta cidade, muito reputada pelas numerosas distracções que oferecia. O segundo conjunto de hipóteses também não é muito diferente: *jazz* seria a deformação de *jackass* que poderá traduzir-se por "burro" ou "cretino". Seja qual for o sentido, foi desta maneira «amável» que os brancos do Sul qualificaram esta música tocada e cantada por negros.

O *jazz* é uma corrente musical bastante particular que apareceu no final do século XIX e que pode ser definida como sendo uma mistura, ou antes mestiçagem, das culturas europeias e africanas da região ocidental. Esta mistura operou-se nos Estados Unidos da América desde o século XVI, a partir do momento em que os brancos começaram a colonizar, metodicamente, o Novo Mundo. Com a diferença de que, se estes últimos chegaram mais ou menos voluntariamente, os negros não beneficiaram, propriamente, de um tratamento favorecido: capturados nas suas terras por tribos inimigas ou pelos brancos, vendidos ou trocados por negreiros, trazidos de barco para a América, em condições indescritíveis, finalmente vendidos a um amo que comprava escravos e que tinha sobre eles direito de vida ou de morte. No país da liberdade, será necessário esperar o último quartel do século XIX e uma guerra civil, na qual a escravatura e o abolicionismo constituíam as principais motivações, para que estas práticas bárbaras fossem abolidas, pelo menos oficialmente. Para os escravos, e no tempo de vida que lhes restava, esperava-os o duro trabalho nos campos de algodão dos Estados do Sul. É certo que podiam casar-se e ter filhos, mas o futuro destes estava infelizmente traçado desde o nascimento: filhos de escravos, escravos seriam. E se os proprietários não eram todos carrascos face à sua "mão-de-obra", nem por isso as condições de trabalho eram menos duras. Os brancos tiveram a vontade de dar a estes "selvagens" tudo o que consideravam como sendo os elementos fortes da civilização, da sua civilização. Mas nem todos os negros esqueceram as suas origens africanas, apesar da dispersão das etnias e das interdições da prática das suas línguas e religiões. Será assim, que irão assimilar os elementos culturais brancos conservando outros que lhes pertenciam.

os traços culturais africanos

Em primeiro lugar, é necessário referir o facto de que para os africanos, não importa qual o acontecimento, tudo serve de pretexto e é propício para fazer música e dançar, e isto, não apenas nas grandes ocasiões solenes como os nascimentos, os casamentos e os funerais, mas para tudo que concerne a vida social na generalidade. Também está confirmado que os primeiros cantos estavam nitidamente relacionados com as tarefas que lhes eram confiadas, como os trabalhos agrícolas. Depois, não havia entre eles, ao contrário do que se passava e ainda se passa na Europa, pessoas especializadas na actividade musical, tendo a música como ocupação principal. Para os negros, todos deviam participar e todos participavam nos cantos, na dança e na música, sem qualquer distinção entre amadores e profissionais. Este traço cultural regista-se ainda nos nossos dias, nas cerimónias religiosas das igrejas negras: nos cânticos, toda a assembleia, desde as crianças de dois anos às bisavós, todos cantam e dançam, levantando-se dos bancos para se colocarem nos corredores a fim de se movimentarem mais facilmente. Na pré-história do *jazz*, é referido este facto tal como a presença das *work songs* (cantos de trabalho) e das *field hollers* (gritos ritmados num esquema de frase-resposta que se praticava no campo), que pontuavam as actividades agrícolas dos escravos.

O terceiro ponto, especificamente africano, que se encontra no *jazz* é a sua predilecção pelos timbres vocais e instrumentais utilizados de forma misturada e deformada. Se ao longo da sua história musical, os europeus preferiram as sonoridades limpas e puras, os negros sempre deformaram os timbres, não por falta de qualidades técnicas mas voluntariamente, por forma a conciliar com a sua estética os resultados obtidos. É desta forma que encontramos, regularmente, entre os *jazzmen*, cantores com a voz rouca e instrumentistas cujas notas afloram uma afinação demasiado calibrada para o seu gosto, tirando dos seus instrumentos efeitos inconcebíveis para os brancos (o caso do *growl*, o rugido). Alguns puderam mesmo aliar as duas situações: Louis Armstrong (1901-1971) cantava com uma voz que nada tinha de operático e não tocava trompete de maneira polida como um intérprete pertencente ao mundo da música erudita.

O quarto ponto é um pouco mais técnico. Os africanos conservaram algumas particularidades relativas às suas escalas melódicas. Utilizavam escalas de todos os géneros mas não conseguiam encaixar a escala temperada e os meios-tons excessivamente iguais. Daí o aparecimento de notas especiais, chamadas de *blue notes*, as quais adornam, por vezes, melodias vocais, desprezando os sons presentes no acompanhamento, esse sim, bem temperado.

Os dois últimos pontos tocam sem dúvida na própria essência do *jazz*. Primeiro, será bastante inconveniente não referir a extrema capacidade rítmica das músicas africanas, que possuem ao mais alto nível um sentido muito intenso de pulsação contínua. É desta forma, que os *jazzmen* sabem sempre em que fracção do tempo ou do compasso se situam, conseguindo "surfar" elegantemente sobre as pulsações, controlando sempre as entradas. Esta forma de viver e de fazer viver o ritmo designa-se por *swing* e foi sempre algo raro de encontrar na música europeia. Enfim, os africanos praticam constantemente a improvisação, num grau bastante mais corajoso do que os europeus, que sempre previram campos de improvisação na sua música, mas no seio de enquadramentos muito rigorosos e de forma menos desenvolvida.

Se os negros conservaram traços culturais característicos, apropriaram-se, igualmente, de maneira mais ou menos fácil, de elementos da cultura branca, sob a forma de três vectores de comunicação: uma língua veicular estrangeira para a comunicação verbal, uma religião monoteísta para a comunicação espiritual e um sistema harmónico simples para a comunicação musical.

Os seus amos, proibindo-lhes o uso das suas línguas africanas, obrigaram-nos a aprender a língua inglesa, com "professores" improvisados que não falavam um *perfect english*, mas antes um falar popular, repleto de estruturas incorrectas e de um vocabulário pouco evoluído. Além disso, os hábitos de pronúncia dos africanos, bastante afastados dos necessários para ter uma boa dicção do inglês, levaram a que numerosas sílabas sofressem bastante ao serem emitidas por estes falantes, absolutamente, não anglófonos. Traços destas dificuldades subsistem nos textos de certos espirituais: *Peter on the sea* transformou-se em *Peter on de sea*. De uma forma bastante caricatural, este sotaque pode ser ouvido na fala da ama de Scarlett O'Hara no filme *E Tudo o Vento Levou*, escrava negra que tem enorme dificuldade em articular bem as sílabas que contêm "r". Alguns defeitos de origem irão transformar-se em trunfos preciosos quando se trata de cantar: nas primeiras gravações de *jazz* que possuímos, reconhecemos com facilidade à primeira audição, e por este motivo, um branco em relação a um negro.

Os negros foram igualmente obrigados a abandonar as suas diversas religiões (muitas vezes animistas) para se dobrarem àquela que lhes impunham, a religião cristã com todas as suas particularidades segundo a região (católica no Sul, protestante no Norte). Ao adoptar o culto dos seus amos, não renegaram completa e definitivamente os seus, e certas práticas ou celebrações puderam subsistir, mais ou menos clandestinamente, por vezes mesmo no seio dos ritos cristãos.

Na sua vontade de dominar, os brancos interditaram também os instrumentos de música de origem e os seus cantares nas línguas africanas. Tinham as suas próprias músicas e transmitiram-nas aos negros. Por isso, estes tiveram assim acesso à música tocada na igreja e às músicas populares. Musicalmente, os cânticos eram derivados do coral: melodias ritmicamente elementares em notas conjuntas; a sua assimilação fez-se facilmente. No que diz respeito à música popular, constava de cantos simples, do tipo da balada estrófica ou em forma estrofe/refrão, provinda da Inglaterra, da Irlanda ou da Escócia e que continha, por vezes, reminiscências de uma modalidade não muito longínqua. O acompanhamento harmónico, quer dos cantos religiosos quer das baladas populares, era bastante rudimentar e utilizava maioritariamente os graus fundamentais I (tónica), IV (subdominante) e V (dominante). Entre os encadeamentos de acordes preferidos, refira-se a cadência plagal (I-IV-I) que é utilizada frequentemente. No campo instrumental, os escravos não tiveram acesso a um instrumentário rico: nos primeiros tempos, fabricaram percussões e, por vezes, adquiriram banjos, apropriados para o acompanhamento dos cantos, mas será necessário esperar o último quartel do Séc. XIX para que tudo o que possa fazer música lhes seja realmente acessível.

AS PRINCIPAIS ETAPAS

As diferentes etapas que constituem a história do *jazz* são aqui descritas de maneira mais ou menos cronológica e bastante simplificadas, talvez um pouco resumidas (as datas são indicativas). Mas se estas diferentes correntes de facto se sucederam, acabaram por se juntar, mais do que substituir-se: a evolução do *jazz* foi feita essencialmente por acumulação e não por substituição.

- o *spiritual*

No lote dos elementos culturais brancos de que se apropriaram, já vimos que os negros adoptaram a religião cristã, perguntando-se sem dúvida como é que os seus amos poderiam considerar-se homens cristãos e ser esclavagistas ao mesmo tempo. A evangelização fez-se, essencialmente, com base em leituras dos textos da Bíblia e esta religião que, no âmbito do Novo Testamento, é consagrada ao reconhecimento e consolação dos humildes, não podia deixar de lhes convir. Uma passagem particular tornou-se rapidamente o alvo de todas as atenções, dando aos negros a possibilidade de se identificarem imediatamente com as personagens evocadas: o *Êxodo*. Com efeito, os negros reconheceram-se no povo hebreu retido em escravatura no Egipto: o que era contado neste Livro, já não estava ultrapassado, era a sua história. Musicalmente e de forma colectiva criaram a partir desta temática, que os inspirava bastante, cantos que mantêm uma certa semelhança com os cânticos protestantes, mas guardando os elementos africanos, como a frequente repetição de frases ou o lado responsorial (pergunta para o solista, resposta para o coro) das intervenções. Estes cantos, evocados desde o início do século XIX, estabilizaram-se, a pouco e pouco, musical e textualmente, e tornaram-se naquilo que, desde o final do século passado, são ainda hoje. Evocam, nomeadamente, a figura muito emblemática de Moisés, implorando ao Faraó que deixe partir o seu povo (*"Let my people go"* em *Go Down Moses*, o primeiro *spiritual* conhecido e editado em 1861). A Terra Prometida (*Promis'd Land*) não era a dos hebreus, mas África, o país dos seus antepassados e evocavam-na frequentes vezes nos seus cantos, apesar de estarem perfeitamente conscientes de que jamais regressariam a este continente. Por vezes, surgiam nestes cantos fragmentos de oracções escutadas nos ofícios e sabemos que as palavras misteriosas *Kumbaya, my Lord* não evocam qualquer divindade africana, cuja recordação se tivesse perpetuado, mas significam apenas, em inglês deformado, *Come by here, my Lord* (Vem junto de mim, Senhor). Esta explicação diz respeito ao *spiritual*. A principal distinção que podemos fazer entre este e o género próximo que é o *gospel* é, maioritariamente, de ordem textual. Com efeito, o último utiliza o texto extraído dos Evangelhos (*gospel* = evangelho), enquanto que o *spiritual* se baseia no texto extraído do Antigo Testamento. Ambos têm em comum terem sido as primeiras criações musicais autenticamente afroamericanas.

- **o *blues***

Paralelamente ao aspecto religioso que acabámos de referir no *spiritual*, o *blues* pode ser considerado como o pendor profano da música vocal afroamericana. Esta forma nasceu depois da Guerra da Secessão (1861-1865) e caracteriza-se, principalmente, por uma música em estilo de lamentação cujo texto exprime toda a carência possível: pecuniária, sentimental, etc. ou por vezes tudo junto (*Estou doente, perdi o meu trabalho e a minha namorada deixou-me*). O *tempo* deste canto não foi de modo algum fixado, podendo ser interpretado de forma lenta ou rápida. Existe, no entanto, uma certa norma e podemos afirmar que o *blues* "clássico" é construído em torno de três elementos invariáveis: uma estrutura formal de doze compassos, um encadeamento harmónico definido e a utilização de notas "estranhas".

Para começar, a estrutura em doze compassos do *blues* é célebre, mesmo entre o grande público não especialista do *jazz*. É, no entanto, necessário referir o facto de que não se trata de uma estrutura monobloco, mas sim da sucessão de três enunciados de quatro compassos cada, correspondentes a três frases de texto, por vezes contendo algumas repetições. Além disso, é preciso saber que houve numerosos *blues* cujo número de compassos não era doze, mas oito, ou mesmo dezasseis (como nas formas europeias) e que o número doze só se impôs por volta de 1915. E ainda, quando W. C. Handy (1873-1958) tenta fazer editar as suas composições – como *Memphis Blues* (1912) ou *Saint Louis Blues* (1914) – o seu editor só aceita fazê-lo com a condição de "travestir" os doze compassos originais, acrescentando compassos correspondentes a uma quadratura mais "ocidental" (oito ou dezasseis).

Em seguida, um *blues* distingue-se por uma sequência característica de acontecimentos harmónicos, que se desenvolve em três fases:
a) afirmação da tónica (I grau maior), durante os quatro primeiros compassos;
b) micromodulação à subdominante (IV grau) durante os seguintes quatro compassos;
c) conclusão na tónica no decurso dos quatro últimos compassos.

Esquematicamente, os três enunciados e as suas harmonias combinam-se para formar a seguinte grelha:

sentido da leitura →

C	C	C	C7
F	F	C	C
G7	G7	C	C

exemplo elementar de *blues* em DÓ

Esta grelha constitui de algum modo o *minimum* vital do *blues*, podendo ser modificada de forma mais ou menos importante, de acordo com os fragmentos, integrando, por exemplo, acordes de passagem, não alterando em nada a percepção tonal geral, mas que enriquecem apenas pontualmente a harmonia. Nos anos 1950, quando o *rock and roll* emerge, adoptará, via o *boogie-woogie*, esta mesma sucessão de acordes bastante reconhecível.

Para terminar, o último elemento que está fortemente associado aos *blues* é a presença de notas que se designam justamente por *blue notes*, e que constituem alterações descendentes dos III, V e VII graus. Para simplificar, diga-se que no seio de uma escala de DÓ maior, encontramos, melodicamente tocadas no piano, notas correspondentes às de *mi*b, *sol*b e *si*b, enquanto o acompanhamento tocará estas mesmas notas, mas "naturais", sem alteração. Uma tal escala de *blues* pode escrever-se da seguinte forma (as *blue notes* estão circuladas):

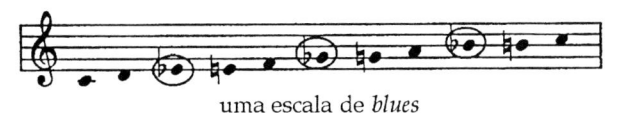

uma escala de *blues*

Quando as notas "estranhas" são interpretadas vocalmente ou então tocadas por um instrumento que não tenha sons fixos como o piano, as suas frequências afastam-se daquilo que estaríamos à espera. Não temos verdadeiros *mi*b, *sol*b e *si*b, mas sons que lhe estão próximos e que não existem no teclado. Há uma certa hierarquia entre as *blue notes*. Por ordem de importância, é a *blue note* do III grau que surge em primeiro lugar. Com efeito, a sua emissão provoca uma certa perturbação na percepção da modalidade uma vez que dá uma pequena cor de modo menor. De seguida, encontramos a do VII grau que parece pertencer ao acorde de sétima da dominante baseado na tónica. Um pouco menos frequente e, em todo o caso, utilizado mais tardiamente, podemos ouvir a alteração da quinta. Estas *blue notes*, que misturam acordes maiores e menores, perfeitos e de dominante, serão, em função do que nós sabemos da música africana ocidental e do que nós verificámos como práticas dos *bluesmen*, a tradução sonora de uma sobrevivência de práticas de escalas africanas heptatónicas (com sete sons) não temperadas, e que não respeitam a igualdade estrita do intervalo entre os doze meios-tons que a constituem. Dito de outra forma, este fenómeno dever-se-á à conjugação de dois sistemas musicais *a priori* incompatíveis: um sistema melódico flutuante, que concede alguma mobilidade a certos graus, e um sistema harmónico mais estrito que, pela utilização de instrumentos com sons fixos, não poderia admitir qualquer destes desvios.

- **o *ragtime***

Considera-se que o *ragtime* nasceu no final do século XIX e é a primeira forma clássica do *jazz*. Este estilo pianístico particular imediatamente reconhecível, tornou-se internacionalmente célebre graças ao músico Scott Joplin (1868-1917) que vendeu milhões de exemplares dos seus trinta e três *ragtimes*, entre os quais devemos citar *Maple Leaf Rag* e *The Entertainer*. Não foi o único mas permanece o mais conhecido do grande público. Entre os outros criadores, podemos citar James Scott (1886-193819) e Joseph Lamb (1887-1960). Estes pianistas executantes de *ragtimes* eram, na sua maioria, crioulos de Nova Orleães, isto é, mestiços que, rejeitados pelos brancos e pelos negros, tiveram, ao menos, a sorte de receber um pouco mais de educação do que estes últimos, e tiveram acesso ao instrumento dos ricos, o piano. Para ganhar o seu sustento, alguns tocavam em lugares públicos como bares ou casas de prostituição que ficaram célebres (Storyville). Musicalmente, o *ragtime* é uma composição de tempo moderado (*slow march time*) a dois tempos, formada de várias partes tonalmente independentes, durando cada uma dezasseis compassos e abundantemente repetidas, as *strains*. Esta estrutura é herdada da quadrilha, dança então muito apreciada em

Nova Orleães. Nela é possível ouvir uma beleza muito europeia, assim como um grande cuidado com a clareza e nitidez das formas. Em contrapartida, o lado afroamericano revela-se na organização rítmica das peças. As duas mãos do pianista ficam assim praticamente independentes neste ponto. A mão esquerda, a parte grave do teclado, contenta-se em marcar as pulsações, fazendo ouvir colcheias regularmente acentuadas; a mão direita acentua as suas semicolcheias de forma ternária, em cada três notas. Isto resulta num aspecto sonoro muito sincopado, que está na origem do termo *ragtime*: *ragged time* = tempo despedaçado. Esta acentuação particular pode ouvir-se igualmente na técnica de tocar banjo.

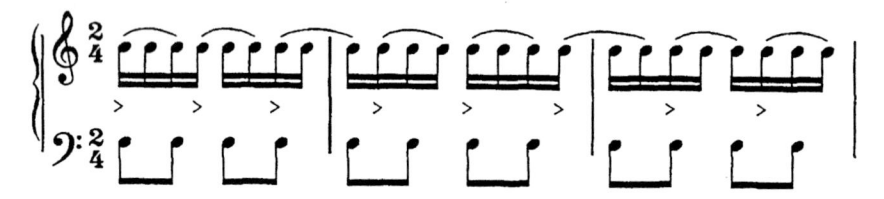

acentuação rítmica do *ragtime*

Duas observações para concluir. Antes de mais, o *ragtime* possui características muito paradoxais para ser uma forma de *jazz*: não tem *swing* nem campos de improvisação. A própria execução é codificada: um "verdadeiro" *ragtime* deve ser tocado não muito rápido e de forma um pouco rígida, respeitando escrupulosamente a partitura. Enfim, este estilo pianístico terá uma grande descendência, nos anos 1920 com o estilo *stride* (arrastado) que exige ao pianista uma grande agilidade na mão esquerda: trata-se de tocar o baixo sobre o tempo forte e os acordes uma oitava cima, sobre os tempos fracos.

exemplo de *stride*

Um outro dos descendentes do *ragtime* é o *boogie-woogie* (onomatopeia ferroviária) que, a partir dos anos 1930, irá fazer ouvir baixos ostinatos oitavados e rápidos.

Walking bass característico do *boogie-woogie*

- **o estilo de Nova Orleães** (*ca.* 1890)

Após a Guerra da Secessão e a vitória dos Estados do Norte contra os do Sul, a escravatura foi oficialmente abolida e os negros libertados. Alguns partiram então para as grandes cidades do Norte, mais fortemente urbanizadas e que não tinham sido atingidas pelo conflito. Outros ficaram onde sempre tinham vivido e começaram a procurar trabalho, por vezes em casa dos seus antigos donos, pedindo-lhes um magro salário. Muitos brancos do Sul estavam arruinados pela guerra e foram obrigados a vender tudo o que fosse supérfluo para poderem sobreviver. Entre a massa de *bric-à-brac* posta assim à venda, havia muitos instrumentos musicais. Os negros, agora assalariados, puderam adquirir instrumentos a preço de ocasião e começaram a tocar e a formar grupos, por vezes muito excêntricos. Os membros destes agrupamentos não eram profissionais, mas deixavam temporariamente as suas actividades habituais a fim de se reunir e tocar num desfile, num funeral ou em qualquer outra circunstância. Como estes grupos (as *marching bands*) se deslocavam, os instrumentos que os constituíam eram todos portáteis: cornetim, trombone, clarinete, banjo, caixa, bombo, tuba, etc. Quando o grupo desfilava, o hábito era o de improvisar colectivamente sobre os temas que executavam. Terminada a improvisação, cada um regressava ao seu trabalho. Mais tarde, o pretexto do desfile desapareceu e os músicos começam a reunir-se num local fixo, o que lhes permitiu integrar dois instrumentos não transportáveis: o piano e a bateria, que alargaram, consideravelmente, as possibilidades do acompanhamento. Todavia, o tipo de música não evoluiu: tratava-se basicamente de marchas cuja divisão rítmica era a dois tempos com as partes fracas sublinhadas a contratempo.

divisão rítmica de uma marcha

No seio destas formações, cada instrumento tinha um papel preciso: o cornetim desenhava a melodia, o clarinete executava um acompanhamento veloz à base de arpejos, enquanto que o trombone fazia sobressair as mudanças de acordes, tocando as características notas longas. Os outros instrumentos, a secção rítmica, ocupava-se em realizar uma espécie de baixo contínuo harmónico-rítmico. Fosse qual fosse, o sistema de improvisação era colectivo, e este facto é que caracterizou o primeiro estilo *New Orleans*.

- **o estilo Dixieland** (1900-1920)

(*Dixieland* é a terra de Dixon, o geómetra que delimitou os territórios do Sul.)

Este estilo é relativamente próximo do anterior, constituindo uma espécie de cópia de autores brancos que tocam à maneira dos negros. O seu interesse histórico é grande, dado que será um grupo desses músicos, os membros do *Original Dixielanda Jazz Band* (cornetim, clarinete, trombone piano e bateria) de Nick La Rocca, que realiza a primeira gravação de *jazz*, em 26 de Fevereiro de 1917. A partir desta data a história do *jazz* fundir-se-à com a dos traços únicos deixados por individualidades – a dos músicos que o tocam.

- **a época Chicago** (1920-1930)

Esta época vê os músicos de Nova Orleães deixar a sua cidade de origem para formarem pequenas orquestras em cidades como Nova Iorque e, sobretudo, Chicago, cidade que atrai bastante gente no tempo da «lei seca». É desta forma que tocam juntos ou separados gigantes como Sidney Béchet (1897-1959) e Louis Armstrong (1900-1971); este último só progrediu, verdadeiramente, no seio do conjunto de King Oliver, que em 1923 grava improvisos memoráveis. Quanto ao estilo *Dixieland* Chicago, é representado por Bix Beiderbecke, um branco com uma personalidade muito original. Esta época verá progressivamente atenuar--se a prática da improvisação colectiva para dar a uma só vedeta que poderá tocar e cantar, como o grande Satchmo (*satchel mouth*: boca em forma de sacola).

- **o tempo do *swing*** (1930-1940)

Passada a grande depressão, instala-se a loucura dos divertimentos, um pouco por todo o lado, e a dança é uma actividade muito apreciada. Por este facto, clubes célebres (como o famoso Cotton Club em Nova Iorque) bem como grandes hóteis, contratam formações orquestrais, cada vez maiores, que se rivalizam animando com as suas composições as *ballrooms* desses locais públicos. Os "chefes" destas orquestras, sempre ajudados por arranja-dores profissionais e sabendo tirar o máximo das suas prestigiosas falanges, ficaram célebres: Fletcher Henderson (1898-1952), Jimmie Lunceford (1902-1947), Count Basie (1904-1984) e sobretudo o grande compositor que foi Duke Ellington (1899-1974). Nestes grandes agrupamentos, a escrita dos instrumentos é feita por naipes (metais, saxofones,...) tendo cada um o seu solista que intervém, como *chorus*, enquanto o piano do regente assegura um acompanhamento discreto, quando não faz ele mesmo um solo. Grandes individualidades solistas fizeram igualmente parte desta corrente, entre os quais podemos citar: Art Tatum (1909-1956) e Erroll Garner (1921-1977) ao piano, Django Reinhardt (1910-1953) na guitarra, Billie Holiday (1915-1959) e Ella Fitzgerald (1918-1996) na voz.

- o *be-bop* (1940-1950)

Em reacção à sumptuosidade, à imperturbabilidade e ao aspecto demasiado "polido" das *big-bands*, alguns músicos, desde os finais dos anos 1930, quiseram explorar outras galáxias sonoras, um pouco menos convencionais. Os três nomes mais representativos desta corrente modernista foram o trompetista Dizzy Gillespie (1917-1993), o pianista Thelonius Monk (1917-1982) e o saxofonista Charlie Parker (1920-1955). Apesar de as suas diferenças terem sido importantes, possuem em comum algumas características: a sua condução melódica, muito virtuosa, é mais livre do que anteriormente, ao admitir um grande número de notas estranhas (ainda com mais colorido do que as *blue notes*), a harmonia torna-se igualmente mais sofisticada sendo, por vezes, influenciada pela música erudita, utilizando acordes ricos (nonas, décimas primeiras e décimas terceiras). Quanto às estruturas utilizadas, além das estruturas das suas próprias composições, baseiam-se essencialmente sobre as "padronizadas" que são readaptadas e integralmente reutilizadas.

- o *cool jazz* (1950-1960)

Os primeiros cinquenta anos do período histórico do *jazz* viram esta música comportar-se de forma bastante animada, expansiva e até agitada, no período do *be-bop*. É por isso que esse *jazz* muito ritmado viu ser-lhe atribuida a classificação de *hot* (quente). Alguns músicos, desde os anos quarenta, não se sentiram à vontade nessa estética do "cada vez mais rápido" e escolheram, deliberadamente, uma atitude musical muito mais calma e comedida, por vezes indolente mas, certamente, não linfática. Em oposição, esta corrente que trazia, dizia-se então, uma "frescura" nova, foi designada de *cool jazz* (o *jazz* "frio"). Um dos precursores deste estilo foi o saxofonista Lester Young (1909-1959), cuja forma de tocar, bastante sóbria, recusava todo o artifício e virtuosismo gratuito para produzir apenas as notas essenciais. Primeiro, foi seguido por saxofonistas como Stan Getz (1927-1991) e Gerry Mulligan (1927--1996) e depois por outros instrumentistas como Miles Davis (1926-1991). Uma outra tendência do *cool jazz* foi o fascínio pela música erudita nos domínios da escrita musical (harmonia e contraponto). É assim, que o Modern Jazz Quartet, dirigido pelo pianista John Lewis (1920-2001), com Milt Jackson no vibrafone, Percy Heath no contrabaixo e Connie Kay na bateria, nos faz ouvir arranjos das fugas de Bach e que soam como composições próprias, pelas sonoridades tão particulares. No domínio vocal, as Swingle Sisters adoptaram o mesmo processo e farão concertos com o próprio MJQ. Para terminar, é preciso mencionar uma corrente que se estabeleceu na califórnia, a *West Coast*. Os seus membros, brancos na maioria, tocam um *jazz* limpo e bem comportado, que privilegia as baladas e que não hesita em trabalhar, enfeitando-se com um modernismo demasiado marcado, para o cinema e a televisão. Entre os numerosos músicos, podemos citar, nomeadamente, o pianista Dave Brubeck (nascido em 1920) que se tornou o especialista das estruturas rítmicas complexas, e o seu colega saxofonista, Paul Desmond (1924-1977) que escreveu o célebre *Take Five* a cinco tempos, e Shorty Rogers (1924-1994) e Stan Kenton (1912-1979), ambos orientados para as grandes formações orquestrais.

- o *hard bop* (1950-1960)

Como que por ressalto e quase em simultâneo à corrente descrita anteriormente, no outro lado dos Estados Unidos, em Nova Iorque, os músicos quiseram romper com a estética *cool* e reencontrar um vigor de execução, a seus olhos demasiado lassa, bem como uma maior facilidade de acesso do público, por vezes, um pouco confuso devido ao aspecto intelectual de alguns excertos. Encontramos entre estes contestatários apaixonados pelo ritmo os bateristas Art Blakey (1919-1990) e Max Roach (nascido em 1925), o contrabaixista Charlie Mingus (1922-1979) assim como Miles Davis (e os seus numerosos e excelentes músicos) que mudou então de estilo e, o meteoro que foi o saxofonista John Coltrane (1926-1967). Tecnicamente, esta corrente limitará a utilização de padrões melódicos e harmónicos, até aqui sobrexplorados, para preferir composições originais construídas sobre harmonias modais alongando-se por vários compassos. Os dois modos "antigos" preferidos dos músicos eram os de *sol* (sem *fá*#) e de *ré* (com um *si* bequadro e um *dó* natural).

os modos mixolídio e dórico

- o *free jazz* (1960-1970)

No início dos anos sessenta, parecia que tudo o que poderia ser feito segundo os quadros clássicos, nos domínios melódico, harmónico, rítmico e estrutural, tinha sido feito. Em consequência, alguns inovadores quiseram então tocar o mais livremente possível, libertando-se do passado. Um dos primeiros a tentar a aventura, após 1958, com um excerto intitulado *Something Else* (qualquer outra coisa), foi o saxofonista Ornette Coleman (nascido em 1930) que gravará um disco com um título reivindicativo: *Free Jazz*. O outro nome desta corrente é bastante explícito: a *new thing* (coisa nova). Entre os *jazzmen* que pertenceram a este grupo encontram-se os saxofonistas Archie Shepp e Steve Lacy, assim como os pianistas Cecil Taylor e Sun Ra (de nome verdadeiro Herman Blount, igualmente conhecido como chefe de *band*).

- *jazz rock* e *jazz fusion* (1960-...)

Entre os últimos estilos a serem referenciados, encontramos em primeiro lugar o estilo do *jazz rock*, atraído pelas características da música "pop": simplicidade melódica, utilização reforçada de instrumentos eléctricos e electrónicos, ritmo binário muito marcado. A maioria dos músicos deste estilo trabalhou com Miles Davis no seu grupo, como os pianistas Herbie Hancock (nascido em 1940) e Chick Corea (nascido em 1941), o saxofonista Wayne Shorter (nascido em 1933) ou o guitarrista John MacLaughlin (nascido em 1942). O último estilo, a *jazz fusion*, é um pouco uma caixa onde se guarda tudo: é cómodo para classificar tudo o que poderemos encontrar de exótico e que ainda mantém uma relação com o *jazz*. Em primeiro lugar, verificou-se uma assimilação africana do *jazz* com o camaronês Manu Dibango (nascido em 1933), e depois o inverso, uma espécie de regresso às origens africanas como foi o caso de Randy Weston (nascido em 1926) e Ahmed Abdul-Malik (nascido em 1927), ambos nascidos em Brooklyn, mas que viajaram para África nos anos 1960, onde aprenderam e utilizaram elementos de técnica musical especificamente africana (instrumentos, escalas melódicas, etc.). Para terminar, a América do Sul e os seus ritmos de samba e de bossa-nova influenciaram fortemente o *jazz* nos anos 1950. É assim que o Brasil apresenta duas personalidades muito importantes: António Carlos Jobim (1937-1994), especialista da *bossa-nova* e Hermeto Pascoal (nascido em 1936), músico bastante polivalente.

- Quem é *jazzmen*?

Para concluir este rápido panorama do *jazz*, podemos interrogar-nos sobre quais as condições necessárias e suficientes para pretender entrar nesta categoria de músicos. Existem, a este propósito, duas atitudes extremas. A primeira, partilhada há alguns anos por certos comentadores, considerava que os únicos a merecer esta designação eram os negros americanos, nascidos imediatamente antes do início do século. Esta opinião não foi sustentada durante muito tempo, à vista de numerosas excepções que marcaram a história desta música, como por exemplo, o famoso guitarrista que acumulava, sem o saber, a má sorte de ser branco, europeu, cigano e ter nascido em 1910.Trata-se naturalmente de Django Reinhardt (1910-1953) e que foi, incontestavelmente, um *jazzman*. No lado oposto, a segunda atitude arruma sob o vocábulo "jazz" não importa que música, desde que ela satisfaça o critério de mestiçagem intercultural. Também aqui uma objecção nasce instantaneamente: o *jazz* não é *world music*, que se confecciona a partir de quaisquer misturas ou influências musicais. A resposta à questão colocada no início do parágrafo deve situar-se entre estas duas atitudes e o futuro do género depende deste facto: no primeiro caso, o *jazz* está prestes a apagar-se docemente numa bela morte, com o desaparecimento dos últimos grandes praticantes nascidos entre as duas guerras; no segundo caso, continua a sua evolução integrando a par e passo, elementos exógenos, amplificando ainda mais a sua mestiçagem intercultural.

Índice Onomástico

•A

Adam de la Halle 182, 185
Afonso X 185
Arbeau Thoinot 69, 103
Arezzo Gui d' 180, 181
Aristóteles 174

•B

Bach Carl Philipp Emmanuel 217, 221, 225, 227, 169
Bach Johann Christian 227
Bach Johann Christoph Friedrich 227
Bach Johann Sebastian 11, 35, 38, 47, 62, 67, 70, 73, 74, 80, 81, 82, 83, 86, 91, 95, 96, 106, 108, 109, 110, 114, 115, 119, 120, 125, 126, 127, 129, 133, 135, 136, 139, 140, 141, 143, 147, 148, 150, 151, 152, 153, 160, 163, 166, 167, 168, 193, 199, 202, 203, 205, 213, 216, 217, 218, 219, 220, 221, 222, 224, 226, 227, 230, 235, 241, 243, 244, 245, 247, 249, 250, 251, 257, 261, 263, 264, 282, 290

Bach Wilhelm Friedmann 226
Bartók Bélia 82, 264, 265
Bassano Giovanni 113
Beethoven Ludwig van 38, 48, 85, 108, 121, 122, 123, 124, 125, 129, 131, 144, 147, 164, 170, 171, 172, 173, 218, 221, 224, 225, 226, 229, 230, 231, 232, 233, 236, 238, 239, 240, 245, 246, 248, 249, 257, 258, 280, 282
Bellini Vincenzo 236, 247
Berg Alban 79, 116, 117, 132, 141, 145, 158, 257, 261, 262, 263, 264, 278
Berlioz Hector 50, 53, 88, 100, 148, 149, 161, 172, 234, 236, 239, 240, 241, 242, 246, 275
Bernstein Leonard 157
Binchois Gilles 192

Bizet Georges 156
Boécio 175
Boulez Pierre 118, 151, 165, 255, 259, 275, 276, 277, 278, 280, 281
Brahams Johannes 136, 137, 150, 153, 172, 235, 246, 249, 250, 251, 252, 257
Britten Benjamin 149, 159, 161
Brubeck Dave 48
Bruckner Anton 172
Byrd William 195

•C

Caccini Giulio 70, 134, 157
Campra André 149
Carissimi Giacomo 205
Caurroy Eustache du 148
Cavalieri Emilio 157, 160
Celano Tomás de 179
Charpentier Marc-Antoine 67, 95, 147, 149, 155, 160, 204, 205, 216
Chopin Frédéric 108, 144, 231, 234, 235, 242, 243, 245
Chostakovitch Dimitri 173
Chrétien de Troyes 182
Cristovão Colombo 270
Ciconia Johannes 189, 192
Clovis 174
Corelli Arcangelo 108, 114, 134, 142, 143, 162, 206, 211, 212, 223
Couperin François 39, 84, 152, 168, 205, 206, 207, 212, 216, 224
Crüger Johannes 139

•D

Debussy Claude 109, 158, 165, 209, 254, 255, 266, 267, 269, 279
Delius Frederick 149
Donizetti Gaetano 236, 247
Dowland John 134, 196
Dufay Guillaume 146, 192, 193, 197, 198

Índice Onomástico

Dukas Paul 173
Dunstable John 192
Dutilleux Henri 145
Dvorak Anton 49, 172, 251

•E

Eyck Jacob van 134

•F

Falla Manuel de 267
Farinelli 120
Fauré Gabriel 34, 149, 251, 252, 270
Fontana Giovanni Battista 162
Franck César 161
Francon de Cologne 184
Frescobaldi Girolamo 162

•G

Gabrieli Andrea 162
Gabrieli Giovanni 162
Gabrieli famille 199
Gilles Jean 149
Glaéran 191
Gluck Christoph Willibald 227, 228
Gregório I 178
Grieg Edvard 173
Guilherme IX 182

•H

Haendel Georg Friedrich 34, 83, 91, 108, 130, 131, 143, 148, 156, 160, 161, 202, 203, 214, 215, 219, 220, 221, 226, 227, 230, 241, 250

Hassler Hans Leo 139
Haydn Joseph 52, 125, 144, 161, 164, 170, 224, 225, 226, 229, 230, 231,
232, 245, 250, 253
Henry VIII 190, 195
Henry Pierre 276, 279, 280
Hoffmann E.T.A. 236
Honegger Arthur 161, 173, 269, 280

• J

Janequin Clément 84, 196, 197
João XXII 188
Josquin 80, 91, 146, 193, 194

• K

Kirnberger Johann Philipp 70

• L

La Croix Pierre de 184
Landini Franscesco 187, 188, 189
Lassus Roland de 113, 194, 199, 200
Legrand Michel 157
Léonin 183
Ligeti Gyögy 149
Liszt Franz 87, 108, 129, 144, 173, 161, 165, 234, 235, 240, 242, 245,
246, 248, 249, 250, 251, 257
Lully Jean-Baptiste 70, 155, 156, 203, 204, 205, 208, 212, 223, 228
Lutero Martinho 138, 139, 174, 190, 197

• M

Machaut Guillaume de 79, 92, 146, 185, 186, 187, 188, 189
Mahler Gustav 151, 172, 173, 236, 238, 252, 253, 254, 256, 258
Mattheson Johann 68

Índice Onomástico

Mendelssohn Felix 86, 141, 153, 161, 172, 234, 235, 241, 242
Merulo Claudio 162
Messian Olivier 49, 85, 86, 118, 159, 161, 173, 275, 276, 277, 278, 280
Meyerbeer Giacomo 156
Milhaud Darius 269, 270, 280
Molière 256
Monteverdi Claudio 70, 157, 199, 209, 210, 211
Mozart Wolfgang Amadeus 9, 91, 97, 103, 104, 107, 108, 109, 110, 111, 116, 120, 124, 125, 129, 130, 136, 137, 144, 145, 148, 149, 152, 153, 155, 158, 161, 164, 168, 170, 171, 203, 209, 218, 222, 224, 225, 226, 227, 229, 230, 231, 232, 236, 242, 243, 245, 249, 256, 257, 282

• N

Nokter, o Gago 178

• O

Ockeghem Johannes 146, 148, 193
Offenbach Jacques 156

• P

Pachelbel Johann 72
Paganini Niccolo 53, 234, 240, 244, 245
Palestrina 198, 202
Passereau Pierre 84
Pergolesi Giovanni Battista 152, 153, 156, 208, 222, 231, 267
Peri Jacopo 157
Pérotin 183
Philippe de Vitry 185, 188
Poulenc Francis 145, 267, 269, 270
Purcell Henry 96, 135, 150, 215, 216, 231
Pitágoras 174

• Q

Quantz Johann Joachim 163

• R

Rameau Jean-Philippe 74, 75, 84, 156, 207, 208, 209, 275
Ravel Maurice 91, 145, 165, 168, 251, 259, 267, 270, 271, 272, 275
Reich Steve 281, 282
Respighi Ottorino 173
Riccio Giovanni Battista 162
Rossini Gioacchino 115, 222, 236, 242, 247, 267

• S

Santo Agostinho 174
Saint-Saëns Camille 251
Sammartini Giovanni Battista 169
Satie Erik 101, 109, 267, 268, 269
Scarlatti Domenico 91, 202, 213, 214, 267
Schaeffer Pierre 279
Schnittke Alfred 282
Schönberg Arnold 75, 101, 116, 132, 144, 145, 151, 161, 173, 250, 254, 257,
258, 259, 260, 261, 262, 263, 266, 273, 274, 278, 281
Schuberg Franz 124, 137, 148, 151, 172, 231, 236, 237, 238, 239, 245, 271,
282
Schumann Robert 80, 91, 98, 129, 142, 236, 239, 240, 242, 243, 244, 245, 249
Schütz Heinrich 150
Sermisy Claudin de 102
Shore John 61
Sibelius Jean 173
Smetana Bedrich 173
St Saëns Camille 84, 85
Stamitz família 169
Strauss Richard 173, 255, 256, 264
Stravinsky Igor 100, 101, 161, 168, 173, 245, 254, 259, 266, 267, 269, 272,
273, 274

Índice Onomástico

• T

Tallis Thomas 195
Tchaïkovsky Piotr Illich 168, 250
Telemann Georg Philipp 73, 143, 168, 217, 221, 222, 223, 224, 226, 227
Teodósio 174
Thibaut de Champagne 182

• V

Varèse Edgar 265, 266, 267
Verdi Giuseppe 149, 246, 247
Victoria Tomas Luis 148
Vivaldi Antonio 44, 57, 84, 85, 95, 97, 108, 142, 143, 144, 168, 212, 213, 224

• W

Wagner Richard 37, 87, 88, 99, 100, 101, 115, 131, 154, 155, 158, 209, 228, 235, 236, 240, 245, 246, 247, 248, 249, 250, 251, 255, 256, 257, 278
Weber Carl Maria von 235, 236
Webern Anton 110, 116, 132, 137, 250, 257, 259, 260, 261, 262, 263

• X

Xenakis Iannis 275, 276, 280, 281

• Z

Zarlino Guseppe 65, 66

ÍNDICE

1ª Parte: A LINGUAGEM MUSICAL

1. Os elementos constitutivos
- a partitura 8
- a altura 10
- a duração 37
- a intensidade 49
- organologia 51
- as formações 57
- os sinais de execução 58

2. Acústica e música
- o diapasão 61
- a afinação temperada 63

2ª Parte: AS ESTRUTURAS

3. Os processos de escrita
- o baixo contínuo 69
- o cânone 72
- o contraponto 76
- o figuralismo 80
- a grelha 90
- a harmonia 91
- as imitações 106
- a improvisação 108
- a orquestração 109
- a ornamentação 112
- a série 116

4. As formas
- a forma binária 119
- a da capo 120
- a forma durchkomponiert 120
- a forma sonata 121
- a fuga 125
- o recitativo 130
- o rondó 133
- as variações 134

5. Os géneros
- o coral 138
- o concerto 142
- a missa 146
- a monodia vocal acompanhada 151
- o moteto 152
- a ópera 154
- o oratório 160
- a sonata 162
- a suite 166
- a sinfonia 169

3ª Parte: HISTÓRIA DA MÚSICA

6. A música medieval
- quadro histórico 174
- quadro filosófico 174
- o início 175
- o desenvolvimento 178
- o apogeu 183

7. A música da Renascença
- generalidades 190
- os Franco-flamengos 192
- o século XVI 195

8. A música clássica
- generalidades 202
- a música francesa 203
- a música italiana 209
- a música alemã 215

9. A música clássica
- disse clássica? 224
- generalidades 224
- a primeira geração 226
- a segunda geração e a primeira Escola de Viena 229

10. A música romântica
- as características do período 234
- generalidades 236
- a geração mediana 239
- o romantismo tardio 246
- o pós-romantismo 250

11. A música moderna
- a segunda Escola de Viena 257
- Béla Bartók e Edgar Varèse 264
- O Neoclacissismo 267
- Os grupos 267
- Maurice Ravel e Igor Stravinsky 270

12. A música contemporânea
- Olivier Messiaen 275
- Pierre Boulez 277
- a música concreta 279
- a música "estocástica" 280
- a música repetitiva 281
- o poli-estilismo 282

13. O *jazz*
- o nascimento do jazz 283
- as diferentes etapas 285
- quem é jazzman? 291

Índice onomástico 293